做一个理想的法律人
To be a Volljurist

法律人进阶译丛【法学拓展】
李 昊／译丛主编

合同设计方法与实务

（第3版）

Vertragsgestaltung
3. Auflage

〔德〕卢茨·阿德霍尔德（Lutz Aderhold）
〔德〕拉斐尔·科赫（Raphael Koch）／著
〔德〕卡尔海因茨·兰开提斯（Karlheinz Lenkaitis）
孙思壮／译

北京大学出版社
PEKING UNIVERSITY PRESS

著作权合同登记号　图字:01-2020-6297

图书在版编目(CIP)数据

合同设计方法与实务：第3版／（德）卢茨·阿德霍尔德，（德）拉斐尔·科赫，（德）卡尔海因茨·兰开提斯著；孙思壮译. —北京：北京大学出版社，2022.7

（法律人进阶译丛）

ISBN 978-7-301-33073-9

Ⅰ.①合… Ⅱ.①卢… ②拉… ③卡… ④孙… Ⅲ.①合同—研究 Ⅳ.①D913.64

中国版本图书馆 CIP 数据核字（2022）第 098358 号

Vertragsgestaltung 3. Auflage
© Nomos Verlagsgesellschaft mbH, Baden-Baden(2022)
Nomos Verlagsgesellschaft mbH & Co KG, Waldseestr. 3-5, 76530 Baden-Baden, Germany as Proprietor of the rights.

书　　　名	合同设计方法与实务（第3版） HETONG SHEJI FANGFA YU SHIWU（DI-SAN BAN）
著作责任者	〔德〕卢茨·阿德霍尔德（Lutz Aderhold） 〔德〕拉斐尔·科赫（Raphael Koch） 〔德〕卡尔海因茨·兰开提斯（Karlheinz Lenkaitis） 孙思壮　译
丛书策划	陆建华
责任编辑	陆建华　张文桢
标准书号	ISBN 978-7-301-33073-9
出版发行	北京大学出版社
地　　　址	北京市海淀区成府路 205 号　100871
网　　　址	http://www.pup.cn　http://www.yandayuanzhao.com
电子信箱	yandayuanzhao@163.com
新浪微博	@北京大学出版社　@北大出版社燕大元照法律图书
电　　　话	邮购部 010-62752015　发行部 010-62750672 编辑部 010-62117788
印　刷　者	北京宏伟双华印刷有限公司
经　销　者	新华书店
	880 毫米×1230 毫米　A5　12.625 印张　351 千字 2022 年 7 月第 1 版　2022 年 7 月第 1 次印刷
定　　　价	59.00 元

未经许可，不得以任何方式复制或抄袭本书之部分或全部内容。
版权所有，侵权必究
举报电话：010-62752024　电子信箱：fd@pup.pku.edu.cn
图书如有印装质量问题，请与出版部联系，电话：010-62756370

"法律人进阶译丛"编委会

主 编

李 昊

编委会

（按姓氏音序排列）

班天可	陈大创	杜志浩	季红明	蒋 毅
李 俊	李世刚	刘 颖	陆建华	马强伟
申柳华	孙新宽	唐志威	夏昊晗	徐文海
查云飞	翟远见	张 静	张 挺	章 程

做一个理想的法律人（代译丛序）

近代中国的法学启蒙受自日本，而源于欧陆。无论是法律术语的移植、法典编纂的体例，还是法学教科书的撰写，都烙上了西方法学的深刻印记。即使是中华人民共和国成立后兴盛过一段时期的苏俄法学，从概念到体系仍无法脱离西方法学的根基。20世纪70年代末，借助于我国台湾地区法律书籍的影印及后续的引入，以及诸多西方法学著作的大规模译介，我国重启的法制进程进一步受到西方法学的深刻影响。当代中国的法律体系可谓奠基于西方法学的概念和体系之上。

自20世纪90年代开始的大规模的法律译介，无论是江平先生挂帅的"外国法律文库""美国法律文库"，抑或许章润、舒国滢先生领衔的"西方法哲学文库"，以及北京大学出版社的"世界法学译丛"、上海人民出版社的"世界法学名著译丛"，诸多种种，均注重于西方法哲学思想尤其英美法学的引入，自有启蒙之功效。不过，或许囿于当时西欧小语种法律人才的稀缺，这些译丛相对忽略了以法律概念和体系建构见长的欧陆法学。弥补这一缺憾的重要转变，应当说始自米健教授主持的"当代德国法学名著"丛书和吴越教授主持的"德国法学教科书译丛"。以梅迪库斯教授的《德国民法总论》为开篇，德国法学擅长的体系建构之术和鞭辟入里的教义分析方法进入中国法学的视野，辅以崇尚德国法学的我国台湾地区法学教科书和专著的引入，德国法学在中国当前的法学教育和法学研究中日益受到尊崇。然而，"当代德国法学名著"丛书虽然遴选了德国当代法学著述中的上乘之作，但囿于撷取名著的局限及外国专家的视角，丛书采用了学科分类的标准，而未区分注重体系层次的基础教科书与偏重思辨分析的学术专著,与戛然而止的"德国法学教科书译丛"一样,在基础教科书书目的选择上尚未能充分体现当代德国法学教育的整体面貌,是为缺憾。

职是之故,自2009年始,我在中国人民大学出版社策划了现今的"外国法学教科书精品译丛",自2012年出版的德国畅销的布洛克斯和瓦尔克的《德国民法总论(第33版)》始,相继推出了韦斯特曼的《德国民法基本概念(第16版)(增订版)》、罗歇尔德斯的《德国债法总论(第7版)》、多伊奇和阿伦斯的《德国侵权法(第5版)》、慕斯拉克和豪的《德国民法概论(第14版)》,并将继续推出一系列德国主流的教科书,涵盖了德国民商法的大部分领域。该译丛最初计划完整选取德国、法国、意大利、日本诸国的民商法基础教科书,以反映当今世界大陆法系主要国家的民商法教学的全貌,可惜译者人才梯队不足,目前仅纳入"日本侵权行为法"和"日本民法的争点"两个选题。

系统译介民商法之外的体系教科书的愿望在结识季红明、查云飞、蒋毅、陈大创、葛平亮、夏昊晗等诸多留德小友后得以实现,而凝聚之力源自对"法律人共同体"的共同推崇,以及对案例教学的热爱。德国法学教育最值得我国法学教育借鉴之处,当首推其"完全法律人"的培养理念,以及建立在法教义学基础上的以案例研习为主要内容的教学模式。这种法学教育模式将所学用于实践,在民法、公法和刑法三大领域通过模拟的案例分析培养学生体系化的法律思维方式,并体现在德国第一次国家司法考试中,进而借助第二次国家司法考试之前的法律实训,使学生能够贯通理论和实践,形成稳定的"法律人共同体"。德国国际合作机构(GIZ)和国家法官学院合作的《法律适用方法》(涉及刑法、合同法、物权法、侵权法、劳动合同法、公司法、知识产权法等领域,由中国法制出版社出版)即是德国案例分析方法中国化的一种尝试。

基于共同创业的驱动,我们相继组建了中德法教义学QQ群,推出了"中德法教义学苑"微信公众号,并在《北航法律评论》2015年第 1 辑策划了"法教义学与法学教育"专题,发表了我们共同的行动纲领:《实践指向的法律人教育与案例分析——比较、反思、行动》(季红明、蒋毅、查云飞执笔)。2015 年暑期,在谢立斌院长的积极推动下,中国政法大学中德法学院与德国国际合作机构法律咨询项目合作,邀请民法、公法和刑法三个领域的德国教授授课,成功地举办了第一届"德国法案例分析暑期班"并延续至今。2016 年暑期,季红明和夏昊晗也积极策划并参与了由西南政法大学黄家镇副教授牵头、民商法学院举办的"请求权基础案例分析法课程暑期培训班"。2017 年暑期,加盟中南财经政法大学法学院的"中德法教义学苑"团队,成功举办了"案例分析暑期培训班",系统地在民法、公法和刑法三个领域以德国的鉴定式模式开展了案例分析教学。

中国法治的昌明端赖高素质法律人才的培养。如中国诸多深耕法学教育的启蒙者所认识的那样,理想的法学教育应当能够实现法科生法律知识的体系化,培养其运用法律技能解决实践问题的能力。基于对德国奠基于法教义学基础上的法学教育模式的赞同,本译丛期望通过德国基础法学教程尤其是案例研习方法的系统引入,循序渐进地从大学阶段培养法科学生的法律思维,训练其法律适用的技能,因此取名"法律人进阶译丛"。

本译丛从法律人培养的阶段划分入手,细分为五个子系列:

——法学启蒙。本子系列主要引介关于法律学习方法的工具书,旨在引导学生有效地进行法学入门学习,成为一名合格的法科生,并对未来的法律职场有一个初步的认识。

——法学基础。本子系列对应于德国法学教育的基础阶段,注重民法、刑法、公法三大部门法基础教程的引入,让学生在三大部门法领域中能够建立起系统的知识体系,同时也注重扩大学生在法理学、法律史和法学方法等基础学科上的知识储备。

——法学拓展。本子系列对应于德国法学教育的重点阶段,旨在让学生能够在三大部门法的基础上对法学的交叉领域和前沿领域,诸如诉讼法、公司法、劳动法、医疗法、网络法、工程法、金融法、欧盟法、比较法等有进一步的知识拓展。

——案例研习。本子系列与法学基础和法学拓展子系列相配套,通过引入德国的鉴定式案例分析方法,引导学生运用基础的法学知识,解决模拟案例,由此养成良好的法律思维模式,为步入法律职场奠定基础。

——经典阅读。本子系列着重遴选法学领域的经典著作和大型教科书(Grosse Lehrbücher),旨在培养学生深入思考法学基本问题及辨法析理之能力。

我们希望本译丛能够为中国未来法学教育的转型提供一种可行的思路,期冀更多法律人共同参与,培养具有严谨法律思维和较强法律适用能力的新一代法律人,建构法律人共同体。

虽然本译丛先期以德国法学教程和著述的择取为代表,但是并不以德国法独尊,而是注重以全球化的视角,实现对主要法治国家法律基础教科书和经典著作的系统引入,包括日本法、意大利法、法国法、荷兰法、英美法等,使之能够在同一舞台上进行自我展示和竞争。这也是引介本译丛的另一个初衷:通过不同法系的比较,取法各家,吸其所长。也希望借助本译丛的出版,展示近二十年来中国留学海外的法学人才梯队的更新,并借助新生力量,在既有译丛积累的丰富经验基础上,逐步实现对外国法专有术语译法的相对统一。

本译丛的开启和推动离不开诸多青年法律人的共同努力,在这个翻译难以纳入学术评价体系的时代,没有诸多富有热情的年轻译者的加入和投入,译丛自然无法顺利完成。在此,要特别感谢积极参与本译丛策划的诸位年轻学友和才俊,他们是:留德的季红明、查云飞、蒋毅、陈大创、黄河、葛平亮、杜如益、王剑一、申柳华、薛启明、曾见、姜龙、朱军、汤葆青、刘志阳、杜志浩、金健、胡强芝、孙文、唐志威,留日的王冷然、张挺、班天可、章程、徐文海、王融擎,留意的翟远见、李俊、肖俊、张晓勇,留法的李世刚、金伏海、刘骏,留荷的张静,等等。还要特别感谢德国奥格斯堡大学法学院的托马斯·M. J. 默勒斯(Thomas M. J. Möllers)教授慨然应允并资助其著作的出版。

  本译丛的出版还要感谢北京大学出版社副总编辑蒋浩先生和策划编辑陆建华先生,没有他们的大力支持和努力,本译丛众多选题的通过和版权的取得将无法达成。同时,本译丛部分图书得到中南财经政法大学法学院徐涤宇院长大力资助。

  回顾日本的法治发展路径,在系统引介西方法律的法典化进程之后,将是一个立足于本土化、将理论与实务相结合的新时代。在这个时代中,中国法律人不仅需要怀抱法治理想,还需要具备专业化的法律实践能力,能够直面本土问题,发挥专业素养,推动中国的法治实践。这也是中国未来的"法律人共同体"面临的历史重任。本译丛能预此大流,当幸甚焉。

李昊
2018 年 12 月

第三版前言

第二版的反馈及律师观点日益与大学学习和实习相融合的倾向对我们出版第三版合同设计教科书有所鼓励。虽时过境迁，但本书新版本的出发点、方法论、目标和目标人群都未变化。

立法、判例和文献都在不断发展，这些都是合同设计者必须考虑的。因此，我们在回应合同设计实务创新的同时，也将这些变化纳入了我们的作品中。除了必要的更新之外，本书的内容也得到了相应增补，承揽合同法中的合同设计的内容被添加到了本书之中。虽然以前的版本也在一些案例中偶有提及承揽合同制度，但是在我们看来，其理论和实践的重要性都需要用一个单独章节论述。

以实践为导向的"合同设计实务导论"（第二编）基于"合同设计的方法和结构"（第一编）使得读者掌握充分的理论基础，并能为将来的法律实务做好十足的准备。学生、实习生、实习律师和年轻律师们都可以从这种方法中受益。

新版本于2017年8月31日完成。我们期待对该书第三版的批评、建议和改进措施，我们的联系方式是：

卢茨·阿德霍尔德教授：
Prof. Dr. Lutz Aderhold, Aderhold Rechtsanwaltsgesellschaft mbH
Westfalendamm 87, 44141 Dortmund
l. aderhold@ aderhold-legal. de

拉斐尔·科赫教授：

Prof. Dr. Raphael Koch, LL. M. (Cambridge), EMBA
Juristische Fakultät der Universität Augsburg
Universitätsstraße 24, 86159 Augsburg
raphael. koch@ jura. uni-augsburg. de

卡尔海因茨·兰开提斯教授：

Prof. Dr. Karlheinz Lenkaitis, AULINGER Rechtsanwälte
Josef-Neuberger-Str. 4, 44787 Bochum
karlheinz. lenkaitis@ aulinger. eu

卢茨·阿德霍尔德

拉斐尔·科赫

卡尔海因茨·兰开提斯

于多特蒙德/奥格斯堡/波鸿

2017 年 10 月

第一版前言

咨询律师的视角已成为大学法学训练的内容之一,并且变得越来越重要。2002年7月11日颁布的《德国法律人培训改革法》(于2003年7月1日生效)要求学生应加强并多次进行律师视角下的对质。

合同设计属于法律咨询的重要内容。德国明斯特大学在"法律设计和争端解决"这一重点领域中嵌入了以合同设计为内容的课程,并且要写出一本将理论与实践相结合的教科书。这种联系不仅体现在作者的职业领域中,而且体现在本书的分工之中。科赫撰写的第一编介绍了合同设计的方法和结构,阿德霍尔德和兰开提斯编写的第二编则介绍了合同设计的实务。

因此,本书的优势在于两种观点的结合,因为合同设计一方面属于法律的实际适用,另一方面没有理论思考就无法以高质量完成合同设计。合同设计的根基是独立的方法和实践经验。实践经验当然不能通过阅读教科书来获得。这只能由律师们亲自在专业实务中学习。尽管如此,这本书仍可以帮助合同设计者们准备专业实务。本书将通过介绍合同谈判的基础知识和合同设计技术的基本概念来完成这项工作。

本书无意扩充实体法的教学内容。与此相比,所增补的更多是阐明合同设计顾问的观点。因此,掌握法律基础知识并非阅读本书的前提;在这方面,本书也将分别简要介绍所讨论的实体法内容。

本书的目标群体一方面是刚开始法学学习和重点领域学习的学生们，尤其是那些报名合同设计课程或想在课程之外自己学习本领域基础知识的学生们。另一方面，这本书也能为实习生、候补文官或年轻律师们提供一定帮助。

目 录

第一编 合同设计的方法和结构

第一章 导论 …………………………………………………… 003
　第一节 大学教学中的合同设计 ………………………… 005
　第二节 本书的目标和内容 ……………………………… 007

第二章 合同设计与合同设计者 …………………………… 009
　第一节 合同设计的内容 ………………………………… 009
　第二节 合同设计与司法活动的比较 …………………… 013
　第三节 合同设计者的职业形象 ………………………… 016

第三章 合同设计的指导方针 ……………………………… 019
　第一节 目的导向和利益代表 …………………………… 019
　第二节 告知义务 ………………………………………… 020
　第三节 法律知识与运用 ………………………………… 021
　第四节 最安全方案要求 ………………………………… 023
　第五节 以未来为导向 …………………………………… 025
　第六节 经济上的理解和思考 …………………………… 028
　第七节 说明与咨询 ……………………………………… 030

第四章 合同设计方法 ……………………………………… 033
　第一节 查明信息 ………………………………………… 034

第二节　制定法律目标 …………………………………… 044
　　第三节　确定设计需求 …………………………………… 046
　　第四节　拟订待选方案 …………………………………… 051
　　第五节　设计方案的选择标准 …………………………… 067

第五章　通往合同之路 ……………………………………… 070
　　第一节　第一版合同草案 ………………………………… 070
　　第二节　合同谈判 ………………………………………… 071
　　第三节　全局视角 ………………………………………… 082

第六章　合同设计技巧 ……………………………………… 083
　　第一节　合同语言 ………………………………………… 083
　　第二节　合同的内容 ……………………………………… 084
　　第三节　合同的结构 ……………………………………… 086
　　第四节　合同的架构 ……………………………………… 087
　　第五节　合同的成立 ……………………………………… 089

第七章　合同控制 …………………………………………… 090

第二编　合同设计实务导论

第八章　买卖法中的合同设计/合同设计步骤总论 ………… 093
　　第一节　概览 ……………………………………………… 093
　　第二节　动产买卖 ………………………………………… 094
　　第三节　不动产买卖 ……………………………………… 109
　　第四节　购买律师事务所 ………………………………… 124

第九章　赠与法中的合同设计 ……………………………… 136
　　第一节　概览 ……………………………………………… 136

第二节　配偶间的赠与 …………………………………………… 136

第十章　租赁法中的合同设计 ………………………………………… 143
　　第一节　概览 ……………………………………………………… 143
　　第二节　住宅租赁合同 …………………………………………… 144
　　第三节　尚未建成不动产中办公室的租赁合同 ………………… 146

第十一章　雇佣法和劳动法中的合同设计 …………………………… 151
　　第一节　概览 ……………………………………………………… 151
　　第二节　经理雇佣合同 …………………………………………… 151
　　第三节　（给自由职业者的）雇佣合同 ………………………… 159

第十二章　承揽法中的合同设计 ……………………………………… 164
　　第一节　概览 ……………………………………………………… 164
　　第二节　《德国民法典》中的建筑工程合同 …………………… 165

第十三章　居间法中的合同设计 ……………………………………… 181
　　第一节　概览 ……………………………………………………… 181
　　第二节　居间合同 ………………………………………………… 181

第十四章　融资租赁法中的合同设计 ………………………………… 187
　　第一节　概览 ……………………………………………………… 187
　　第二节　动产融资租赁 …………………………………………… 188

第十五章　特许经营中的合同设计 …………………………………… 193
　　第一节　概览 ……………………………………………………… 193
　　第二节　特许经营或设立分公司 ………………………………… 194

第十六章　物权法中的合同设计 ……………………………………… 203
　　第一节　概览 ……………………………………………………… 203

第二节 按份共有、预告登记、抵押权、土地债务、
让与担保、役权 ················ 204
第三节 地上权 ················ 230

第十七章 社团法中的合同设计 ················ 237
　第一节 概览 ················ 237
　第二节 社团设立 ················ 238

第十八章 民商事组织法中的合同设计 ················ 250
　第一节 概览 ················ 250
　第二节 律师事务所的设立 ················ 251
　第三节 商事合伙的设立 ················ 260

第十九章 夫妻财产制合同法中的合同设计 ················ 277
　第一节 概览 ················ 277
　第二节 年轻夫妇的夫妻财产制合同 ················ 278

第二十章 继承法中的合同设计 ················ 287
　第一节 概览 ················ 287
　第二节 关于继承法的咨询 ················ 288
　第三节 共同遗嘱 ················ 295
　第四节 企业家的遗嘱 ················ 302

第二十一章 一般交易条款法中的合同设计 ················ 309
　第一节 概览 ················ 309
　第二节 为服务公司设计一般交易条款 ················ 310

术语表 ················ 329
法律对照表 ················ 363
参考文献 ················ 367

第一编

合同设计的方法和结构

每位（辩护律师）都会因在诉讼中取胜而感到欣喜；而顾问律师的胜利则在于他以客观冷静的思维工作，完成了一项提议、一封信件草稿、一份合同草案或一个专家意见，其内容或无懈可击，或改变了未来的交易规则，或使一系列复杂内容以相互协调且清楚明晰的方式呈现。[1]

第一章　导　论

在大学里，未来的法律人经常要处理有争议的案例。（他们）必须按照既定事实考察一个或多个请求权、主观权利的推导或法律基础。[2] 而涵摄（Subsumtion）则是被学习和应用最多的法学方法，也就是依据案件事实而适用法律的方法。[3] 法官裁判案件的任务与这种工作方式相同，这通常被称为"裁决式法学"（Dezisionsjurisprudenz）[4]。

与此相对，合同设计【预防式法学（Kautelarjurisprudenz）】[5] 2

---

[1] Franzen, Anwaltskunst, S. 241 f.

[2] Medicus/Petersen, BR, Rn. 1 ff.；对请求权方法的批判：Großfeld JZ 1992, 22 (25)。

[3] Langenfeld, Vertragsgestaltung, Kap. 2 Rn. 1; Zawar JuS 1992, 134；详细内容见 Haft, Rhetorik, 75 ff. und S. 153 ff.; Larenz/Canaris, Methodenlehre, S. 99 ff.。

[4] Neuner, BGB AT, § 39 Rn. 5; Rehbinder, Vertragsgestaltung, S. 1.

[5] 预防式法学（Kautelarjurisprudenz）的概念缘起于罗马法。Kautel（cartela）尤其指合同中的保留（Vorbehalt）和保障（Absicherung）。现今这一概念得到了更为宽泛的理解，并且包含了通过运用预先拟定之协议进行的法律关系设计和普遍的合同设计工作。见 Groh, in: Creifelds Rechtswörterbuch, Stichwort „Kautelarjurisprudenz"。关于罗马法中的预防式法学，见 Flume DNotZ 1969, Sonderheft zum 18. Deutschen Notartag, 30 ff.。

则应用于法律咨询。它是指"借由法律并在法律的界限内、适应当下且面向未来的私人生活关系设计"[6]。与争端裁决不同，合同设计是面向未来的，并且是一个创造性的过程。它是活法（lebendes Recht），它在法律秩序和社会生活间建起一座桥梁，使"书面上的法"（paper law）转换为"行动中的法"（law in action）[7]。

3 　合同设计通过在法律上（借助合同）保障、改变、实现或阻止某一生活事实，以实现当事人（经济上的）实质目标。[8] 同时它也具有避免纠纷的功能，相比于通过司法程序解决纠纷更有优势。[9] 在诉讼过程中，通常难免会引致某些情绪产生，这些情绪不仅会恶化现有的人际关系，而且对商业关系不利。最后，一份高明的合同设计在经济上也具有重大意义，因为它可以避免耗时冗长且代价高昂的法律诉讼。[10]

4 　**普罗泰戈拉悖论**（Das Paradixon des Protagoras）[11]

　　通过普罗泰戈拉悖论，我们可以更清楚地看到高明合同设计的好处。希腊法学家普罗泰戈拉（Protagoras）无偿地给一位贫穷但天资聪颖的学生授课。作为补偿，他们约定当这位学生毕业后赢得他的第一个案件后，他必须向普罗泰戈拉支付一定的报酬。然而这名学生毕业后却并没有接手任何诉讼案件。之后普罗泰戈拉因学生尚未支付约定的报酬而起诉了他。法庭上，学生论辩道：如果我赢下了这个案件

---

[6] 基础内容见 *Rehbinder* AcP 174（1974），265，266；同见于 *Medicus/Petersen*，BGB AT, Rn. 465 ff.。

[7] *Rehbinder* AcP 174（1974），265，301 f.；*Bockemühl* DNotZ 1967, 532（534）；siehe auch *Haverkate*, JuS 1996, 478（482）.

[8] *Schmittat*, Vertragsgestaltung, Rn. 17; siehe auch *Moes*, Vertragsgestaltung, Rn. 7 ff., 在这个意义上，合同一般被归类为交易（Transaktionen）。

[9] *Medicus/Peterson*, BGB AT, Rn. 457 ff.（同样关于侵权行为领域纠纷避免的界限）；*Zankl*, Vertragssachen, Rn. 2。

[10] *Schwarzmann* JuS 1972, 79（80）. 一个诉讼同样可以通过由联邦最高法院澄清法律问题的方式，以避免将来的纠纷。这通过所谓的示范诉讼（Musterprozesse）得以实现；*Medicus/Peterson*, BGB AT, Rn. 458。

[11] 节选自：*Smullyan*, Wie heißt dieses Buch?, S. 164（Rätsel Nr. 250）。

（因为他截至此时尚未赢过别的案件），我自然（per definitionem）不必支付报酬（原因：给付之诉被驳回）。如果我输了，那么我还没有赢下我的第一个案件，并且依照约定，我不必在赢得我的第一个案子前，向普罗泰戈拉给付价款。因而不论或赢或输，我都不必付款。普罗泰戈拉则认为：当我的学生输了这个案件，他自然必须付款（因为本诉讼就是关于这个问题的）。当他此时取胜，那么他就赢了他的第一个案件，他同样必须向我支付相应的价款。不论赢或输，我都应当得到约定的金钱。他们谁说得对呢？

学生和普罗泰戈拉的论点乍看之下都有其说服力。但该情况却产生了悖论。法官或许会支持学生的论点。当时学生还没有赢下任何诉讼。只有当本案审结时，他才借此赢下了他的第一个案件。在其他的诉讼中，普罗泰戈拉或许才能主张他的请求权。[12] 当然人们可以进一步质疑，如果普罗泰戈拉通过自己提起诉讼而满足了请求权的前提，这是否构成了权利滥用。或许这个协议应当如此解释，即这名学生必须作为当事人的代理人出庭且赢得诉讼，而仅为他个人事务所做的工作则不能满足条件。

本次争端本可以通过前瞻性的合同设计得以规避。双方当事人本可以就协议的法律后果达成一个更为具体的约定，比如赢得自己事务诉讼的胜利是否能够满足请求权的前提条件。除此之外，合同中还可以另行规定，学生是否有义务承接案件。这样即使当学生拒绝承接时，普罗泰戈拉也可根据违反合同主张相应的请求权。[13] 必要时（他们）也可以约定，当学生不承接案件时，学生必须在一段具体的期限后自行支付一定的金额。因此，一份精准的协议可以帮助双方当事人实现其目标。

---

[12] 第一份判决的法律效力并不与新的诉讼冲突，因为第一个诉讼将因"当前没有依据"而被驳回；对此参见 *Musielak*, in: Musielak/Voit, § 322 Rn. 29 und 51。

[13] *Zawar*, JuS 1992, 134（135）。

第一节 大学教学中的合同设计

5 在过去,那些处于训练中的法律人很少被要求具备法律设计(Rechtsgestaltung)的能力。[14] 教授大课(Vorlesung)、研讨课或者案例练习课会讲述案例的解决办法,抑或传授法教义学及历史学的知识。只有在步入职场后,(他们)才会逐渐学习掌握设计合同所要求的能力。现在并没有声音反对"实践出真知"(learning by doing)和来自经验丰富的律师的指导。但是为迎接职业生活中的挑战,法律设计仍应当成为大学教学的一部分。因此,合同设计在实务中具有重要的地位。尤其在经济法领域工作的法律人,主要的任务就是通过合同设计、使用符合利益状况的方案解决棘手的问题。因此,学生们必须同样对合同设计的基础有所认知,同时要具备建设性和创造性的思考能力。这并不是指学会律师那样在实务中的工作方式和方法(律师如何工作?)——这是实习阶段和初入职场时的内容。大学中律师导向性的培训不应当且不可能取代实习期和律师执业期间的适应时间和学习时间。相反地,大学课程必须——以科学性地思考和论证的方式——教授基础知识、方法和结构(律师为什么要这样工作?)。大学是传授思维方式和工作方法的地方。[15]

6 这并不意味着在大学合同设计的教学中应当舍弃其本应具有的科学性。[16] 律师的观点应当被理解为法律科学的一部分并且以科学的方式被传授。合同设计或者说是法律制度设计必须成为法律科学固有的组成部

---

[14] *Medicus/Peterson*, BGB AT, Rn. 460; Rehbinder AcP 174 (1974), 265. ff.; *Rittershaus/Teichmann*, in: FS Spiegelberger, S. 1457, 1458.

[15] Rehbinder, AcP 174 (1974), 265, 275; *Rittershaus/Teichmann*, in: FS Spiegelberger, S. 1457, 1461; *Zawar*, JuS 1994, 545 (546).

[16] Haverkate, JuS 1996, 478 (482); *Rittershaus/Teichmann*, in: FS Spiegelberger, S. 1457 ff.

分,其教学必须以法律科学教学标准为基础,从而将积极的知识、方法论原则、内在系统的建立和遵循以及批判性的基本态度融为一体。[17]

因此,法律咨询的实务已经进入《德国法官法》和各州的法学教育法。[18]《德国法官法》第 5a 条第 3 款第 1 句要求大学学习除了司法和行政的实务内容外,也要考虑到法律咨询的实务及其所必需的关键技能。在一份(并不完全而仅是与目标紧密相连的)目录中,这些关键技能包括谈判管理、谈话引导、修辞、争端解决、调解、审讯和沟通技巧等。该转变的目标是让学生在学业中多次且有重点地接触律师的观点和行为方式。[19] 法律咨询实务同样应当成为国家考试和大学考试的组成部分(《德国法官法》第 5d 条第 1 款第 1 句)。各大学也已经针对教授合同设计技能的必要性做出了回应。以合同设计或者法律设计为重点的课程现在已经成为大学的标准教学内容。

7

第二节 本书的目标和内容

本书的主题是法律制度设计,尤其是通过合同进行的设计。本书重点不在于讲授实体法知识,而是以此为基础介绍合同设计方法和工具。预防式法学所要处理的问题不同于法官或诉讼律师要解决的问题。[20] 这一特点也产生了本书所要解释的预防式法学独有之方法论。[21] 原则上,本书同样适用于律师、公司法务及公证人的设计性

8

---

〔17〕 Berger, BRAK-Mitt. 2005, 169 ff.;同见于 *Zawar*, JuS 1994, 545 (546);对预防式法学已成为法学教育的一部分的辩护,见 *Schollen*, DNotZ 1977, Sonderheft zum 20. Deutschen Notartag, 28 ff.

〔18〕 该修正案于 2002 年 7 月 11 日借由《法学教育改革法》(das Gesetz zur Reform der Juristenausbildung)通过,并于 2003 年 7 月 1 日生效;BGBl. I 2002, S. 2592.。

〔19〕 BT-Drs. 14/7176, S. 10.

〔20〕 裁决式法学和预防式法学之间也相互影响。判决需要合同的解释,合同的起草者必须考虑之后可能需要的对合同的必要的解释。

〔21〕 关于预防式法学方法论的基础内容,见 *Rehbinder*, AcP 174 (1974), 265, 285;同见于 *Rittershaus/Teichmann*, Vertragsgestaltung, Rn. 107 ff. 。

任务。但其中仍有差别,因为律师和公司法务是一方利益的代表,而公证人则是双方当事人公正的(unparteiisch)照管者。

9　　本书内容计划分为两个编。第一编的重点是合同设计的方法和结构。第二编则会分析一些设计场景并提出相关建议。此处将重点关注那些法律实务中常见的合同类型。(本书)将通过一些示例来介绍必要的知识,以使(读者)能够熟练地处理这些典型的案件情况。具体而言,这将通过一对来自明斯特的(虚拟的)年轻夫妇 Steffi Klug 和 Mark Pfiffig 的情况进行介绍。因此,我们将陪伴这对夫妇走过他们的一生并提出相应的建议。该过程始终与本书的第一部分紧密相连,以运用从那里获得的知识来解决实际问题。本书的目标是帮助年轻的法律人掌握相应的方法,以起草符合当事人利益的合同并且在适当情况下进行协商谈判。示范案例都将以简要介绍的方式而被引入。它们的目的在于为年轻的法律人明晰任务提出的背景。如有必要,(本书)也会简要介绍所涉及的实体法内容。此外,个别问题将在拓展部分中得以论述。本书通常不会制作某一特定的合同模板。对此可以参考其他的指导工具书(Formularbuch)。年轻的法律人应当学习如何正确地使用这些书籍,并且在阅读后尽可能地掌握之。(本书)只示例性地展示了少数几个合同文本。通常情况下仅对草案的具体撰写提出建议,便足以帮助(读者)习得如何采用准确的合同术语。最后,(本书)还以提纲的形式草拟了一些合同,以概述合同法所要规制的内容。

10　　部分情况下(尤其在第二编)本书会涉及一些低年级学生尚未学习的实体法内容。它们被选作示例,是因为它们尤其说明了从事合同工作的法律人的工作方法和手段的恰当运用。读者不必因为无法立即解决一项任务而感到气馁。他应该在阅读案情后借助法律文本、相应实体法的介绍和法律评注或教科书来获取案情的全貌——这样才能最大限度地提升学习效果。

第二章　合同设计与合同设计者

第一节　合同设计的内容

合同设计包含多种任务,而且这些任务彼此相互交叉。因此,它们不应该被作为各自独立的问题来考量。

一、合同的草案和实施

作为私法自治的行使方式,合同的缔结是我们法律规则本质且必不可少的组成部分。它——以及它之前的草案——的必要性体现于保障或变更某一法律地位,以及某项请求权产生或受阻之时。[1] 合同设计者要在合同自由的框架内为当事人建立一套私人的规则系统。[2]

示例:

土地买卖合同当事人可以约定,土地买受人应负担至合同成立之日业已开始之建筑工程的土地开发费用。[3] 该约定并不同于出卖人需承担此费用的法定后果。《德国民法典》第 436 条第

---

〔1〕 *Schmittat*, Vertragsgestaltung, Rn. 1.
〔2〕 总体而言,需要注意,日常生活中的合同无须借助律师或公证人也可订立;这同样适用于(通常起证据作用的)书面合同。因此,通过律师或公证员进行的合同设计(除法定必须公证的情形外)尤其见于复杂情况之中;对此参见 *Ritterhaus/ Teichmann*, in: FS Spielberger, S. 1457, 1461。
〔3〕 顾问必须主动指出这个问题;BGH NJW 1994, 2283 f. (针对公证人);同见于 OLG Hamm RNotZ 2013, 49 (51 f.)。

1款已经明确说明了这种协议的可能性。买受人负有先履行义务的合同同样是不同于《德国民法典》第320条第1款第1句之法律规范（同时履行）的合同设计。

4　　通常在制作完成合同草案后，下一步应进行合同的谈判协商、合同的成立以及合同的执行和控制。

二、审核合同

5　　律师可以被聘用以审核已经过谈判协商的合同草案。其难点在于律师并未参加合同的起草过程，因此，他不知道该合同是如何产生的，也不知道其背后经历过怎样的让步和妥协。他不能仅通过阅读来评价合同，而是必须查明相关的案件事实和目的。律师应当首先自行研究哪些规则对于实现委托人的目标是必需的。如果他得出了合同没有完全照顾到委托人所有利益的结论，那么他必须问明原因。该原因可能是对另一方合同当事人利益的妥协。除此之外，律师当然也必须审核合同是否完整且不自相矛盾。总之，律师的合同审核具有与构思合同意义上其他合同设计同等的要求；它绝不仅仅是"正确性的检查"（Richtigkeitsprüfung）[4]。

三、现有合同关系中法律状态的审核

6　　除了设计性的任务外，律师也可能被委托审核法律状态的工作。

7　　**示例**：

　　对于进行中的合同关系，（律师）应当确定是否可以行使解除权或其能否实现协议解除。因此，委托人可能会有他是否应当解除合同的问题，即使他也想要求损害赔偿。当事人同时主张合同解除和损害赔偿请求权是可能的（《德国民法典》第325条）。

[4] *Schmittat*, Vertragsgestaltung, Rn. 68; *Zankl*, Vertragssachen, Rn. 29.

因此，委托人必须被告知，合同解除不会剥夺他的损害赔偿请求权。在这种情况下将会依照差额法（Differenzmethode）进行损害赔偿的计算。但是以下内容同样应当向委托人解释清楚：当他解除合同并按照解除制度请求返还已经履行的部分时，他不可"强制"债务人作此行为。在特定的交易中，对于委托人而言更合乎其经济目标的做法可能不是解除合同，而是主张替代给付的损害赔偿（《德国民法典》第281条）并依照替代法（Surrogationsmethode）计算损害的数额。债权人仍可以履行其尚未履行的对待给付（或放弃要求返还其对待给付），并就债务人未履行的部分和其他的间接损失请求赔偿。[5] 如果债权人的利益在于"出手"其物品的话，比如其保管费用非常高时，那么这种可能性对债权人是有好处的。除了优势与劣势外，委托人必须同样被告知这种选项的存在及其后果。对此应当讨论是否协议解除合同或许更加有益且更可能实现。[6]

四、法律行为设计

狭义的合同设计仅与双方法律行为有关。然而在单方或多方法律行为上也可能存在设计需要[7]，例如制作遗嘱、章程、一般交易条

---

〔5〕 *Grüneberg*, in: Palandt, § 281 Rn. 18 ff.; 一些著作中，可供债权人使用的可能性尚有争议，对此参见 *Emmerich*, in: MünchKommBGB, vor § 281 Rn. 24 ff.; *Ernst*, in: MünchKommBGB, § 325 Rn. 4 ff.; *Arnold*, ZGS 2003, 427ff. 。

〔6〕 *Teichmann*, JuS 2001, 870 (871).

〔7〕 就与合同设计的概念之关系而言，法律行为设计是其上位概念。但是，在下文中合同设计的概念被以"部分代表整体"（pars pro toto）的方式使用，一方面这一概念已被建立；另一方面它也定义了法律设计中最重要的部分领域。法律设计的问题尤其表现在合同之中；*Teichmann*, JuS 2001, 870 (871); *Zawar*, JuS 1992, 134; 关于广义的合同设计概念，参见 *Rehbinder*, AcP 174 (1974), 265, 266 f.; *Schwarzmann*, JuS 1972, 79 (80); 也见于 *Flume*, DNotZ 1969, Sonderhaft zum 18. Deutschen Notartag, 30, 32: Begrift der Vertragesfreihect als *pars pro toto* für die Frechect der Rechtsgestaltur.

款的草案[8]（其之后应成为合同的组成部分，见《德国民法典》第305条第2款）、终止或撤销。

9　　　**示例：起草一般交易条款**

某出卖人的利益可能在于不将其货物的所有权随货物交付而转让给买受人，而是在收到全部的价款时（再行转让）。在每个具体案例中都明确约定所有权保留并不是高效的做法。因此，出卖人希望能获得一套能作为他给付依据的"标准规则"（Standardregelwerk）。故而应当向他推荐使用一般交货条件。该条件决定了买卖双方各自的"权利"。这套规则是特别为了处理大量案件而制定的。

五、与合同控制的区别

10　　　合同控制（Vertragscontrollling）不属于狭义的合同设计。在企业经济学中，控制是指通过对计划、控制和信息供给的协调配置来帮助提升组织管理能力的公司管理方式。[9] 由此衍生的合同控制是指，从合同的成立直至最后一个瑕疵担保期限的经过应一直控制所有的合同生效条件。[10] 因此，可以制作一份关于合同生效前提和合同中权利义务的概览。借助这份概览（当事人）可以监督，甚至可以提出主张、催告或者责问。合同控制应当保证合同能够如约履行，也就是说使合同是否达成既定目标的情况一目了然。

---

[8]　关于通过一般交易条款进行的法律设计：§ 20 Rn. 8 ff.；此外（此义基于当时的《一般交易条款法》）Coester-Waltjen, Jura 1999, 104 ff.；此案例同见于 Schrader, JuS 2010, 326（330 ff.）。

[9]　Horváth/Gleich/Seiter, Controlling, S. 24 ff.（关于该定义的难点见第13页以下）。

[10]　Heussen, in: Heussen/Pischel, Handbuch Vertragsverhandlung, Teil 2 Rn. 686 ff.

第二节 合同设计与司法活动的比较

当我们将合同设计与司法裁判的过程相对比时,合同设计的特征就更加明显。

一、作为共同出发点的法律知识与法律适用

不论是合同设计还是法官的诉讼裁判都要求(实体法上和程序法之)法律状态的知识及其贯彻落实。实体法上的法律状态是合同设计者思考的出发点,因为只有以此为基础才可以评价合同规则是否具有必要性,设计工具的运用是否恰当以及是否契合具体案件的需要。

示例:

如果要随债权一同转让担保性土地债务,那么只有当人们知道土地债务由于没有附随性(Akzessorität)故不能以债权转让的方式被转让(《德国民法典》第1153条第1款和第401条不适用于此),而只能通过让于土地债务自身才可被转让时,才有可能完成。[11] 因此,债权只能根据《德国民法典》第398条第1句之债权转让才可被转让;在登记式土地债务(Buchgrundschuld)的情况下,土地债务的让与将通过当事人的合意及在土地登记簿上的登记进行(《德国民法典》第1154条第3款,第873条第1款及第1192条第1款);在证书式土地债务的情况(Briefgrundschuld)中,则必须通过书面的让于表示和转移证明土地债务文件来完成(《德国民法典》第1154条第1款及第1192条第1款)。

---

[11] *Staudinger*, in: Hk-BGB, § 1191 Rn. 14; *Bauer/Stürner*, Sachenrecht, § 45 Rn. 54 ff.; 关于土地债务让与的详细内容,见 *Clemente*, Sicherungsgrundschuld, Rn. 178 ff.。

14　　示例：

只有在人们考虑到在何种程度上对法规的偏离是被允许的时候，他才能成功设计一套一般交易条款。为此（使用人）需要掌握《德国民法典》第307条以下的知识并了解将这些法规具体化的判决。

二、合同设计的特殊性

（一）面向未来的视角

15　　在法庭上，法官裁判的对象是已经完成的、发生于过去的案件事实，他不可能对这些事件施以影响。即使裁判的结果会在将来生效，法官的判决也是朝向过去的。[12] 这种情形好似将一部关于当事人之生活的电影停止于某个特定瞬间。这一帧的定格就是法官裁判的内容。法官通过适用法律对这一往昔发生的事实进行权威性的决断[13]【你给我事实，我，法官，给你法律。（Da mihi factum, dabo tibi ius）】。

16　　对于合同设计者而言，事实仅仅是出发点。合同设计必须具有前瞻性，因为它恰恰生效于未来。它包含了对未来发展的预测，并且必须考虑到发生冲突的可能性。[14] 故而合同设计者应当预料到将来可能产生的法律问题并且未雨绸缪地规制这些情况。依据弗卢梅的观点，预防式法学可以跟医生的典型工作相类比：律师要查明规则目的和案件事实，给出一个"处方"并用为委托人预先准备的手段来避免"疾病"。[15]

---

〔12〕 *Rehbinder*, Vertragsgestaltung, S. 1; *Kanzleiter* NJW 1995, 905.

〔13〕 *Rehbinder*, Vertragsgestaltung, S. 1; *Odersky*, DNotZ 1989, Sonderheft zum 23, Deutschen Notartag, 45, 46; *Zawar*, JuS 1992, 134.

〔14〕 *Rehbinder*, AcP 174 (1974), 265, 288; *Jerschke*, DnotZ 1989, Sonderheft zum 23. Deutschen Notartag, 21, 31.

〔15〕 *Flume*, DNotZ 1969, Sonderheft zum 18. Deutschen Notartag, 30, 33：„Diagnose und Therapie"。

示例：

在购买耕地或林地后，当事人之间可能会产生支付义务的问题。法官必须按照合同约定及法律规定进行裁判。这里他必须考察合同是否符合法定的特别生效要件。依据土地交易相关法规（《德国关于改善农业结构和确保农业和林业经营措施法》第1条和第2条），以法律行为方式进行的耕地或林地出让及相应债法上的合同需要批准。律师或公证人在合同设计时同样必须考虑这一特殊要求。除此之外，他有时还必须处理那些在未来可能会发生但当事人从未设想过的情况。就此而言，推荐（当事人）约定，如果将来发现了土壤污染，内部关系中的何人应当为此负责。合同设计者的视角是更长远的；他必须额外考虑到那些在当事人之间尚未成为现实的方面。

（二）目的方案

通常摆在合同设计者面前的并不是唯一的正确答案，而是多个备选方案，合同设计者应分别衡量其优劣并向委托人阐明之。因此，（他）必须通盘考量所有设计的可能方案。合同设计者最终应通过尝试在法律的界限内借助法律规定以实现委托人之目的，并以结果为导向的方法来完成他的工作。

卢曼将人的行为归结为一套决策方案，并将之区分为所谓的条件方案与目的方案（Konditional-und Zweckprogramm）。[16] 这一区分也可以适用于法官和合同设计者的行为。法官的行为就如同条件方案的过程（"如果—那么—模式"）。如果某一构成要件的前提已经成就，他就应判决产生特定的法律后果。与此相反，合同设计者则遵循目的方案。委托人（与设计者）共同确定一个须通过行动实现的目标。可能有很多条道路都能通向这一目的地，有些会直接到达，有些可能会绕弯路。因此，目的方案的结论并不似条件方案那样，它并不是前

---

〔16〕 *Luhmann*, Rechtssystem, S. 24 ff.

提条件直接产生的逻辑结果。[17]

(三) 查明案件事实与实质目标

20　　民事法官找法的依据是当事人根据辩论原则而陈述的证据事实。[18] 当至少一方当事人提出请求时,他可以在某些情况下通过调取证据来查明有争议的事实陈述。[19] 必要的信息不会被"处理成适口的大小喂到"合同设计者嘴边,因此,他必须从(通常没有接受过法学教育的)委托人那里问得。

21　　法官裁判一个确定的申请(《德国民事诉讼法》第253条第2款第2项)。他无权将当事人未提出的事项判给当事人(《德国民事诉讼法》第308条第1款第1句)。合同设计者必须首先问清委托人的实质目的,或者跟他一起将目标明确化。

第三节　合同设计者的职业形象

22　　从事合同设计者工作的多是公证人和律师[20],后者又可具体区分为委托人在个案中聘请的律师和长期为公司拟定并谈判合同内容的法务律师。[21] 合同设计者的角色通常决定了其具体的任务及设计意见的内容。

---

〔17〕关于决策方案转移到法官和律师工作中的详细内容,见 *Rittershaus/Teichmann*, Vertragsgestaltung, Rn. 154 ff.; *Teichmann*, JuS 2001, 973 ff.。

〔18〕BVerfG NJW 1995, 40; BGH NJW 1998, 156 (159); 详细内容见 *Rauscher*, in: MünchKomm ZPO, Einl. Rn. 353 ff.; *Saenger*, in: Hk-ZPO, Einf. Rn 66 ff.。

〔19〕BVerfG NJW 1994, 1210 (1211); 例外情形中也可依职权查明,参见§142 Abs. 1 ZPO.。

〔20〕这一分类代表了功能上的区别,*Rittershaus/Teichmann*, in: FS Spiegelberger, S. 1457, 1460. 同样,当法官"像一个公证员一样"工作时,他也可以承担设计者的任务,比如起草一份司法解决纠纷的建议(见《德国民事诉讼法》第794条第1款第1项及第278条第6款第1句后半段)。法务律师的工作就像法官一样,除了评估事实之外,还需进行目的性的考量。为了确定其建议的依据,合同设计者首先检查法律状态,因此会"像法官一样"行事。

〔21〕行政官员工作的特殊性是由于他在行使国家权力时受到宪法,特别是基本权利的约束这一事实而造成的,这里不再赘述。Vgl *Langenfeld*, Vertragsgestaltung, Kap. 2 Rn. 3.

一、由律师进行的合同设计

当合同涉及复杂棘手的内容,并且潜在的缔约方因此决定询问专业人士的意见时,律师尤其会进行合同设计的工作。这通常会涉及律师应在文书公证之前准备并谈判合同内容的情况。与公证员须根据《德国联邦公证人规章》第 14 条第 1 款第 2 句遵守中立义务不同,律师为了其委托人的利益而行动(《德国律师执业规章》第 1 条第 3 款)。除了满足己方委托人[22]的诉求外,他同样必须注意合同相对人对设计方案的接受能力,因为只有相对人同意时,合同才能成立。[23] 很多时候他必须同公证人一样不偏不倚,因为他将同时为多方当事人起草合同,例如设计一份公司章程。[24]

23

二、诉讼

在诉讼时,律师也可以接触到合同设计,比如设计一份法庭和解协议。在设计具有中止诉讼程序效力的庭外和解时,律师通常也会扮演合同设计者的角色。然而与普通的合同不同,这里前瞻性的设计并不重要,重要的反而是对过去案件事实的终局性裁决。[25] 当然纠纷也可以显示出将来的设计需求。为了预先避免与商业伙伴发生其他冲突,这也需要一份精心设计的解决方案。

24

三、公证员进行的合同设计

公证员的工作范围通常在于法律出于说明和咨询的原因而规定须

25

---

[22] 关于客户的指示(从职业道德的角度),参见 Heussen, NJW 2014, 1786 ff.。
[23] *Rittershaus/Teichmann*, in:FS Spiegelberger, S. 1457, 1462; *Schmittat*, Vertragsgestaltung, Rn. 53; *Junker/Kamanabrou*, Vertragsgestaltung, § 1 Rn. 17;关于"合同设计者必须维护谁的利益"这一问题对设计建议产生的影响,参见第三章边码 2。
[24] *Langenfeld*, Vertragsgestaltung, Kap. 2 Rn. 3.
[25] *Rittershaus/Teichmann*, in:FS Spiegelberger, S. 1457, 1460; *Rittershaus/Teichmann*, Vertragsgestaltung, Rn. 32.

作成公证文书的场景。[26] 这尤其来自那些为公证人招揽客户的立法者之手。[27] 因为需要公证的合同通常也是由律师准备的，公证人的工作或将只限于合同内容的法律复核以及文书公证。虽然公证人也会参与到意思表示的形成之中，故而此处也有进行设计的可能[28]，但这是受到限制的。在履行其任务时，公证人有义务保持中立，而且该义务并不因公证人是由双方当事人委托还是仅受当事人一方委托而有所改变（《德国联邦公证人规章》第1条及第14条第1款第2句）。他必须注意使没有经验且不熟练的一方不会承受不利（《德国公证书证法》第17条第1款第2句）。与律师相似，公证人的工作不仅仅是设计性的，而且是具有前瞻性的咨询（《德国联邦公证人规章》第24条）。[29] 公证人同时也对经济问题和税务问题提供咨询服务。

四、企业法务的合同设计

26　　顾问律师的工作很大程度上仅限于公司内部的合同和公司与第三人之间的合同。对此他必须采取不同的视角。当他与其他公司谈判时，他就与律师相同，必须维护自己公司的利益；而他在面对公司内部工会的合同时，他就必须像公证员一样不偏不倚地行动。鉴于其地位可以得知，本质性的区别在于法务律师在经济上和人事关系上紧密依赖于其雇主。因此，他并不能搁置他的委托工作，否则他只能选择辞职。

---

[26] *Reithmann*, in: Reithmann/Albrecht, Handbuch, Rn. 155: Sicherang der Rechtsbelehrung als wichtigste Aufgabe der Beurkrnding.

[27] *Rittershaus/Teichmann*, in: FS Spiegelberger, S. 1457, 1461.

[28] *Schollen*, DNotZ 1969, Sonderheft zum 18. Deutschen Notartag, 51 ff.

[29] *Reithmann*, in: Reithmann/Albrecht, Handbuch, Rn. 13 ff. und 171 ff.

第三章 合同设计的指导方针

合同设计的方法必须遵循由合同设计者的义务产生的指导方针。对于公证人而言,其义务被明确规定于《德国公证书证法》第17条第1款第1句中*,而作为合同设计者的律师的义务来源于律师服务合同。[1] 具体而言,这取决于整体的情况,尤其是委托人的诉求以及委托的内容。[2] 这些义务经过德国联邦法院关于责任的判决得以进一步具体化。为了他自己的利益(避免责任),律师们将遵守这些义务。

1

第一节 目的导向和利益代表

律师是其委托人的利益代表。委托人的需要必须在设计方案中被尽可能最完美地满足。[3] 因此,对于合同设计而言,最高指导方针就是委托人的利益和实现其所期待的目的。然而在一个合同中也应考虑合同相对人的合法权益。合同来源于"协调一致"(vertragen)一

2

---

* 《德国公证书证法》第17条第1款第1句:公证人应研究当事人的意愿,澄清事实,指导当事方有关交易的法律范围,并在记录中清楚明确地复述其说明。——译者注

[1] 参见 Borgmann, in: Borgmann/Jungk/Schwaiger, Anwaltshaftung, Kap. IV Rn. 1 ff.

[2] BGH NJW 2002, 1413.

[3] BGH NJW 1998, 900 (901); OLG Rostock NJOZ 2009, 2627 (2628).

词，而且在合同成立后紧接而来的是合同的履行。这并不是说合同就是中立的或者完全公平的。[4] 不同于公证人，从事合同业务的律师并不是中立的第三方。但是合同仍然必须对相对方是合理的，或者至少是能够同意的（zustimmungsfähig）。达成合同合意的前提通常是双方当事人愿意在一定程度上妥协。此外，对另一方利益的适当照顾也有助于合同的履行。这样（合同相对人）就不会尝试从合同中脱身或重新进行谈判。不履行合同的风险会降低，诉讼也就可以被规避。

第二节 告知义务

3　　在合同设计的开始阶段，基础的案件事实和当事人的实质目标必须被查明。查明案件事实因此成为合同设计者的基本义务。[5] 对于公证人而言，这项义务具体来自《德国公证书证法》第17条第1款，律师的义务则来自其在律师服务合同中接受的委托内容。

4　　调查信息涉及现在与将来的所有事实情况，只要该情况与委托人的诉求和目标关系重大。[6] 信息的获取并不是在咨询之初就一次性地开始且就此终结的过程。与其这样，不如说它是合同法律人在整个合同设计阶段应持续进行的工作。＊ 此外，案件事实可能从第一次谈话到着手设计时都在不断改变。合同设计者必须采取预防措施以时刻了解这些改变。

---

〔4〕 关于一个"公正"的合同的价值见 Rehbinder，Vertragsgestaltung，S. 5；关于保障合同的公正性见 Medicus/Petersen，BGB AT，Rn. 472 ff.。
〔5〕 BGH WM 2019，736 f.；NJW 1996，2929（2931 f.）；Fahrendorf，in：Fahrendorf/Mennemeyer/Terbille，Haftung des Rechtsanwalts，Rn. 476 ff.
〔6〕 Junker/Kamanabrou，Vertragsgestaltung，§ 1 Rn. 15.（第四版中，本书作者变更为 Kamanabrou，下同。——译者注）
＊ 本书第四版新加注释"为了避免责任法上的赔偿，建议持续地将咨询服务记录在自己的文档中；对此，参见 Moes，Vertragsgestaltung，Rn. 141."。——译者注

如果发现信息有明显的缺漏，那么律师必须再次询问核实。[7]
委托人通常告知的事实并不是完整的，甚至很多细节都是不准确的，
因此，律师必须积极地调查事实，比如通过对委托人的深入询问或者
其他方式获取信息。[8]

第三节　法律知识与运用

法律审核和案件处理是律师工作的关键义务。判决需要一定的法
律知识，这些知识是一个负责可靠且经验丰富的普通律师应当具备
的。[9] 与德国哈姆市上诉法院（OLG Hamm）之前的一份判决不同，
这不是指"从至少《德国民法典》直至各个细节"（zumindest des
BGB, bis ins Detail）的知识[10]，而是通过收集整理相关材料而获得
的与委托相关的法律知识。律师同样必须掌握并注意那些为处理委托
所必需的现行法规以及即将生效的法律变化。[11]

合同设计者的工作成果必须遵循最高法院的判决。[12] 这些判决

---

[7] BGH NJW 2006, 501; 1994, 1472 (1474); *Fahrendorf*, in: Fahrendorf/Mennemeyer, Haftung des Rechtsanwalts, Rn. 479, 493. (第四版中, Anwaltshaftung 一书作者变更为: Fischer/Vill/Fischer/Pape/Chab, 下同。此处所引边码变更为: Fahrendorf, Rn. 517; Vill, §2 Rn. 57ff.。——译者注)

[8] *Rittershaus/Teichmann*, in: FS Spiegelberger, S. 1457, 1463.

[9] BGH NJW 2002, 1117 (1118); *Henssler*, JZ 1994, 178 (179).

[10] OLG Hamm VersR 1981, 936.

[11] *Fahrendorf*, in: Fahrendorf/Mennemeyer, Haftung des Rechtsanwalts, Rn. 517; *Vill*, in: Fischer/Vill/Fischer/Rinkler/Chab, Anwaltshaftung, Rn. 589 f. (第四版中, Anwaltshaftung 一书作者变更为: Fischer/Vill/Fischer/Pape/Chab, 下同。此处所引边码变更为: Fahrendorf, Rn. 517; Vill, §2 Rn. 57ff.。——译者注) 判决保障了"事实容忍期限"（einen realistischen Toleranzzeitraum）以习得法律知识，尤其鉴于新的或修订的法律规范: BGH NJW 2001, 675 (678); 对此见 *Vollkommer/Greger/Heinemann*, *Anwaltshaftungsrecht*, §11 Rn. 11. 当律师无条件地接受委托时，他同样可能有义务学习外国法律知识; *Fahrendorf*, NJW 2006, 1911 (1912).

[12] BGH WM 2009, 324 (325); NJW 2001, 675 (678); 1993, 2045 (2046); *Rehbinder*, AcP 174 (1974), 265, 291.

对于法律的发展和适用具有指导性意义。遵守判决对于合同设计的稳定性和可能发生之经由司法程序的合同履行也具有决定性的意义。就此而言，合同设计者必须要把自己代入法官的角色，因为在之后的诉讼中他必须要说服法官。律师必须要通过官方判例集和相关杂志实时追踪最高法院案例的发展。[13]

8 关于各级判决和各类文献的知识仅在有限的范围内有其价值。一种是在该领域尚无最高法院的判例存在，或该法律领域明显尚处于发展之中且可以预见最高法院的判例法即将发生变化的时候；另一种则是下级法院做出终审判决的情况。

9 合同设计者原则上可以相信最高法院判例将持续存在，尤其当该判例是既定性判例（gefestigte Rechtsprechung）时。[14] 但是律师也不能盲目地相信它会永久存在。这些判决要求他权衡考量新法律对依据旧法律状况做出之裁判的影响。如果法律状态或判例发生了明显改变【比如通过不同审级法院相反的法律观点或法官的附带性论述（obiter dicta）】，那么他应当在法律审核后向委托人释明由此产生的不确定性和风险，并采取适当方法加以预防。如果法律状态因为相关的既定性判例尚未形成而留有疑义时，律师必须向委托人说明并共同讨论由这种法律状态引起的疑义和顾虑，并根据委托人听取说明后做出的决定采取进一步行动。如果判例对于某一问题的观点并不明晰，那么合同设计者就要借助法律人的工具来解决这些问题，比如法学的解释方法。[15] 此时他必须预测有管辖权的最高法院将会持有怎样的观点。[16]

---

[13] BGH WM 2009, 90 f.；NJW 2001, 675（678）；siehe auch BGHZ 85, 252（259 ff.）= NJW 1983, 820（822）。鉴于新的发展，他有四周到六周时间获取新的知识；BGH NJW 2001, 675（678）。

[14] BGH WM 2009, 90 f.；NJW 1993, 3323（3325）。

[15] BGH WM 2016, 2091（2092）（Rn. 9）："他必须根据自己的法律上合理的考量来处理不寻常的案件。"

[16] BGHZ 97, 372（376）= NJW 1986, 2043（2044）；*Schröder*, Der sichere Weg bei der Vertragsgestaltung, S. 118 ff.；*Junker/Kamanabrou*, Vertragsgestaltung, § 1 Rn. 32 ff.

第四节　最安全方案要求

如德国联邦最高法院的通行判例（der ständigen Rechtsprechung）所示，律师必须根据律师服务合同在代表委托人的利益时选择最安全的方案。[17] 这意味着即使只有法律专家才可以预见到发生损害的可能性时，他也应避免他的委托人的利益受到损害。如果同时存在多种方案，他就必须向委托人说明相对最为安全且最少风险的路径。[18] 如果法院判决足以引起需要重视且有根据的疑虑，那么律师必须告知其委托人，法院可能会就其法律状况做出不利于他的判决。律师同样应当释明其余风险，以便委托人能够做出正确地决定。[19]

10

律师不可能提供一套毫无风险的设计方案。律师必须同样为不利于委托人的事实或法律情况变化制定辅助措施以及预防措施。[20] 如果存在一个对委托人而言危机四伏的方案，那么委托人自己当然也可以自由地选择之。例如，如果委托人与合同相对人保持着长期的合作关系且对于安全性的执著或被视为对另一方的不信任时，委托人当然可以追求并不是最安全的那套方案。因此，在适当解释之后，律师完全可以有意地为委托人起草一份具有风险的合同并付诸实施。[21] 律

11

---

[17] RGZ 151, 259 (264); BGH NJW 2000, 3560 (3561); 1988, 1079 (1080); OLG Jena BeckRS 2017, 123751 (Rn. 30); 对此见 *Jungk*, in: Borgmann/Jungk/Schwaiger, Anwaltshaftung, Kap. IV Rn. 131 ff.; *Fahrendorf*, in: Fahrendorf/Mennemeyer, Haftung des Rechtsanwalts, Rn. 566 ff.; *Vill*, in: Fischer/Vill/Fischer/Pape/Chab, Anwaltshaftung, Rn. 636 ff.; *Henssler* JZ 1994, 178 (182)。

[18] BGH NJW-RR 1991, 1241 (1242); siehe auch *Fahrendorf*, NJW 2006, 1911 (1913 f.)。

[19] BGH NJW 1996, 2648, 2649; 1988, 1079, 1080; 2011, 2138, 2141.（第四版中，删除 BGH NJW 2011, 2138, 2141。——译者注）

[20] *Fahrendorf*, in: Fahrendorf/Mennemeyer, Haftung des Rechtsanwalts, Rn. 603 ff.

[21] BGHZ 171, 261 (264) = NJW 2007, 2485 (2486); *Rehbinder*, Vertragsgestaltung, S. 36; *Kamanabrou*, Vertragsgestaltung, § 1 Rn. 35.

师应当注意以相应的证据证明他曾表达的疑虑及做出的说明和建议。

12 最安全方案要求包含着法律确定性的要求。合同必须保持自身处于法律允许的范围内。[22] 如果一份合同草案虽然可被对方当事人接受,但其主要内容却为无效的话(比如依据《德国民法典》第139条而全部无效)[23],这也不符合委托人的利益。

13 示例:

违背善良风俗的法律行为无效(《德国民法典》第138条第1款),因此,这样的法律行为不能成为设计的备选方案。这适用于那些因违背法定禁止而无效的设计(《德国民法典》第134条)。出卖人的责任排除不可以延伸至故意隐瞒瑕疵的情况(《德国民法典》第444条第1种情况)。在使用一般交易条款时,需要注意《德国民法典》第305条以下的限制。某个无效的条款虽然一般不会影响合同其余部分的效力(《德国民法典》第306条第1款),但会导致该条款的全部无效;维持效力的限缩解释在此被排除。[24]

14 不管是在合同中,还是在单方意思表示中,合同设计者都要选择一个清晰明确(且富有法学专业性)的表达方式(对于公证人,见《德国公证书证法》第17条第1款第1句)。解释上的问题和误解应尽力避免。这也包含运用正确的法律概念及相关的专业表达。[25] 但如果律师因使用不适当的专业语言而引发了误解风险,他就违反了律师的注意义务。

---

[22] *Medicus/Peterson*, BGB AT, Rn. 465 ff.; *Paulus/Zenker*, JuS 2001, 1 ff.; *Weber*, JuS 1989, 818 (819).

[23] 关于可分条款(salvatorische Klausel)可以部分有效,参见 *Busche*, in: MünchKommBGB, § 139 Rn. 8; 关于在合同设计中可分条款的运用,见第四章边码87。

[24] *Grüneberg*, in: Palandt, § 306 Rn. 6.

[25] 与之相关的问题、关于可理解性的要求以及在语言上和专业上可理解性的方式表达法律的可能性,参见 *Duve* DNotZ 1981, Sonderheft zum 21. Deutschen Notartag, 26 ff.。

示例：

租赁关系或类似租赁关系通过终止（Kündigung）而非解除被终结，因此，法律顾问必须使用相应的专业术语。[26] 出于清晰性的要求（法律顾问）应当说明终止是即时的（特别的）还是按期限的（普通的）。在特别终止的情况下，最安全方案要求或也可包含普通的终止。[27]

清晰的表达方式和使用专业术语的必要性尤其表现在终意处分（letztwillige Verfügung）上。被继承人的追求必须借助书面确定的意思才可被确定地查明。

第五节 以未来为导向

合同设计必须在合同成立时发生法律效力，同时也必须适应未来的发展。以未来为导向意味着首先它需要经受得起将来法院裁判的考验。社会的价值观是会改变的。这也会影响合同的效力或合同解释。通过《德国民法典》第138条和第242条之一般条款，价值观得以通过法官进入法律适用的领域之中。

示例：

公司成立后，股东可以在公司章程中加入有关股东退出时补偿费的规定。该类协议背后的经济原因在于，股东在没有章程规定的情况下或许可以主张以其股份的真实价值作为补偿费。在这种情况下，股东的补偿费用应根据《德国民法典》第738条第1款第2句确定。这项规定依据《德国商法典》第105条第2款和

---

[26] BGH NJW 1996, 2648, 2650.（第四版中，添加 Herrmann, in: MünchKommBGB, § 675 rn. 32。——译者注）

[27] Vill, in: Fischer/Vill/Fischer/Pape/Chab, Anwaltshaftung, Rn. 838.（第四版中，引用边码变为§2 Rn. 118, 127。——译者注）

第 161 条第 2 款也适用于无限公司（OHG）和两合公司（KG）。此外，它也可被类推适用于收回有限责任公司（GmbH）股份之情形。[28] 根据一般的观点，这并不意味着根据清算价值进行衡量，而是要结合隐形资产和商誉（good will）（所谓的交易价值）确定公司的实际经济价值。[29] 这种范围的补偿费将会因为流动资产的减少而给公司带来沉重负担，因此，在实践中往往通过协议规避法律的规定。

以前公司经常会在公司章程中加入所谓的账面价值条款（Buchwertklausel）[30]，据此，退出的股东可以获得的补偿费仅包含以资产负债表所得的账面资本份额加上当前财年的比例利润，以及相应出资比例的未分配准备金和留存收益，并要按比例减去亏损结转额。[31] 在公司价值及隐形资产中的部分不会被计入其中。

1978 年前的判例都曾支持这种实践做法，但是之后法院改变了这种法律观点。1978 年德国联邦最高法院首先在判决中做出解释，账面价值条款因违背善良风俗而无效（《德国民法典》第 138 条第 1 款）。[32] 因此，《德国民法典》第 738 条第 1 款第 2 句的规定就此可得适用，以使补偿费用符合交易价值（Verkehr-

---

[28] *Fastrich*, in: Baumbach/Hueck, § 34 Rn. 22; *Ulmer/Habersack*, in: Ulmer/Habersack/Löbbe, § 34 Rn. 72 ff.

[29] BGHZ 17, 130, 136 130（136）= NJW 1955, 1025（1027）; *Schäfer*, in: MünchKommBGB, § 738 Rn. 32 ff.; *Dauner-Lieb*, ZHR 158（1994）, 271, 272; *Großfeld*, Unternehmensbewertung, Rn. 56 f.

[30] 例如 BGH NJW 1993, 2101; 1989, 3272 f; 1985, 192 f.; siehe auch *Saenger*, in: Hk-BGB, § 738 Rn. 6; *Sprau*, in: Palandt, § 738 Rn. 7; *Dauner-Lieb* ZHR 158（1994）, 271, 273). 。

[31] BGHZ 116, 359（368）= NJW 1992, 892（894）; *Schäfer*, in: MünchKommBGB, § 738 Rn. 63. 此外，在公司章程或合伙协议中也有所谓的名义价值条款（Nennwertklauseln）或所谓的资产价值条款（Substanzwertklauseln）；关于典型的合同条款，见 *Habermeier*, in: Staudinger, § 738 Rn. 30 ff; *Schäfer*, in: MünchKommBGB, § 738 Rn. 60 ff. 。

[32] BGH NJW 1979, 104.

swert)。1993 年德国联邦最高法院再次改变了它的判决。[33] 如果事后约定的补偿费与实际的股份价值不成比例，那么这虽然不会导致协议的全部无效，但是补偿费用要通过补充条款依据诚实信用和对公司利益和退出股东利益的适当考量并结合具体案件中的各种情况，适应改变后的关系而另行确定。

过去判决发生的变化显示出了合同设计者须面对的困难。在一份 1993 年的判决中，德国联邦最高法院裁判了一份股东于 1942 年签订的补偿金协议。股东们怎么能够预见到 51 年后法院将如何裁判呢？[34] 今天在草拟一份补偿金协议时也会面临同样的挑战，也就是协议效力同样只能在未来由判决承认。[35] 最终，必须找到一种折中的办法，其一方面从股东的角度来看应是适当的，另一方面在不久的将来这种折中仍将被判断为具有法律效力。根据现有的讨论状况，补偿金必须与出资的真实价值相关并且最高只能减少百分之五十。[36] 根据判决，虽然肆后无效的限制不会导致其自始无效，但是要通过合同的补充解释在考虑诚实信用的情况下（《德国民法典》第 242 条）确定当事人的真实意思（《德国民法典》第 157 条）。因此，或许不应确定一个当前法律尚允许的最低补偿金额，而是要找到一个介于账面价值和实际价值之间的适当额度。换句话说，人们或许可以借此将金额确

---

[33] BGHZ 123, 281 = NJW 1993, 3193.

[34] 关于这一问题的详细论述见 *Kanzleiter*, NJW 1995, 905 (907)。（第四版中，新加："siehe auch Schmittat, RNotZ 2012, 85 (92 f.)"。——译者注）

[35] 有限责任公司补偿金的限制方面有着特别规定，即《德国股份法》第 242 条第 2 款第 1 句出于法律稳定性的考虑可被类推适用。因此，如果在注册后 3 年内未主张无效，则可以废除无效的规定（决定）；BGHZ 144, 365 (367 f.) = NJW 2000, 2819 (2820); BGHZ 116, 359 (368) = NJW 1992, 892 (894); BGHZ 144, 365, 367 f. = NJW 2000, 2819, 2820；对此见 *Kersting*, in: Baumbach/Hueck, § 34 Rn. 31。（第四版中，删除 BGHZ 144, 365, 367 f. = NJW 2000, 2819. 2820。——译者注）

[36] *Ulmer/Schäfer*, ZGR 1995, 134 (153); *Mecklenbrauck*, BB 2000, 2001 (2005); 关于不同的备选方案，见 *Kanzleiter*, NJW 1995, 905 (907)。

定交由法院进行。如果要避免法院决定的不确定性，那么当事人就需要严谨仔细地制订协议。

19 此外，合同设计必须切合未来的实际发展。它必须要考虑可能真实产生的变化发展和利益冲突。故而这需要合同设计者的想象力和他在实务中获得的能帮他确定典型问题的经验。* 具有典型利益状况的典型案例设计会不断出现，并且经常需要（至少以此为基础的）相同的手段和规则。[37]

第六节　经济上的理解和思考

20 委托人的目标背后往往隐藏着他的经济利益。因此，合同设计要以经济及税务上的理解为前提。

21 示例：

公司收购协议的谈判和设计要求对资产负债表了如指掌。只有当资产负债表可被"阅读"时，公司收购价才能得以确定。[38] 可变收购价格（或其中一部分为可变价格）的协定可能需要在结算报表（Abrechnungsbilanz）的基础上最终确定购买价格。[39] 收

---

* 第四版中，此处新加："当下这也适用于那些在实务中缺乏范例和法院指导方针的新的合同类型；关于软件快速开发合同的示例，见 Schenck, MMR 2019, 139 ff.。"——译者注

[37] Jerschke, DNotZ 1989, Sonderheft zum 23. Deutschen Notartag, 21: „Die Wirklichkeit als Muster"; Kanzleiter NJW 1995, 905 (906). （第四版中，新加："Schmittar, RNotZ 2012, 85 (92f.)。"——译者注）

[38] 并不存在一个唯一固定的企业价值。收购价最终还是双方合意的问题（通常也存在妥协）。当然寻价可以以某个确定的评估规则为依据，即使当其仅仅是一个"主观评价"时；Hölters, in: Hölters, Handbuch des Unternehmens-und Beteiligungskaufs, Teil I Rn. 170 ff.。（第四版中，该脚注修改为"Rempp, in: Hölters, Handbuch des Unternehmens und Beteiligungskaufs, Kap. 1 Rn. 1. 150 ff."。——译者注）

[39] Semler, in: Hölters, Handbuch des Unternehmens-und Beteiligungskaufs, Teil VII Rn 161 ff.。（第四版中，该脚注修改为"Weber, in: Hölters, Handbuch Unternehmenskauf, Kap. 9 Rn. 9. 175 ff."。——译者注）

购价格可以取决于公司未来的业务发展【所谓的业绩目标付款安排（Earn-out）】。确定收购价的依据可以为销售额、税前息前利润（EBIT, Earnings before Interest and Taxes）或税前、息前、折旧前、摊销前利润（EBITDA, Earnings before Interest, Taxes, Depreciation and Amorisation）。除了经济知识外，此类条款的谈判和协议的前提也包括了解该条款所涉之风险，因为业务发展很大程度上取决于购买方，更准确地说或取决于买方所指定的管理人员，并且这方面存在相当大的操纵控制风险（Manipulationsgefahren）。

当委托人已经履行了其给付，但对方当事人遇到支付困难而无法支付所约定的价款时，充分协商的合同也会失去其价值。因此，合同必须含有一份有益于委托人的担保，比如同时履行抗辩权或通过银行保证或其他方式产生之对待给付的担保。

示例：

如果要授予一笔房屋贷款，则还款义务应通过设定土地债务（《德国民法典》第1191条）而得担保。

示例：

对收购方而言，或许在公司收购协议中为担保瑕疵担保请求权而保留一定的购买价款是有必要的。在这种情况下可以约定购买价金延迟支付（Kaufpreistundung）。然而这可能与出卖人的担保需求相悖，因此，为了满足双方的利益，可约定将价金提存于信托账户（Treuhandkonto, escrow）或提存于一个买卖双方皆可使用的共同账户中。[40] 须注意的是由此产生的设计新需求，如利息的问题等。

律师不负有提供全面经济事务咨询的义务，除非他特别接受了该委托。咨询顾问的责任在于实现委托人告知合同设计者的（经济）目标。这也包含了对经济风险的澄清。原则上合同设计者不应当关心

---

[40] Holzapfel/Pöllath, Unternehmenskauf in Recht und Praxis, Rn. 906.

委托人是否在追求有价值的经济目标或者其行为是否是经济的。[41]

26 　　经济上的理解意味着对委托人的追求持积极态度。他的目光从一开始就要聚焦于实现的可能性。一味的怀疑和担忧只会使（从经济角度考虑问题的）委托人感到惶恐，而不是说服他。因此，不应一开始就向委托人解释，其目标几乎不可能实现或者说其实只有风险存在。"我不想知道这为什么不行，只想知道怎么能行！"[42] 这就是委托人的格言。

第七节　说明与咨询

27 　　合同设计者工作的重要部分就是说明与咨询（Belehrung und Beratung）。[43] 它们是委托人的辅助工具，因为律师的法律思考皆以此方式表达。只要委托人没有明确地表示他只需要特定方面的咨询，那么（律师）就应当全面且详尽地提出咨询建议。[44] 两个领域之间的界限是很难确定的，而且并非总是可以区分的，因为它们在实践中会相互交叉。形象地说，可以粗略地界分如下：说明的作用相当于"警告标志"，咨询则类似于"指路标志"。

一、说明

28 　　说明意味着对当事人就所涉法律行为进行法律解释。[45] 其对象

---

〔41〕 *Fahrendorf*, in: Fahrendorf/Mennemeyer, Haftung des Rechtsanwalts, Rn. 448 ff.; *Vill*, in: Fischer/Vill/Fischer/Pape/Chab, Anwaltshaftung, § 2 Rn. 108 ff.; 321.

〔42〕 *Rittershaus*, JuS 1998, 302 (304).

〔43〕 咨询也是合同规定的主要义务；说明则是附随义务；*Vill*, in: Fischer/Vill/Fischer/Pape/Chab, Anwaltshaftung, § 2 Rn. 93。

〔44〕 BGH NJW-RR 2007, 569 (570); NJW 1998, 900 (901); 1993, 1320 (1322); 1992, 1159 (1160); *Heermann*, in: MünchKommBGB, § 675 Rn. 29; *Ehlers*, DB 2009, 2475. 同样依据委托的种类和范围可能有限的说明就已足够，比如在特别紧急或在诉讼标的关系外存在别的费用的情况下；BGHZ 171, 261 (263) = NJW 2007, 2485 (2486)。

〔45〕 *Rittershaus/Teichmann*, Vertragsgestaltung, Rn. 193. 详见 *Reithmann*, in: Reithmann/Albrecht, Handbuch, Rn. 133 ff.。

是法律行为的前提、后果、依赖关系以及风险。说明的基点是先前发生的（法律）事实。具体而言，其可被区分为解释性的说明和警告性的说明以及环境说明。解释性的说明是比如排除对法律的误解，或者说明土地所有权不因买卖价金的支付而转让。警告性的说明则包含比如说明出卖人尚能够将其所有权转让给第三人，因此，从买受人角度出发，其应该进行预告登记。关于交易环境的说明可以是指出在进行某型行为前必须先完成一些前置工作，比如继承证书的颁发。[46]

二、咨询

咨询指基于特定目标而对某特定方案的说明与评价。[47] 咨询的任务是寻找实现的可能性与替代方案。它也包含了说明，因为咨询必定会涉及前提条件、法律后果以及相应的风险。尤其有多种设计方案可供选择时，咨询的意义更在于说明和衡量各个方案的优劣、机会和风险，以为委托人提供决策的基础。

咨询应使委托人能够对其追求的权利和利益之类型、内涵和范围做出负责且恰当的决定。[48] 咨询的作用是帮助委托人缔结其认为对其有利的合同。因为前来咨询者通常无法（完全）洞察法律结构和问题，咨询的过程通常也不会不受其意愿的影响。合同设计者的角色仅仅是咨询而不是决策。这将会要求法律顾问必须谨慎行事。当然，咨询也可以包括给出推荐方案，尤其是在某重要理由支持某一个方案而反对另一个方案的情况下。在获得推荐做法的意义上寻求咨询也是非专业人士向专家求助的动机之一。

29

30

---

[46] *Schmittat*, Vertragsgestaltung, Rn. 63.
[47] *Rittershaus/Teichmann*, Vertragsgestaltung, Rn. 193; *Schmittat*, Vertragsgestaltung, Rn. 63.
[48] BGH WM 2010, 815（816）；NJW-RR 2000, 791（792）；NJW 1996, 2648（2649）.

三、合同设计的阶段

31　　说明和咨询与设计的各个阶段皆紧密相关。在查明事实的阶段即可能发生足以改变案件情况的说明。对法律的误解可能导致委托人的错误设想，这必须被充分注意并加以改正。

32　　**示例：**
委托人认为他是一块土地的所有权人，即使仅仅成立了买卖合同（《德国民法典》第433条，第311b条第1款第1句），而不论是土地所有权让与合意还是在土地登记簿上的登记都未发生（《德国民法典》第925条第1款第1句和第873条第1款）。

33　　除此之外，咨询还可以影响委托人的实质目标。[49] 在委托人向顾问咨询时，他可能已经对目标有了一定的预设。但当规则目标会确定地导致某消极后果时，这一设想在咨询过程中可能会发生改变（《德国公证书证法》第17条第1款第1句及第2款第1句）。最后，说明也可能发生在合同起草阶段。合同语言必须向委托人"翻译"，以使委托人能够理解技术性的（法律的）合同语言并领会该份设计。[50]

---

[49] Siehe auch *Keim*, Beurkundungsverfahren, Teil C Rn. 47 ff., 其一方面强调了说明与咨询的关系；另一方面强调了事实探索和设计的关系。

[50] *Schmittat*, Vertragsgestaltung, Rn. 65.

第四章 合同设计方法

　　下文将介绍一些合同设计所必需的方法。[1] 以下介绍不必被理解为是按照一套严格的顺序进行的。一般而言,在第一次查明实质目标前就产生设计方案的构思是不可能的,因此,部分情况下也存在一套——有其内部规则的——逻辑结构。[2] 但总体而言,各个步骤都处在可以变化的关系之中,并且有时候必须多次进行某些步骤,因为在咨询过程中会产生新的看法。一份合同从草案到最终方案的发展是一个动态的过程,该过程伴随着持续的修改和控制。[3]

　　因此,查明案件事实和确定实质目标是不可分割的,因为没有案件事实的澄清,委托人的意愿就不能得以具体化。第一次说明和咨询可以反过来影响委托人的意愿,这也需要重新确定委托人的实质目标。最后必须注意,如果设计没有考虑到合同相对人的利益,那么该设计的起草并不能带来很大效益。基本上可以发现,委托人的实质目

1

2

---

[1] 关于必要步骤的基本内容见 *Rehbinder*, AcP 174 (1974), 265, 286 ff.; 同见于 *Macneil* 48 Southern California Law Review (1975), 627, 641 ff., 该文说明了四个步骤("确定事实、谈判、起草和运用法律知识"),但没有特别强调说明和咨询;关于作为合同设计特别阶段的说明和咨询见 *Brambring*, JuS 1985, 380 (383)。

[2] *Rehbinder*, Vertragsgestaltung, S. 18.

[3] 该过程可明显见于 *Schollen*, DNotZ 1977, Sonderheft zum 20. Deutschen Notartag, 28, 35: „ Der Blick wondert hin and her"; *Rehbinder*, Vertragsgestaltung, S. 6: „ iteratives Verfahren"; *Kamanabrou*, Vertragsgestaltung, § 1 Rn. 20; *Brambring*, JuS 1985, 380 (383)。

标会因对方当事人的阻力而落空，所以实质目标也只能随之变化。因此，与对方当事人的对话应当提前进行，无论如何应当在起草设计之前发生。

第一节　查明信息

3　　要查明的信息包括事实上的目标设想和双方当事人的诉求、他们的利益、基本的案件事实、所谓的设计"环境"以及为实现合同目的（包括履行障碍的预防措施）而必须认知的所有情况。[4]

一、探寻案件事实

4　　案件事实前提构成了设计的"基础"[5]。如果设计来自错误的设想，那么即使它在法律层面上是优秀的，委托人的实质目标也会落空。不能排除实际生活中会存在其他不稳定因素。因此，咨询应当明显地将之标明。

（一）以目标为导向

5　　信息获取的成功不仅取决于问题的内容和结构，也依赖于对话的方式方法和谈话氛围。合同设计者须引领对话，从而以目标为导向而掌控获取信息的过程。[6] 他应当以规则目标为前提过滤出必需的信息，故而在探明案件事实与规则目的之间存在前文提到的相互作用（Wechselwirkung）。需要注意的是，设计者对当前案件事实的法律评价可能会导致目标的变化。这反过来可能会导致（设计者）在查明

---

[4] *Kamanabrou*, Vertragsgestaltung, § 1 Rn. 15; *Langenfeld*, Vertragsgestaltung, Kap. 3 Rn 15; *Schmittat*, Vertragsgestaltung, Rn. 29; *Weber*, JuS 1989, 636 (640).

[5] *Fahrendorf*, in: Fahrendorf/Mennemeyer/Terbille, Haftung des Rechtsanwalts, Rn. 460.（第四版中，所引 Haftung des Rechtsanwalts 一书的边码变更为 Rn. 479。——译者注）; siehe auch *Hellwig*, in: Hommelhoff/Müller-Graff/Ulmer, Die Praxis der rechtsberatenden Berufe, S. 59, 62; 事实查明占公司法务律师工作的80%。

[6] *Schmittat*, Vertragsgestaltung, Rn. 29.

案件事实时将目光侧重到别处。

值得推荐的做法是在前期就向委托人询问未来合同相对人的立场,以借此评估何处会成为当事人达成合意的难题。此外,这些信息可能对合同履行计划和风险规划设计产生特别的需要,例如规定履行时间或债务不履行时的财产性担保。最后,信息对于随后的合同谈判也有其价值。了解相对人的妥协意愿或其优先追求的目标可以使实现自己的利益变得更加容易。

6

(二) 法律框架

顾问必须查明法律框架。这不是指狭义上的案件事实查明,而是基于已查明事实的法律适用。[7] 须谨慎对待的是咨询者陈述的那些基于法律判断的"事实",比如他宣称取得了一块土地的所有权,即使物权性的履行行为尚未发生。顾问必须询问那些基础性的事实,以此复核法律事实[8](比如通过查阅土地登记簿)并说明法律上的误解。[9]

7

示例:

8

如果委托人主张某"通过传达人"递送的终止通知书已在某个特定时间点到达,那么律师不应当直接依据此信息而行动,而是必须自己查明该通知书的到达是否如所述的一样已经完成。[10]

合同设计者应在必要时让客户移交文件(副本),例如为公司提供咨询服务时应要求提供公司章程。

9

---

〔7〕 *Kamanabrou*, Vertragsgestaltung, § 1 Rn. 155; 不同观点, 见 *Moes*, Vertragsgestaltung, Rn. 4。

〔8〕 法律事实是那些基于确定的事实本身或根据法律条文的涵摄可得出的法律概念、法律关系或者法律后果; *Saenger*, in: Hk-ZPO, § 284 Rn. 11。

〔9〕 BGH DNotZ 2018, 74 (75); WM 2018, 494 (495); NJW 1987, 1266 (1267) (关于公证人的责任); *Jerschke*, DNotZ 1989, Sonderheft zum 23. Deutscher Notartag, 21, 24 f.; 对此同见本书第三章边码 28。

〔10〕 BGH WM 2019, 736 (737)。

（三）社会经济背景

10 要在何种程度上调查社会经济方面的背景，这完全取决于委托人的诉求。在设计一时性的给付交换时，通常并无意义（除偿付能力外）；但在设计公司章程时则相反。

（四）转化案件事实

11 律师必须充分了解案件事实并时刻牢记设计目标。对此可能有必要先"转化"案件事实，以此来实现真正希望的设计方案的推进。当然这不是要改变现实情况，而是初步设计。重要的是要认识到，案件事实情况在未来并不是一成不变的。起始情况之所以需要被确定，是为了基于此来推荐由多个步骤和合同构成的设计。[11]

二、查明实质目标

12 委托人不会因为想要设计而要求设计，而是为了实现特定目标。[12]（通常情况下）他知道他追求的是什么目标，不过他因为法律的复杂性而缺乏关于将之付诸实施的知识。将委托人的目标实现就是顾问律师的任务。[13] 因此，顾问律师的基本问题就是："委托人想要什么？"[14]

（一）实质目标与法律目标的区分

13 实质目标与法律目标的区分是基础性的。[15] 实质目标是指委托人的（非法律上，而是经济上的）诉求，他会就此求助于律师。它可以具有经济的、社会的或者个人的特质。不具备法学知识的委托人

---

[11] *Junker/Kamanabrou*, Vertragsgestaltung, § 1 Rn. 16；*Schmittat*, Vertragsgestaltung, Rn. 12 ff.

[12] *Rittershaus/Teichmann*, Vertragsgestaltung, Rn. 241.

[13] BGH NJW 1993, 3323, 3324；1991, 2079, 2080；Vill, in：Fischer/Vill/Fischer/Rinkler/Chab, Anwaltshaftung, Rn 565.（第四版中，增加案例 BGH, NJW 2007, 2485 (2486)。——译者注）

[14] *Singbartl/Zintl*, JuS 2015, 15 ff. 附有预防式法学笔试的例子。

[15] *Rittershaus/Teichmann*, Vertragsgestaltung, Rn. 232 ff.

通常不会把这个诉求作为法律目标告诉设计者，而只会对它做出事实性的描述。法律目标的实现对于委托人意味着实质目标的实现。换句话说，为实现实质目标的必须找到一条导向特定法律状态的法律路径（法律目标）。

示例： 14

  委托人想出售他的小轿车。对此，他希望在出售后"与小轿车再无瓜葛"。他尤其不希望与买受人就该车的瑕疵发生争端。为此他允许买家全面检测小轿车的状态。因此，委托人的事实目标（das tatsächliche Ziel），即实质目标，就很清晰了。而律师此时应判断法律目标（排除瑕疵担保责任）并决定其实现方式。

示例： 15

  实质目标可能是要排除某个责任（无须给付价金）。法律目标可能就是，例如不发生损害赔偿义务。[16]

（二）具体化实质目标

  实质目标的确定意味着查明咨询者的意愿。初看之下意愿的查明或许很简单，因为委托人是就具体的诉求而向合同律师咨询的。委托人的意愿当然可能包含着特定目标，即所谓的首要目标，但是他通常对细节或者相关问题并无头绪。委托人的意愿会在与咨询顾问的对话的过程中逐步形成，而顾问通过说明各种可能方案也能够影响委托人的意愿。这是十分必要的，如果实质目标仅被表达得非常概括，比如因为委托人对现实状况或法律状况感到不满并希望改变之，却对此没有更多的想法。这同样能够用以说明实质目标是不可实现的，因为其自身不符合法律秩序。这种情况下，顾问律师必须要指明符合法律规定且同样能够在经济上达到初始目标的替代方案。 16

  如果可能的话，实质目标首先应当避免由法律概念书写，虽然这 17

---

[16] *Teichmann*, JuS 2001, 973 (977).

有时是很难的,因为法律术语在日常生活中也会被使用(比如"买卖")。[17] 只有这样才能实现对委托人实质目标的"没有约束的理解"。在准确制定实质目标后,下一步才可以确定法律目标。

18   如果委托人只提出了法律目标,那么律师必须首先适当地询问,委托人以此要实现什么实质目标。这就是说,合同设计者必须后退一步以查明实质目标,并根据分析的结论确定法律目标。律师必须在将委托人的评估作为权利设计的基础之前,再次审核委托人的评估。[18] 委托人可能对法律目标有所误解,并认为可以实现特定的实质目标。

19   **示例:**

委托人想为银行就某机器设立质权以担保其贷款。这种情况下,他应当被告知为设立质权无论如何应当将物交付给债权人(《德国民法典》第1205条第1款第1句;第2款的例外情况是在间接占有媒介关系中通过转让返还请求权设立质权)。通常委托人希望保持对机器的占有,以能够继续使用机器并通过使用继续经营获利来偿还债务。出借人——至少在大额借贷的情况下——会坚持要求提供担保物权,也就是说他不会满足于人的担保,例如保证。这一实质目标可以通过让与担保来实现(《德国民法典》第929条第1句,第930条),其功能上近似于"不需要脱离占有的质权"。[19] 此外,律师必须说明(当事人)应签订保护委托人利益的债权性担保合同,此外也应约定担保人仅在担保情况出现时,才有权将担保物变价。[20]

20   **示例:**

某委托人希望为 ABC 公开商事合伙(OHG)起草一份公司

---

[17]　*Rittershaus/Teichmann*, Vertragsgestaltung, Rn. 229.
[18]　详见边码 37 以下。
[19]　关于让与担保的详细内容,见 *Baur/Stürner*, Sachenrecht, § 57 Rn. 1 ff.。
[20]　见第十六章边码 69 以下。

章程，该章程应规定 A 和 B 有"联合代表权"（Gesamtvertretungsbefugnis）。委托人认为这样可以使 A 和 B 能够单独行使联合代表权，并同时使 C 被排除在代表权之外。此时应向委托人说明，根据《德国商法典》第 125 条第 2 款，联合代表权指一个或多个股东应当仅作为一个共同体（in Gemeinschaft）联合代表公司。因此，联合代表权对于 A 和 B 而言是一种限制。此外必须告知委托人，仅通过单方面的安排并不能明确地排除 C 的代表权。也就是说，从"A 和 B 拥有联合代表权"的表述中并不能推知 C 被排除于代表权之外。虽然对于"A 和 B 拥有代表权"一类的规则已经被主流学说于著作中认可[21]，但是这并没有规定对 A 和 B 的限制，因此，完全可以对不同的案例进行不同的判断。故而顾问律师必须询问委托人的实际目标，并且应当（按照最安全方案规则）推荐明文排除 C 的代表权（《德国商法典》第 125 条第 1 款后半句）。对于 A 和 B 则没有必要在公司章程中制定相应的规则，因为根据《德国商法典》第 125 条第 1 款前半句的规定，他们分别拥有单独代表权。

（三）背景调查

实质目标的背景应被查明[22]，因为从此可以得出进行某一设计的必要性和对特定风险之预防措施的需求。

示例：

只有在取得建筑许可的情况下，委托人才会追求在法律上实现土地所有权的取得。因此，为了实现委托人的目标，应当在买卖合同中加入相应的解除保留。

---

〔21〕 任命部分合伙人作为代表，通常意味着剩余合伙人代表权的排除（《德国民法典》第 133 条及第 157 条）；siehe Roth, in: Baumbach/Hopt, § 125 Rn. 12; K. Schmidt, in: MünchKommHGB, § 125 Rn. 15。

〔22〕 Teichmann, JuS 2001, 973 (977)。

23　　实质目标可能是非常直接且有说服力的，此时深入查明背景就无关紧要了。交易中典型的大宗交易（Massengeschäft）就属此种情况[23]，例如起草二手车买卖合同或房屋租赁合同的请求。除了十分明确的案件外，都必须小心谨慎行事。

三、如何收集信息

24　　收集信息的方式、内容和范围取决于个案中的具体情况。这包括委托的内容和范围、客户的类型以及相关设计的复杂性。[24] 在简单案件中，仅抓取最关键的信息即可，而在复杂的情况下，则应当深入案件细节。[25]

（一）与委托人的对话

25　　从事预防性法学工作的律师会通过与委托人的交谈获得案件的基本信息。委托人是合同律师的重要信息来源。[26] 因此，收集信息的方式主要取决于委托人的特质。Heussen[27] 区分了委托人的三种类型：立即响应询问、直接提供信息并正确提供资讯的"专业"型客户；"业余"型客户，其与告知信息有关的行为具有不同的质量，因为他有时会立即提供信息而其他情况下则根本不提供必需的资料；非常不可靠的"戏玩"型，因为他从不给出有效信息，即使他会告知一些信息，但可能他提到的证人实际一无所知。与"业余"型和"戏玩"型的客户打交道可能会特别困难。如果客户不能充分配合律师提供信息，律师必须向他明确说明其后果，否则律师可能会承担

---

[23] *Schmittat*, Vertragsgestaltung, Rn. 18.（第四版中，新加：ders. RNotZ 2012, 85。——译者注）

[24] 详见边码 55 以下。

[25] *Rehbinder*, Vertragsgestaltung, S. 11. *Schmittat* RNotZ 2012, 85（86）.

[26] *Rittershaus/Teichmann*, Vertragsgestaltung, Rn. 186.

[27] *Heussen*, Anwalt und Mandant, S. 46 ff.

责任。[28]

为了在与委托人的谈话中获取信息，律师需要一些修辞技巧、巧妙的引导对话及合适的提问技巧。获取信息的结果依赖于以恰当的方式提出正确问题的能力。委托人完整地告知合同律师案件事实以及实质目标的典型理想情况几乎不可能出现。高明的合同律师的优秀之处就在于他会倾听并有目的地询问。这类合同律师会引导委托人的陈述。[29]

1. 倾听的艺术

获取信息从倾听开始。合同律师首先会要求委托人提供案件事实和他的实质目标。从委托人的描述中，（律师）可以得知基本事件的大致轮廓。委托人不加限制的叙述可能会是漫无边际且画蛇添足的。因为这通常涉及委托人的私人事务或情感问题，所以他也会说明他的行为动机或者个人背景。

问题在于，合同律师应当怎样处理委托人过于详细且漫无目的的叙述。有时如果直接向委托人指出某事与案件毫无关联，那有可能导致委托人以后不再告知一些事情，因为他认为这些是无关紧要的。所以合同设计者应当谨慎行事。委托人不能产生这样的感觉，即他的讲述是毫不重要的。律师必须将委托人引导至正确的方向，让他讲述有用信息的同时不阻拦委托人的陈述。

2. 评估与有目的的询问

有效信息可以从委托人的陈述中过滤得出，但那些委托人没有告知的相关信息则只能通过询问才能知晓。委托人公开的陈述会由合同律师进行加工并且按照未来的设计方案进行评估。法律上的编排使有

---

[28] BGH NJW 1993, 2676 (2677).（第四版中，新加：siehe auch BGH NJW 2002, 1117 (1120 f.)。——译者注）

[29] *Däubler*, Verhandeln, Rn. 107; *Schmittat*, Vertragsgestaltung, Rn. 36; *Jerschke*, DNotZ 1989, Sonderheft zum 23. Deutschen Notartag, 21, 25; 同见于 *Schollen*, DNotZ 1969, Sonderheft zum 18. Deutschen Notartag, 51, 63 ff.。

目的的提问成为可能。与之相关的是（律师）须分析是否需要具体化某部分情况。某些设计方案会进入下一轮的选择中，其他的则被排除。如有必要，合同设计者必须脱离委托人制定的法律目标而就另一个方向提问。[30]

30　　在复杂案例中经常出现反复询问的情况。[31] 如果产生了新的信息需求，这绝不是因为合同律师在第一次"问答环节"中的失误所致。年轻的合同设计者必须拥有继续询问的勇气。合同设计是一个持续且动态的过程。信息状况通常处于"不断变化中"，它需要不断的被检验并且有时需要获取更多信息。从与委托人的第一次谈话中，（设计者）可以得知初步的案件事实。法律上的思考，也即初次的问题概要和基本方案，可能会产生进一步的信息需求。第一次讨论的方案可能会需要此前从未考虑的规范，但是随着时间的流逝，其他设计方案或将被证实是更加可取的，这也会改变某些设计重点。最后，其他的信息需求可能产生于所述案件事实要求的一些技术或经济方面的基础知识甚至是具体知识，而这些是（年轻的）合同设计者尚不具备的。依次获取的信息也反映了设计方案的逐步发展。

31　　调查信息时，细节的挖掘深度具体取决于个案中的设计情况。如果所涉合同为一时性的给付交换，信息的需求可能是相对有限的。复杂的设计情况则应为了未来的发展而需要更多的信息。如果（设计者）要为公司制定一些规则，那么他必须要考虑到未来的多个适用场景。公司外部关系的情况也可能非常重要，例如财务或家庭状况。[32]

32　　特定的风险，比如经济风险，即使没有委托人的明确说明也必须加以规避。[33] 相应必要的信息也应被调查清楚。合同设计者必须设

---

[30]　*Rittershaus/Teichmann*, Vertragsgestaltung, Rn. 187.
[31]　*Rehbinder*, Vertragsgestaltung, S. 7.
[32]　*Schmittat*, Vertragsgestaltung, Rn. 35.
[33]　BGH NJW 1993, 2045; *Vollkommer/Greger/Heinemann*, Anwaltshaftungsrecht, § 12 Rn. 6.（第四版中，新加：BGH, NJW 2018, 2476 f.。——译者注）

身处地站在委托人和其他合同当事人的立场上想他或他们之所想,并收集委托人此前从未考虑到的内在关联信息。

3. 结构

合同当事人希望"加入"那些在他们看来很重要的内容,但合同设计者关注的则是遵守一套特定秩序。谈话与相应问题的结构应当是"一个接一个的!"(Eins nach dem anderen!)[34] 保持一定的结构有助于信息的获取,因为合同律师获得了必要的信息并且通过一套结构严谨的方案保护了委托人的安全。[35] 值得推荐的规则结构(Ordnungsstruktur),比如一份合同的常规结构。[36] 如果委托人的诉求不能被马上归为某类典型合同,那么合同律师应提出更为一般性的问题,因为提问者本人还在摸索之中。比较合适的做法是在初次谈话后再进行法律分析,以排除那些本不可能实现的假设方案。总之,这方面的指导方针是:合同律师应按照从一般到特殊的方法,首先明确案件的基础事实与主要信息,然后再深入案件细节。[37]

如果(合同设计者)使用待办事项清单,从而将需要解释与处理的要点记录于其中并适当勾除的话,信息收集或许可以更有效率。这种待办清单将来可能也会被用于其他项目中,此时需要注意针对不同案件做出相应的调整。为了全面掌握与特定情形紧密关联的重要信息,(设计者)可以查阅合同模板以获得帮助。这些模板描述了典型的冲突情况,以使顾问律师能知道补充询问中哪些要点是必须被释明的。[38] 借助合同模板或待办清单进行调整后,(律师)不能认为已经对案件事实有了充分理解。此时反而有必要独立分析案件的事实情况,以应对将案件事实"强压"进模板的风险。

---

[34] 关于调查,见 *Bender/Nack/Treuer*, Tatsachenfeststellung, Rn. 836 ff. 。

[35] *Langenfeld*, Vertragsgestaltung, Kap. 3 Rn. 9(关于合同的结构);关于结构性思考的优势,见 *Haft*, Rhetorik, S. 25 ff. 。

[36] 关于合同的典型结构见第六章边码 18 以下。

[37] *Schmittat*, Vertragsgestaltung, Rn. 32 ff.

[38] 关于合同模板与待办事项清单见边码 99 以下。

4. 可理解性

35 　　为了获得必要的信息，合同设计者应以委托人能够理解的方式向他表达。[39] 他必须将初步的解决方案、困难和本质关系为委托人转化为他能理解的概念，以使他能够了解核心内容并给出准确的答案。以图像表示的表达方式会有助于确保委托人知晓规则的意义内涵。[40] 顾问律师必须将自己代入与谈者的角色中，并选择相适应的语言。

（二）其他信息来源

36 　　除与委托人的谈话外，实地考察或者查阅公开登记簿（土地登记簿或公司登记簿）可能也是必要的。当交易的客体为已在土地登记簿中登记或将要登记的权利时，公证人必须依照《德国公证书证法》第 21 条第 1 款第 1 句告知土地登记簿的内容。个案中合适的方式可以是取得关于相对人关系的信用信息或者按照委托给出市场分析。[41] 最后，在征得委托人同意的情况下可以尝试与相对人对话，这样可以得知在合同设计时应注意的相对人利益，同时预测相对人妥协的意愿。[42] 在委托人许可的前提下（在解释费用范围后），也可聘用第三人，例如会计师或专业的鉴定人。

第二节　制定法律目标

37 　　顾问律师通过将实质目标转化为法律的范畴以查明和制定法律目标。[43] 从法律的视角看，委托人的目标可以是一项请求权或绝对权。

---

[39] *Rehbinder*, Vertragsgestaltung, S. 11; *Jerschke*, DNotZ 1989, Sonderheft zum 23. Deutschen Notartag, 21, 27; 关于交流过程中的理解障碍 *Däubler*, Verhandeln, Rn. 102 ff. 。

[40] *Schmittat*, Vertragsgestaltung, Rn. 37 ff. mit Beispielen.

[41] *Rehbinder*, Vertragsgestaltung, S. 14.

[42] 见第三章边码 2。

[43] *Rittershaus/Teichmann*, Vertragsgestaltung, Rn. 239 und 259.

实质目标也可能需要通过多个法律目标来实现。这种情况下应当把握全部的法律目标,以使委托人可以依其优劣分别选择。

示例: 38

如果客户是一家在某地点经营卖场的公司,其实质目标可能是商业扩张。这个目标可以通过建立子公司、设立独立或非独立的分公司或建立特许经营系统来实现。因此,必须首先总结作为法律目标的所有路径,并在接下来的步骤中制订相应的设计方案。

当公证人确定地认为,一方当事人希望发生尚未在文书草案中被 39
考虑到的法律后果,那么就会产生询问义务。[44] 委托人制定的法律目标必须被谨慎对待。检验目标的适当性是且总是律师的工作。律师自身必须明确必要的法律目标,以此来实现委托人的实质目标。

示例: 40

委托人想取得一块土地的所有权,因此,请求律师起草一份"简单的"买卖合同。律师必须深入地询问取得所有权之目标背后究竟有什么实质目标。起草土地买卖合同的要求不足以成为基础。此外还必须查明基本框架和实质目标,尤其是要弄清与履行障碍预防措施紧密相关的问题领域。如果所有权取得人希望在土地上进行建设工作,那么在取得出卖人同意的情况下,应当在合同中写明解除权的保留(Rücktrittsvorbehalt),以防建设许可证未能被颁发。[45] 不论是经济上的还是法律的基本框架都应被询问。

---

[44] BGH NJW 2011, 1355 (1357) Rn 17.
[45] 见上文边码 22。当然委托人的愿望可能是无论如何都要购买土地所有权并愿意承担未能发放建设许可证的风险。这种情况下,律师必须指出其风险,并为之后举证所用而保留该说明。

第三节　确定设计需求

41　　在查明了规则目标与案件事实后，应当进一步确定规则需求。合同设计者必须查明，哪些步骤对于实现委托人的规则目标是必需的。[46]"全方位"[47]且谨慎的法律审核是律师的基本工作。这是咨询工作的基础，因为只有在此基础上其他行动才能有的放矢地展开。*

42　　此外必须要澄清的是，除基本要素（essentialia negotii）外还应当在合同中加入哪些规则。如果委托人根本不想要某一规则的话，法律顾问可以不必深究该规则的细节。

43　　示例：
　　　　在起草公司章程前，顾问要解释，除那些必要的成分外，公司股东想规范哪些领域。比如在股东原则上想要加入股份收回条款（Einziehungsklausel）时，合同设计者才需要考虑相关的规则细节。当然，全面的咨询可能也会要求顾问在没有委托人的特殊要求的情况下说明该条款的优缺点。

一、应然与实然状态的比较

44　　通过应然与实然状态的比较，（合同设计者）可以确定法律上的基本情况。一般会通过——在学校习得的——实体法的检索来完成既

---

　　[46]　不同的方法见 Junker/Kamanabrou, Vertragsgestaltung, § 1 Rn. 20 ff. , 其在检查法律基本条件之前, 首先完成了大纲草案。
　　[47]　BGH NJW 1993, 1779. （第四版中, 新加：BGH WM 2016, 2091（2092）。——译者注
　　*　第四版中, 新加："在这种情况下, 借助信息技术的新型解决方案提供的技术支持越来越重要, 它可以减轻律师在法律检索和涵摄方面的工作。但是这种"数字助手"也存在相应的风险；对此可见 Fries NJW 2016, 2860（2863）。"——译者注

定法律状态与法律目标的比较。这可以得出某个合同规则并不是必要的,因为实然状态与应然状态是相匹配的(并且当事人并不知道这个情况)。律师必须向委托人说明这一点,并且不可以起草一份仅仅重复实体法规则的"设计方案"[48]。如果法律规范的状态不符合法律目标,那么就会产生设计需求。

示例:

45

一位孀妇想在她死后让她唯一的女儿获得其财产(实质目标)。律师将要为此起草一份相应的遗嘱。本案例的法律目标就是使女儿成为唯一继承人(法律目标)。此时如果实然状态(实体法律状况)符合于应然状态(法律目标)的话,就没有必要另行设计。

依据《德国民法典》第 1924 条第 1 款,作为唯一晚辈直系血亲的女儿是第一顺位的法定继承人,因此也是唯一的继承人。根据《德国民法典》第 1924 条第 3 款,在继承开始时,女儿的存活子女将因为女儿而被排除于继承顺位之外。因为女儿是第一顺位的法定继承人,根据《德国民法典》第 1930 条,她会排除其他顺位的法定继承人。因为委托人已经丧偶,所以无须考虑其配偶的法定继承权(《德国民法典》第 1931 条)。所以相应的设计需求并没有产生。

律师应当向这位孀妇说明,只有在其再婚时才有新的设计需要。如果继承开始时配偶仍然在世(《德国民法典》第 1923 条第 1 款),才有《德国民法典》第 1931 条适用的空间。[49] 这种情况下设立遗嘱则需要考虑《德国民法典》第 2079 条。因此,出

---

[48] 其他情况下,即使实然与应然状态相匹配,但是出于合目的性的考量也需要合同设计;见边码 51 以下。

[49] 此外,也应说明特留份(《德国民法典》第 2303 条及以下)以及因此产生的遗嘱的法定限制,对此见 Weidlich, in: Palandt, § 2303 Rn. 1, § 1937 Rn. 7 ff.。

于合目的性的考量可能此时会产生设计需求。[50]

46 **示例:**

以法定夫妻财产制度生活的配偶请求公证人草拟一份协议,以使他们将来不再为他们彼此的债务负有责任。因此,他们想到了夫妻分别财产制协议。咨询时妻子解释说,她之所以对这份协议有兴趣,是因为她的丈夫是已经登记的商人,她不想对他商业上的债务承担责任。

公证人必须说明,处于夫妻财产增加额共同制(Zugewinngemeinschaft)中的夫妻(《德国民法典》第1363条第1款)基本无须为配偶的债务承担责任。配偶一方的行为只对其本人产生法律效果。[51] 不过在满足夫妻共同生活需要的行为上可以得出不同结论(《德国民法典》第1357条)。虽然法律条文规定得非常宽泛,但它也绝对没有包含属于丈夫商人工作的行为。因此,实然状态(不能向妻子主张丈夫的商业债务)在这个意义上与应然状态相匹配,也就不存在相应的设计需求。[52] 在个人债务方面则应当注意,《德国民法典》第1357条的法律后果同时对夫妻双方的共同体生效,而不论其处于何种夫妻财产制中。因此,通过夫妻财产制合同约定的夫妻分别财产制(《德国民法典》第1408条第1款、第1410条、第1414条)不会改变《德国民法典》第1357条的效力。只有根据《德国民法典》第1357条第2款才有可能排除其效力。只有当该排除被登记于夫妻财产制登记簿(Güterrechtsregister)上或者为第三人所知的情况下(《德国民法典》第1412条第1款),其才对第三人生效。公证人必须询问,这样的排除是否是当事人所追求的,并应进行相应的说明和

---

[50] 关于由合目的性思考而产生的设计,见边码51以下。
[51] *Brudermüller*, in: Palandt, § 1363 Rn. 3; *Kemper*, in: Hk-BGB, § 1363 Rn. 3.
[52] 关于此案件事实可提出的其他问题,见 *Brambring*, JuS 1985, 380 (382).

建议。

二、法律状态的全面审查

如果没有限制委托内容，则律师必须全面审查案件的基本情况。

示例：

如果委托人想避免合同中对他不利的法律后果，并进而具体地表示他因为被占了便宜而想解除该合同，那么律师必须首先检查该合同是否生效。这样的检查可以证实应然状态是与实然状态相匹配的，因为合同如果（例如因为违背公序良俗，《德国民法典》第138条第1款）是无效的，这时也不必主张解除合同。律师的义务应当是说明他的法律观点可能不会被第三人所接受，尤其是法院。从"最安全方案"的角度看，或许有必要（额外地）主张解除或达成和解协议（Vergleich）。从这个意义上讲，合同设计的目的就在于将法律状态从"不确定"变为"确定"。如果合同生效，那么律师的工作也不能仅仅限于审核解除合同的可能性，而是必须相应地从撤销的角度考察委托人的实际目标。

对法律状态的全面审核要求律师应审查委托人缔结的合同，即使由此而生的请求权尚未被履行。法律状态的检查可以得出这样的结论，即此时无须重新设计，只须实现既存的请求权（有判决力的）即可。法律状态可能会要求行使合同约定的其他方案。律师进行的审核不应仅限于一个法律领域。其工作应当以案件事实和实质目标为基典，而不是法律规范。

示例：

关于土地买卖合同及随后独栋别墅建设的咨询不仅仅要求民法上的思考，而且要解释建筑计划是否满足了公法上的要求，例如是否已经满足了颁发建筑许可的前提条件，也就是说前提条件是否达成。[53]

三、合目的性

51　　为了全面分析（法律上的）基本事实，合同设计者必须进行合目的性思考（Zweckmäßigkeitsüberlegungen）。即使应然状态与实然状态已经相互匹配，但是出于合目的性的原因，一份设计可能也是必要的。对事实情况和法律状况的全面检查要求考量陈述责任和举证责任（Darlegungs-und Beweislast）。[54] 出于实际因素或有必要以书面形式制定一份形式自由的合同并加以签名，以在必要时于法庭上举证。[55]

52　　**示例：**

当事人签订了一个二手车买卖合同（《德国民法典》第 433 条）。他们口头约定，买受人以车辆现在所处情况取得车辆的所有权并且排除物之瑕疵担保责任。[56] 因为法律行为基本上无须特定形式即可生效，并且对于车辆买卖合同也并没有特别的形式要求，所以当事人就此已经成立了一个生效的合同。不过建议出卖人出于举证责任的考虑缔结一个书面合同，以使其在诉讼中能够证明瑕疵担保责任的排除。

53　　同样可能符合目的的是以书面形式主张单方法律行为或者单方准法律行为，并且可能的话应使用带有回执的挂号信，以在诉讼中证明主张和到达。因此，一份切实的设计要考虑法律保障和可执行性。

54　　相反，合目的性的考量可能会出于事实原因而阻止一套设计方

---

[53] *Junker/Kamanabrou*, Vertragsgestaltung, § 1 Rn. 25.
[54] *Rittershaus/Teichmann*, Vertragsgestaltung, Rn. 251 f.
[55] 在将来的诉讼中承担着陈述责任与举证责任的当事人应当首先重视书面协议；关于举证责任见 *Saenger*, in: Hk-ZPO, § 286 Rn. 52 ff.。
[56] 在消费品买卖中，这样的协定根据《德国民法典》第 475 条第 1 款第 1 句是不可能的。（第四版中，所引条文根据现行《德国民法典》变更为第 476 条第 1 款第 1 句。——译者注）

案，即使从法律上看设计的需求是存在的。当债务人没有支付能力时，在合同中规定支付特定价金的请求权就是不合适的。这样不可能实现实质目标，因为其事实上是不可执行的。为了避免不必要的花费，（设计者）不应当起草这份协议。[57]

第四节 拟订待选方案

在确定了设计的需求后，应当概括地制订所有的待选设计方案。合同方案的范围应按照不同的因素确定。一方面重要的是所设想的设计是否符合法律规定的合同类型，另一方面则是双方是否有特殊要求。如果委托人所追求的合同只是简单的买卖合同，那么设计方案则更应确定具体的义务，例如购买价金、履行时间和地点，以及（必要时与法律不同的）不履行或不良履行，或者说未按约定时间履约的法律后果。相反，混合合同或具有特殊性质的（sui generis）合同将需要更多设计。同等重要的是，合同的内容是否基于一个非常复杂的案件事实且该事实要求更多的设计步骤。

55

一、确定与法律目标相适应的待选方案

这里的出发点是已经制定的法律目标。顾问律师应说明合适的且能实现法律目标的待选方案。此时咨询顾问必须具备开放性的思维，并且不应当草率地排除某个设计方案。[58] 因此，第一步应当是收集所有能够发生所求法律后果的解决方案。

56

示例：

委托人对其客户有一个 3 个月后到期的债权。他需要即时的

57

---

[57] *Zankl*, Vertragssachen, Rn. 279; *Teichmann*, JuS 2001, 973 (978).

[58] *Rittershaus/Teichmann*, in: FS Spiegelberger, S. 1457 (1459): "草率地确定请求权基础或者设计的其他可能会给委托人带来石头而不是面包（……）。"

流动资金，为此他愿意放弃百分之十的债权。因此，委托人的法律目标是使支付请求权立即到达履行期限。此时可有如下待选设计方案：其与客户签订变更合同[59]，依合同客户应当立刻付款，但仅需支付百分之九十；真正或不真正的保理（echtes oder unechtes Factoring）[60]，这样他就可以立即收到扣除一定百分比后的债权金额。

二、起草合同

58　　如果检查后发现设计的法律后果与法律目标相匹配，那么下一步就要考察设计的事实前提是否都已具备。如果有某个要点尚不存在，那就要考虑是否能通过预先在事实上或法律上变更案件事实（设计方案）而使之出现。因此，合同设计者必须进行实体法的审核，也就是做假设性的法律适用。[61] 只有那些法律允许的设计才可进入接下来的筛选中。如果所有的要件前提都已经存在，或者说如果这可以（通过设计）实施了，那么这个设计方案就是合适的。

（一）履行计划与风险规划的区分

59　　进行合同起草的细节工作时，一般会区分所谓的履行计划（Erfüllungsplanung）和所谓的风险规划（Risikoplanung）。[62] 履行计划是指实现当事人实质目标的计划，例如以支付报酬为对待给付制作某项成果。风险规划则指在未按约定履行的情况下规避损失（费用）的规划（风险规避目标）。为了确定合同计划会涉及哪些领域，推荐

---

[59] 关于此（也关于债务更新的界限）见 *Schulze*, in：Hk-BGB，§ 311 Rn. 3 ff.；*Medicus/Lorenz*, SchuldrechtAT, Rn. 330 f. 。

[60] 关于此（也关于真正的与不真正的保理）见 *Schulze*, in：Hk-BGB, § 398 Rn. 26；*Medicus/Lorenz*, Schuldrecht BT, § 58 Rn. 17 f. 。

[61] *Junker/Kamanabrou*, Vertragsgestaltung, § 1 Rn. 26；*Schmittat*, Vertragsgestaltung, Rn. 41；Teichmann, JuS 2001, 973 (979).

[62] *Rehbinder*, Vertragsgestaltung, S. 4 f. 以及 *Macneil* 48 Southern California Law Review (1975), 627, 345；„Performance Planning and Risk Planning"。

使用一些控制性的问题。合同履行计划中的控制性问题是："如果合同被履行的话，计划内容是否很有可能会被执行？"[63] 如果对问题予以肯定性的回答，那么这就是履行计划。因此，履行计划也包括避免那些直接由合同产生的即使在正常履行时也会发生的不利益，例如责任后果或者税务负担。风险规划的控制性问题可以是："合同是否会如预测的那样成功履行，而无须求助于所考虑的——被规制的——问题？"如有肯定的回答，那这就是风险规划。这仅是指未按约定履行产生的风险。因此，风险规划规则的重要性首先体现在合同履行出现问题之时。[64] 故而风险规划不能与规避不稳定因素相提并论，因为后者是履行计划的一部分。

Ritterhaus 和 *Teichmann*[65] 限缩了履行计划的概念并扩张了风险规划的概念。在履行计划的层面上，缺陷及其设计性的规避并无意义，其作用仅是分拣出那些不会实现法律目标的设计方案。在风险规划中才应当研究设计的特别要求和"风险与副作用"。与这种划分相对，有观点认为只有考虑到了各种不利之处，履行计划才能成功。此外，实质目标的实现也意味着避免不利，因此，不应聚焦于积极成果，而应避免消极后果。[66]

60

履行计划与风险规划的区分并不总是十分明显的。一个规则可能在履行计划和风险规划两方面都有意义。此外，通过明确定义履约义务就可以确保合同如约履行。不遵守履行义务的后果会涉及风险规划的层面。未按约定履行的相关法律后果也督促着合同的履行。

61

---

[63] *Rehbinder*, Vertragsgestaltung, S. 4.
[64] 同样的观点，见 *Schmittat*, Vertragsgestaltung, Rn. 83 und 89（以"无条件的规则"与"可能的规则"指称）；*Junker/Kamanabrou*, Vertragsgestaltung, § 1 Rn. 6 ff.（以"目的实现"与"障碍预防"的概念指称）.
[65] *Rittershaus/Teichmann*, Vertragsgestaltung, Rn. 261 ff.
[66] *Junker/Kamanabrou*, Vertragsgestaltung, § 1 Rn. 7.

62　示例：

　　履行计划包括履行时间的约定。此外，这一时点也与风险规划相关，因为未按约定时间履行可能产生支付履行迟延利息的请求权（《德国民法典》第288条第1款第1句，第286条第1款第1句和第2款第1句）。

63　示例：

　　违约金的约定有着双重目的，其作为"施压手段"担保主债务的履行并且使债权人可在债务人违约时无须具体举证也能获得赔偿。[67] 这种协议同时具有履行计划和风险规划的目的。

（二）履行计划

64　在筛出法律后果符合法律目标的待选设计方案后，应当更具体地审查各个设计方案的前提条件是否存在或者是否能被满足。

1. 实现实质目标的规则

65　在履行计划中必须制定正常运行即可实现委托人实质目标的规则。其包括以下的问题：何种程度上能够实现次要目标。

66　示例：

　　限制的人役权（《德国民法典》第1090条第1款）是不可继承的（第1090条第2款以及第1061条第1句）。如果委托人的规则目标含有超出权利人生存时间之外的使用可能性，那么必须选择其他的设计方案，因为《德国民法典》第1061条第1句的规则是不可变更的。[68] 此外也必须考虑到这个问题，即设计应在何种时间条件下生效。合同可以是有期限的，或者其中预先

---

[67] BGHZ 105, 24, 27 = NJW 1988, 2536; BGHZ 85, 305, 312 f. = NJW 1983, 385, 387 mwN; Grüneberg, in: Palandt, § 339 Rn 1.（第四版中，删除 BGHZ 85, 305, 312 f. = NJW 1983, 385, 387 mwN，增加 OLG Frankfurt aM NJW-RR 2016, 1070 (1071).——译者注）

[68] Bassenge, in: Palandt, § 1061 Rn 1.（第四版中，作者变更为 Herrler.——译者注）

规定了终止的可能性（Kündigungsmöglichkeiten）。

合同相对人方面的履行担保是委托人的主要目的。因此，必须未雨绸缪地规定合同相对人应严守履行义务。一方面这可以通过对履行义务的准确描述来达成，另一方面也可以通过积极或消极的激励手段达成目标。

示例：

比如（当事人）约定了具体的履行时间。积极的激励手段就可以通过对方的先履行义务被实现，该义务要求对待给付应在一周后履行。为了自己无论如何也不必先履行，可以坚持同时履行（《德国民法典》第 320 条）且不同意其他任何协议变更。如果委托人要求特别迅速地履行，可以按照履行时间对买受价格进行评级排序。如果在 3 天内就已履行，那么就可在一定程度上提高对待给付的金额（正向激励）；其中也可观察到消极刺激，如人们可以预见 3 天后对待给付的数额会减少）。消极激励手段（制裁）可以是未如约履行时的违约金（《德国民法典》第 339 条）。就此而言，当事人可以脱离《德国民法典》第 339 条第 1 句而在单独协议中约定与过错无关的违约金失权。[69] 消极激励的适用同时也有未如约履行时的担保功能——这也说明了上文中履行计划与风险规划的相互融合。

2. 目标冲突的解决方式

待选设计方案的制订可以表明委托人的多个实质目标之间可能并不相互融洽。律师应通过说明和咨询的方式根据委托人意愿向其解释待选的方案，并澄清这些方案为实现某个实质目标而必须在何种程度

---

[69] BGH NJW-RR 1997, 686（688）；BCHZ 82, 398（402）= NJW 1982, 759（760）；Gottwald, in：MünchKommBGB, §339 Rn. 35；Grüneberg, in：Palandt, §339 Rn. 15；不同观点，见 Rieble, in：Staudinger, §339 Rn. 381. 。

上牺牲另一个目标。列出一份带有优先级的目标列表是很有帮助的。[70] 对于客户来说，尽可能多地实现实质目标可能非常重要，因此，应当选择可以实现最多数目标的设计方案。但是委托人也可能有一个处于核心位置的目标（首要目标），其他目标都被置于其后。最终还是要按照委托人的利益进行权衡。在简单案件中可以列出一个利益矩阵（Interessenmatrix），以大概明晰哪些目标可以通过何种设计方案得以实现。[71] 权衡具体实质目标的困难是无法避免的。这属于客户的责任。合同设计者必须确保相关设计的有效性，根据确定的标准阐明其优缺点，从而为客户提供完整的决策依据。[72] 此外，必须向客户说明多个相似的协议在什么范围上彼此并不相同。

70 示例：

某自有住宅的所有权人向律师咨询房屋出租的事宜。他过去一直对租客很气愤，这主要是因为已支付的现金押金（向出租人支付的以担保为目的的现金）并不充足。他请求起草一份以租客外的第三人作为保证人的保证合同。律师必须向委托人说明，依据《德国民法典》第551条第1款，租赁关系中房屋租赁担保的担保额最高为净月租金的3倍（不包括预付的附加费用）。在双重担保的情况下，其担保额也不能超过此限度。[73] 超额担保不会导致担保全部无效的法律后果，而只是超过限额部分的无效。[74]

---

[70] Kanzleiter NJW 1995, 905 (906 f.).

[71] Rehbinder, Vertragsgestaltung, S. 35; Junker/Kamanabrou, Vertragsgestaltung, § 1 Rn 56 ff.

[72] Schröder, Der sichere Weg bei der Vertragsgestaltung, S. 137 ff.

[73] BGHZ 107, 210 (213) = NJW 1989, 1853; OLG Hamburg NZM 2001, 375; Weidenkaff, in: Palandt, § 551 Rn. 9.

[74] BGH NJW 2004, 3045 (3046)（该庭明确否决了因为累进效果导致的合同全部无效）。（第四版中，新加 Bieber, in: MünchKomm BGB, § 551 Rn. 11。累进效果（Summierungseffekt）指如果本身无害，却内容紧密相关的条款导致（一般交易条款）使用人的合同相对人承受不合理的不利益之情况。参见 BGH, Urteil vom 5. April 2006, Az. VIII ZR 163/05, Rn. 16。——译者注）

因为出租人可以主张法律允许范围内最高的租赁担保，所以他仍是被担保的。承租人无须遵守的仅是出租人要求的其他担保。然而这仍可能对出租人产生一种棘手的情况。如果第三人的保证达到了法律允许的最高限额，承租人所能够主张超过部分的现金押金约定自始无效。出租人必须在担保事由发生后向该第三人主张请求权，即使现金押金更符合其利益。律师应向出租人指出并说明这其中的关联。

3. 设计自由

设计必须以设计自由为原则。只有所涉规则是任意性或者半强制的（dispotiv oder halbzwingend），那么才可以制定与法律规范不同的规则。通过这种方法，法律可被按照具体案件中的特别需求调整。关于这个问题，即个案中与法律不同的规则在何种界限内是有效的，律师们可以在法院关于相似规则的判决中找到答案。然而并不意味着让合同设计者免于独立审核。

类型强制（物权法上所谓的 nummerus clauses）与物权法上的类型固定（Typenfixierung）构成了设计的限制。[75] 当事人可以自由地决定他是否要设立某项物权（所谓的缔约自由）；然而该权利可以包含的内容已被预先规定于法律之中。

4. 法律规定

合同设计者必须注意，法律规范对合同设计提出了哪些强制性要求。这不是指内容上的强制，而是关于在外在形式或者其执行上的规定，例如法定形式规范[76]或者——尤其在消费者法中——告知义务、指示义务及说明义务等。*

---

[75] Baur/Stürner, Sachenrecht, § 1 Rn. 7.
[76] 对此见 Paulus/Zenker, JuS 2001, 1（6）。
* 第四版中，新加关于强制性规范可能的法律渊源及精选示例，见 Moes, Vertragsgestaltung, Rn. 108ff.。——译者注

（三）风险规划

74　　下一步要进行风险规划。通常负面的发展可能不会被预先考虑，因为出现的缔约机会在起草合同时是最重要的。但是合同设计者不能轻信合同的相对人会履行其义务。

1. 冲突风险

75　　进行风险规划时，合同设计者必须首先想到那些委托人没有告知的情况。合同设计者必须要思考客户告知的（积极）目标之外的情况，且要将消极的进展纳入考量范围。[77]

76　　在一个合同中无论如何肯定要去解决可能存在的冲突，这些冲突可能存在于几乎所有合同中【所谓普遍的冲突风险（Konfliktgefahren）】。依据 Zankl 的观点，以下属于普遍的冲突风险：债务不履行、不良履行、未按约定时间履行、恶意（Böswilligkeit）、等价障碍（Äquivalenzstörung）、第三人的影响、破产或当事人的死亡。[78] 除此之外还须规定那些特别的潜在冲突。这包括特定合同类型附带的风险，比如在土地买卖合同中公共负担的承担或者在高度人身性的疾病处理服务。[79]

2. 以冲突规避和解决为目标的担保和制裁机制

77　　合同设计者必须考虑以下两方面的问题：一是其他当事人未按约定履行的风险，二是作为合同基础的案件事实发生改变。这两种情况都应以一定的"担保手段"来应对。对于债务不履行的情况，应当约定瑕疵担保责任、担保、保证或并存的债务承担（Schuldmitübernahme）。通过规定特定情况下的法律后果也可以妥善处理案件事实可能发生改变的问题。在方法论上，首先要雕琢将来可能产生冲突且必须要加以规范的要点。合同模板可以在这方面提供良

---

[77] Kanzleiter NJW 1995, 905（906）；关于律师要向客户解释履行障碍规则的必要性，见 Zankl, Vertragssachen, Rn. 295 ff. 。

[78] Zankl, Vertragssachen, Rn. 301 ff.

[79] Zankl, Vertragssachen, Rn. 337 ff.

好的帮助，以免忽视一些重点。[80] 合同设计者被期待总是能够注意到在典型情况中出现的问题。这可以说明具有典型利益情况的典型案件设计方案会不断重现。[81]

示例：

在房屋建筑工程合同中应当预先规定瑕疵担保责任条款。[82]

总之，在考虑风险规划所需要的手段时，应注意其经济上的积极意义。过分的要求可能危害合同的订立。

示例：

与某家德国大银行进行合同谈判时，以银行担保的形式获得租金押金似乎是不合适的，虽然这或许属于向初创企业出租时律师的义务范围。

3. 债务不履行时的主张

除了规定比如不良履行引发的法律后果外，风险规划还包括如何主张瑕疵担保责任和损害赔偿请求权的条款。

示例：

《德国民法典》包含了履行障碍的规定（《德国民法典》第280条以下）。仅在当事人认为法律上的任意性规范不是合适的风险负担规则时，才有必要制订与法律规范不同的约定或补充协议。对于替代给付的损害赔偿（《德国民法典》第281条第1款），当事人可以通过单独协议排除之后的指定期间。同样，他们也可以通过书面约定进一步具体化该指定期间。

4. 冲突解决机制

因为争议可能产生于履行是否符合约定及现在可主张哪些请求

---

[80] 关于如何对待合同模板，见边码99以下。
[81] 基础内容，见 Jerschke, DNotZ 1989, Sonderheft zum 23. Deutschen Notartag, 21 ff.。
[82] Kanzleiter, NJW 1995, 905 (906).

权，因此，应当规范如何处理那些因主张未按约定的履行而产生之冲突。当事人可以将该争议交由法院裁判，这种情况就无须特别的约定。他们可以预先约定管辖法院，以要求特定法院裁判其争端，只要这在个案中是被允许的（《德国民事诉讼法》第 38 条及第 40 条）。[83] 除此之外，他们也可以约定其他争端解决机制，包括调解【替代性纠纷解决（alternative dispute resolution）】[84]、仲裁程序或者仲裁鉴定（Schiedsgutachten）。在复杂的跨国合同中，比如公司并购交易，替代性冲突解决方案的协议属于合同的标准内容。

84　　调解是指中立的第三方（调解人）陪同各方进行的和解谈判。当事人各方独立自主地行动，调解人并没有决定权。如果合作伙伴对进一步合作仍有利益，而因此有意缓解冲突并倾向于寻找融洽的解决方案，则可以选择调解。调解潜在的劣势则是协商并不具备拘束力，且如果调解没有成功的话，会浪费大量时间。（当事人）可以参考某些组织的调解规定制定调解条款，例如德国仲裁协会（DIS）的规定。为了使调解顺利进行并保证所制定的法律框架能够实施，欧盟通过了《欧盟调解指令》。[85] 该指令的目的是在调解与司法程序之间建立一个协调的关系。该指令涵盖了民商法事务的跨境争端（第 1 条第 2 款），在其转化过程中也可以"一同规范"该国的国内事项。该指令在德国被转化为《德国促进调解和其他庭外争端解决程序法》。[86] 对此，2017 年 9 月 1 日生效的《德国认证调解人基础和高

---

〔83〕 关于管辖法院协议的前提和法律后果，见 Bendtsen, in: Hk-ZPO, § 38 Rn. 5 ff., § 40 Rn. 1 ff.。

〔84〕 关于调解，见 *Haft*, Verhandlung, S. 243 ff.; *Duve/Eidenmüller/Hacke*, Mediation, S. 77f.。（第四版中，Mediation 所引页码变为 79 页下。——译者注）

〔85〕 Richtlinie 2008/52/EG des europäischen Parlaments und des Rates vom 21. 5. 2008 über bestimmte Aspekte der Mediation in Zivil-und Handelssachen（Europäische Mediationsrichtlinie-Mediations-RL）, ABl. Nr. L 136 vom 24. 5. 2008, S. 3 ff.

〔86〕 BGBl. I 2012, S. 1577；关于该法草案及法律委员会建议稿，见 *Henssler/Deckenbrock*, DB 2012, 159 ff；详细内容见 *Horstmeier*, Mediationsgesetz, S. 33 ff.。

级培训条例》[87]将通过规定成为"认证调解人"的资质条件对调解员职业进行调整规制。[88]

仲裁程序（《德国民事诉讼法》第1025条及以下）可适用于所有涉及财产法的请求权（《德国民事诉讼法》第1030条第1款第1句），此外，具有和解能力的非财产法上的请求权也可被仲裁（《德国民事诉讼法》第1030条第1款第2句）。[89]仲裁裁决具有与法院判决相当的效力（《德国民事诉讼法》第1055条）。仲裁程序的优势在于仲裁员的专业性、可信性、效率（单一审级）及灵活性，在跨国诉讼时可以跨国执行以及自由选择地点和语言（《德国民事诉讼法》第1043条第1款第1句，第1045条第1款第1句）。不足之处则是仲裁员可能认为他们代表了当事人一方的利益，因此，可能有失偏颇，或者裁决结果因缺少先例而无法预见。

85

如果说仲裁程序裁决的是争端的整体，相较之下，仲裁鉴定人则是在判断案件中的某一具体观点。仲裁鉴定对当事人具有约束力；仅在具有明显的错误时其才可被复核（类推适用《德国民法典》第319条第1款第1句）。

86

三、针对不稳定因素的预防措施

为了在判决认定某协议无效时（《德国民法典》第139条：如有疑问则法律行为全部无效），不使全部合同的有效性受到威胁，建议将可分条款（salvatorischen Klausel）纳入合同之中。其可以维持性或替代性条款（Erhaltungs-und Ersetzungsklausel）的形式出现。维持性条款指该法律行为在缺少无效规则的情况下则仍旧生效。德国联邦最高法院将这种标准条款的效力限制于根据《德国民法典》

87

---

[87] BGBl. I 2016, 1994；该条例以《德国调解法》第6条为基础。
[88] 对该条例的批评，见 Eidenmüller, NJW-aktuell 46/2016, 15。
[89] 关于和解能力（Vergleichsfähigkeit），见 Saenger, in: Hk-ZPO, § 1030 Rn. 5。

第139条产生的举证责任倒置上。举证责任会被分配给主张合同无效的一方。[90] 替代性条款确定了哪些规则将替代无效协议。具体而言，替代性条款或者包含了在发生争议时须确定其效力的替代性协议（Ersatzvereinbarung），或者该条款可以预先规定通过解释、重新谈判、当事人一方或第三人的决定来填补漏洞。[91] 当事人一方或第三人的决定必须（在有疑义时）保证其是公平的裁量（《德国民法典》第315条和第317条）。

88　　与为应对法律不确定性的可分割条款类似的是应对实际变化的调整条款。作为设计基础的基本事实在将来会发生变化，而且不止会发生那些设计中希望发生的改变。法律以情势变更制度（《德国民法典》第313条）调整这些重大变化。但是在发生微小变化时便着手调整也是符合当事人利益的。对于这些情况，推荐采用所谓的调整条款（Anpassungsklausel）。[92] 它可以规定自动调整当事人一方或第三人的决定，也可以规定重新进行规则谈判。自动调整可以规定所谓的价格调整条款，在此须注意遵守《德国价格条款法》的限制。[93]

四、合同类型和模板

（一）合同类型的发展

89　　法律的实在性（Rechtwirklichkeit）通过大量不同的案件事实和相

---

〔90〕　BGH NJW 2003, 347.（第四版中，新加案例 BGHZ 184, 209 Rn. 30 = NJW 2010, 1364; BGH NJW 2007, 3202 (3203)。——译者注）

〔91〕　*Junker/Kamanabrou*, Vertragsgestaltung, §1 Rn. 51; *Schmittat*, Vertragsgestaltung, Rn. 180.

〔92〕　关于调整的需求和效力详见 *Kamanabrou*, Anpassungsklauseln, S. 5 ff.。调整条款的协议可以纳入履行计划之中，因为它涉及那些原则上可以预见到的变化。在订立合同时，准确的变化尚无法预见。与之相反的是那些与合同履行无关但重大的情况，如自然灾害。对这类情况的应对更偏向于风险规划的内容；*Junker/Kamanabrou*, Vertragsgestaltung.（第四版中，Vertragsgestaltung 一书新加引注章节§1 Rn. 52。——译者注）

〔93〕　Siehe dazu *Hilber* BB 2011, 2691 ff.

应的合同得以彰显。因此，并没有专为特定合同而作的设计说明，这里仅能阐释设计一份合同时必要的原则和工具。生活现实明确说明，特定的情况会不断重复出现。从这些反复出现的生活事实和设计目标中产生了无尽的带有典型特征的设计任务。

在此背景下，预防式法学发展出了特定的合同类型。一个合同类 90
型具有多个特征。[94] 这种分类的前提就是案件事实依据其本质的和表现出来的特征【整体外观（Gesamterscheinungsbild）】符合某个合同类型。[95] 实务中的合同类型尽可能地以法律为基础，并将之具体化。

示例： 91
"购买二手车"的合同类型就是基于《德国民法典》第433条以下的规则建立的。

此外，预防式法学的实务也会发展出这样的合同类型，其往往缺 92
乏法律的规范，或者这些类型因偏离法律规范过远而无法归属于现行法中的任一合同类型【所谓的交易中的典型合同（verkehrtypische Verträge）】。

示例： 93
合同类型如"建筑开发合同""退休金合同"（这两种都是

---

[94] Rittershaus/Teichmann, Vertragsgestaltung, Rn. 306；类型详见于 Larenz/Canaris, Methodenlehre, S. 37 ff.。

[95] Langenfeld 推动了以合同类型理论为基础的合同设计思想。Langenfeld 通过两个步骤进行。第一个步骤中，事实类型（Sachverhaltstypen）被归类到案例类型（Fallgruppe）中。第二个步骤中，案例类型将发展为合同类型。因此，合同类型通过法律视角下的现实观察【"作为模板的现实"（die Wirklichkeit als Muster）】得以建立；详见 Langenfeld, JuS 1998, 33 (34 ff.)；ders., Vertragsgestaltung, Kap. 2 Rn 9 ff.；siehe auch Rehbinder, Vertragsgestaltung, S. 49 ff；对 Langenfeld 观点的积极评价见 Rawert, NJW 1998, 2125（带有保留意见，即人们是否可以说这是一种新的方法论）；关于"作为模板的事实"，见 Jerschke, DNotZ 1989, Sonderheftzum 23. Deutschen Notartag, 21。

第四章 合同设计方法 063

混合合同)[96]、"订阅证券交易所服务"【类型融合合同（Typen-verschmelzungsvertrag）】[97] 或动物保管合同（Tiersorgevertrag）[98] 在法律中都没有明确的对应。

（二）如何对待合同类型

94 在合同类型中，合同设计者依据案例类型可以找到——不同于抽象的法律中的———一套生活事实规则，因为这些合同类型通过使自己符合生活事实而越过了法律上的严格分类。[99] 这种方法是合同设计中重要且经常不可忽视的助力，因为并不是每次都必须从头制订全新的法律解决方案，而是经常要回溯到已经发展出来的内容。它们有助于培养一种理性且高效的工作方式。相反，仅与法律条文打交道的工作会非常费时，尤其当设计方案涉及多个部门法时。为了使个案能被公正对待，（设计者）必须始终按照实际需要调整合同类型；首先他必须对当前的发展保持开放态度。

95 如果生活事实和实质目标能被归类于某个特定的合同类型，那么设计时不应首先考虑合同必须包含哪些基本结构，而是应当考虑那些合同细节，也就是按照委托人诉求进行的调整。典型的案件事实会产生典型的合同结构。

96 示例：

如果要为出卖人起草一份二手车买卖合同，那主要任务不是考虑其自身的合同类型或结构，而是比如是否要全部或部分地排除瑕疵担保责任，或者出卖人是否应当为某些特性承担保证责任

---

[96] BGHZ 96, 275, 277 f = NJW 1986, 925, 926；Grüneberg, in: Palandt, vor § 311 Rn. 21；Medicus/Lorenz, Schuldrecht BT, Rn 1079。（第四版中，删除 BGHZ 96, 275, 277 f = NJW 1986, 925, 926。——译者注）

[97] BGHZ 70, 356 (359 ff.) = NJW 1978, 997 (998)；*Grüneberg*, in: Palandt, vor § 311 Rn. 23。（第四版中，新加案例：Schünemann, NJW 2003, 1689 (1690 f.)。——译者注）

[98] 关于此类合同及其功能定位，见 *Eiden*, JuS 2014, 496 ff.。

[99] *Schmittat*, Vertragsgestaltung, Rn. 253.

(在什么期限内?)。

如果无法确定地将合同归属于某一合同类型,那么设计会复杂很多。这种情况下首先应制定具体案件中的合同结构,有时甚至要混合多个合同类型。

(三) 规范类型

除合同类型外,实务中还有所谓的"规范类型",其作为单独的功能结构提供了合同细节的解决方案。它们可被加入特定合同之中,例如"公司章程中辞退股东时的补偿金条款"之规范类型。[100] 规范类型的形成和使用应以合同类型理论为基础。

(四) 合同模板

合同类型理论通过合同模板得以表达。通过合同法实务孜孜不倦地依据个案需求修改法定模板,合同模板才能够产生。它们通常反映了职业素养中的知识水平。[101]

在合同设计的不同阶段,合同模板都有其作用。它们可以使需要规范的要点不致被忽视。它们的作用相当于备忘录(待办清单的功能)。[102] 忽视合同模板中提到的内容将被判决视为咨询错误(Beratungsfehler)。[103] 它们减轻了起草合同的任务负担,因为它们预先确定了合同的结构和标准化的条款。它们通过注释和解释明确了制定具体规则的理由,并说明了在何种程度上要注意法律的强制性规范或者与法规不同的约定是否可行。通过采纳那些偏离法律任意性规范的条款,合同法实务向模板的使用者说明了它认为任意性规范何处是不适

---

[100] *Langenfeld*, Vertragsgestaltung, Kap. 2 Rn. 24; *Schmittat*, Vertragsgestaltung, Rn. 250 f.

[101] *Teichmann*, JuS 2001, 973 (979); *Westermann*, AcP 175 (1975), 375, 376.

[102] 有关草拟合同的工具和查验清单的一般说明,见 *Heussen*, in: Heussen/Pischel, Handbuch Vertragsverhandlung, Teil 2 Rn. 233 ff.; *Schmittat*, Vertragsgestaltung, Rn. 29。

[103] BGH NJW 1994, 2283, 2284. (第四版中,新加案例 BGH NJW 2008, 1321, 1323。——译者注)

当的并且应以与法律条文不同的规定取代之。[104] 因为这些规则反映了职业素养中的知识水平，所以它们可以被另一方当事人知晓并可以提升达成一致的机会。[105]

101　　总之，在工作中使用合同模板能够提升工作效率并节省时间。当下在合同数字化不断推进的过程中，这种标准化的设计工具将发挥更重要的作用，可以为"智能合约"（Smart Contracts）等新概念奠定基础。[106] 当然，绝不能不假思索地运用模板。合同模板必须按照设计方案进行修改，而不是相反。[107] 可通过如下方式避免未经思索地使用合同模板：顾问首先要收集他认为有规制需要的重点，且不能事先查看合同模板。

102　　合同模板的汇编见于下列著作。

　　1. *Fingerhut*：Vertrags-und Formularbuch, 12. Aufl. 2009.

　　2. *Hauschild/Kallrath/Wachter*：Notarhandbuch Gesellschafts-und Unternehmensrecht, 2. Aufl. 2017.

　　3. Heidelberger Musterverträge, etwa *Reiserer*：Der GmbH-Geschäftsführer-Vertrag, Heidelberger Musterverträge, Heft 36, 17. Aufl. 2018；*Wetekamp*：Wohnraummietvertrag, Heidelberger Musterverträge, Heft 102, 4. Aufl. 2011.

　　4. *Hoffmann-Becking/Gebele*：Beck'sches Formularbuch Bürgerliches, Handels-und Wirtschaftsrecht, 13. Aufl. 2019.

---

[104] *Rittershaus/Teichmann*, Vertragsgestaltung, Rn. 310；*Hommelhoff/Hillers*, Jura 1983, 592 (593).

[105] *Keim*, Beurkundungsverfahren, Teil D Rn. 88 ff.；*Schmittat*, Vertragsgestaltung, Rn. 60；*Weber*, JuS 1989, 818 (822).

[106] 以规划、建筑和不动产领域的合同为例 *Eschenbruch/Gerstberger* NZBau 2018, 3 (8)。关于智能合约的一般问题，见 *Podmogilnij/Timmermann*, AnwBl 2019, 436 (441 ff.)。

[107] *Junker/Kamanabrou*, Vertragsgestaltung, § 1 Rn. 24；关于使用合同模板和查验清单的工作及其优劣，见 *Rittershaus/Teichmann*, Vertragsgestaltung, Rn. 298a ff.；*Vorbrugg*, AnwBl 1996, 251 (253)；*Weber*, JuS 1987, 559 (562)；*ders.* JuS 1989, 818 (822 f.)。

5. *Hopt/Merkt*: Vertrags-und Formularbuch zum Handels-, Gesellschafts-und Bankrecht, 4. Aufl. 2013.

6. *Krauß*: Immobilienkaufverträge in der Praxis, 9. Aufl. 2020.

7. *Krauß*: Vermögensnachfolge in der Praxis, 5. Aufl. 2018.

8. *Limmer/Hertel/Frenz/Mayer*: Würzburger Notarhandbuch, 5. Aufl. 2017.

9. Münchener Vertragshandbuch: Bd. 1, Gesellschaftsrecht, hrsg. von *Böhm/Burmeister*, 8. Aufl. 2018; Bd. 2, Wirtschaftsrecht I, hrsg. von *Rieder/Schütze/Weipert*, 7. Aufl. 2015; Bd. 3, Wirtschaftsrecht II, hrsg. von *Rieder/Schütze/Weipert*, 7. Aufl. 2015; Bd. 4, Wirtschaftsrecht III, hrsg. von *Schütze/Weipert/Rieder*, 8. Aufl. 2018; Bd. 5, Bürgerliches Recht I, hrsg. von *Herrler*, 8. Aufl. 2020; Bd. 6, Bürgerliches Recht II, hrsg. von *Herrler*, 8. Aufl. 2020.

10. *Walz*: Beck'sches Formularbuch Zivil-, Wirtschafts-und Unternehmensrecht, Deutsch-Englisch, 4. Aufl. 2018.

11. *Wurm/Wagner/Zartmann*: Das Rechtsformularbuch, 17. Aufl. 2015.

在众多律师指导手册（Anwaltshandbücher）中也同样可以找到待办清单和书写建议，例如 *Heussen/Pischel*: Handbuch Vertragsverhandlung und Vertragsmanagement, 4. Aufl. 2014。

第五节 设计方案的选择标准

如果多个方案都能实现实质目标，那么有必要从中选出一套确定的方案。因为该选择完全取决于委托人[108]，所以（设计者）必须说明各套方案及其优劣、机会与风险，以使委托人能够做出合适的决定。委托人可以自由地决定，他并非必须选择客观上最优的路径。他

---

[108] 关于委托人的非法指示，见 *Heussen*, NJW 2014, 1786 (1789)。

不需要一份完整的法律分析，而是需要基于现实情况及其诉求而能成为决策依据的说明。如果某套待选方案看起来明显优于其他方案，律师有义务说明并推荐之。[109] 所选择的设计必须是被优化过的，也就是说，该方案的副作用必须被谨慎思考并在必要时消除相应的影响。律师必须基于可理解性设计原则调整他的咨询，其权衡取决于个案中客户的委托。

一、首要目标和次要目标

105　　设计的选择首先取决于首要的实质目标。[110] 当存在多个不同的待选设计方案时，则可以选择最能顾及次要目标的方案。通过具体的设计方案可以考虑到次要目标，例如加入特定的条款。最后，首要目标必须被全部实现，同时也要追求次要目标最大化的成就。次要目标尤其对于风险规避措施和合同控制（Vertragscontrolling）有着重要作用。

二、法律保障

106　　另一个设计方案的选择标准是在将来也获得法律保障，这方面须考虑到并不是所有案件中绝对安全都能够得到保障。由于实际情况的发展或判例的变化是无法预测的，所以对未来的预测并不准确。[111]

107　　不是在将来出现的每个要点都能够被具体地规定—未来总是充满着变数。为未来所有的发展做好准备几乎是不可能的，有些发展是事前（ex ante）无法预见的。试图规范所有细枝末节只会使合同变得杂乱无章。因此，更值得推荐的做法是在规制合同细节之前，首先规定

---

[109] BGHZ 171, 261（264）= NJW 2007, 2485（2486）；*Rehbinder*, Vertragsgestaltung, S. 20.

[110] *Rehbinder*, AcP 174（1974），265, 288.

[111] 关于对未来的适应性，见第三章边码 17 以下。

那些能够反映合同的基本价值且能被有效解释的一般规则。[112] 当然，在对德国经济法领域实务有着巨大影响力的英美法系中，常见的是在合同的开头就阐明特定的规则。

示例：

在运用时需要评估的非具体的规则（一般条款）是，比如"在特别困难时""适当的""是公平的"。[113] 这些概念可能被抽象地写于合同的开头，以在一定程度上实现适用的稳定性。

108

---

[112] *Schröder*, Der sichere Weg bei der Vertragsgestaltung, S. 330 ff.；*Teichmann*, JuS 2001, 973 (980)。合同设计者应向委托人说明相应的风险。出于举证原因，顾问应当以可证明的方式呈现其风险说明。

[113] *Kanzleiter*, NJW 1995, 905 (910)。

第五章　通往合同之路

1　　设计方案应最后终止于合同的成立。合同的形成和撰写并非在合同设计结束之后方才开始，而是一个连续的过程。[1]

第一节　第一版合同草案

2　　第一版合同草案的制订具有决定性的意义【所谓的措辞（wording）】。草案作者的优势在于可以自主掌控合同并设定谈判的起点。[2] 草案的作者通常会通过引导合同谈判而引领整个对话。合同谈判基于合同的初稿或者基于合同的标记（Mark-up）（带有修改想法的合同版本）。提出初稿的一方优先决定了规范的内容，他可以确定他的利益和立场并借此对接下来的谈判施以巨大的影响。其劣势在于，他必须成为首先公开其立场的人。他通过这种方法在一定程度上限制了自己，因为其他当事人把这一立场视为最高要求并窥见了谈判的空间。

---

〔1〕　关于准备合同订立的详细内容，见 *Heussen*, in：Heussen/Pischel, Handbuch Vertragsverhandlung, Teil 2 Rn. 175 ff. 。按字母顺序排列的合同谈判要素概念解释，见 *Jung/Krebs*, Vertragsverhandlung, S. 31 ff. 。

〔2〕　关于与此相关的优劣，见 *Zankl*, Vertragssachen, Rn. 233 ff.；同见于 *Ponschab/Schweizer*, Kooperation, S. 269 ff. 。（第四版中，Kooperationy 一书作者变更为 Ponschab/Schweizer/Genius-Devime。——译者注）

合同初稿的制作意味着责任，所以（设计者）必须谨慎对待。必须被权衡的是，怎样单方面地拟定该草案，是否要采纳最高要求或者做出一定妥协。单方面的草案一方面赋予了最大的谈判空间，另一方面，也会导致信任破裂和相对方的不满，并可能因为"消极的"氛围使谈判变得困难甚至导致谈判在早期就已破裂。一份切合实际的草案会在一定程度上照顾相对方的利益。[3]（合同草案的设计者）应遵守理智的诚信原则（Grundsatz der intellektuellen Redlichkeit）。合同模板可以为规则的"市场标准"提供方向。[4]

此外，初稿还有心理学上的意义。以审核为目的得到合同草案的相对人必须给出修改建议。因此，他们很快将成为只能被动回击的一方。[5]

第二节　合同谈判

一、可能性与必要性

合同谈判的作用是实现经济上的设想。其前提是谈判中尚有回旋余地。一般情况下，谈判的进展是无法预料的。

> 示例：
>
> 某零售商以一定的条件出售商品。消费者只能选择是否接受已经确定的条件【接受或离开（take it or leave it）】。他通常无法影响这些条件。相反，商人通常会在合同中纳入一般交易条款（Allgemeine Geschäftsbedingungen）。为了避免合同相对人遭受不利益，《德国民法典》第305条以下规定了使用一般交易条款的

---

［3］ *Rehbinder*, Vertragsgestaltung, S. 10 f.
［4］ 见第四章边码99以下。
［5］ 关于不想一直作为说"不"的一方出现的现象，见边码36以下。

限制。此外,该法还为消费者和经营者之间的合同制定了有利于消费者的保护措施(《德国民法典》第474条以下),而且这些条款与是否使用了一般交易条款毫无关系。

7　　当然在众多情况下谈判空间是存在的。经济交往中,谈判是非常常见的。在非经营者之间的交易中,关于主给付义务或瑕疵担保责任的谈判也时常发生。

8　　**示例:**
　　　　(私人间的)土地或车辆买卖:关于价格和瑕疵担保责任的谈判。

9　　因此,在非标准化的交易且没有单方面的权力地位时,也会发生合同谈判。合同通常是妥协的产物,是双方各自让步的结果。私法自治和法律行为的自主决定也要求另一方当事人的同意。[6]

二、合同设计者在谈判中的角色

10　　合同设计者在谈判中的角色取决于委托内容。在准备合同谈判和签订合同时,律师必须完成合同草案并组织谈判(与另一方的代理人)。[7] 因此,他的任务也就是参与谈判。协商的结果则最终由客户决定。在谈判的结束阶段,合同设计者的角色主要可能与咨询顾问相同。在进退两难的情形下,让委托人进行谈判或许是有益的,这可以让合同设计者只需负责法律上的实施环节。此外,公证人的任务则有

---

　　[6]　基本上,当事人在最终签订合同前都可自由自主地决定。但是判决依据《德国民法典》第280条第1款及第241条第2款,第311条第2款保证了损害赔偿请求权,如果一方当事人以可归责的方式引起了合同将会成立的信任后他将缺乏充分理由中止谈判;BGHZ 76, 343 ff = NJW 1980, 1683 ff; 1996, 1884, 1885; 2001, 2713, 2714; BGH ZIP 2001, 655 ff; OLG Stuttgart WM 2007, 1743; Wertenbruch ZIP 2004, 1. [第四版中,新加案例 BGH NJW 2013, 928(929);2006, 1963(1964)以及 Emmerich, in: MünchKommBGB § 311 Rn. 176.——译者注]

　　[7]　*Rehbinder*, Vertragsgestaltung, S. 77;关于准备谈判见 *Heussen*, in: Heussen/Pischel, Handbuch Vertragsverhandlung, Teil 2 Rn. 432 ff.;*Zankl*, Vertragssachen, Rn. 226 ff.

所不同，因为他要考虑双方当事人的利益。他作为调解人而出现，并且要尝试引导当事人相互谅解。[8]

三、谈判的细节

合同成立的基本前提是当事人的利益能够达成一致，这就是说必须要有成立合同的意愿。此外，合同谈判是一个复杂的过程，其结果取决于多种因素。

11

（一）谈判的规划和结构

谈判应依照一个明确的模板进行，也就是说要事先拟定一份流程计划。这包含了确定谈判参与人和另一方此方面的信息。在复杂的谈判中，也可以聘任特定领域的专家处理该领域的专业语言表达。最后，谈判者应当制定谈判的时间计划并确定谈判地点。在详细计划中应当确定何时处理哪些内容，其顺序通常来源于合同草案的结构。同样在每个具体的谈判要点里，当事人应当遵循一套明确的结构。通常在提问阶段之后会进行辩论环节和决议阶段。[9]

12

（二）谈判的风格和氛围

谈判风格对谈判结果有着不可低估的影响。一定程度上它甚至具有比讨论的内容更大的作用。因此，谈判参与者应当掌握以结果为导向的谈判风格，一方面阐明己方的利益，另一方面也了解并认真对待另一方的利益，有理有据地发表观点，对切实的论点持开放态度，找

13

---

[8] *Junker/Kamanabrou*, Vertragsgestaltung, § 1 Rn. 62; *Rehbinder*, AcP 174 (1974), 265, 297.

[9] *Däubler*, Verhandeln, Rn. 160 ff.; 同见于 *Williams*, Legal Negotiation, S. 70 ff.，其区分了谈判的四个阶段：(1) 确定基本方针和定位（Orientation and Positioning）；(2) 辩论（Argumentation）；(3) 紧急情况与危机（Emergence and Crisis）；(4) 达成一致或谈判破裂（Agreement or FinalBreakdown）。关于此，见 *Gottwald*, in: Gottwald/Haft, Verhandeln, S. 65, 67. 关于谈判见，*Haft*, Verhandlung, S. 123 ff.，大体将之分为六个阶段：(1) 开启阶段（Eröffnungsphase）；(2) 确定基本框架阶段（Rahmenphase）；(3) 主题阶段（Themenphase）；(4) 信息获取阶段（Informationsphase）；(5) 辩论与决议阶段（Argumentations-und Entscheidungsphase）；(6) 结束阶段（Schlussphase）。

寻共同利益和达成一致的可能性，建立互信，展现尊重与平等，禁止及反对不公平的谈判行为。[10]

14　　合适的谈判风格包括倾听其他当事人的陈述。忽视其他当事人的论述或者以"说回重点"（zurück zur Sache）转移话题对谈判没有积极的作用。相反，（谈判者）应当表示对对方谈话内容的理解和思考。如果无法及时理解对方的论述，那么可以通过多次重复追问的方式请求对方解释（"不知道我理解的是否正确，您的意思是……吗？"）。

（三）谈判类型

15　　谈判的进展在很大程度上取决于谈判的参与者。社会心理学的研究区分了合作型、个人主义型和竞争型的谈判类型。[11] 合作型的谈判会尝试最大化己方和对方的谈判成果。以个人主义为导向的谈判希望最大化己方的利益，而不顾这对另一方的影响。竞争型的谈判主张以损害对方的方式实现己方最优的谈判结果。各种谈判类型能够达成的谈判结果取决于对方当事人采取何种谈判类型。博弈论借助所谓的"囚徒困境"（Gefangenen-Dilemmas）揭示了不同类型的人相遇时会产生哪些影响，以及在谈判进展中谈判的态度会如何随着回应另一方的态度而变化。[12]

（四）谈判能力

16　　谈判在很大程度上会受到谈判地位的影响，尤其受到一方当事人的谈判能力（Verhandlungsmacht）的影响。谈判的优势地位可能来源于市场及竞争的环境或当事人对合同成立的依赖关系。如果存在地位上的落差，那么具有谈判能力的一方会充分利用其优势地位获取利

---

〔10〕依据 *Heussen*, in: Heussen/Pischel, Handbuch Vertragsverhandlung, Teil 2 Rn. 397 f.。

〔11〕*Bierbrauer*, in: *Gottwald/Haft*, Verhandeln, S. 34, 40; *Junker/Kamanabrou*, Vertragsgestaltung, § 2 Rn. 4; *Haft*, Verhandlung, S. 166 ff.; ähnlich *Ponschab/Schweizer/Genius-Devime*, Kooperation, S. 89 ff.

〔12〕关于博弈论中的囚徒困境的简要论述，见 *Bierbrauer*, in: *Gottwald/Haft*, Verhandeln, S. 34, 41 ff.; *Junker/Kamanabrou*, Vertragsgestaltung, § 2 Rn. 5 ff.。

益。相对方则只能不断接受更多妥协。但是处于劣势地位的一方也可以（在条件不利于其时）拒绝签订合同。他可以通过一个"拒绝"来结束谈判。具有优势地位的一方必须意识到这种可能性。

最后要注意，合同之外的情况可能导致须谨慎地运用谈判能力。 17
委托人的利益在于另一方按照约定履行合同。如果对方认为他们签订的是一份公平的合同，这将更加容易。对委托人而言，长期保持一份相互信赖的合作关系可能具有更高的（经济）价值。通常在已经具有业务关系并希望在具体合同之外的其他领域继续合作的当事人之间，合同谈判也会变得必要。[13] 路遥知马力，日久见人心（Man begegnet sich häufig zweimal im Leben）——这条不应被低估的生活之道也适用于合同设计的场景。

（五）谈判空间

在制定实质目标的时候应注意到目标间的优先级关系。个别实质 18
目标的执行可能与另一方的利益相悖。因此，为了达成合意，有必要适当妥协。所以，在谈判的准备阶段（谈判人）应与委托人在内部确定在何处存在谈判的空间以及反过来在何处绝对不可退让。最终这会让当事人权衡，从何处起不成立合同会比接受过多妥协达成的合意更有利。除了确定己方的谈判空间，也应——在限度内——预测对方的谈判底线。

（六）谈判策略

讨论完谈判地位和谈判空间的问题后，下一步应确定谈判策略。 19
由于相对方的现存利益，顾问或许不能够贯彻其全部的立场。因此，在谈判前应确定本方的谈判策略。所选谈判策略应追求实现我方自身的，尤其是那些重要的目的。出于此种原因，应在谈判前明确本方的观点以避免误入"歧途"，比如确定谈判结果最高和最低的界限，区分重要和非重要目标（对后者可做出一定的"让步"，以使重要目标

---

[13] *Junker/Kamanabrou*, Vertragsgestaltung, § 1 Rn. 60 ff.

得以实现)。[14] (谈判者) 应在谈判前就明确重要的谈判目标并应制订替代方案。[15]

20　　本书无法详细地介绍各种谈判技巧。这些技巧并不是本书写作的初衷,因此,只能由其他书籍介绍。[16] 此处的简要描述仅旨在说明谈判策略的意义并强化对该问题的认识。

1. 基础策略

21　　常见的有三种谈判策略:最大化策略 (die maximalistische Strategie)、公平策略 (die Strategie der Fairness) 及综合策略 (die integrative Strategie)。[17]

22　　根据最大化策略,谈判者会提出比他真实追求的目标更高的要求。这种方式赋予了谈判者更大的谈判空间,以使谈判者与相对方在中间点达成一致时获得更优的结果。但如果对方也使用了这一策略并且双方的出发点与达成合意分隔太远时,谈判就会变得非常困难。长期来看,这样的策略会导致相对方不再认真对待其谈判对象。

23　　采取公平策略的谈判者希望达成一个对双方都合适且公平的结果。只有在双方都愿意时,才会做出让步。公平策略避免了谈判破裂,因为相对方的利益也会得到重视。然而如果相对方采取竞争性的行动,也可能产生"被占便宜"(über den Tisch gezogen zu werden) 的风险。

24　　综合策略的目的在于避免因谈判地位而发生的冲突【地位争夺 (Positongsgerangel)】,并且试图寻找使双方利益都能最大化的解决

---

[14] *Rittershaus/Teichmann*, Vertragsgestaltung, Rn. 71.

[15] *Heussen*, in: Heussen/Pischel, Handbuch Vertragsverhandlung, Teil 2 Rn. 446.

[16] 见 *Gottwald*, in: *Gottwald/Haft*, Verhandeln, S. 65 ff.; *Heussen*, in: Heussen/Pischel, Handbuch Vertragsverhandlung, Teil 2 Rn. 368 ff.; *Ponschab/Schweizer/Genius-Devime*, Kooperation, S. 93 ff.。

[17] 具体内容,见 *Gottwald*, in: *Gottwald/Haft*, Verhandeln, S. 65, 69 f.; *Jandt/Gillette*, Konfliktmanagement, S. 9 ff., 184; *Junker/Kamanabrou*, Vertragsgestaltung, § 2 Rn. 24 ff.。

方案【所谓的双赢谈判（win-win-Negotiating）】。因此，该策略的目标是找到对双方最优的方案，也就是满足双方的利益诉求。如果只有牺牲另一方的利益才能实现己方的目标，则应该放弃该策略。

2. 特别策略：哈佛谈判法

哈佛谈判法*（Das Harvard-Konzept）是经典的谈判技巧。[18] 它提出了一套切实的谈判方法，并进一步拓展了综合谈判策略。（谈判双方）应按照其意义和内容判定争议的问题，而不是依照谈判各方有意或无意之主张的讨价还价。[19] 哈佛谈判法基于五个原则：（1）区分谈判和谈判人；（2）谈判的重点是利益而不是立场；（3）制订互惠互利的解决方案；（4）使用客观的决策标准；（5）为达成协议而制订最佳的替代协议。

（1）区分谈判和谈判人

在合同谈判中，双方的利益往往是相互冲突的，而且双方都会明确地表达己方的利益。谈判一方对另一方提议的反对仅应针对该提议本身，而不能针对个人。因此，批评不应被理解为对另一方谈判人的批评或对其的人身攻击。成功的合同谈判——在能够促使合同成立的意义上——的前提是，当事人应以和谐友好的语气认真对待谈判本身。[20]

（2）谈判的重点是利益而不是立场

谈判双方应当关注自己的利益而非立场。[21] 执着于某一立场（及随之带来的某一特定解决方案）通常会使谈判者走入歧途，因为

---

* 该书在国内被译为《谈判力》，中信出版社 2009 年出版。——译者注

[18] Fisher/Ury/Patton, Das Harvard-Konzept；该书在美国最开始于 1981 年以"达成共识"（Getting to Yes）为名出版。其源于哈佛大学谈判研究小组的项目，该项目致力于谈判方法的研究。

[19] Fisher/Ury/Patton, Das Harvard-Konzept, S. 24.

[20] Fisher/Ury/Patton, Das Harvard-Konzept, S. 39, 47 ff. und 94；Däubler, Verhandeln, Rn. 131；Rittershaus/Teichmann, Vertragsgestaltung, Rn. 70.

[21] Fisher/Ury/Patton, Das Harvard-Konzept, S. 39 und 76 ff.

双方的立场彼此无法和谐相融。相反这背后的利益却可能被同时满足，并且这时候当事人的利益（实质目标）也能得以实现。前提是双方公开其利益并且相互尊重。当然以利益为中心并不意味着能够圆满解决所有矛盾，因为在当事人利益冲突的情况下，同时完全满足各方的利益是不可能的。不过无论如何，谈判双方都可以集中精力处理那些必定会产生利益冲突的要点，而不必就没有冲突根据的立场进行谈判。

28　　**示例**[22]：

两个人在图书馆里学习。其中一人想要打开窗户，因为他需要新鲜空气；另一个人不想开窗户，因为这样他就要一直被吹穿堂风。他们的立场是截然相反的。这时图书馆管理员进来了，她无意间听到了两个人的争吵。于是她仅仅打开了隔壁房间的窗户。这样新鲜空气进来了，两个人也不必换座位。对双方共同利益的观察使这个解决方法成为可能。

（3）制订互惠互利的解决方案

29　　一份使双方都能获益的谈判解决方案（所谓的双赢方案）是最理想的谈判结果。[23] 相应地，应当追求达成一份减轻双方决策负担的方案，因为方案能对谈判双方都有好处。如果谈判双方都放弃其立场而专心追求自己的利益，这对达成这种方案或许是有益的。[24] 当然，有些情况下只能通过使另一方承受不利益才能改善本方成果。此时双赢解决方案便遇到了其边界。

（4）使用客观的决策标准

30　　双方利益冲突时，使用客观的决策标准会有所帮助。此时双方应共同确定那些作为决策依据而可普遍适用的条款和程序，也就是说可

---

[22]　Nach *Fisher/Ury/Patton*, Das Harvard-Konzept, S. 76.
[23]　*Fisher/Ury/Patton*, Das Harvard-Konzept, S. 39 f. und 97 ff.
[24]　见边码 27。

被适用于谈判双方"实际情况"的规则。[25]

(5) 为达成协议而制订最佳的替代协议

谈判双方在谈判中应以达成合意为目标。虽然合意,或者说对谈判成果的接受,并不必然是最佳的成果。对于双方而言都有一个界限,在达到此界限时该谈判结果才会使本方受益。因此,当事人应当问自己,如果谈判合意没有达成的话,对己方最佳的可能方案会是什么。[26] 如果替代方案优于谈判结果,那么我方就不应同意该结果。对于一方而言,合同不成立可能比成立一个劣质的合同要好。谈判者应当向对方解释清楚最佳的替代方案,不过不是作为威胁而提出,而是作为实质的论据。[27]

(七) 施加影响力的手段

社会心理学中,众多谈判技巧都可视为心理操纵技巧。这就是说,有些行为会被有意识地用以获取他人的同意。[28] 这些技巧基于那些对人类行为有着决定性影响的心理学原理。西奥迪尼(Cialdini)称之为施加影响力的手段或"武器",并区分了六个心理学原理:互惠(Reziprozität)、承诺和一致(Konsistenz)、社会认同(soziale Bewährtheit)、喜好(Sympathie)、权威(Autorität)和稀缺性(Knappheit)。[29] 这里提供两个示例。

1. "登门槛"技巧

"登门槛"技巧(„Fuß-in-die-Tür"-Technik)的基础是承诺和

---

[25] Fisher/Ury/Patton, Das Harvard-Konzept, S. 39, 41 und 133 ff.

[26] Fisher/Ury/Patton, Das Harvard-Konzept, S. 147 ff. 此处描述的并不是传统意义上的谈判方法,而是对不会取得不良结果的保证。

[27] Heussen, in: Heussen/Pischel, Handbuch Vertragsverhandlung, Teil 2 Rn. 391c.

[28] 这有时也被称为"马基雅维利主义"(Machiavellismus),根据意大利政治家和外交家尼科洛·马基雅维利在其著作《君主论》(Il principe)(1513年)中写到的使用权力和对他人进行控制的行为方式;参见 Bierbrauer, in: Gottwald/Haft, Verhandeln, S. 34, 45 ff.; Haft, Verhandlung, S. 22 ff.; Heusse, in: Heussen/Pischel, Handbuch Vertragsverhandlung, Teil 2 Rn. 392c ff.。

[29] Cialdini, Überzeugen, S. 19 ff.; Haft, Verhandlung, S. 22 ff.

一致的心理学原理，其通过先争取谈判相对方做出一小步妥协，然后以此为基础实现更进一步的目标。[30] 至关重要的是第一次妥协和实际追求的目标之间要有关联。只有这样才能创造条件，使对方拒绝第二个请求时，陷入与他的第一个妥协相矛盾的境地。简单地说，谈判对方应囿于这种逻辑之中："说甲的人必定会说乙。"这种技巧之所以能够取得成效，是因为人们希望他们的行为是前后融贯且不自相矛盾的（一致原理）。[31] 如果对方说了"不"，那么他将陷入这种情况，即他会认为这种背离其原初行为的行动是需要解释的，尽管他在对第一个小请求表示"同意"后本就有权利拒绝其他的要求。研究展示，（谈判者）运用这种技巧时，比直接提出更高的要求有更大机会实现其目标。[32]

34 **示例：**

在一个由 *Freedman* 和 *Fraser* 进行的实验中，加利福尼亚州的家庭主妇们分别接到了一通来自自称为某消费者协会成员的电话。[33] 第一组家庭主妇们首先被提了一个很小请求。三天后她们又需要处理一个更大的请求。另一组则直接就被提出了更大的请求。这个小请求是用电话告知该消费者组织，她们会使用哪些家务用品。这个信息将被用于一份公开的信息手册。而同一个电话员提出的更大的请求则是要允许五至六个人进入她们家里，以查明并分类她们使用的家务用品。对于第一组而言，这不过是对第一通电话内容的升级。但对第二组这却是他们的第一次接触。

---

〔30〕关于这一点的基础内容（以实验的形式），见 *Freedman/Fraser*, 4 Journal of Personality and Social Psychology（1966），195 ff.；详细内容见 *Cialdini*, Überzeugen, S. 93 ff.。

〔31〕*Cialdini*, Überzeugen, S. 93 ff.；*Bierbrauer*, in: *Gottwald/Haft*, Verhandeln, S. 34, 50.

〔32〕研究结果参见 *Freedman/Fraser*, 4 Journal of Personality and Social Psychology（1966），195 ff.。

〔33〕*Freedman/Fraser*, 4 Journal of Personality and Social Psychology（1966），195 ff.

第一组里有52.8%的人同意了更高的请求，但在第二组中同意的则只有22.2%。心理学家们将这个结果归因于第一组的女士们已经事先得知了消费者组织的目的，因此，她们不愿意在第二次被请求时做出矛盾的行为。因此，更大的（也是真实的）要求能在她们那里被轻松地执行。对于第一组的家庭妇女，该消费者组织已经"把他的脚登在了门槛上"（Fuß in die Tür gesetzt hatte）。

人们也可以对这些心里操纵有所防备，只要人们在第一次让步时就明确表示这次让步已经到达底线了。[34] 除此之外，在第二次被请求时人们应当理性地思考更进一步的妥协是否实质上合适，并且思考时不应受到第一次妥协的影响。人们必须知道，他不是必须为说"不"找理由，而是被另一方逼到了这个情况之中。[35]

2. "以退为进"技巧

在"以退为进"技巧（„Tür-ins-Gesicht"-Technik）[或者"被拒后再谈"，(Neuverhandeln nach Zurückweisung)][36] 中，人们首先会提出比事实上想要的更大的请求。[37] 在对方说"不"后，小一点的要求就会被提出。这样做时，另一方会将更小的请求作为对提问者的让步，并且因此认为他必须至少满足这个小请求，以使对方同样也能做出一定的让步（互惠原理）。另一方不想连续两次拒绝对方的请求，以免被视为是说"不"的人。与之相比，妥协在他眼里是"更小的罪恶"。

示例：

Cialdini/Vincent/Lewis/Catalan/Wheeler/Darby[38] 跟学生们一

---

[34] *Bender/Gottwald*, in: Gottwald/Haft, Verhandeln, S. 90, 101.

[35] *Cialdini*, Überzeugen, S. 143 ff.

[36] *Cialdini*, Überzeugen, S. 72.

[37] 详细内容参见 *Cialdini*, Überzeugen, S. 72 ff.; *Bierbrauer*, in: *Gottwald/Haft*, Verhandeln, S. 34, 51 f.; 相似内容 *Haft*, Verhandlung, S. 23。

[38] *Cialdini/Vincent/Lewis/Catalan/Wheeler/Darby*, 31 Journal of Personality and Social Psychology (1975), 206, 207 ff. (带有更多支撑这一观点的实验); 也见于 *Cialdini*, Überzeugen, S. 73 f.。

起做了一个实验。他们与"区域青少年咨询站"的代表们谈话，并问他们愿不愿意在两年中每周抽出两小时担任青少年罪犯的咨询顾问。在所有被问者都明确表示拒绝后，学生们又被问到，他们是否愿意无偿照看一组青少年罪犯并带他们在动物园里游览一天。在这次的统计中，有一半的学生表示了同意。而在另一对照组中，他们并未被问及第一个请求，其中仅有16.7%的学生表示同意。

第三节　全局视角

38　　在合同谈判中应注意某项约定的改变会对其他约定产生怎样的影响。一项具体的约定可以比作定位螺钉。如果某个定位螺钉被改变了，通常也须要重新校准另一个。只有这样才能保证合同整体的统一和连贯。因此，必须将合同作为一个整体来观察。如果各方无法就某一问题达成共识并因而陷入"僵局"（dead lock），这种方法尤其具有重要性。就此而言值得推荐的做法是，将这一合同要点与其他规范领域放在一起谈判，而不是单独围绕这一点进行，这样（谈判双方）总体上能够找到一个折中方案。对合同中某一点的妥协可以通过其他部分的成果得到平衡。[39]

39　　**示例：**

如果某公司的出卖人的责任——在法律范围内——仅限于重大过失和故意的话，那么他更可能会同意一份不包含最高责任额的收购合同。另一方面，对于买受人而言，如果有无限责任，则将责任限于重大过失和故意也会更容易接受。

---

［39］ *Rehbinder*, AcP 174 (1974), 265, 297.

第六章　合同设计技巧

第一节　合同语言

合同必须明确地规定双方当事人的权利义务。即使有时语言的清晰性要求必须使用法学的专业表达方式,但是合同也不应当仅成为法学术语的堆积。[1] 尽管应使用必要的专业概念,但是也要保证文本易于理解。这就需要一个清晰准确的体例。应当避免使用过于复杂的多重套句。精准地制定权利义务能够预防解释上的争端。对于文书公证人而言,其清晰准确表达的义务来自《德国公证书证法》第 17 条第 1 款第 1 句,该义务同样适用于律师。

1

合同应当由合同双方都掌握的一种语言撰写。从可理解性的角度出发,最理想的状态是以母语书写。跨国合同的语言则应与其适用之法律的语言保持一致。[2] 但经常出现的情况是,一份受德国物权法规制的合同并非以德语写就,而是用英语。[3] 这就会导致所用术语

2

---

[1] *Junker/Kamanabrou*, Vertragsgestaltung, § 1 Rn. 66; *Rehbinder*, Vertragsgestaltung, S. 102;关于在法学专业术语法律人理解的程度之间平衡的难度,见 *Däubler*, Verhandeln, Rn. 254 ff.。

[2] *Junker/Kamanabrou*, Vertragsgestaltung, § 1 Rn. 66; Viu, in: Fischer/Vill/Fischer/Pape/Chab, Anwaltshaftung, § 2 Rn. 341 f.; *Zankl*, Vertragssachen, Rn. 878.(第四版中,所引用的 Anwaltshaftung 本章节作者变为 Vill。——译者注)

[3] *Triebel*, RIW 1998, 1 ff.;关于这一问题的详细描述,见 *Maier-Reimer*, NJW 2010, 2545 ff.。

不准确的问题，因为这里采用的不是德语的专业术语，而仅是其英译。这样可能产生解释上的问题。这个问题可以通过在括号里注明德语专业术语来解决。此外也推荐制作一份德语版本的合同，并以之作为有拘束力的版本。多语言的合同都应当包含这样一个条款，即哪个版本才是具有最终效力的。对该合同的解释应当以这个版本为准。[4]

第二节 合同的内容

3　　合同的内容具体取决于法律上设计的必要性，但对此也可以提供一些一般性的介绍。一份合同要包含所谓的必要之点（essentialia negotii），也就是合同当事人的信息以及关于给付和对待给付的描述。

4　　示例：
根据《德国民法典》第 433 条，在买卖合同中应说明出卖人和买受人以及标的物和购买价金。

5　　其后可以将这些基础内容进一步明确，或者加入一些偏离法律规定的约定。[5]

6　　示例：
如果履行时间是不确定的，那么债权人可以依据《德国民法典》第 271 条第 1 款立即主张给付，并且债务人应立即履行。当事人可以预先规定最早在合同成立的 1 周后才应履行。

7　　合同中的规则通常来自作为其基础的法律规范。

8　　示例：
根据《德国有限责任公司法》第 3 条第 1 款，某有限责任公司的章程必须包含特定信息，对股份公司的章程则应适用《德国

---

[4] *Zankl*, Vertragssachen, Rn. 879 ff.
[5] *Heussen*, in: Heussen/Pischel, Handbuch Vertragsverhandlung, Teil 2 Rn. 300 ff.

股份法》第 23 条第 2 款。

仅在有设计需求时，如因为合同将规定与法定状态不同的规则或者其他合目的性的考量支持特别约定此规则，才有必要在合同中制定该规则。[6] 因此，原则上合同中仅应包括那些将某法律规范具体化以及改变或排除某法律规范的规则。

如果要规定与成文法规定不一致的规则，就必须通过排除成文法或特别的合同协议来标明。只有在有疑义时，才有必要指明约定具体与哪条法律规范不同。[7] 最后，未在法律中被规定的规则也可以加入合同之中，例如特别解除权。总体而言，合同的范围应当是适当的，也就是说应详略得当并尽可能精简。

重复现行法的规范是没有必要的。合同的内容根植于现行法，并可以其规则为前提。虽然这样，但是在合同中也并不能经常找到这样标注的法规引用。之所以要复述法律的规定，是因为从合同自身中应当得知该合同的主要权利和义务（所谓合同的信息功能）。[8] 但是这会导致个别条文脱离与法律的整体关联，并在诉讼时会产生这样的问题，即这种做法是否是故意的且对该条文的解释是否不应考虑该规定与其他法律规定的关系。[9] 这种重复不论对理解性还是对清晰性都毫无帮助。法律以专业语言写就，因此，对于外行人来说并不总是可被理解的。清晰性之所以会受到损害，是因为合同涵盖的内容非常广阔，而且当事人乍看之下也很难识别与法律规范不同的约定。最后，引用法条也是不确定性的根源之一。即使是按照法律本意而为的法条复述在诉讼中也可能产生这个问题，即由此产生的内容微小偏差是否是有意为之的。因此，原则上不应当重复成文法的内容。[10] 但

---

[6] 见第四章边码 41 以下。
[7] *Langenfeld*, Vertragsgestaltung, Kap. 3 Rn. 25; *Schmittat*, Vertragsgestaltung, Rn. 81.
[8] *Schmittat*, Vertragsgestaltung, Rn. 81.
[9] *Langenfeld*, Vertragsgestaltung, Kap. 3 Rn. 25.
[10] 对此的有限内容以及对信息功能的参考，见 *Schmittat*, Vertragsgestaltung, Rn. 81。

是在英美法系中，主流的倾向却是设计一份无所不包的合同。在跨国委托中，德国的法律实务也无法避免这一趋势。

12 **示例：**

当事人就一辆二手车签订了买卖合同。在此合同中应当指明双方当事人，并应详细说明标的物（准确描述该车的状况，即其类型、首次注册时间、官方识别码、车辆编号）以及对待给付（购买价金）。如果出卖人承担法定的物之瑕疵担保责任，就无须重复《德国民法典》第434条和第437条的规定。如果当事人没有其他约定的话，可直接由法律规范得出。相反，如果当事人约定出卖人不承担瑕疵担保责任，那么这一与法律规定不同的内容应被在合同中写明："买受人在排除瑕疵担保的情况下取得车辆所有权。"[11]

第三节 合同的结构

13 法律没有规定应按某特定顺序制定合同内容。尽管如此，合同仍应遵循一套逻辑结构及其内在体系。合同必须是内部融贯且易于理解的[12]，尤其对于那些将裁判合同所生之争端的第三人而言，例如法官。出于这个原因，（这里）建议将合同划分为不同的主题组，并相应地建立有说服力的标题，这也有助于提升合同的清晰性。[13] 那些属于一个类别的规则要点应该被一起规定于合同之中。合同必须内容

---

〔11〕 这样的规定在消费品买卖中是不可能的（《德国民法典》第476条第1款第1句）。

〔12〕 *Schmittat*, Vertragsgestaltung, Rn. 72；*Weber*, JuS 1989, 818（821）.（第四版中，新加案例 Schmittat, RNotZ 2012, 85（88）.——译者注）

〔13〕 *Junker/Kamanabrou*, Vertragsgestaltung，§ 1 Rn. 67；*Zankl*, Vertragssachen, Rn. 933 f. 可以在内容庞大的合同前加入一个目录，以再次提升清晰程度；*Weber*, JuS 1989, 636（642）.

连贯并且不能包含自相矛盾的内容。

在形式上，依照统一方案制定且设计严谨的合同结构应当与所划分主题组和所建立的标题相匹配。在这个合同中，（设计者）应首先列出那些基础性的和重要的组成部分。其架构应遵循由一般到特殊的原则。[14] 如果可能的话，它应当以法律规范及合同类型为指导。

14

示例：

15

在买卖合同中通常在规定瑕疵担保的内容前，首先应写明给付与对待给付。

示例：

16

某有限责任公司或股份有限公司的章程应遵循《德国有限责任公司法》或《德国股份有限公司法》的体系，尤其是其中关于章程基本内容的规定（《德国有限责任公司法》第 3 条、《德国股份有限公司法》第 23 条）。

逻辑体系要求在物权性的合同履行行为前写明债权性的行为，如果合同涉及这两者的话。[15]

17

第四节 合同的架构

合同的基本结构决定了合同的架构，但依个案情况而为的调整总是有可能的，甚至是必需的。在合同的外部架构方面，公证人和其他合同设计者有一定的惯例，这可以被称为"外壳"（Mantel）[16]。合同应当由一个标题开始，该标题介绍了合同的类型和内容。其后应写

18

---

[14] *Langenfeld*, Vertragsgestaltung, Kap. 3 Rn. 4.

[15] *Junker/Kamanabrou*, Vertragsgestaltung, § 1 Rn. 69; *Langenfeld*, Vertragsgestaltung, Kap. 3 Rn. 2.

[16] *Junker/Kamanabrou*, Vertragsgestaltung, § 1 Rn. 67; *Rehbinder*, Vertragsgestaltung, S. 97; *Weber*, JuS 1989, 636 (641)（包含对各州及地区之间区别的描述）。

明合同当事人。

19 **示例**：

对于商人或公司而言，确定性的要求包含了在准确使用商号时应附带公司的法律形式（《德国商法典》第 17 条及第 19 条、《德国有限责任公司法》第 4 条、《德国股份有限公司法》第 4 条）。这一点的重要性体现在如下情况，即假设来自某一集团的一个单位实施了某法律行为，那么必须确定究竟哪家公司才是缔约方。

20 在代理的情况下，必须说明基础关系（例如基于组织性的或者法律行为的代理权；单独代表制度或联合代表制度）。在之后建议撰写合同的引言或序言，来说明生活事实、基础事实以及事实或法律上的情况。这种方法可以使合同外的第三人更容易理解合同的内容。序言也可以被用于解释某些合同条款。因此，序言就有了一个重要功能，而不仅仅只是内容空洞的"抒情诗"（Lyrik）[17]。仅在重复使用相同术语且内容庞大的合同中才建议单独加入定义条款。从体系上讲，这是一种从《德国民法典》的结构中得出的提取公因式技术（Klammertechnik）。

21 其后应规制主给付义务和次给付义务以及关于履行障碍的规则。在履行义务方面，应当说明履行的方式，例如履行时间和地点。[18] 此外应当加入担保方式的约定，例如所有权保留等。对于主给付义务和次给付义务的顺序及相应的瑕疵担保规则没有普遍适用的设计方法。但值得推荐的做法是，首先制定一份完整的义务目录并在其后规定履行障碍的法律后果，如果履行障碍与不同的合同相关的话。不过

---

[17] *Ellenberger*, in: Palandt, § 133 Rn. 16；*Pilger*, BB 2000, 368 ff.；*Zankl*, Vertragssachen, Rn. 628.

[18] *Rittershaus/Teichmann*, Vertragsgestaltung, Rn. 500.（第四版中，新加：Moes, Vertragsgestaltung, Rn. 206。——译者注）

在描述主给付义务（比如价金给付义务）之后直接规定债务不履行的法律后果可能也是合适的，比如土地买卖合同中经常会发生这种情况。[19] 重要的一点是，合同应因之被视为一个整体的行动方案。再之后应规定合同废止（Aufhebung）的约定（终止权和解除权），在具有时效限制的合同中应加入合同期限的规定，在长期的合同中特别应加入合同调整的内容。

作为结束的条款一般是书面形式条款[20]、可分条款、法律选择条款及争端解决机制（管辖法院协议或仲裁协议）。[21]

第五节 合同的成立

在合同签订前，（设计者）仍应再次审查合同。这里要检查，设计方案是否如所追求的那样被写入了合同之中、谈判的结果是否皆已被考虑到以及合同有无自相矛盾之处。这也包括检查合同整体上是否使用了统一的术语和概念。如果合同是完整的，那么（设计者）应当向委托人说明这份合同。

---

[19] *Schmittat*, Vertragsgestaltung, Rn. 76；另可见 *Otto*, in：Münchener Vertragshandbuch, Bd. 5, Formular I. 2. „ Kauf eines Altbaugrundstücks " und Formular I. 3. „ Kauf einer Eigentumswohnung ".

[20] 对此见 *Bloching/Ortolf* BB 2011, 2571 ff. 。

[21] *Kamanabrou*, Vertragsgestaltung, § 1 Rn. 68.

第七章 合同控制

1　　合同控制（Vertragscontrollling）不属于狭义的合同设计。在企业经济学中，控制是指通过对计划、控制和信息供给的协调配置来帮助提升组织管理能力的公司管理方式。[1] 由此衍生的合同控制是指，从合同的成立直至最后一个瑕疵担保期限的经过，应一直控制所有的合同生效条件。[2] 因此，可以制作一份关于合同生效前提和合同中权利义务的概览。借助这份概览可以监督，甚至可以提出主张、催告或者责问。合同控制应当保证合同能够如约履行，也就是说使合同是否达成既定目标的情况一目了然。

---

〔1〕 *Horváth/Gleich/Seiter*, Controlling, S. 24 ff.（关于该定义的难点见第 13 页以下）。

〔2〕 *Heussen*, in：Heussen/Pischel, Handbuch Vertragsverhandlung, Teil 2 Rn. 686 ff.

第二编

合同设计实务导论

第八章 买卖法中的合同设计/合同设计步骤总论

第一节 概览

买卖合同法在合同设计中有着重要的地位。虽然"日常生活中的买卖合同"通常是以口头形式缔结的。但是对于合同律师而言,在该领域仍有大量的设计工作。考虑到《德国民法典》第305条以下之一般交易条款的规定,起草交付条件(购买/出卖条件)仍是大量法律顾问和律师的工作。公证人则经常会处理不动产买卖合同的撰写。最后,现今公司并购合同的起草和谈判越来越多地被交由公司并购业务(M&A)的专家负责。

下文将列出买卖合同法中的三个典型案例,同时将一般性地介绍实务中合同设计的步骤。第一个案例是关于动产买卖的。通过这个案例,本书将介绍合同律师独特的工作方法和思路。第二个案例是关于不动产买卖的,其展示了对公证人而言非常重要的工作领域,并且介绍一些德国物权法的基础知识。最后,第三个案例是一个相对简单的公司收购案例。通过这个案例,本书将说明一些该领域的基础知识。

第二节 动产买卖

3 **设计任务：轿车**

　　Steffi Klug 在夏天通过了德国高考。她来自科斯费尔德（Coesfeld），想要从冬季学期开始在明斯特学习法学。她想要先住在家里，并且因此需要一辆车以往返明斯特。Steffi 的一个同学可以把他的一辆 2010 年生产的旧高尔夫车以 5000 欧元*的价格卖给她。

　　Steffi 请求她处于第七学期的法学生男朋友 Mark Pfiffig 起草一份相应的买卖合同，因为他上过"合同设计"这门课。

　　第一个变形：如果 Mark Pfiffig 同样认识这名出卖人的话，他能否以别的方式撰写这份合同草案？

　　第二个变形：出卖人想要以一个"合适的"价格转让这辆旧高尔夫。怎样才能找到这个"合适的"价格？

　　第三个变形：如果 Steffi Klug 要从在科斯费尔德的大众汽车经销商那里购买这辆车，Mark Pfiffig 起草的合同在内容上会与她收到的买卖合同模板不同吗？

一、初步思考

4 　　在合同设计的开始阶段（设计者）应考虑三个问题，即：
- ■ 事实是否足够清晰？
- ■ 设计任务是否明确？
- ■ 合同当事人的利益状况是怎样的？

（一）事实是否足够清晰？

5 　　本书的第一编强调了查明事实和有勇气询问的重要性。[1] 此处

---

　　* 第四版中，该价格修改为 6000 欧元。——译者注
　　[1] 参见本书第四章边码 4 至 11。

的案例中，相关事实以及三个变形都非常清晰了。因此，根据所描述的案例，这里委托人和合同设计者之间并不存在误解。

（二）设计任务是否明确？

除案件事实外，委托的内容和咨询目标也必须非常明确。这里合同设计律师应当询问，其委托人是否给予了一份内容明确的委托。比如他必须确定，他应起草一份合同还是仅用起草一份预约合同，起草的是一份保密协议还是意向书（letter of intent）等。通常从清晰的案件事实中也会得知明确的设计任务。在本案例中，设计任务就是要起草一份关于二手车转让的买卖合同。因此设计任务是明确的。

6

（三）合同当事人的利益状况是怎样的？

在许多合同类型中，合同当事人的经济利益都是显而易见的。从一方或者另一方的角度出发，对待给付应当更高或者更低，应该保证约定的给付事实上能够履行，并尽可能阻止没有担保的先履行义务发生。因此，在交换合同（Austauschverträge）中，当事人之间的利益状况通常是比较容易确定的，但比如在公司章程（Gesellschaftsverträge）中就比较困难。这里很多思考的角度都会支持某种或另一种方案的选择，这些角度也都有其价值。这些思考一般非常复杂，所以每个设计方案不能被不加分别地认为会使一方受益而使另一方受不利益。本车辆买卖案例中的利益状况很清晰。首先每个出卖人的利益都在于获得更高的收购价金，但是买受人总是希望能够尽可能少花钱。出卖人希望能保证事实上收到约定的价金。他希望尽可能不承担瑕疵担保责任。与此相对，买受人想要获得车辆的所有权和占有并想要出卖人承担全部瑕疵担保责任。

7

二、设计方案的展开

如果律师已经完成了初步思考，那么他就要开始着手进行真正的工作了。在查明设计需求后，他应该制订多个备选设计方案，本案例中，这些待选方案最终导向了合同草案的制作。

8

（一）按合同法所要规范的主题分类

9   有疑问的是，需要草拟的合同是否属于某一特定的合同类型，或者其是一个完全独立的合同。首先要确定的是，需要草拟的合同是否属于《德国民法典》的一个合同类型，比如买卖合同、租赁合同或者承揽合同等。但如果其不属于法定的合同类型，那么在实务中可以创造一个单独的合同类型，比如融资租赁合同、保理合同或特许经营合同。如果上述两种情况都不符合，那么该合同可能是一个具有其他法定合同类型之"混合要素"的合同，或者一个独立类型的合同。

（二）收集材料

10   现在合同设计者或应专心解决这个问题，即在合同中具体应规定什么内容。[2]

■ 必须规定什么？

■ 应当规定什么？

■ 哪些典型的且通常与合同无关的条款可以使合同更加完善？

1. 合同的强制性内容

11   合同的强制性内容是：

■ 合同当事人

■ 合同标的物（给付与对待给付）

12   应小心谨慎地查明并确定合同的当事人。每个合同设计者在此都应当像公证员一样行事并且在合同文本的开始就写清自然人或法人的所有重要信息。如果当事人是自然人，那么应写清其姓名、住址和生日。对于法人，则要写明其商号、所在地以及代表规则。值得推荐的是在此部分加入并引用最新的商业登记簿摘录（Handelsregisterauszüge）。人的合伙会被登记于商业登记簿上的"HRA"类别并附以其专属编号，资合公司则会被以特定编号登记于"HRB"类别下。从登记簿的摘录中也可以得知代表关系。

---

[2] 参见第四章边码41以下。

不能只从形式上理解"正确的"合同当事人。如果仅在表面上做文章的话，之后这通常会给实务造成巨大的困难。如果商号信息不正确，那么就无法确定真实的当事人。如果缺失公司代表的信息或信息不完整，那么就会在合同各方当事人有效义务的方面产生问题。在诉讼或破产程序中，这些形式上的问题也会在实体法上有着巨大的意义。

合同标的物是什么，关系到合同的核心规则。这里可以看出合同的主给付义务是什么。例如在买卖合同中，这被规定于《德国民法典》第433条。出卖人有义务将买卖标的物交给买受人，并转移占有和所有权。买受人应支付约定的价金。

在租赁法中，是以交付租赁物为对价给付租金。在承揽合同中，承揽人应按约定完成工作并交付工作成果，同时定作人应给付相应的报酬。

2. 推荐的合同内容

在这方面有一项合同设计中的重要内容。合同设计者必须从相关案件事实出发，运用他的全部经验和知识（以及想象）来草拟有意义的合同规则。比如在买卖合同法或承揽合同法中，这包括关于瑕疵担保的规则、对附随义务的描述和具体化以及关于义务违反（Pflichtverletzung）时法律后果的规则。此处关于滞纳金、损害赔偿的约定以及违约金、合同解除或终止的约定都可纳入考量范围。

在持续性债务关系中必须确定合同的起止时间。在长期合同中也应考虑加入价格担保条款（价格调整条款）。

3. 一般的合同条款

在合同法的判例中我们能够发现典型的、但与合同类型无关的条款。它们完善了合同的文本并且在个案中可能有着重要的作用。典型的例子比如关于竞业禁止的约定或者仲裁条款。这样的一般条款还包括：关于书面形式的条款、保密协议、竞业禁止、法律选择条款、管辖法院或仲裁条款以及可分条款。

4. 序言或引言

19　　合同是否需要以一段序言开始取决于其用处。对这个问题并没有一个确定的回答。如果所涉及的是法律中确定的或者在实践中发展出来的合同类型，通常加入相应"正确的"法律概念就已足够作为合同的导引，并使读者从一开始就能有"足够"的法律理解。

20　　对于那些有经济意义的复杂合同，建议加入一份序言。在序言中通常会介绍合同的双方当事人及其商业活动。其后当事人会援用他们的谈判结果并说明双方同意下文规定的条款。合同当事人通过合同而追求的目标通常也会被写在序言之中。

21　　这样的序言能够减轻阅读后续合同文本的负担；此外，其也能帮助解释合同的某些条款。[3]

5. 完整性

22　　这一关键词包含了两个主题。其中一个是在德国法系中意义重大的问题，即将草拟的合同是否应"尽可能像法律一样"完整地规定当事人的所有权利义务。此外，这也涉及英美法系实务中普遍的做法，也就是制作一份无所不包的合同草案，这样的草案通常可达一百页且会包含更多的信息，其中还会规定合同所涉的概念，这些概念通常会被置于合同文本的开始。

23　　如果当事人仅在德国法系范围内行动，那么规定当事人所有重要的主义务和附随义务是很有意义的并且是充分的。仅当具体法律制度被在法律中更详细地规定或者出于合同解释的目的时，才有必要援引法律规范。

24　　如果至少一方当事人来自英美法系，那么不可避免地会遇到一份内容庞大的合同。外国的当事人很重视约定与其自身法律理解相适应的规则，而且该规定应当能够解决可预想到的将来的全部发展情况。

---

[3] 关于序言的解释和证明功能的具体内容，见 *Imbeck*, in: Heussen/Pischel, Handbuch Vertragsverhandlung, Teil 3 Rn. 201 ff.; *Schmittat*, Vertragsgestaltung, Rn. 163。

这是一种当事人并不熟悉的逻辑演绎的、抽象的思维方式。如果人们想要与这样的当事人缔结合同，比如公司间的大额交易，那就必须接受这种方式。

在这种情况下，如果合同可以遵守德国法律并使德国法院拥有管辖权，这就被视为取得了巨大的成果。以此方式可以实现对英美合同设计特殊性的某种平衡。

（三）实体法的内容

如实体法律规范规定的那样，（合同的内容）主要取决于委托人的诉求。只有公证人须依其职务而保持中立（《德国联邦公证人规章》第 14 条第 1 款），并且不得仅对一方利益负责。但鉴于公证人通常是由特定的人或公司委托的，例如房地产开发商，其一方面应中立地起草合同，另一方面也要考虑委托人的利益，这二者之间的空隙通常是非常狭小的。

1. 没有疑义的规则

每个合同都会包含整体或部分不受当事人利益影响的条款。这些条款是中立的，并且通常涉及对合同标的物的详细描述。相关示例如不动产出让和受让，例如公证人按照不动产登记簿重述的地产目录上的或第一、第二、第三分簿上的登记内容。从个别的负担中他或许可以预先规定涂销某旧的土地担保权，该权利虽仍登记于土地登记簿上，但作为其基础的债务已经不复存在（其也就不能被实现了）。

2. 加入法律规范

在法律规定的合同类型中，立法者规定了合同当事人相互冲突的利益。从事合同设计工作的法律人可以在合适的案件中按照法律规范进行设计，并接受法律规定的评价。

3. 存疑领域的设计

这是指那些极受当事人利益影响的规则内容。须考虑的是，例如存在物之瑕疵或权利瑕疵以及义务违反时的法律后果，以及损害赔偿请求权或终止权的设计。

（四）合同的提纲

30 　　如果合同律师已经大概掌握了他想在合同中以法律手段具体规制具有哪些内容的哪些主题，那么他接下来应当起草合同的提纲。即使这方面没有强制性的要求，但事物自身的法则（Sachgesetzlichkeit）事实上已经决定了其顺序。在合同的开端应规定合同当事人以及——有必要的话——随后的序言。之后应是合同所有的重要规则，尤其是对于合同标的物的描述，或者关于给付和对待给付的定义。其他的主义务或附随义务应在其下规定，最后则是违约的法律后果。合同的结尾通常是与合同类型无关的一般条款，比如书面形式条款、保密条款以及管辖法院条款等。

（五）起草合同

31 　　最终律师应当完成起草合同的工作。他应在其中运用法学专业术语。规则应当由简练且清晰的句子组成。与当代的立法者不同，他应尽量避免琐碎的套句，转而通过严格的层级关系以明确规则的内容。[4]

32 　　个案中某些规则可能被——或有意或无意地——模糊地规定。此时合同的其他当事人可能不清楚这些规则的法律后果，或者略过了一些尚未解决的问题。很难判断这种方法在特殊情况下是否有其正当性。但通常不应采取这种策略。优秀合同草案的特点是清晰、简练、易懂的语言。不同的利益都应被明确地表达。

（六）待办清单：合同设计的步骤

33 　　至少对于没有经验的合同起草人，建议在起草合同时遵循以下步骤：

---

〔4〕 关于合同语言，见 *Heussen*, in: Heussen/Pischel, Handbuch Vertragsverhandlung, Teil 2 Rn. 279 ff.; *Ritterhaus/Teichmann*, Anwaltliche Vertragsgestaltung, Rn. 511 ff.; *Schmittat*, Vertragsgestaltung, Rn. 80 ff.。

合同设计步骤

一、初步思考

1. 重要的案件事实是否足够清晰？
2. 设计任务是否已经确定？
3. 合同当事人的利益状况如何？

二、合同法上应规定内容

1. 将规定的主题是否符合某个特定合同类型？

a. 《德国民法典》中的合同类型（如买卖合同、租赁合同）？

b. 实务中创造的合同类型（如融资租赁合同、保理合同或特许经营权合同）？

c. 包含了"混合要素"的特殊合同类型或者独立类型？

2. 收集资料

a. 什么是必须规定的？（如合同当事人、合同标的物）

b. 什么是应当规定的？（瑕疵的法律后果、义务违反的法律后果、附随义务的描述/具体化）

c. 是否要使用典型的、但通常与合同类型无关的条款？（如书面形式条款、可分条款、仲裁庭选择协议或仲裁条款等）

3. 应如何设计具体的合同规则内容？

a. 无疑义的规则：

它们是中立的（如关于合同标的物的描述、不动产交易中负担的消灭等）。

b. 是否要加入《德国民法典》中合同类型的法律评价？

c. 存疑领域的合同内容该如何设计？

易受当事人利益状况影响的规范内容（如物之瑕疵或权利瑕疵的法律后果、违约的法律后果或违约金等）。

4. 合同规则内容的提纲。

5. 草拟具体的合同条款。

（七）待办清单：对合同主题的思考

34　下列事项可供思考：

对合同主题的思考：

（1）合同的强制性内容

哪些内容因为法律规定或合法性的要求属于合同中必须规定的内容？

这始终包括：

——合同当事人

——合同标的物（给付/对待给付）

（2）推荐加入合同中的内容：

此外，哪些规则通常被认为是有意义的合同内容？包括例如：

——存在物之瑕疵或权利瑕疵时的请求权，尤其在买卖合同与承揽合同中。

——给付迟延或其他义务违反时的请求权（滞纳金、损害赔偿、违约金、解除、终止等）。

——合同的开始与结束（尤其在继续性合同中）。

——合同价款调整条款（长期合同中的价格担保条款）。

（3）一般合同条款：

这尤其包括：

——保密条款

——竞业禁止

——书面形式

——可分条款

——法律选择协议

——管辖法院或仲裁协议

三、合同设计者的角色

显而易见，合同规则内容的设计主要取决于合同设计者的任务和立场。[5] 本章的案例和第一个变形能够说明，合同设计者的角色能够怎样强烈地影响合同规则内容。如果我们首先忽视该二手车买卖合同中那些没有疑义的条款，尤其是那些技术性条款，那么基于5000欧元的购买价格只需要考虑是否应采纳物之瑕疵或权利瑕疵担保责任条款。

35

（一）买受人的利益代表人

在基础案例中，Mark作为Steffi的朋友应当起草这份合同。因此，他或许会选择那些可能赋予Steffi最大权利的条款。其可能如下所示：

36

"买卖合同法中关于物之瑕疵或权利瑕疵担保责任的规范适用于本合同。"

该条款的替代方案如下：

37

"出卖人承担使标的物免于物之瑕疵或权利瑕疵的责任。"

（二）出卖人的利益代表人

如果Mark是出卖人的朋友，但不认识Steffi的话，那么他应建议出卖人采纳下列条款：

38

"买受人依照其所见之车辆情况取得该车的所有权，并且排除出卖人的物之瑕疵或权利瑕疵担保责任。若出卖人故意隐瞒瑕疵，则该责任排除无效。"

责任排除之特别规则的基础是《德国民法典》第444条。据此，若出卖人故意隐瞒，则排除责任或责任限制条款无效。因此，如果卖

39

---

[5] 参见第二章边码22以下。

方的法律顾问在起草合同时忽略了该强制性规范，将会给他带来不利的影响。特别是他将在合同谈判中失去权威，并由于其"仅"维护单方面的利益而将承担不再被认真对待的风险。

（三）双方的法律顾问

40　　在案例的第一变形中，Mark 与出卖人也很熟悉。因此，他可以并且愿意不在本案中像律师那样仅维护他女朋友 Steffi 的利益。因此，他实际上处于公证人的角色。他必须草拟一套合适的、能照顾到双方当事人利益的合同规则。

41　　出于这种原因，Mark 可以建议规定如下：

出卖人承担使车辆免于全部权利瑕疵的责任。出卖人应向买受人提供充足的条件以检查车辆及试驾。买受人以车辆当前所处的状态购买该车且排除全部物之瑕疵担保责任。出卖人表示他不知道任何隐藏的物之瑕疵。

四、确定对待给付的工具（第二变形）

42　　基础案例中规定了确定的约定价金 5000 欧元，在第二变体中则要找寻一个"合适的"购买价格。这类问题的判断无论如何也不应由法律顾问负责。法律顾问在大多数情况下没有能力确定，怎样的车辆购买价格是合适的，某不动产具有何种价值，或者某公司具有怎样的价值。

43　　购买价格首先由供给和需求产生。如果双方依照这种方法仍不能直接就购买价格达成一致的话，那可使用一些工具。此处合同设计者可以提供辅助。

44　　人们可以参考 Schwacke-Liste 网站以确定二手车的价值。在该网站中相应的信息都可被找到。

45　　如果要确定一辆车的价值，尤其是基于其技术状态，可以请求机动车专家开具一份鉴定报告。借助于可用的电子数据信息处理软件

（EDV-Programme），制作一份鉴定报告的费用也并不昂贵。

关于不动产的价值，可以参考评估委员会的购买价格汇编。每个有意购买者都能够获悉土地标准价值（Bodenrichtwert）（《德国建筑法典》第 196 条）。个别情况下（购买者）也可以请求土地鉴定人或城市的评估委员会出具不动产价值鉴定报告。当合同是为了未来某种情况而被设计时，尤其推荐这种解决方案。例如，如果一对夫妻或者生活伴侣以共有的方式获得了一处不动产，那么他们可以在不动产转让合同中——或者在更好的情况下出于保密的需求分别在不同的文书中——达成关于如何分割该不动产的协议。如果一方有权取得另一方的共有份额，那么建议在约定转让的日期通过专业鉴定人确定该不动产的价值。这名专业鉴定人将按照仲裁鉴定人的方式工作，以使其鉴定报告在法律上和程序上都具有拘束力（《德国民法典》第 315 条以下）。[6] 46

最后，如果涉及确定公司的价值，那么（当事人）可以聘用审计师。他们将会根据德国审计师协会的指导方针进行公司估值。[7] 47

这里不能错误地认为，鉴定人可能被当事人一方或者另一方的利益影响并且或乐观或悲观地进行估值。无论如何当然都存在一个评价空间，而且被评估对象越复杂、越特殊，这个空间也就越大，比如在公司估值时。 48

五、合同设计的界限

合同设计内容受到合同自由的限制。[8] 理论上依据私法自治原则，合同可被自由地设计，但仍需注意特别法或一般民事法律规范的限制。上文已经提及买卖合同法中关于在出卖人故意隐瞒时排除责任 49

---

〔6〕 关于仲裁鉴定及其拘束力，见 *Grüneberg*, in: Palandt, § 317 Rn. 3 ff. und § 319 Rn. 3 ff. 。

〔7〕 Grundsätze zur Durchführung von Unternehmensbewertungen, Institut der Wirtschaftsprüfer in Deutschlande. V. (IDW S 1 idF 2008); *Zwirner/Mugler*, in: Beck'sches Mandatshandbuch Unternehmenskauf, § 4 Rn. 1 ff., speziell 16 ff.

〔8〕 关于此内容的整体介绍，见第四章边码 71 以下。

条款无效的强制性规范（《德国民法典》第 444 条）。在很多地方都有这样的强制性规范，并且合同设计者应当注意到这些规范。例如商事代表法（Handelsvertreterrecht）中，关于商事代理补偿请求权，《德国商法典》第 89b 条同样是强制性规范并且不能由合同自由设计。

（一）《德国民法典》第 134、138 条

50　　合同规则不能违背法律禁止（《德国民法典》第 134 条）。其必须同时满足公序良俗的要求（《德国民法典》第 138 条）。

51　　《德国民法典》第 138 条至今仍有其现实意义。多年来银行法一直在关注消费借贷合同中"高利贷利息"有效性的问题，如今《德国民法典》第 138 条在家庭法中，特别是在设计夫妻财产制合同方面更有着特别的地位。夫妻财产制合同不能在合同成立时使其中一方蒙受不合理的不利益。[9]

（二）《德国民法典》第 242 条

52　　在合同设计时同样应注意这一统领全部民法的一般条款。现今，法院判决总是将该规范用以修正被认为是不希望出现的法律后果（als unerwünscht erkannte Rechtsfolge）。这适用于例如通过公司章程条款强烈限制补偿金请求权或者在过于严格地限制了配偶一方在分居或离婚情况下的请求权之时。[10]

（三）《德国民法典》第 305 条至第 310 条（一般交易条款）

53　　实务中《德国民法典》第 305 条至第 310 条有着重要的地位。判决依据这些法律规范以判断合同条款的有效性和适当性。这不仅适用

---

〔9〕 *Brudermüller*, in: Palandt, § 1408 Rn. 7 ff.; *Rehme*, in: Staudinger, Vorbem. § 1408 Rn. 10 ff. und 1408 Rn. 29; *Langenfeld/Milzer*, Handbuch der Eheverträge und Scheidungsvereinbarungen, Kap. 1 Rn. 65 ff.; *Langenfeld* NIW 2011, 966 ff.（第四版中，Staudinger 评注所引章节的作者变更为 Thiele。——译者注）

〔10〕 *Brudermüller*, in: Palandt, § 1408 Rn. 10 f.; *Schäfer*, in: MünchKommBGB, § 738 Rn. 45 ff.; *Gregoritza*, in: Saenger/Aderhold/Lenkaitis/Speckmann, Handels-und Gesellschaftsrecht, Kap. 5 Rn. 730 ff.; *Sprau*, in: Palandt, § 738 Rn. 7 f.; *Langenfeld/Milzer*, Handbuch der Eheverträge und Scheidungsvereinbarungen, Kap. 1 Rn. 77 ff.

于经营者与消费者之间法律交往,而且适用于经营者之间的关系。判例通过《德国民法典》第 307 条的一般条款来审核个别条款是否会使合同另一方承受不适当的不利益,此时可以直接主张《德国民法典》第 308 条和第 309 条中的条款禁止,尽管它们不可被直接适用于经营者之间的法律交往。[11]

如果法律人要起草一份包含一般交易条款的合同,那么他要严格遵守《德国民法典》第 305 条以下的内容。在此他必须假设裁判会非常快速地认定预先拟定的合同条件。如已有意将来继续使用合同或合同条款,即足以确认《德国民法典》第 305 条以下条款的适用。

六、模板方案:制定转让二手车的买卖合同

下文将展示一份已经制作完成的买卖合同草案。此处将以模板方案(Mustlösung)为例进行介绍,以在实际案例开始时演示如何以正确的语言起草合同文本。

买卖合同设计方案示例

二手车买卖合同

某某某先生,现住址为

下文简称为出卖人

与

Steffi Klug 女士,现住址为

下文简称买受人

缔结如下买卖合同:

第一条　买卖标的物

出卖人向买受人出售其享有所有权的大众高尔夫机动车一辆,该车首次登记于 2010 年,机动车牌照为 XXX,车辆识别号

---

[11] Dazu nur *Dauner-Lieb/Axer* ZIP 2010, 309 ff.; *Lenkaitis/Löwisch* ZIP 2009, 441 ff.

为XXX，该车已经行驶XXX公里，带有XXX系列设备。

第二条　物之瑕疵与/或权利瑕疵担保责任

（对基础案例的方案建议）

出卖人承担使标的物免于物之瑕疵及权利瑕疵的责任。

（对第一案例变形的方案建议）

1. 出卖人向买受人出售没有权利瑕疵的标的物。

2. 买受人已检查标的物并已试驾。标的物将以被查验的状态出售。

3. 出卖人保证：

3.1 他不知道任何隐藏的瑕疵，尤其该车辆此前并无事故损害。

3.2 行驶公里数已尽其所知提供完整。

第三条　购买价格

1. 购买价格共计5000欧元。

2. 价金应于交付车辆时支付。

3. 价款以现金给付。

第四条　所有权转让

1. 出卖人与买受人协商一致，标的物之所有权随合同签署与车辆钥匙交付而转让给买受人。

2. 买受人确认已收到车辆持有证与车辆行驶证。

第五条　车辆所有权人与车主变更

1. 出卖人应立即将车主变更通知登记机关，以变更车辆登记簿（《德国车辆登记条例》第13条第4款第1句）。

2. 买受人有义务立即在负责的登记机关变更车辆登记（《德国车辆登记条例》第13条第4款第2句）。买受人使卖方免于承担车辆交付后与该车有关的所有责任和所有第三方请求权。

时间，地点

（出卖人）（买受人）[12]

七、案例第三变形的解决方案

此处该车辆是从大众汽车经销商处取得的。因此，法律上的基本条件也会发生改变。应注意以下细节。 57

（一）《德国民法典》第 305 条以下的一般交易条款

大众汽车经销商将会以其商业条款（出售条件）作为出售的基础。在设计该出售条件时应注意《德国民法典》第 305 条以下的规范，尤其是第 308 条和第 309 条中的禁止条款。 58

（二）消费品买卖

这里涉及《德国民法典》第 474 条以下的消费品买卖。此处的规范在很大程度上都具有强制性的特质（第 475 条*第 1 款）。购买新物品时，瑕疵担保责任的诉讼时效为至少两年，二手物品则至少为一年（第 475 条第 2 款）。 59

重要的是自风险转移起 6 个月内物之瑕疵举证责任的倒置（第 476 条）。这一规则减轻了买受人在 6 个月内主张物之瑕疵担保责任的请求权的负担。 60

第三节 不动产买卖

设计任务：私有住宅 61

Steffi Klug 厌倦了每日往返于科斯费尔德与明斯特之间的通勤。她更想要体验在明斯特的学生生活。因此，她想找一个房

---

[12] 关于二手车买卖合同的模板，具体见 *Schmittat*, Vertragsgestaltung, Rn. 61 und S. 231 ff.; *Meyer-Sparenberg*, in: Beck'sches Formularbuch Bürgerliches, Handels-und Wirtschaftsrecht, Formular III. A. 1. 如果购买价款不以现金形式支付，那么合同应当得到履行担保，以使未经担保的其他费用不致产生。

* 该条款自 2018 年 1 月 1 日起变更为 476 条，下同。——译者注

子。她父亲表示会在明斯特购买一套住宅并允许她在明斯特学习期间租用。Klug 父亲请求 Steffi 和她的男朋友 Mark 为购买这样的私有住宅而制作一份将来与卖家谈判用的房屋买卖合同草案。

额外的思考

如果 Klug 父亲想将获得的住房以"低"价出租给女儿 Steffi，他必须考虑什么问题？

案例事实变形

当 Klug 父亲想从房地产开发商处购买一套新住宅，而不是二手的，法律基础会如何变化？这对合同设计有什么影响？[13]

一、导引提示

62　依据《德国民法典》第 311b 条第 1 款，不动产买卖合同需要文书公证。该条同样适用于经营者负担开发和转让土地义务的承揽合同。[14]

63　故而设计合同的人因法律的强制性规定只能是公证人。但是房屋公司和房地产开发商通常只想使用自己的模板，所以公证人至少应当审核合同文本是否符合现行法的规定，并且要注意合同的规则应适当照顾合同双方的利益，而不是仅使购买方/定作方承受不利。

二、不动产合同的基础知识

64　在签订不动产合同前一般仍须了解两方面内容，即不动产登记状况（Grundbuchstand）和贷款（Finanzierung）。特点如下：

---

[13] 关于不动产买卖合同，见 *Junker/Kamanabrou*, Vertragsgestaltung, § 6 Rn. 1 ff.；关于土地权利的合同设计，见 *Langenfeld*, Vertragsgestaltung, Kap. 6 Rn. 1 ff.；关于二手私有住宅的买卖，见 *Otto*, in: Münchener Vertragshandbuch, Bd. 5, Formular I. 3；关于负有建筑行列式住宅建设义务的买卖合同，见 *Hertel*, in: Münchener Vertragshandbuch, Bd. 5, Formular I. 30，关于私有住宅，见 Formular I. 31；关于尚未建造的私有住房买卖，见 *Gebele*, in: Beck'sches Formularbuch Bürgerliches, Handels-und Wirtschaftsrecht, Formular III. B. 6。

[14] *Grüneberg*, in: Palandt, § 311 b Rn. 15.

(一) 关于不动产登记簿

所有法律上对土地权利的合理处置都需要了解土地登记簿登记的相关知识。只有这样，才能正确且适当地构造与土地相关的法律行为。 65

土地登记簿登记的依据首先是联邦各州设立的官方登记簿【房地产地籍，(Liegenschaftskataster)】，《德国土地登记条例》第 2 条第 2 款。每块土地在土地登记簿中都有一个特殊的位置【土地登记表，(Grundbuchsblatt)】。土地登记表对于土地而言应被视为民法意义上的土地登记簿（《德国土地登记条例》第 3 条第 1 款第 2 句)。 66

土地登记表包含四个登记的类别：首先是所谓的地产目录（Bestandsverzeichnis)，然后是第一、二、三部分（Abteilung I, II, III)。地籍信息会被登记于地产目录之中，而第一分簿中会记录土地所有权关系的信息。关于土地的抵押（Hypothek）、土地债务（Grundschulden）及定期金债务（Rentenschulden）会被登记于第三分簿，而第二分簿中则会记载其他有登记能力的负担和限制。因此，土地登记簿如下所示： 67

土地登记表示例：

扉页

某地方法院

某某某（处）土地登记簿（行政区边界）

某簿页

地产目录

当前土地的编号为……边界为……地块……宗地……经济类型及位置、面积

第一部分

所有权人、登记依据

第二部分

负担与限制

第三部分
抵押、土地债务、定期金债务

68　　如果土地登记簿的内容包含关于土地上物权的信息，那么每个公证人都能在处理与土地有关的交易时知晓土地登记簿的状态。借此他就能知道谁才是真正的谈话对象（土地所有权人），知道是否存在或者存在数额多少的土地担保权以及是否有其他地上负担，比如邻居的管道权利和通行权等。

（二）关于贷款

69　　仅在很少的情况下，不动产买卖的价金才会通过自有资金（自有资本）支付。通常买方或者业主都会使用外部资本/贷款。这种贷款主要由银行或储蓄所以设定担保为对价提供。

70　　对银行贷款的担保尤其包括人的保证（Personalsicherheiten）和物的担保（Realsicherheiten）。人的保证包括保证（Bürgerschaft）、独立保证（Garantie）* 和安慰函（Patronatserklärung）。物的担保包括抵押、土地债务、留置权、让与担保及债权的让与担保（Sicherungszession）。

71　　如今土地债务普遍被当作购买土地而申请银行贷款时的担保方式而设定。借贷机构——几乎总是——非常重视在土地登记簿中最好的地方（第一位）登记担保。因此，公证人和合同当事人必须审查土地登记簿的状态是否允许或者是否可以通过其他方法来实现，例如所谓的顺位后移（Rangrücktritt）。在这种情况下，登记于土地登记簿的权利人将声明，他及其权利为了借贷机构的利益将移动至其后位的土地债务之后。

---

* 德国法中，独立保证（Garantie）与保证的区别是其没有附随性。无论主债务关系是否存在，独立保证人都有义务使履行结果出现。其并未规定在《德国民法典》中，而是由判例发展出的担保形式（BGHZ 140, 49; 145, 286）。详见 *Medicus/Lorenz* SchuldR II, § 50 Rn. 45。——译者注

(三) 土地登记簿作为担保方式

通常如果借款人的偿付能力不足以保证建筑借贷在没有物之担保的情况下仍能得到清偿，那么一般只能考虑在将要取得土地的土地登记簿中登记土地担保权作为担保手段。如果买受人希望购买一处二手不动产，那么此前为购置提供资金的信贷机构通常被登记于第三部分中。在房地产开发商负有建筑义务的土地买卖中，被登记于不动产登记簿中的银行经常是为取得由房地产开发商将来转让的土地而提供贷款的那家银行。

那么这里看起来存在一个困境。如果要受让的土地本身被作为担保，其上一般还有其他负担。因此，为新的土地买卖提供贷款的信贷机构不可能将自己登记在第一位作为"其自身"的担保。

实务中的解决方案通常是这样的：出让土地的所有权人许可为购买提供贷款的信贷机构在"他的"土地登记簿上登记土地债务。作为"对待给付"，受让人以不可撤销的方式指示其借款银行，直接向出卖人或者仍在土地登记册中登记的信贷机构支付贷款金额（Darlehensvaluta），以便——必要时亦需使用自有资本——涂销在土地登记簿上登记的土地债务。这也确保了新的信贷机构至少可以被登记于第三部分的首位。[15]

公证人的任务是规制当事人及其与背后信贷机构之间的合作关系。他会要求在土地登记簿上登记的信贷机构在付款日公开告知贷款额，并以信托的方式（treuhänderisch）授予他相应的涂销许可。他负责设立新的土地债务，并要求相应的借款银行根据购买价金的需要将贷款额直接支付给出卖人或者说出卖人要偿付的银行。

72

73

74

75

---

〔15〕 之前通常也会使用债权让与模式（Abtretungsmodell）。对此仍有疑虑。一方面借贷合同，即银行的一般商业条款，通常不允许这样的债权让与，所以其经常落空（《德国民法典》第 399 条）。此外根据德国联邦法院 2008 年 6 月 27 日的判决（DNotZ 2008, 923）这样的债权让与在借贷合同无效时会导致针对出卖人的不当得利请求权；Krauß, Immobilienkaufverträge, Rn. 2300 ff., insbesondere Rn. 2307.

三、初步思考

76　　基础案例中的案件事实、设计目标和利益状况都很清晰。Mark 和 Steffi 要起草一份二手自有住宅的买卖合同，Klug 父亲将使用这份合同草案与潜在的出卖人谈判。

77　　本案例的两个重要因素分别是约定一个合适的买卖价金和保证取得所有权。不动产的价值取决于供给和需求，并且该房产所处的位置也有着决定性的影响。为了能够获得一份确切的价值评估，可以聘请一位有经验的、负责的中介制作一份专家鉴定书。作为替代方案也可以考虑从评估委员会（《德国建筑法典》第 193 条）或者公开指定的宣誓专家那里获得一份价值鉴定。但在这样的价值鉴定中要注意，其通常不会反映准确的市场关系并且价格稍贵。

78　　对于不动产买卖合同，在买卖合同缔结和所有权变更登记之间通常会有几个星期的间隔，在房地产开发合同中，这个间隔通常会有一年以上。因此，非常有必要保证买受人受让的所有权是"未加负担的"（unbelastet）。这可以通过《德国民法典》第 833 条第 1 款上的预告登记（Auflassungsvormerkung）为了买受人利益将其登记于土地登记簿的第二部分而得实现。如果在预告登记后产生了土地上其他侵害性的负担，比如因出卖人未清偿其债务而产生的抵押权登记，买受人可以在所有权变更登记后根据《德国民法典》第 888 条第 1 款主张涂销后顺位的负担，并在必要时通过司法方式执行之。

79　　此外，综合考量双方的利益状况，物之瑕疵和权利瑕疵担保责任的规则也有着举足轻重的地位。购买二手房地产时，从其"本身"而言，出卖人此时不用承担《德国民法典》第 434 条和第 435 条规定的法律责任。与二手车买卖相似，公证人应预先规定出卖人须承担不受限制的权利瑕疵担保责任。与此相对，他原则上将排除物之瑕疵担保责任。这里通常"仅"保证卖方不知道存在于检查过程中无法轻易识别的（隐蔽或隐藏）瑕疵。他必须澄清这种瑕疵。如果他不这样做，那么在故意隐瞒的情况下，他就无法主张免除相应的责任（《德国民法典》第 444 条）。

四、设计方案的展开

（一）草拟合同草案

本书第七章边码 33 以下介绍的工作步骤可帮助理解以下内容。（合同设计者）应制作将要规制问题的主题目录。 80

1. 使用指导工具书

如果合同设计者本人已经大概了解了要规制的内容，那么通常建议在接下来的制作过程中使用指导工具书来帮助自己的工作。一方面可以通过其中介绍的模板草案来确定自己制作的主题分类是否完整。另一方面这些模板也可以作为制作合同提纲的帮助和草拟具体规则的基础。优秀的合同模板有时也可以在结合案情具体化后"或多或少地"被采纳。 81

2. 土地买卖合同的结构

在指导工具书中可以找到很多优秀的土地买卖合同模板。出于这个原因且因为此类合同的范围，这里将不会具体处理某一份合同模板。相反，此处将简要介绍相关土地买卖合同的一般结构或者说架构。 82

根据《德国民法典》第 311b 条第 1 款，土地买卖合同始终属于公证文书，那么在合同首部应有典型的公证封面以及时间、地点的信息和公证人的姓名。然后公证人要确定到场的是哪些人以及他如何获知这些人的身份。在大多数情况下，他将在文书中"抽象地"写明相关人员及其职称，例如将出让土地的所有权人称为出卖人或出让人，并且相应地把受让土地的一方称为买受人或受让人。 83

该文书本身的开头通常为说明出卖人/出让人是土地登记簿中某处不动产所有权人。接着公证人要具体列出土地登记簿中的信息。 84

因此，该类买卖合同通常有如下提纲： 85

买卖合同提纲

第一条 买卖标的物（此处通常与预告登记中记载的不动产登记簿信息有关）

第二条 购买价格

第三条 支付期限及贷款

第四条 变更登记的时间/转移占有

第五条 物之瑕疵及权利瑕疵担保责任

第六条 预告登记及不动产所有权转让

第七条 批准及先买权

第八条 费用、房产交易税

第九条 代理（对于公证人的雇员）

第十条 不动产登记簿变更登记申请

第十一条 公证人的说明提示

文书的结尾

（二）拓展思考

86　　这里 Klug 父亲想要将其受让的住宅以"便宜的价格"出租给女儿 Steffi。这意味着他不想让他的女儿支付当地一般水平的租金。如果他本来想这样做，那么他的女儿完全可以直接从第三方房东处承租合适的公寓，并且他也可以至少避免耗时甚久且在外行看起来非常复杂的购买二手房的这条"弯路"。

87　　Klug 父亲进行的这笔投资有两个目的。一方面他想让他的女儿能够以便宜的租金在她上学的城市有一个住处。另一方面他也希望能通过取得房屋所有权增加自己的资产，并在将来他女儿搬出后获得一个良好的租金来源。

1. 合同设计与税法

88　　商人/经营者之间的合同在实务上不可避免地会产生税法效果。但这经常也符合私人之间合同的情况。税法对整个法律行为的影响一直在不断增加。因此，在涉及公司结构问题的合同设计中（公司的成立、变更或终止），税法的基础知识会很有帮助，甚至是十分必要的。

利润税的问题（ertragsteuerliche Fragen）通常是人们关注的焦点。商人/经营者努力通过其业务范围内的每笔交易获取利润。不论是根据《德国所得税法》（对于个体商人和合伙企业）还是根据《德国企业所得税法》（对于股份有限公司），利润都应被征税。

2.《德国所得税法》中的所得类型

《德国所得税法》区分了七个收入类型（《德国所得税法》第2条第1款），分别是农业和林业收入（《德国所得税法》第13条）；工商业经营收入（《德国所得税法》第15条）；自雇工作收入（《德国所得税法》第18条）；非自雇工作收入（《德国所得税法》第19条）；资产收入（《德国所得税法》第20条）；出租和土地租赁收入（《德国所得税法》第21条）和其他收入（《德国所得税法》第22条）。

根据《德国所得税法》第2条第2款第1项，通过农业和林业、通过工商业经营及通过自雇工作产生的收入属于利润收入类型（Gewinneinkunftsarten）。在这种类型里，利润是征税对象。

由非自雇工作、资产、出租和土地租赁以及其他事由产生的收入中，征税对象是收入去除谋益费（Werbungskosten）*后的盈余（Überschuss）部分。

根据《德国所得税法》第4条第1款，在利润收入类型中收入计算方法（Einkünfteermittlungsmethode）是通过财产比较（Vermögensvergleich）以确定利润。比较的对象是本财年结束时的经营资产（Betriebsvermögen）和前一财年结束时的经营资产。根据《德国所得税法》第4条第3款，在盈余所得类型（Überschusseinkunftsarten）中，利润被认为是经营收入减去支出后的盈余。

属于商人或公司商业资产的财产（Wirtschaftsgüter）是涉税的。

---

* 谋益费指为了获取、保证及维持收入而支出的费用。如在某个收入类型中产生了谋益费，则在计算收入时需要扣除。参见《德国所得税法》第9条。——译者注

在合同设计时一定要避免不必要的消除税务纠缠（比如通过从商业资产中去除某财产而将其转移到私人财产中）以及由此实现的利润【例如通过释放秘密准备金（Aufdeckung stiller Reserven）】。举例来说，如果某处在商业土地上的房屋本属于公司资产，因（公司）长年不需要该房屋而无偿地转让给公司的唯一股东供其私人使用，那么通过这种设计就产生了利润实现（Gewinnrealisierung）。又如某块土地或某建筑在资产负债表上具有十万欧元的"账面价值"，而在转让该不动产时的交易价格是三十万欧元，那么公司需要缴税的出让利润是二十万欧元。

3. 税收激励合同中的注意事项

95 很多顾问可以帮助寻找税收优惠，此外，税务顾问、公司顾问和银行代表也可同样起到帮助作用。法律人应当对此保留合理的怀疑。对于合同当事人而言，最重要的是——在先不考虑税收优化的情况下——真正追求有意义的措施。例如，只有当确认父母希望在其生前将不动产完全且未加负担地转让给其子女后，或者确认公司所有人希望在他生前通过将公司转让给其子女而与公司分离后，才应寻求税收优惠的设计方案，并在严格审查后执行之。

4. 取得不动产的税务影响

96 Klug 父亲取得自有住宅并非为了自己使用，而是出于出租目的（首先在其女儿上学期间向她出租，其后给其他人）。因此，他从出租和土地租赁中获得了收入来源（《德国所得税法》第 21 条）。这意味着，他应就可能发生的利润（租赁收入超过租赁支出的盈余）缴税，当然他反过来也可以因出租业务造成的损失主张减少个人所得税。

97 除管理成本（Bewirtschaftungskosten）外，出租的成本还包括比如借贷成本（银行利息）以及磨损折旧费用（Absetzung für Abnutzung），即所谓的 AfA（《德国所得税法》第 7 条第 4 款和第 5 款）。从收入的角度看，Klug 父亲可以获得低于本地一般水平的租金。因此，会产生如下问题，即财政管理部门是否会"承认"对亲属的降价出租，且全部的花销（谋益费）是否都会被考虑。

对此《德国所得税法》第 21 条第 2 款规定，在租金低于当地一般水平 66% 的情况下，则使用权的转让必须被分为有偿部分和无偿部分。相反，如果长期公寓租赁费用至少为当地租金一般水平的 66%，则该住宅的出租将被整体视为是有偿的。[16]

98

为了充分利用税收优惠，建议 Klug 父亲和女儿在本案例中约定租金至少为当地一般水平的 66%。这样虽然租金很"廉价"，但仍能保证财政管理部门按照税法承认该合同是与"外部第三人"缔结的租赁合同。

99

（三）关于本案例的变形

Klug 父亲购买了一处将由某房地产开发商建设的新住房。这里的问题是，这一事实的改变对合同设计会产生什么影响。这首先取决于哪些法律规范可适用于本案例。

100

1. 建筑开发商合同的法律性质

建筑开发商（Bauträgervertrag）具有两个特质，一方面其包含了建筑开发商转让土地的义务，或者说在建筑物区分所有权的情况下出让其土地共有权份额的义务；另一方面它具有根据建筑开发商已制作的建设计划和建筑结构说明书建设房屋的义务。[17]

101

对此判例认为，关于"新建建筑"的建筑开发商合同应适用承

102

---

[16] 关于该从 2012 纳税年生效的新规则，见 *Kulosa*, in: Schmidt, EStG, § 21 Rn. 158 ff.。旧规则，参见 BFH-Urteil vom 5. 11. 2002, BStBl 2003 II, 646 sowie BMF-Schreiben vom 8. 10. 2004, BStBl 2004 I, 933 Rn. 11；如果无营利目的，那么其将被称为"业余爱好"（Liebhaberei），结果是谋益费的扣除将被完全拒绝。

[17] *Pause*, Bauträgerkauf und Baumodelle, Rn. 63 ff.；*Grziwotz/Koeble*, Handbuch Bauträgerrecht, Rn. 65 ff.；*Basty*, Bauträgervertrag, Rn. 4 ff.；*Blank*, Bauträgervertrag, Rn. 1 ff. 自 2018 年 1 月 1 日起，建筑开发合同被规定于《德国民法典》第 650u 条和第 650v 条中。

揽合同法。[18]

103　　根据德国联邦最高法院的观点，如果被出让时该建筑物已经建成，承揽合同性质的判断仍然适用。[19]

104　　判决的出发点是，承揽合同法中规定了不同于买卖合同法，却更为适合新建建筑的瑕疵担保责任条款。买受人这一被改善的法律地位是否在债法现代化后会被判定为其他性质，仍需法教义学上的讨论。但主流观点始终认为，承揽合同法至少应适用于约定建造建筑物的情况。[20]

2. 建筑结构说明书

105　　建筑开发商合同中建筑义务的内容取决于合同规范，尤其依据相应公证后的建筑结构说明书（Baubeschreibung）和一同公证的建筑设计图（Plänen）。[21]

106　　不同于受让已经存在的不动产，购买将要建设建筑物的买受人应当详细且全面地规定房地产开发商负担的对待给付。只有这样才能判断，按照建筑结构说明书中具体描述的给付内容预先确定的购买价格是否合理。只有从一份制作精细的建筑结构说明书中才能得知，建筑

---

[18] BGH NJW 1973, 1235; 1975, 47; 1976, 515; 判例上证据的具体内容，参见 *Grziwotz/Koeble*, Handbuch Bauträgerrecht, Rn. 65 ff. 。

[19] BGH NJW 1981, 571; 1985, 1551; 2016, 2878 f. ; 2016, 2878f. ; vgl *Grziwotz/Koeble*, Handbuch Bauträgerrecht, Rn. 69; BGH NJW 2005, 1115 f. ; 2007, 3275 f. ; *Basty*, Bauträgervertrag, Rn. 12 mN 相反观点，见 Fn. 42。

[20] BGH NJW 2005, 1115 f. ; Pause, Bauträgerkauf und Baumodelle, Rn. 72; Grziwotz/Koeble, Handbuch Bauträgerrecht, Rn. 79 f; Basty, Bauträgervertrag, Rn. 12 f. mwN; Sprau, in: Palandt, vor § 633 Rn. 3 mwN. Dazu auch BGH NJW 2016, 1572 Tz 26 ff. 不同观点，例如 Busche, in MünchKommBGB, § 631 Rn. 227. 立法者现在在《德国民法典》第650u条第1款中明文规定了对《德国民法典》第631条以下的援引。（第四版中，因《德国民法典》及其评注的变化，作者删除 Busche 对原《德国民法典》第631条的评注，并指出"土地所有权转让的请求权适用买卖法的规范（《德国民法典》第650u条第1款第3句）"。——译者注）

[21] *Pause*, Bauträgerkauf und Baumodelle, Rn. 442; *Grziwotz/Koeble*, Handbuch Bauträgerrecht, Rn. 311 ff. 建筑设计说明书现在被规定于《德国民法典》第650j条之中。（同样参见《德国民法典》第650k条第1款和第2款。——译者注）

装潢是否真正符合所要求的质量水平。

建筑开发商合同本身仅包含了建筑开发商的义务,即按照建筑设计图和建筑结构说明书中的要求建设建筑物的义务。如果买方无法通过提出特殊要求来更改先前已公证过的建筑结构说明书的话,那么他必须注意将这些——与建筑结构说明书不同的——特殊要求在特定的建筑开发合同中单独公证或将其作为合同及公证文书单独附件。

107

3. 建筑物区分所有权、物业分割说明和房产的独立单位证明

1951年3月20日生效的《德国住宅所有权和长期居住权法》的目标是复兴战后的建筑活动以及促进被摧毁城市的重建。在50多年的时间里,该法一直未作改动。直到2007年7月1日生效的修正案[22],立法者才决定性地改变了该法,并以此回应了德国联邦最高法院的一些基础性判决。

108

《德国住宅所有权和长期居住权法》基于一个"策略"。不同于《德国民法典》关于土地与地上建筑物法律上一体化的原则(《德国民法典》第93条和第94条),根据《德国住宅所有权和长期居住权法》(当事人)可以为住宅设立建筑物区分所有权(Wohnungseigentum),并为建筑物中用于非住宅目的的房间设立部分所有权(Teileigentum)。根据《德国住宅所有权和长期居住权法》第1条第2款,建筑物区分所有权是对于住宅的特别所有权以及所述之共同所有权中的共有份额。因此,建筑物区分所有权是特别设计的共有。

109

这同样适用于部分所有权。其与建筑物区分所有权的不同之处仅在于其房屋并非用于居住目的。因此,部分所有权特别适合作为自由职业者的执业地点或其他的办公室。

110

特别所有权可以——简化地——被定性为单独所有权,以此建筑物区分所有权人或者说部分所有权人可以如单独所有权人一样行事。

111

---

[22] Gesetz zur Änderung des Wohnungseigentumsgesetzes und anderer Gesetze vom 26. 3. 2007, BGBl. I 2007, S. 370.

112 　　根据《德国住宅所有权和长期居住权法》第 3 条第 2 款,特别所有权仅在住宅或其他房屋是独立空间的时候才可被授予。这一独立单位证明(Abgeschlossenheitsbescheinigung)由负责的建筑部门根据提交的建筑设计图颁发。

113 　　(当事人)应向土地登记部门出示独立单位证明(《德国住宅所有权和长期居住权法》第 7 条第 4 款第 1 句第 2 项)。这样土地登记部门就不必从建筑技术和建筑法的角度自行审查,也就不用审核《德国住宅所有权和长期居住权法》第 3 条第 2 项中的前提条件是否得到了遵守。[23]

114 　　《德国住宅所有权和长期居住权法》规定了两种不同的建筑物区分所有权设立形式。一方面这可以通过由合同规定多个共同所有人之间的区分方法而成立,另一方面也可以通过单独所有权人单方面进行的所有权划分效应。这两种可能性被规定在该法的第 2 条。[24]

115 　　根据《德国住宅所有权和长期居住权法》第 8 条第 1 款,在建筑开发商设立的建筑物区分所有权和部分所有权的情形下,涉及土地共同所有权份额的分割。这通过所有权人向土地登记部门发出表示进行。该意思表示是需受领的,且相对人为土地登记部门。它虽然"本身"没有形式要求,但是从程序法上讲,也就是为了在土地登记簿上登记,它必须通过公开的或者公证过的文件加以证明(《德国土地登记条例》第 29 条)。因此,虽然物业分割说明(Teilungserklärung)的公证文书并不是必要的。但是其是有用的,因为根据《德国公证书证法》第 13a 条,它提供了以后出售单独的部分时参考比照的可能性。因此,在实践中物业分割说明也需要公证。

4.《德国房屋中介与房地产开发商条例》

116 　　欲成为房地产开发商的商人需要根据《德国营业秩序条例》第

---

[23] *Götz*, in: Abramenko u. a., Handbuch WEG, § 1 Rn. 85 ff.
[24] *Götz*, in: Abramenko u. a., Handbuch WEG, § 1 Rn. 14.

34c 条的规定取得的营业许可。《德国营业秩序条例》第 34c 条第 3 款规定了对从事该职业的权利进行监管的授权。依据已经颁布的《德国房屋中介与房地产开发商条例》，该授权可被行使。[25]

德国联邦最高法院已经释明，《德国房屋中介与房地产开发商条例》仅包含了公法上规范经营者的许可和禁止规则。这些在合同设计和实施时都应被注意。根据《德国房屋中介与房地产开发商条例》第 12 条以及《德国民法典》第 134 条，损害客户利益的违法行为将导致无效。[26]

实务中尤其重要的是《德国房屋中介与房地产开发商条例》第 3 条。该条规定了有利于受让人的担保体系，以避免该条所列举的潜在风险。[27]

最重要的规则之一主要是如下要求，即必须存在公法上的建筑许可、受让人能够取得无负担的所有权并且仅在条例中列出的建筑项目被履行后他才需支付其分期付款。[28]

5. 结论

从房地产开发商处取得即将建造之住宅的法律基础本质上于区别于二手房买卖。如果说一份被细致权衡的二手房买卖合同只需寥寥数页就可被起草的话，那么建筑开发合同的内容除建筑结构说明书和物业分割说明外也会相当可观。其页数一般总共至少达 40 页，因此，对于法律人而言，了解其概况也是十分艰巨的任务。

这个领域的合同设计是非常复杂的，这对于公证人也绝非易事。

---

[25] *Grziwotz/Koeble*, Handbuch Bauträgerrecht, Rn. 110 ff.

[26] BGH NJW 2007, 1360 Tz 22; *Sprau*, in: Palandt, Einf. v. § 652 Rn. 2; *Pause*, Bauträgerkauf und Baumodelle, Rn. 42; *Grziwotz/Koeble*, Handbuch Bauträgerrecht, Rn. 424 ff.; *Basty*, Bauträgervertrag, Rn. 81 ff.; *Blank*, Bauträgervertrag, Rn. 12 ff.

[27] *Grziwotz/Koeble*, Handbuch Bauträgerrecht, Rn. 428 ff.; *Basty*, Bauträgervertrag, Rn. 86; *Blank*, Bauträgervertrag, Rn. 12, 14.

[28] 关于这一困难的问题见 *Grziwotz/Koeble*, Handbuch Bauträgerrecht, Rn. 428 ff.; *Pause*, Bauträgerkaufund Baumodelle, Rn. 208 ff.; *Basty*, Bauträgervertrag, Rn. 75 ff.; *Drasdo* NZM 2009, 601 ff.。

因为建筑开发商对一套简单明了的规则有着切实且一定程度上也是合法的利益，所以公证人必须严谨地注意有利于受让人的保护性规则，并且要负责在合同文本中广泛地考虑法律规范。

第四节　购买律师事务所

122　**设计任务：律师事务所**

在以优秀成绩通过国家考试、获得博士学位并在美国居住一段时间后，Mark Pfiffig 决定成为一名律师，并且——尤其出于进一步培训的目的——在杜塞尔多夫的一家大型律师事务所开始其职业生涯。两年后，Steffi Klug 也在国家考试中斩获了优秀的成绩。她想成为一名律师。Mark 和 Steffi 决定共同走上他们的职业生涯。他们想在明斯特购买一家律师事务所，该所由于一名"孤独斗士"（Einzelkämpfer）*的去世而被出售。现在产生了以下问题：

1. Mark 和 Steffi 需要考虑哪些"内部"协议？
2. 事务所买卖合同的设计中须具体考虑哪些细节？
3. 如果去世的律师曾是以有限责任公司的形式经营该事务所，那么有哪些可能的设计方案？[29]

一、关于"内部"协议

123　在进行初步思考时应有如下问题，即所介绍的案件事实是否明确。该问题的答案是否定的。虽然"内部"这个词说明了所需设计

---

* 此处指该所只有一名律师。——译者注

[29] 关于公司收购的具体内容：*Ritterhaus/Teichmann*, Anwaltliche Vertragsgestaltung, Rn. 523 ff.; *Holzapfel/Pöllath*, Unternehmenskauf in Recht und Praxis; *Rödder/Hötzel/Mueller-Thuns*, Unternehmenskauf; *Hettler/Stratz/Hörtnagl*, Beck'sches Mandatshandbuch Unternehmenskauf.

的是 Steffi 和 Mark 间的内部关系。但仍不明确的是，此处要设计的仅是他们的职业合作关系，还是同样规定他们二人非婚生活共同体（nicht-eheliche Lebensgemeinschaft）的私法关系。

这个角度是决定性的：思考的出发点是所追求的事务所买卖。两位律师都想成为买受人，并且共同经营该事务所。这说明在这个特殊情况下仅考虑他们二人的职业工作关系即可。

因此，Mark 和 Steffi 必须考虑，他们可以并且想以怎样的法律形式经营其职业活动。这里首先可供考虑的是民事合伙、合伙企业（Partnerschaftsgesellschaft）或者有限责任公司的形式。由此而来的法律形式问题将会在各自的案例被具体讨论。[30]

二、设计方案的展开

（一）律师事务所买卖合同

这里的问题首先是，谁是律师事务所的出卖人以及所约定的买卖标的物究竟是什么。下文将详细研究这两个问题。

1. 律师事务所的出卖人

律师事务所真正的出卖人只可能是已去世律师的继承人（Erben）。所以 Steffi 和 Mark 必须以可靠的方式确定其买卖合同的谈判相对方究竟是否是正确的人。只有当（对方）通过出示《德国民法典》第 2353 条以下意义上的继承证书（Erbschein）以证明其继承人身份时，他们才能清晰地确定这一点。继承证书是由继承法院（Nachlassgericht）向一位继承人签发的证明，其证明了继承人的继承权以及其处分权是否被遗嘱的执行或后位继承所限制（《德国民法典》第 2353 条）。[31]

---

[30] 详见第 17 章边码 18 以下。

[31] Zimmermann, Erbschein; Grziwotz, in: MünchKommBGB, Vorb § 2353 Rn. 8 und § 2353 Rn. 22 ff.; Schilken, in: Staudinger, BGB, § 2353 Rn. 69 ff. (第四版中，Staudinger 评注本条作者变为 Herzog，下同；本脚注所引边码变为 68 以下。——译者注)

128　　　所以 Mark 和 Steffi 必须要求作为卖方出现的那个人出示其继承证书。只有当其在继承证书上被证明为继承人时，继承证书的推定规则和公信力才生效（《德国民法典》第 2365 条和第 2366 条）。[32]

２. 律师事务所买卖合同的标的物

129　　　被出售的应该是"孤独斗士"的律师事务所。相应地，事务所中也有其他的设备，如书桌、工作台、电脑、复印机、电子数据处理设备、电脑屏幕以及各类文献等。它们都属于事务所固定资产（Anlagevermögen）中的有形资产（materielle Wirtschaftsgüter）。固定资产包括那些长期用于营业经营的物品（《德国商法典》第 247 条第 2 款）。与此相对，流动资产（Umlaufvermögen）指不属于《德国商法典》第 247 条第 2 款意义上之固定资产的全部资产，例如通过加工或销售消耗的储存资产（手写纸或复印纸、圆珠笔、铅笔等）。

130　　　Mark 和 Steffi 购买律师事务所的利益首先并非在于其固定资产。虽然购买二手物品的价格相比于购置新资产的价格肯定更为便宜。"资产"（assets）的概念首先对于各类财产客体都是中立的。但在公司并购中（M&A-Geschäft）（这是合并与收购——Mergers & Acquisitions——的简称）该词却有着特殊的含义，尤其在资产交易（asset-deal）和股权交易（share-deal）的区分上。[33]

131　　　两个年轻的律师主要希望收购一个目前存在的有组织的营业，并且将之继续经营下去。从本质上讲，他们希望与事务所现有的客户们继续合作，也就是说尽可能地将已故律师的客户们与自己绑定。已故律师与客户们保持着联系的、训练有素且擅长社交的工作人员可以成为联系的纽带（办公室负责人、电话员、秘书等）。人们将这种事实，也就是商机，称为无形资产（immaterielle Wirtschaftsgüter）或称

---

〔32〕 关于继承证书的公信力见 Zimmermann, Erbschein, Rn. 740 ff.；Lange/Kuchinke, Erbrecht, S. 1034 ff.；Schilken, in：Staudinger, § 2366 Rn. 1 ff.；Muscheler, Erbrecht Bd. II, Rn. 3345 ff.。

〔33〕 Risse/Kästle, M&A und Corporate Finance, unter „asset"。

为理念上的律师事务所价值或者公司的商誉。

法律上看,将客户或者说病人转交给自由职业者会出现困难。其要遵守《德国刑法典》第 203 条第 1 款和《德国民法典》第 134 条的规定。判例过去曾持有这种观点,即医生内部转交客户群或者病人资料卡片会通过推定同意(mutmaßliche Einwilligung)得到保护[34],但是德国联邦最高法院后来明确放弃了这个判例。它现在要求转让诊所的人在向接班人转让客户资料前必须"以明确且没有误解的方式"取得客户或者病人的同意。[35] 132

故而在事务所买卖合同中必须明确规定,客户档案的转让取决于客户许可。判决至今尚未明确具体应如何取得该许可。[36] 133

如果任命一名律师成为该事务所的清算人,则根据《德国联邦律师条例》第 55 条第 2 款第 4 句的规定,他在待定事项上可被视为已获得当事人授权,除非该当事人已约定了行使其权利的其他方式。 134

3. 已故律师的债权

在事务所买卖合同中应明文规定,买方是否取得已故律师尚未受偿的债权,或者其由继承人取得。通常不建议取得这些债权。一方面律师可能因既存的保密义务而无法确切地得知真实的债权数额;另一方面也很难合适地规定商业信誉风险或债权实现风险。因此,有必要规定,律师仅为继承人代收债权,并为此收取一定的代收费用作为对待给付。 135

4. 持续性债务关系

如果该律师事务所不是在自己的房间中经营的,那么首先需要续 136

---

[34] BGH NJW 1974, 602 für Ärzte.
[35] BGH NJW 1992, 737 für Ärzte.
[36] 对于医生 Rieger, Rechtsfragen Arztpraxis, Rn 34 ff; Luppert, in: Luppert/Finck, Handbuch Arztberatung, Rn 915 ff. (第四版中,删去 Rechtsfragen Arztpraxis,新加: Rehborn, in Laufs/Kern/Rehborn, Handbuch des Arztrechts, § 23 Rn. 24. 医事法的相关文献详细讨论了所谓的双重限制模式(Zwei-Schrank-Modell)在怎样的程度上能与自 2018 年 5 月 25 日起生效的《欧盟数据保护条例》(DSGVO)相互协调的问题。——译者注)

约事务所租赁合同。因此，继承人和潜在的事务所受让人必须与出租人谈判，以概括承担该租赁合同（《德国民法典》第 398 条、第 414 条和第 415 条）。因为《德国民法典》第 563 条及该条规定的相关亲属之介入权（Eintrittsrecht）仅适用于住宅用途的房屋租赁，所以也帮助不到作为无优先权之第三人的 Mark 和 Steffi。如果租赁合同已经不能满足现今的要求，那么出租人此时或许会尝试仅在改善其法律地位时，才会准许续租。与此相对，在其他常见的持续性债务关系中（例如，车辆和/或复印机等的融资租赁合同），买方的信誉不会成为难题。如果适当地通知了事务所的转让，合同相对方通常会毫不犹豫地许可。

137　　雇佣关系中存在着特别之处。根据《德国民法典》第 613a 条第 1 款，这里事务所的受让人将依法加入劳动关系之中。

5. 物权特定原则

138　　设计买卖合同时也应注意物权特定原则（Der sachenrechtliche Bestimmtheitsgrundsatz）。在事务所买卖合同中必须具体写明每个要转让的物。比较恰当的做法是在附件中列出这些物，以免使合同文本变得臃肿不堪。这也满足了《德国民法典》第 929 条中所有权转让的要求。[37]

（二）拓展：如何确定合适的购买价格/企业价值

139　　转让固定资产时，相应的购买价格可以通过估值来确定。如果人们知道了相应的原价和物品的使用时间，那么通常就能很好地"评估"该二手物品的价值。一般这样的财产都会以账面价值（Buchwert）出售。账面价值指资产在资产负债表中显示的金额（为记账而存在的金额）。

140　　当然价格首先由供给和需求决定。这不仅适用于固定资产，也适

---

[37] 关于律师事务所买卖合同的起草见 Benthin, in: Wurm/Wagner/Zartmann, Das Rechtsformularbuch, Kap. 18 B S. 194 f.（在后续版本中被删除）；Klerx, Praxiskaufvertrag; Luppert, in: Luppert/Finck, Handbuch Arztberatung, S. 897 ff.。

用于商誉（Goodwill），也就是企业价值。比如假设在本案例中多个律师都有兴趣收购该律师事务所，那么购买价格可能会比只有 Mark 和 Steffi 二人有兴趣时要高。在自雇职业事务所买卖中（如律师事务所、诊所与税务顾问办公室），其商誉通常会基于该所的营业额而定。具体的估值方法非常复杂，此处仅对此做简要介绍说明而无法详细展开。[38]

所有估值方法都基于这个思考，即取得人想从客户群或者病人那里获得收入。因此，如今企业经济学越加要求以预期收益法（Ertragswertverfahren）作为决定事务所价值的重要依据。[39]   141

估值方法——简单来说——包括资产净值法（Substanzwertverfahren）和预期收益法。现今的广泛共识是，仅对于自用的二手不动产，建筑物的价值应按照其资产净值评估。在其他情况中，按盈余计算的方法更有意义，该方法将公司未来的成就视为企业价值的决定性因素。以这种方法进行的企业价值计算以动态投资计算（dynamische Investitionsrechnung）思想为基础，在估值时使用资本化利率折现将来的成就。[40]   142

简单地说，这些方法的目的是确定一家公司在将来会持续长期地   143

---

[38] 关于诊所的估价见 Rieger, Rechtsfragen Arztpraxis, Rn. 94 ff.；Laufs/Kern/Rehborn, Handbuch des Arztrechts, § 19；Klapp, Abgabe und Übernahme einer Arztpraxis, Kap. 7；关于律师事务所的估价，参见 Römermann/Schröder NJW 2003, 2709 ff.；Lenzen/Ettmann, in：BRAK-Mitt. 2005, 13 ff.；s. neuste Richtlinien der BRAK zur Bewertung von Anwaltskanzleien BRAK-Mitt. 2009, 268 ff.；关于税务师事务所的估价，参见 Hellbardt/Prengel PFB 2005, 199 ff.；关于以上三种事务所，参见 Liebert, in：Wollny/Hallerbach/Dönmez/Liebert/Wepler, Unternehmens-und Praxisübertragungen, Rn. 2141 ff.（第四版中，Handbuch des Arztrechts 所引章节及边码变更为 § 23 Rn. 27。——译者注）

[39] Rieger Rechtsfragen Arztpraxis, Rn. 98 mwN；Liebert, in：Wollny/Hallerbach/Dönmez/Liebert/Wepler, Unternehmens-und Praxisübertragungen, Rn. 1864 ff.；Zwirner/Mugler, in：Beck'sches Mandatshandbuch Unternehmenskauf, § 4 Rn. 16 ff.

[40] Zwirner/Mugler, in：Beck'sches Mandatshandbuch Unternehmenskauf, § 4 Rn. 84 ff.；Liebert, in：Wollny/Hallerbach/Dönmez/Liebert/Wepler, Unternehmens-und Praxisübertragungen, Rn. 1996 ff.

产生怎样的收益。如果专业人士，例如有资质的会计师或税务师，形成了一定的估算意见，比如预期收益为100万欧元，那么接下来的问题就是资本化收益率了。一位投资人希望通过其投资项目取得一定的回报。如果该投资项目是安全的，那么其回报可能小于那些有一定风险的项目。因此，在公司收购中，该项目的安全性也是决定性因素。比如某人投资了一个有风险的项目，该项目的利率为20%，则乘积因子为5（100∶20=5，这就是说公司估值为500万欧元）。假设该投资项目是安全的，那么利率可能只有10%。此时乘数/因数的结果就是10（100∶10=10，即**企业价值为1000万欧元**）。银行和储蓄银行这样的资本投资公司通常最低利率为15%，因此，此处通常使用6.6的系数（100∶15=6.6）。

144 　　具体而言，公司估值方法本身就是一门科学。即使在高水平的顾问之间，公司估值也会产生截然不同的结果，这通常取决鉴定人的雇主是谁。因此，一些税务顾问建议使用旧斯图加特程序（alte Stuttfarter Verfahren）来确定企业价值，因为根据这种规则至少可以在一定程度上用数学方法精准确定企业价值。[41]

（三）购买以有限责任公司形式经营之律师事务所的设计方案

145 　　基础案例中，已故的律师曾作为"孤独斗士"以自由职业的形式经营着他的律师事务所。因此，有意购买者的唯一方案就是将"律师事务所"及其"客户群"作为一个整体收购。相关的问题已经在边码129以下论述过了。

146 　　现在对于以有限责任公司之法律形式经营的律师事务所则有了一个新的可选方案。有意购买者可以收购其股份（shares）。这样一来该

---

[41] 关于旧斯图加特程序的具体内容，参见 die Erbschaftsteuerrichtlinien（ErbStR 2003, R 96 ff.）。关于该指令的形成，参见 *Krumm* NJW 2010, 187 ff.，相反意见，例如 *Schindler*, in: Beisel/Klumpp, Unternehmenskauf, Kap. 3 Rn. 90。斯图加特程序于2009年1月1日被废止，并由《德国估价法》（Bewertungsgesetz）中新的估价方法所代替。现在生效的是2011年12月19日的《遗产税指令》（2011）。（第四版时，生效的规则已经变更为《遗产税指令》（2019）。——译者注）

有限责任公司与其合作伙伴的外部关系就不会改变。只是公司的所有人发生了变动。现在买受人,而非继承人(《德国有限责任公司法》第15条第1款),是该有限公司股份的持有者。

1. 股权交易或者资产交易

从法教义学的角度看,这两种收购形式是截然不同的。在股权交易(share deal)中"外部关系"不发生变化。所有该有限责任公司缔结的合同依旧存续,也无须取得任何的许可。所以例如出租人也没有可能——像资产交易那样——仅在租赁合同内容得到调整后,才同意合同债权债务的概括承受,以此来修订对其不利的租赁合同内容。因此,在股权交易中,《德国民法典》第613a条并无作用。与该有限责任公司缔结的劳动关系同样不发生变更。

147

很难笼统地确定依据何种标准选择某个或另一个收购模式。人们经常发现一条经验法则,即股份转让主要对卖方有利,而资产交易则是买方的首选。这一论断与风险评估和税收隐私都有关系。在股份转让中,买方按原样收购公司。公司股份买卖也不会使外部法律关系发生任何变化。因此,对于买方而言重要的是,买方是否能够通过例如查阅年度财务报表等形式,在收购过程中准确地了解公司的资产、财务和收入状况。[42]

148

如果负债未被记录在资产负债表中,未储备或未充分储备必要的准备金以应对现有风险,则买方会承担支付过高的收购金额的风险,或者说买方必须在风险实现时向公司提供充足的资金以履行债务。因此,在实务中经常通过相应的合同设计方案来避免或减少此类风险。

149

在资产交易(assets deal)中,公司收购仅限于相应资产的购买。

150

---

[42] *Merkt*, in: Baumbach/Hopt, § 264 Rn. 12 ff.; *Hörtnagl/Zwirner*, in: Beck'sches Mandatshandbuch Unternehmenskauf, § 2 Rn. 211 ff.; *Heckschen*, in: Beck'sches-Notar Handbuch, § 25 Rn. 7 ff.; *Hallerbach*, in: Wollny/Hallerbach/Dönmez/Liebert/Wepler, Unternehmens- und Praxisübertragungen, Rn. 606 ff.; *Klar/Beck* DB2007, 2819 ff.; *Saenger*, Gesellschaftsrecht, Rn. 1075 ff.

这与二手动产或其他物品的买卖并无不同。通过在买卖合同中加入相应的责任条款，（当事人）可以采取必要的预防措施。最后，在这种模式下买方可以特别挑选他想购买和不想购买的东西【所谓的"摘樱桃"（cherry picking）】。

151　　税务方面应遵守以下内容：

152　　资产的买受人应将总的购买价金分摊到——必要时可由财务管理部门事后修正——他购买的每个资产上。他可以根据《德国所得税法》第7条第1款至第3款主张折旧费用，以便将每年度的折旧额列为支出而减少其利润并减轻税务负担。[43]

153　　股权交易则有所不同。这里的购买价格并不可以计算折旧费用。仅当在之后证明该公司没有继续经营的能力时，税务上对股份的折旧才有可能发生。但是没有买家会想要这样的节税模式。[44]

154　　股权交易和资产交易之间的本质区别如下所示：

■ 股权交易：保持法律的同一性（Rechtsidentität）

■ 股权交易：购买价格原则上不可折旧

■ 资产交易：购买价格可计算折旧费用

■ 资产交易：所有合同必须被"过渡"（需要合同相对人对合同权利义务概括承受的同意）

2. 尽职调查

155　　每次公司收购都有其风险。这本质上是因为购买的客体（目标对象=target）是一个有生命的且不断变化的组织。收购方通常不了解它的过去。他只希望有光明的未来。

156　　为了使买方易于管理其风险并通过合同设计限制之，通常要在达成公司收购协议前进行所谓的尽职调查（Die due diligence）。对这一

---

[43] *Hörtnagl/Zwirner/Busch*, in: Beck'sches Mandatshandbuch Unternehmenskauf, § 5 Rn. 178 ff.

[44] 关于该情况见 *Elser* DStR 2002, 1827 ff.; *Becker/Voß*, in: Knott, Unternehmenskauf, Rn. 128 f.。

术语并无有拘束力的定义。一般而言，这意味着对公司数据进行详细而系统的收集和分析。其目的是获得对公司的准确认知，以便对公司的全貌，其优势和劣势以及其机会和风险有整体的了解。所获得的信息可向潜在的投资者说明，该公司是否完全符合其战略构想和公司理念。此外，它们也是确定企业价值的基础，并且是买卖合同谈判时和设计公司收购协议中重要的问题。[45]

实务中有法律上、财务上（经济上）以及税务上的尽职调查之分。通常还会有对特殊问题的补充审查，如环境/废料回收或者专利状况等。 157

在进行尽职调查之前，潜在的谈判对象通常会签署所谓的保密协议（Geheimhaltungsvereinbarung）。[46] 158

调查本身一般在一个特别的房间中进行，即所谓的资料室（data room）。卖方为可能的投资者将有关文件统一放在该资料室中。这样他就能掌控潜在买方能获得关于其公司的或多或少的认知，而不会反过来因为买方调查的深入而丢失了控制权。[47] 159

现今更多使用的是"虚拟数据库"，也就是潜在的购买者会收到在 DVD 中储存的相关信息的扫描文件。 160

3. 公司收购/交易程序的流程

以前公司通常以传统方式被交易。买方或者其顾问律师会去了解潜在客户并与他们联系。其他阶段基本如下所示： 161

在准备性会谈中双方会签署保密协议，并且会就重要经济问题的 162

---

[45] 关于尽职调查，参见 Hörtnagl/Zwirner, in: Beck'sches Mandatshandbuch Unternehmenskauf, § 2 Rn. 1 ff.; *Beisel*, in: Beisel/Klumpp, Unternehmenskauf, Kap. 2 Rn. 1 ff.; *Beisel/Andreas*, Beck'sches Mandatshandbuch Due Diligence; *Saenger*, Gesellschaftsrecht, Rn. 1083 ff. 。

[46] *Stratz/Hettler*, in: Beck'sches Mandatshandbuch Unternehmenskauf, § 1 Rn. 71 ff.; *Beisel*, in: Beisel/Klumpp, Unternehmenskauf, Kap. 2 Rn. 18; *Hallerbach*, in: Wollny, Unternehmens-und Praxisübertragungen, Rn. 616.

[47] *Hörtnagl/Zwirner*, in: Beck'sches Mandatshandbuch Unternehmenskauf, § 2 Rn. 99 ff.

谅解草拟一份意向书。通常还会签订一份排他性协议（Exklusivitätserklärung）。买受人希望确保不会在他投入时间和巨额成本的同时，卖方则利用这段时间与其他想购买的人谈判。随后拟定合同的草案、开展最终谈判以及签订买卖合同。

163　　现今至少在大公司之间通常会采取招标或者说拍卖程序（Bieter- bzw Auktionsverfahren）。

从出卖人的角度看，该流程如下所示：

■ 卖方（与投资银行或其他顾问一起）准备一份信息文件（所谓的公司招股说明书或出售备忘录）。

■ 与潜在的买家商谈，并在提交保密协议后收到销售备忘录。

■ 受领人被要求在一定期限内提交不具约束力的要约。

■ 卖方准备资料室，并在审核其不具约束力的要约后邀请特定买受人进行尽职调查。

■ 尽职调查后，出卖人要求调查参与者说明其是否仍旧具有购买意向。这时必须发出有拘束力的要约。

■ 现在，卖方与顾问共同决定与哪些投标人进行最终谈判。其通常仅限于一两个投标人。

■ 根据最终谈判的结果制作最终的合同，随后签订合同【所谓的签署（Signing）】。

■ 该过程以所谓的交割（Closing）结束。时间上它在合同成立（签署）后发生，并且与之有一段距离。[48]

从买受人的角度看，该流程如下所示：

■ 买受人聘请顾问。

■ 在研究了销售备忘录后，他决定是否发送无约束力的要约。

■ 如果获得了批准，那么他将参加尽职调查，然后决定是否发

---

[48] 为了能够在合同订立后达到合同规定的执行要求，例如为了获得反垄断法的批准，随后才完成交割（公司收购合同的执行）。

送有约束力的要约。

■ 如果这样做了，他必须等待卖方决定他是否能够参加最终谈判。[49]

4. 收购模式的选择

从上述简短的案件事实中并不能够判断律师最终会决定选择哪种收购模式（股权交易或者资产交易）。如果 Steffi 和 Mark 不想以有限责任公司的形式经营他们的律师事务所，例如为了避免由该组织形式——资合公司——带来的营利属性及随之而来的营业税缴税义务，那么他们就不会选择股权交易模式. 164

如果他们对此持开放态度，那么对他们而言首先重要的是分析他们的租赁合同。如果该合同尚有很长的期限且对承租人有利的话，那么他们在资产交易中就有如下风险，即要么该出租人完全不想继续该租赁关系，或者租赁关系的持续将取决于出租人出租条件的提高。 165

在劳动关系方面，两种设计方案都会产生同样的结果。在资产交易时，有《德国民法典》第 613 a 条的适用空间；在股权交易时，有限责任公司仍旧是雇主。 166

就其他收购风险而言，可以在两种收购方案中通过巧妙的设计以合同方式规避可能出现的风险。从购买者的角度来看，此处特别建议保留一定的担保额【所谓的条件交付账户（escrow amount）】或以分期付款形式支付购买价金。 167

---

[49] *Friedrich*, Erfolgreicher Unternehmensverkauf: Vorbereitung, Kaufpreisfindung, Verhandlungsführung; *Lips*, in: Beck'sches Mandatshandbuch Unternehmenskauf, § 3 Rn. 6 ff.; *Gran*, NJW 2008, 1409 ff.; *Saenger*, Gesellschaftsrecht, Rn. 1081 ff.

第九章 赠与法中的合同设计

第一节 概览

1 对于从事合同设计的律师而言，赠与合同几乎只在起草家事法相关合同时有其作用。这主要涉及配偶之间以及父母子女关系中的财产转让。其中尤其重要的是所谓家族企业中的公司继承（Unternehmensnachfolge）问题。

2 根据《德国民法典》第 518 条第 1 款，赠与合同需要公证。如未公证，则根据《德国民法典》第 518 条第 2 款实际履行所约定的给付可补正之。然而上文提到的赠与法律事实通常具有非常复杂的特征，而且无法仅通过支付金钱而"完成"。因此，大多数公证人也是重要的合同设计者。为了能推荐合适的民法及税法设计方案，他们必须熟知遗产税和赠与税的知识。

第二节 配偶间的赠与

3 **设计任务：配偶间的赠与**

在 Steffi 和 Mark 有了下一代时，他们结婚了。他们约定，Steffi 在孩子出生起的三年内只需要照看孩子。作为对此期间收入损失的补偿，Mark 向她保证转让他"基于保守视角"组合的有价证券账户。此外，Mark 愿意向 Steffi 转让他对他们二人居住的共有独栋别墅的所有权份额。他认为，考虑到不断变化的律师市场，人们必须时刻保持谨慎。因此，Steffi 和 Mark 请求他们大学时的好友，律师与公证员 Verständig 博士先生，来帮助他们实现这个计划。那么 Verständig 博士要与 Steffi 和 Mark 具体谈论什么？他会向他们提出怎样的建议？[1]

一、导引提示

这里介绍的案例涉及配偶间的财产转让。下文将对它们的典型表现形式，即所谓的无名（"以婚姻为条件的"）给予（unbenannte „ehebedingte" Zuwendung）进行更详细的研究。此外人们经常会遇到这样的案件，即父母生前在保留使用权和/或居住权的前提下将不动产转让给其子女。这方面经常出现复杂的继承法和税法问题，在提出设计方案建议前，相关公证人在具体案件中应细致地审核这些——来自指导工具书模板建议中的——问题。公司继承的问题将在第十九章边码 55 以下探讨。[2]

4

二、初步思考

所介绍的案例事实使我们有理由更深入地思考设计目标和各方的利益。Mark 希望将他宝贵的、依照保守策略购置的证券账户转让给妻子，以补偿她在"生产假期"（Mutter-Auszeit）期间损失的收入。为了维护家庭，Steffi 还将成为该不动产的唯一所有权人，也就是说，Mark 希望将他的共有份额转让给她。

5

根据《德国民法典》第 311 b 条第 1 款，独栋别墅共有份额转让

6

---

[1] 关于该案例见 *Langenfeld/Milzer*, Handbuch der Eheverträge und Scheidungsvereinbarungen, Kap. 5 Rn. 769 ff. ; *Munzig/Stein*, in: Münchener Vertragshandbuch, Bd. 5, Formulare Ⅳ. 6 f. ; *Revenstorff*, in Weinmann, Erbschaft-und Schenkungsteuerrecht, Stichwort unbenannte Zuwendung, S. 323 ff. ; *Tiedtke/Schmitt* NJW 2009, 2632 ff. 。

[2] 此处是关于企业遗嘱设计的思考。

合同始终是形式强制的。该条是否对有价证券账户生效，主要取决于人们是否将该给予（Zuwendung）定性为《德国民法典》第516条第1款意义上的赠与。[3]

7　　Verständig博士先生肯定也会建议夫妻将全部的协议进行公证。提议最安全的方案是顾问的事务。当咨询者明知其风险而选择另一方案时，他必须自己承担失败的风险。[4]

三、扩展：无名（"以婚姻为条件的"）给予

8　　无名或者说以婚姻为条件的给予指配偶间为夫妻共同生活而为的财产转让。给予的根据是夫妻的意愿，它是对夫妻共同生活的实现或供给、维持或保护的贡献。[5]

9　　以婚姻为条件的给予并不涉及夫妻财产制度。其法律基础是独立家事法律合同（familienrechtlicher Vertrag）。该合同不能被认为是《德国民法典》第516条以下意义上的赠与。目前对给予的无偿性尚未达成一致意见。[6]

---

[3]　关于无名给予的要式性，肯定的观点参见 Cremer, in: Staudinger, BGB, § 518 Rn 7; J. KOCH, in: MünchKommBGB, § 518 Rn 3. （第四版中，所引文献改为 BGH NJW 2020, 2024 (2028 f.); Koch, in: MünchKommBGB, § 518 Rn. 3, 讨论可参见 Chiusi, in: Staudinger § 518 Rn. 5. 。——译者注）

[4]　但是公证人必须在公证件上说明，这对夫妻真实地约定了以婚姻为条件的给予（并且不是赠与）。Vgl. Eckert, in: Staudinger, BGB, § 516 Rn 62; J. KOCH, in: MünchKommBGB, § 516 Rn 63. （第四版中，所引文献变为 BGH NJW 2020, 2024 (2029); Chiusi, in: Staudinger, § 516 Rn. 88; Koch, in: MünchKommBGB, § 516 Rn. 63. 。——译者注）

[5]　BGHZ 116, 167; （第四版中，新增判例 BGHZ 142, 137/147 f.; BGH NJW 2006, 2330 f. 。——译者注）; *Munzig/Stein*, in: Münchener Vertragshandbuch, Bd. 5, Formular IV. 7; *Revenstorff*, in: Weinmann, Erbschaft-und Schenkungsteuerrecht, Stichwort unbenannte Zuwendung, S. 323 f. Rn. 2; *Weidenkaff*, in: Palandt, § 516 Rn. 10.

[6]　BGHZ 116, 167; Munzig/Stein, in: Münchener Vertragshandbuch, Bd. 6, Formular V. 7; Revenstorff, in: Weinmann, Erbschaft-und Schenkungsteuerrecht, Stichwort unbenannte Zuwendung, S. 323 f Rn 2; Weidenkaff in: Palandt, § 516 Rn 10. （第四版中，该脚注变为 BGHZ 87, 145; BGH NJW 2006, 2330 f.; Weidenkass, in: Palandt, § 516 Rn. 10; Chiusi, in: Staudinger, § 516 Rn. 88. 不同观点，尤其见 Koch, in: MünchKommBGB, § 516 Rn. 73 ff., 其反对这一法律性质。——译者注）

给予的目的可能是在法定夫妻财产制度中提前均衡财产增加额，可能是在夫妻分别财产制中自愿均衡财产增加额的意义上使受给予者分享目前为止的婚内财产增加额。为了防止债权人介入家庭财产的核心（比如自有住房），且作为配偶间有利于减轻责任之分配家庭财产的法律行为，给予也是与婚姻有关的并且也是为了实现婚姻共同生活而进行的。 10

其他类型的以婚姻为条件的给予是对已履行的共同劳动的均衡，或者也是对因抚养共同子女而放弃个人收入的补偿。[7] 11

四、法律框架

（一）撤销权

夫妻之间可以"任意"进行财产转让。然而这样的交易在配偶一方的经济层面上是有问题的。如果他在这种情况下转让其财产给另一方，那么该法律行为根据《德国破产程序之外的债务人法律行为抗辩法》在破产程序以外的情况下是可撤销的。[8] 12

在破产的准备阶段可适用《德国破产法》中撤销的构成要件。[9] 13

就上文提及所谓"不断变化的律师市场"，Mark 是想采取预防措施并通过向其妻子转让其对房屋的一半份额以维护家庭。这纯粹是出于预防不可预见的紧急情况。因此，如果之后真的发生了严重的经济问题，很多人都会同意及时在撤销期限外进行财产转让。因此，顾问在类似案例中应当建议夫妻在"正确的时间"使其财产免于被债权 14

---

〔7〕 *Langenfeld/Milzer*, Handbuch der Eheverträge und Scheidungsvereinbarungen, Kap. 5 Rn. 806 ff. （第四版中，本书所引边码变为 826 以下。——译者注）

〔8〕 对此参见《德国破产程序之外的债务人法律行为撤销法》第 3 条和第 4 条。对于以婚姻为条件的给予是否是有偿或无偿的，参见 *Huber*, § 4 Rn. 34 f.。主流意见承认客观的无偿性，并因此可适用赠与中撤销的规定，进一步的说明可参见 mwN *Kirchhof*, AnfG, § 4 Rn. 51。

〔9〕 对此见《德国破产法》第 129 条以下，尤其是《德国破产法》第 134 条。

人介入。因此,"务必"要坚决地拒绝银行在放贷时候的贪欲。

15 　　有价证券账户的转让是对 Steffi 未来收入损失的提前补偿。这是一个典型的以婚姻为条件的给予,如果它是为了保障母亲的育婴假,那么它在民法上是没问题的。

　　(二) 税法

16 　　不同于民事法律工作者(的观点)与德国联邦最高财政法院过往的判例[10],如今德国联邦最高财政法院和财政管理部门原则上将无名给予定性为客观无偿的给付,后果是它原则上属于赠与税相关法律规定的规制范围。[11]

17 　　但是通常《德国遗产税和赠与税法》中的两个条文对此可起到帮助作用。根据该法第 13 条第 1 款第 4a 项,生存配偶之间的给予是免税的,通过这种给予,配偶一方可向另一方转让其对于自用房屋或者自用私有住宅(家庭住宅)的所有权。根据该法第 5 条第 2 款,如果以法定夫妻财产制生活的配偶未经离婚而约定改变其夫妻财产制或进行财产增加额的均衡,那么财产转让此时并非无偿给予 (freigiebige Zuwendung)。[12]

18 　　因此,对独栋别墅共有份额的转让属于《德国遗产税和赠与税法》第 13 条第 1 款第 4a 项规定的免税范围。与此相对,有价证券账户的转让基本上须缴纳赠与税,因为其不会在夫妻财产制改变时导致发生财产增加额均衡的请求权。但是应注意自 2009 年 1 月 1 日起生效的夫妻间 50 万欧元的个人免税额。该免税额每十年更新一次(《德

---

〔10〕 BFH BStBL II 1985, 159; dazu im Einzelnen *Revenstorff*, in: Weinmann, Erbschaft- und Schenkungsteuerrecht, Stichwort unbenannte Zuwendung, S. 324 Rn. 3 ff.

〔11〕 BFH BStBL II1994, 366; *Revenstorff*, in: Weinmann, Erbschaft-und Schenkungsteuerrecht, Stichwort unbenannteZuwendung, S. 324 f. Rn. 4 ff.

〔12〕 *Revenstorff*, in: Weinmann, Erbschaft-und Schenkungsteuerrecht, Stichwort unbenannte Zuwendung, S. 326 Rn. 13, 尤其关于在后来过渡到法定财产制度而承认所谓财产制的摇摆(Güterstandsschaukel); *Tiedtke/Schmitt* NJW 2009, 2632 ff. .

国遗产税和赠与税法》第 14 条第 1 款)。[13]

五、设计方案的展开

（一）制作合同草案

这方面没有特别的问题。共有份额的转让可以参考关于二手不动产买卖合同的论述。但是通常在设计这种家事合同时，（当事人）一般不会规定责任条款并且会"无责任地"转让不动产。

在转让有价证券账户时应注意物权特定原则，并要通知账户所在银行。该账户必须被"改写"至他妻子的名下。

此外也要仔细考虑这个问题，即是否应当规定婚姻失败情况下的规则。在这种情况下由于没有合同约定，无名给予基本会通过夫妻财产法的规定被均衡，例外情况也会根据诚实信用原则而不是根据赠与法律制度。[14]

（二）解决方案建议

Verständig 博士先生会建议夫妻二人签订一份经公证的房屋共有份额和有价证券账户财产转让合同。他会说明土地转让合同不会产生赠与税或遗产税，只要金额未超过 50 万欧元免税额的限度，有价证券账户的转让也只会产生很少的税金。由于缺乏更多的案件细节，无法判断 Verständig 博士先生是否会与该夫妇继续讨论这些问题，即约定分别财产制协议和/或财产增加额均衡请求权的补偿是否有意义。除此之外在大额财产的情况下至少现在看来还应考虑，德国联邦最高财政法院的判决会怎样将之后变更回法定夫妻财产制的行为不认定为选择权滥用（Gestaltungsmissbrauch）（《德国税收通则》第 42 条）。

19

20

21

22

---

〔13〕 *Weinmann*, in: Weinmann, Erbschaft-und Schenkungsteuerrecht, § 12 Rn. 92 ff.
〔14〕 *Revenstorff*, in: Weinmann, Erbschaft-und Schenkungsteuerrecht, Stichwort unbenannte Zuwendung, S. 324 Rn. 2; *Weidenkaff*, in: Palandt, § 516 Rn. 10; *Koch*, in: MünchKommBGB, § 516 Rn. 68 ff.

六、扩展：《德国遗产税与赠与税法》

23 　　《德国遗产税与赠与税法》——以及几乎所有税种——都处在不断变化之中。遗产税的一次实质性改革发生于 2009 年 1 月 1 日。[15] 根据德国联邦宪法法院 2014 年 12 月 17 日的判决——1 BvL 21/12 号，立法者当时必须在 2016 年 6 月 30 日前重新修订该法律。立法者通过于 2016 年 11 月 4 日——超期地——颁布《德国根据德国联邦宪法法院判决调整〈遗产税与赠与税法〉法》（Gesetz zur Anpassung des Erbschaftsteuer-und Schenkungsteuergesetzes an die Rechtsprechung des Bundesverfassungsgerichts）（BGBl. 2016 I S. 2464）完成了这一任务。该法具有溯及力地生效于 2016 年 7 月 1 日。

24 　　在生活实际中有必要知道，立法者对不同的税级设定了不同的税率。近亲（配偶、子女、孙子女）之间适用第一税级，在 75 000 欧元以下税率为 7%，30 万欧元以下为 11%，60 万欧元以下为 15%。与此相对，第三税级的初始税率已经是 30% 了。对于第二税级——这包括了兄弟姐妹和配偶的父母——的税率，根据《德国经济增长提速法》（Wachtumsbeschleinigungsgesetz）将从 30% 至 50% 降低至 15% 至 43%。

25 　　首先最有意义的是免税额度。对于配偶和生活伴侣，免税额为 50 万欧元，对于儿童则为 40 万欧元（《德国遗产税和赠与税法》第 16 条）。[16]

---

　　[15] 详细介绍，参见 *Weinmann*, in: Weinmann, Erbschaft-und Schenkungsteuerrecht, §3 Rn. 10.

　　[16] *Weinmann*, in: Weinmann, Erbschaft-und Schenkungsteuerrecht, §§ 12 und 13 Rn. 92 ff.

第十章　租赁法中的合同设计

第一节　概览

租赁法在实务中有着重要的地位。几乎所有人在生命中的特定阶段都会成为承租人。相反，出租人通常则是能职业化管理住宅的房屋公司。

私人房东通常由房屋及土地所有者协会组织，同时租客则从当地租客协会获得咨询建议并由其代表。因此，通常仅有一部分专门的律师或顾问特别处理租赁法中的法律问题。[1]

许多非专业人士甚至法律人都会借助可获取的标准租赁合同。它们是专为商用房和住宅而存在的。只要分别按照最新的判决调整这些模板，那么它们就会成为日常生活合同设计的助力。

人们很少能够找到单独的合同设计方案。即使在建设大型建筑群时，比如购物中心、办公楼群或物流中心等，发起人或者经营者通常也会使用他们顾问制作的标准合同。仅当潜在的承租人是主力租客（Ankermieter）时，也就是他们能够吸引其他公司的租赁兴趣时，他们才有一定的谈判空间。

以下介绍的两个案例将阐释租赁合同设计的概况。第一个案例是

---

[1]　详细介绍参见 Sternel, Mietrecht aktuell; Gies, Beck'sches Formularbuch Mietrecht; Lützenkirchen, Anwalts-Handbuch Mietrecht; Blank/Börstinghaus, Miete; Hannemann/Wiegner, MünchenerAnwaltshandbuch Mietrecht。

关于私人房屋租赁的，而第二个则是关于新建办公楼里的经营性租赁合同。

第二节　住宅租赁合同

6　　**设计任务：租赁合同**

Steffi Klug 在跟 Mark Pfiffig 建立他们的律师事务所后搬出了她从父亲那受让的住宅。她父亲现在想要"真正地"出租这套房屋，并希望他女儿能够为他起草一份租赁合同草案，以与之后潜在的租客谈判。[2]

一、初步思考

7　　该类型租赁合同中的利益状况是很明显的。出租人想长期地按市场价获取租金并保证租赁物的安全，对于承租人而言，重要的则是获得没有缺陷的租赁物并尽可能少地承担《德国民法典》第 535 条第 1 款第 2 句中依照法律"本身"使承租人负担的额外义务。

8　　租赁合同通常是标准合同，因此，可以适用《德国民法典》第 305 条以下关于一般交易条款的规定。租赁法的判决十分重视承租人的保护，并且认为很多的合同设计是无效的，例如承租人须进行所谓美化修葺（Schönheitsreparaturen）的义务。[3]

---

[2] 关于合同模板，参见 *Blank*, in: Münchener Vertragshandbuch, Bd. 5, Formular II. 1; *Leonhard*, in: Beck'sches Formularbuch Bürgerliches, Handels-und Wirtschaftsrecht, Formular III. D. 1; *Eckert/Everts/Wicke*, Fälle der Vertragsgestaltung, Fall 7 S. 79 ff.; *Baumann/Doukoff*, Beck'sche Online-Formulare Prozess, Ordnungsnummer 15。

[3] *Sternel*, Mietrecht aktuell, Ziff. IX, S. 1166 ff.; *Over*, in: Beck'sches Formularbuch Mietrecht, Formular B. VIII.

二、设计方案的展开

（一）租赁担保及租金调整条款

为了保证租赁合同中的请求权，尤其是收取租金的权利，出租人通常都会与承租人约定设定租赁担保（Mietsicherheit）。与之相关的是《德国民法典》第551条的规定。该条款包含了有利于住宅承租人的保护条款，也就是租赁担保的限额为三个月租金、分期支付租赁担保的可能性以及出租人的投资义务。

租赁合同是典型的继续性债务关系。因此，租金调整条款应当保证出租人能获得原本约定租金所蕴含的价值。我们在此区分"真正的"（自动的）价值担保条款、张力条款（Spannungsklausel）以及包含或排除仲裁鉴定约定的使用保留条款（Leistungsvorbehalte）。[4]

这些条款在住房租赁中是不被允许的（《德国民法典》第557条第4款）。与分级租金（Staffelmiete）（《德国民法典》第557a条）和指数租金（Indexmiete）（《德国民法典》第557b条）相比，这些约定的效果完全不利于承租人。

（二）制作合同草案

借助法律及指导工具书中提供的合同模板，（合同设计者）可以毫不费力地总结住宅租赁合同中必要且有意义的主题列表。因此，下文仅提供了对该类型租赁合同提纲的建议。具体内容的制定可以参考指导工具书。

住宅租赁合同的提纲

  前言：出租人和承租人的详细信息
  第一条 租赁物
  第二条 租金和附加费

---

[4] *Sternel*, Mietrecht aktuell, IV. Rn. 33 ff.；*Blank*, in：Münchener Vertragshandbuch, Bd. 5 Formular II. 1 Anm. 65 ff. und Formular II. 2 Anm. 20 ff.

第三条　租金支付期限和支付方式
第四条　租赁期限
第五条　终止
第六条　维护修理、损害责任
第七条　美化修葺
第八条　转租
第九条　饲养宠物
第十条　天线
第十一条　家用电器
第十二条　现代化措施、建筑改动
第十三条　瑕疵
第十四条　出租人进入租赁物
第十五条　归还租赁物
第十六条　租赁担保/押金
第十七条　书面形式
第十八条　代理
第十九条　住房规章
第二十条　特殊约定（例如花园使用权）
第二十一条　私有住宅的额外规定[5]

第三节　尚未建成不动产中办公室的租赁合同

13　　**设计任务：明斯特价值高地**

　　Mark Pfiffig 和 Steffi Klug 的律师事务所业务非常繁重。同时有五名律师在这里工作。因此，目前的办公区域并不充足。他们的客户之一是投资人 Reich。Reich 正计划在一块位于 Himmel-

---

[5] *Blank*, in: Münchener Vertragshandbuch, Bd. 5, Formular II. 1 Anm. 285 ff.

reichallee（德国明斯特市）刚刚得到的土地上建一座办公楼。Reich 愿意将该楼中的一层或两层租给这家律师事务所。他建议，Mark 和 Steffi 给他提交一份租赁合同模板以作为谈判的基础。[6]

一、律师如何处理自身的案件

Reich 希望 Steffi 和 Mark 给他制作一份租赁合同的草案作为谈判的基础。他的这个请求会将律师们带入困难的境地。律师虽然不像公证人那样（《德国公证书证法》第 6 条）被明令禁止处理自身的案件。但是这样处理"自己的事务"也并不好。这里涉及律师本人。因此，他很难保持必要的眼力以维持双方的利益平衡。

14

这个困难如下所示。

15

如果这两位律师起草了一份对他们有利的合同，而没有考虑到 Reich 的利益，那么之后可能导致矛盾冲突。如果矛盾不停止的话，委托关系也可能因此受害。Reich 可能对他们提出异议，主张他们或许从他那里诈取了不正当利益。

16

把 Reich 推荐给其他律师也不一定会有成果。如果这位律师既没能查明 Reich 租赁合同中的隐患，更没能通过谈判去除之的话，那么这可能是一位素质欠佳的顾问。Reich 可就此向 Mark 和 Steffi 追责，他们可能故意把他推荐给了不好的律师。或者如果那位律师工作优秀并且让 Reich 信服。Mark 和 Steffi 的风险可能就在于这位同行可能会挖走他们的客户或者 Reich 先生将来需要在两个律师团队之间选择。这样的选择空间可能会对之后的酬劳谈判产生不利后果。

17

这种情况下，Mark 和 Steffi 最明智的做法无外乎就是接受 Reich 的诉求。但是他们应当从一开始就说明可预见到的利益冲突，并且努力像一名公证员一样设计他们的合同草案。他们尤其应当注明那些能

18

---

〔6〕 *Schmittat*, Vertragsgestaltung, S. 27 und S. 229 ff.; *Leonhard*, in: Beck'sches Formularbuch Bürgerliches, Handels-und Wirtschaftsrecht, Formular III. D. 13.

反映当事人不同利益的规则领域，并尽可能地制作多套备选方案。只有通过完全公开透明的工作，Mark 和 Steffi 才能成功维系住他们与 Reich 的委托关系。

二、设计方案的展开

19　　与从建筑开发商那里购买新建建筑物一样，此处必须明确规定合同的客体。这只能通过参考建筑设计图与建筑结构说明书才能实现。具体而言，当事人应思考这份未来租赁合同的如下内容。

（一）租赁物

20　　当事人必须就租赁房屋的位置、数量和大小达成一致。他们还须相互同意哪些附属房间（地下室、数据室、设备间、厨房等）是需要而且必须承租的。这方面的问题尤其在于停车位（地下）和土地的空余空间上。

21　　如果 Mark 和 Steffi 想要进一步扩展空间，那么他们必须要考虑他们是否有可能进一步租赁其他的可用的房间。

22　　最后他们还应思考，如果 Reich 在办公楼的每个单元上设立分别所有权且要将其出让的话，是否不应授予律师们购买选择权这一备选方案——这种情况下租赁合同必须被公证。

23　　上文已经提及将每个租赁物按照施工图、建筑结构说明书和设备说明书具体化的必要性。办公室的价值在很大程度上取决于各个房间的代表性。

（二）租金

24　　这里必须要明确租金应当是预先确定的还是按照租赁空间实际的平方米数确定。租赁空间的大小将按照 DIN 277* 确定。承租人在此尤其要注意，他们不必为从属区域（例如技术和交通区域）支付与

---

* DIN 277 规定标题为《建筑的地面面积和房屋体积》，其被用以确定建筑物中建筑物或建筑物部分的面积和体积。根据该标准确定面积是计算建筑许可费用的基础。——译者注

"真正"办公空间相同数额的租金。

最后，租金是依法免营业税的（《德国营业税法》第 4 条第 12a 项）。但是如果来自另一家公司（承租人）的营业额将被转交给本公司，该出租公司可以放弃免税【《德国营业税法》第 9 条第 1 款，即所谓的"营业税备选方案"（Umsatzsteueroption）】。因此，出租人和承租人之间必须明确是否选择缴纳营业税，以在征税之前主张免除纳税。事实上这会极大地降低生产成本。

（三）租赁期限

出租人和承租人可能有意向签订一份长期租赁合同。但是对承租人而言，如果不能通过租赁备选方案（Mietoption）（及事实上空余的房间）租赁额外空间的话，过长的期限并不利于扩大其团队规模。

在关于租赁期限的讨论中经常出现这个问题：承租人是否有权在固定期限结束后通过执行相应的备选方案请求延长租赁期限。这种选择权经常在营业性租赁合同中出现。

（四）竣工风险及竣工期限

承租人必须做好及时取得新建办公室的准备。因此，约定的竣工时间对他有着重要意义。出于这个原因，他会很重视约定一个确定的期限，这样他就能在必要的时候主张赔偿迟延造成的损害。至少约定违约金对他而言是必需的。将来*他们将受益于 2018 年后的新建筑工程合同法（《德国民法典》第 650 k 条第 3 款）。据此，建筑承包人必须指定一个对其具有约束力的竣工期限。

在法律层面上，虽然出租人作为业主承担着竣工风险。但如果他破产了的话，最佳请求权对承租人也将变得毫无用处。无法确定破产管理人是否会承担竣工责任或者找到其他的投资人。通过合同履约保证金（Vertragserfüllungsbürgschaft）来担保竣工风险通常是不可能的。即使一位富有的业主一般也会在建筑办公楼时考虑借助外部资本（银

---

* 第三版时，该条款尚未生效。——译者注

行借贷）。银行是否也愿意提供有利于租户的合同履约保证金同样是无法确定的。

（五）经营费/附加费

30　　尤其对于商用不动产而言，有必要明确约定如何分摊经营费/附加费。如今这部分费用非常之高，以至于其对承租人和出租人而言是一个严重的负担。因此，在这个意义上恰当的费用分摊十分重要。这被具体规定于2003年11月25日的自2004年1月1日生效的《德国经营费条例》中（BGBl. I 2003, S. 2346 ff）。

（六）其他规定

31　　此处可以参考住宅租赁合同中的注意事项。尤其是在维护和修缮上，二者面临着同样的问题。如果商用不动产的承租人不是消费者，则法院更有可能将法定义务判决由承租人承担。

（七）起草合同草案

32　　合同草案的提纲和措辞可参考指导工具书中的模板。参照住宅租赁合同的架构也是可以的，边码19以下讨论的特殊之处也可作为补充。

第十一章 雇佣法和劳动法中的合同设计

第一节 概览

雇佣合同和劳动合同事务作为雇主的大公司中的人力部门的日常工作,也是站在雇员一方为工会工作之法律人最常接触的领域之一。因为中小型公司通常不会雇佣自己的法务,所以他们通常会向雇主协会(Arbeitgeberverbände)咨询并且让其代理处理劳动诉讼。小型企业偶尔会咨询律师事务所并且会经常请求税务师为其起草合同模板。

除这些日常工作外,合同律师还主要负责起草有限责任公司职业经理人的劳动合同,偶尔也会负责股份公司董事的雇佣合同。有时他也会为退休后的董事或经理草拟具有顾问合同性质的劳动合同,因为这些前董事或前经理在退休后仍将为公司提供顾问服务;或者他也会为临时在公司工作的自由职业者起草劳动合同,例如临时经理或公司顾问。

第二节 经理雇佣合同

设计任务:律师事务所里的经理

由于 Steffi 在休产假,Mark 的工作量日益上涨。因此,他决定为以有限责任公司形式经营的律师事务所雇佣一名办公室主任,其职位为经理。他请 Steffi 帮助他,为了与求职者的谈话而起草一份经理劳动合同。[1]

案例变形:如果某集团法律部门的负责人要为在该集团"子有限责任公司"担任领导职务的经理起草一份雇佣合同,且该经理同时也有集团内的领导职务,那么是否应该进行其他更深层次的思考?

一、导引说明

4   根据《德国民法典》第 661 条,经理雇佣合同是独立的雇佣关系。这里通常会区分不持股经理(Fremdgeschäftsführer)和持股经理(Gesellschafter-Geschäftsführer)。不持股经理不是公司股东,而持股经理还持有公司股份。因此,除了经理的权利和义务外,他还额外享有股东的权利和义务。

5   按照《德国有限责任公司法》第 46 条第 5 项,股东大会负责经理人的任命与解职,但该规则并非强制性规范。[2]

6   应区分作为公司机构(Organ)的经理和经理的雇佣(Anstellung)。根据判例,当作为公司机构时,经理原则上并非雇员。[3]

7   在签订和终止(Kündigung)雇佣合同时,应遵守公司的代表权限。如果股东大会有招聘和解聘的权利,那么该权利同样适用于劳动合同的成立和终结(Beendigung)【所谓的附带权限(Annexkompe-

---

  [1] 对此,见 *Schmittat*, Vertragsgestaltung, S. 54 ff; *Wentrup*, in: Beck'sches Formularbuch Bürgerliches, Handels-und Wirtschaftsrecht, Formulare IX. 48 und 49; *Abeln*, Anstellungsvertrag GmbH-Geschäftsführer。必须遵守《德国联邦律师法》第 59 条以下有关律师事务所营业的职业法律要求。然而,德国联邦宪法法院在 2014 年 1 月 14 日的判决中(1 BvR 2998/1 und 236/12)宣布,个别法规因违反《德国基本法》第 12 条第 1 款而违宪。

  [2] 如果该公司有两千名以上的员工,那么就可适用《德国员工参与决定法》(《德国员工参与决定法》第 1 条第 1 款)。之后根据《德国员工参与决定法》第 31 条,监事会将负责此事。

  [3] BGH NJW 1968, 396; BAG NJW 2008, 1018 f.; *Altmeppen*, GmbHG, § 6 Rn. 78 ff., insbesondere Rn. 82 f.; *Lücke/Simon*, in: Saenger/Inhester, § 35 Rn. 48 ff.

tenz）】。然而这一权限也可能被转让给其他公司机构，例如转让给自愿成立的监事会或咨询委员会。

最后，实务中通常会产生另一个重要问题，即经理的社会保险义务。那些管理公司因而有着决定性影响力的经理享有不缴纳社会保险的自由。如果经理持有公司50%以上的股份，或者他出于法律或事实上的原因独立于其他经理和股东，那么他的影响力就是决定性的。[4]

二、初步思考

基础案例的案件事实已经很清晰了。为了减少 Mark 的工作量，他想要聘请一名办公室主任。不同于在有限责任公司中工作的律师，他不会提供任何法律服务，也不为客户提供咨询和代理出庭服务。他的任务仅仅是组织以有限责任公司形式经营的律师事务所，并以企业经济学的方法优化之。

三、设计方案的展开

（一）制作合同草案

下文将论述经理雇佣合同中的重要内容/主题领域，也将简短说明其意义。

1. 公司代表

根据《德国有限责任公司法》第 35 条，经理在法庭上和法庭外代表公司。可能的方式首先是单独代表（Alleinertretung），甚至在必要情况下可以解除《德国民法典》第 181 条的限制（禁止自己代理和双方代理），也可以是联合代表（Gesamtvertretung）（《德国有限责任公司法》第 35 条第 2 款）。有限责任公司的章程必须规定这方面的规则。在与经理人的雇佣合同中，也应当明确规定经理是否拥有单独

---

[4] *Altmeppen*, in: Roth/Altmeppen, § 6 Rn 108 ff.（第四版时，《Roch/Altmeppen 德国有限公司法评注》改为 Altmeppen, GmbHG。同时此处所引边码变为 124 以下。——译者注）；*Lücke/Simon*, in: Saenger/Inhester, § 35 Rn. 101 ff.。

或联合代表权限。如有必要，股东可以保留将原本的单独代表转换为联合代表的权利。这种保留使经理有机会将单独代表权的收回视为违反合同，因而有权终止合同并要求赔偿。

2. 经理的职责

12　　不同于股份有限公司中的董事[5]，经理人不仅受到法律和公司章程的约束，还必须遵守股东大会决议的指示。这样可以将经理人的职责范围具体化、扩张或缩小。公司如果有一名以上的经理，那么建议严格限定他们每个人的职责范围。可能的话，甚至应制定一套议事规则（Geschäftsordnung）。股东大会或者具有相应权限的委员会负责此事。

13　　在本案例中，经理与律师之间的职责划分是很有必要的。必须要明确的是，作为经理的办公室主任不能影响本就属于律师的工作。

14　　同样应规定的是经理与股东之间的职责划分。经理须依照指示行事，他必须遵守股东的决议。因此，应当在雇佣合同中说明权限如何分配，并在其中列出所谓"须经批准行为"（zustimmungsbedürftige Geschäfte）的目录。该目录说明了哪些不属于经理管理范围内的行为，经理必须获得股东大会的批准才可为之。公司章程本身通常会也会包含这类目录。[6]

15　　在本案例中，办公室主任职责范围如下：他负责管理律师事务所的全部商业经营行为。这包括会计行为、控制（Controlling）、账目记录、制作年度财务报表、制订商业计划（需律师参与）、人事事务（必要时排除律师的参与）、电子数据和保险领域的事务以及继续性债务关系的缔结，例如租赁和融资租赁合同等。

3. 经理的报酬

16　　经理的报酬通常由多个部分组成，尤其是固定工资和绩效工资。具体而言：

---

　　[5]　参见《德国股份法》第76条第1款；Ritter, in: Münchener Anwaltshandbuch Aktienrecht, § 22 Rn. 13.

　　[6]　见下文第十八章边码10和第十八章边码59以下。

(1) 固定工资

这通常是一份固定年薪的约定,该薪资将以每年十二期的形式支付。其数额可以自由协商。其合理性很难判断,不过其主要取决于公司的规模和成就。与其他相似结构公司(的薪资水平)进行比较通常会有所帮助【所谓的基准化分析法(Benchmark)】。

(2) 绩效工资

绩效工资的约定具有激励效果,并且会在财务上回报那些工作成绩优秀的经理。当然在这方面找到一个客观公正的判断标准也是很困难的。无论如何都应当防止经理人通过精心编造的财务状况来显示业务的成绩,这种成绩其实只是虚有其表或实际并未达到。更重要的是能证明的持续性。

例如与其他公司雇员约定目标协议这样的方法是有益的。其衡量标准必须被明确地制定。衡量的依据通常是规定明确的公司年度净收入,也就是所谓的现金流或者税前、息前、折旧前、摊销前利润。现金流(Cashflow)是判断一家公司财务状况及收益情况的核心指标。它是指公司在一个会计期间内所得的流动资金结余。税前、息前、折旧前、摊销前利润(EBITDA)是利息、税项/折旧和摊销前收益的缩写,因此,它描述了公司的在偿付利息、缴纳税款、申报折旧和摊销前的利润。

(3) 其他额外报酬,尤其是保险

这里主要包含公务车辆和企业养老金的约定,必要时会采用所谓直接保险(Direktversicherung)的形式。常见的是为经理人无劳动能力的情况购买保险,尤其是因工伤造成无劳动能力的情况。鉴于经理职务活动的职责范围之广阔,现今通常也会签订所谓的 D&O 保险【董事和高级职员责任险(Directors & Officers Liability)】。该保险涵盖了经理对公司的内部责任,也包括了他对第三方的外部责任,除非保险合同另有规定。

4. 劳动合同的期间

无限期合同可由合同双方按照约定或法定的期间而被终止。合同约定的终止期间在实务中经常远长于法定的雇佣合同终止期间。借此经理可以获得一定的保护。他可以及时在有收入的情况下，申请新的工作。但是在这种情况下，更推荐的做法是，以（为了合同的剩余期间）给付一份合适的补偿金为代价，要求经理签订一份解聘合同（Aufhebungsvertrag）。只在极少情况下，经理才会在已终止的职位上继续进行认真负责且卓有成效的工作。

22 　　常见的是有固定期限的雇佣合同。在期限内仅出于重要理由才有可能终止合同，这使得经理能够在合同期限内没有负担地工作。对于公司来说，则有可能承受在签约时错误评估经理人工作能力但仍受合同拘束的风险。这种情况下同样建议，（为合同的剩余期限）向经理给付一份合适的补偿金并废止劳动关系。

　　5. 竞业禁止

23 　　这里应区分合同中的和后合同的竞业禁止。合同期限内经理的竞业禁止是公司组织对于公司忠实义务的结果，而无须特别的合同条款。

24 　　后合同的竞业禁止则有所不同。仅当当事人明确约定时，才存在后合同的竞业禁止。这会强烈限制经理将来的职业发展。因此，按照通行判例，这应按照《德国基本法》第12条中的基本权利进行评判。经理的利益应与企业的利益一同比较和权衡。如果公司对后合同竞业禁止的约定有合法利益，且当它按照地点、时间及内容不会不公正地妨碍经理的职业发展，那么这就是有效的。该约定的期限最长为两年。[7]

25 　　很有争议的是，（雇主）是否应在后合同竞业禁止的情况下，通过适用《德国商法典》第74条以下的规定，向经理支付等待补偿（Karenzentschädigung）。德国联邦最高法院对此——同样对于不持股

---

[7] Bauer/Diller, Wettbewerbsverbote, § 24 Rn. 1032 ff.；Abeln, Anstellungsvertrag GmbH-Geschäftsführer, S. 49 ff.

经理人——持否定意见。[8]

考虑到文献和不能被明确归类的高等法院判例中彼此相反但很有代表性的意见,应当建议类推适用《德国商法典》第 74 条以下的规定,在不持股经理的雇佣合同中规定等待补偿金。如果公司确实希望后合同竞业禁止条款能够发生效力,则至少应该如此规制。 26

在本案中,为办公室主任规定这样带有时间和地点限制的后合同竞业禁止也有其意义。办公室主任会知悉"其公司"的机密信息。如果他之后更换到另一间存在竞争关系的律师事务所,那么虽然他仍负有保密义务,但也可以预料到,他会伤害原来的雇主,或者说可能为了他的新老板——以特别的方式——利用(这些信息)。 27

(二)雇佣合同的提纲

如果明确了经理雇佣合同设计的主要内容,下一步就要制定合同的大纲并着手起草。后者将不在此论述,因为(设计者)可参考数量众多的合同模板。[9] 28

建议如下提纲: 29

经理雇佣合同提纲

  第一条 经理的职责范围

  第二条 代表权限

  第三条 合同期限

  第四条 工作时间

  第五条 休假

  第六条 劳动报酬

  1. 固定年薪

---

[8] BGH NJW 1984, 2366; 2002, 1875 f.; Altmeppen, in: Roth/Altmeppen, § 6 Rn. 80. (第四版中,Altmeppen 一书此处所引边码变为 92 以下。——译者注);对此的批评,见 *Bauer/Diller*, Wettbewerbsverbote, § 24 Rn. 1034 ff.。

[9] 见第十一章边码 3 脚注 1 和 *Jaeger*, Der Anstellungsvertrag des GmbH-Geschäftsführers。

2. 调整条款

3. 绩效工资

第七条　其他额外报酬

1. 公务用车

2. 养老保险

第八条　疾病及死亡时的补偿金

第九条　其他开销费用

第十条　保险

第十一条　副业

第十二条　合同中的及后合同的竞业禁止

第十三条　保密义务

第十四条　其他条款

第十五条　可分条款

(三) 案例变形

30　　这里的重点首先是，该集团子公司未来的经理已经有了何种雇佣合同。通常这些合同也会规定经理——没有额外报酬地——处理集团内其他公司事务。

31　　从这一惯例出发，上文边码 10 以下的很多建议内容反而显得多余。与此相反的是应当规定监事会的职责。在集团子公司中设立监事会是很常见的。因此，该监事会——而不是集团母公司——要负责处理在一份目录中列出的重要决策，或者说批准或否决经理提议的法律行为。因此，重要的合同应当规定这样的委员会保留条款（Gremien-vorbahalt）。只有在相应的监督委员会（通常也就是监事会）批准时，这些合同才会生效。

32　　股份有限公司董事或有限责任公司经理的雇佣合同偶尔会包含所谓的"控制权变更条款"（Change of Control-Klausel）。在集团中的多数关系以及控制权力关系发生变动时，该条款保证代表机关享有特殊终止权——该权利通常与补偿金请求权相联系，比如控股股东将其股份出售给集团之外的人时。

第三节 （给自由职业者的）雇佣合同

设计任务：作为代表的自由职业者 33

在 Steffi 休产假期间，Mark 想要雇佣一名律师作为补充力量。他进行了一系列工作面试并且决定雇佣 Schön 律师。Schön 女士同意接受 Mark 的工作，但提出了一个要求：她要作为所谓的"自由职业者"（freie Mitarbeiterin）工作。Schön 女士这么做的理由是什么？如果 Mark 要将她雇佣为"自由职业者"，那么雇佣合同应为 Schön 女士规定哪些规范？

案例变形：如果 Mark 将 Schön 女士聘为"受雇律师"，那么雇佣合同要包含什么规则？[10]

一、导引提示

自由职业者是根据雇佣合同（也可能是承揽合同）为他人工作 34
的人，其个人履行所负担的给付义务基本上无须与其他雇员合作，他在工作中无须遵循指示。[11]

---

[10] 关于自由职业者的雇佣合同，见 Kallmann/Huch-Hallwachs, in: Münchener Vertragshandbuch, Bd. 5, Formular IV. 1; Hoefs, in: Beck'sches Formularbuch Bürgerliches, Handels-und Wirtschaftsrecht, Formular III. E. 30;关于雇员的劳动合同，见 Lingemann/Winkel NJW 2010, 38 f und 208 f; Kallmann/Adlberger, in: Münchener Vertragshandbuch, Bd. 5, Formular IV. 7; Hoefs, in: Beck'sches Formularbuch Bürgerliches, Handels-und Wirtschaftsrecht, Formular III. E. 2。（第四版中，关于自由职业者的雇佣合同中，Münchener Vertragshandbuch 一书引注改为 Wenzel, in: Münchener Vertragshandbuch, Bd. 6, Formular XIX. 1;关于雇员的劳动合同中，该书引注改为 Rücker, in: Münchener Vertragshandbuch, Bd. 6, Formular XIX. 7。——译者注）

[11] *Weidenkaff*, in: Palandt, vor § 611 Rn. 10; Kallmann/Huch–Hallwachs, in: Münchener Vertragshandbuch, Bd. 5, Formular IV. 1 Anm. 1 ff. 1 Anm. 1 ff. ; *Lingemann/Winkel* NJW 2010, 38 f. （第四版中，Münchener Vertragshandbuch 引注改为 Wenzel, in: Münchener Vertragshandbuch, Bd. 6, Formular XIX. 1 Anm. 1 ff. 。——译者注）

35　　自由职业者和雇员不同。主要的区别标准是：受雇佣者可以在何种程度上根据时间、地点及持续时间自由安排其工作。只有这样才能确定自由职业者关系。否则特别是如果"雇主"也处于劳动组织中，那么就存在雇员的特质。[12]

36　　自由职业或者说雇佣关系的性质确定不仅仅以合同中相应的指称为前提，还取决于事实上的执行过程。只有受雇者实际享有不受指示的自由（Weisungsfreiheit）时，才可承认自由职业关系的存在，其后果是该雇员拥有不用缴纳社会保险的自由。[13]

37　　此外，税法的相关判决则有着不同看法。税务上雇员的概念部分不同于劳动及社会保险法上的规定。在有疑义的情况下，可以根据《德国所得税法》第42e条在财务部门的常设机构获取如下信息，即具体是否应当以及应当如何适用关于所得税的条款。[14]

38　　在法律实际中，很多"自由职业者"是所谓的虚假自主经营（Scheinselbstständige）。这指那些为他人长期提供劳动或加工承揽工作的人，并且他们也像雇员一样受指示拘束或者以经济上依附于雇主的方式工作。[15]

39　　自由职业者通常活跃在新闻业、广播媒体业及电视业中，同样也可能是高校或业余大学中的教职人员。退休的公司董事或经理在其劳动年龄结束后偶尔也会重新被聘为公司顾问。像许多公司顾问的工作

---

[12] *Weidenkaff*, in：Palandt, vor § 611 Rn. 10 ff.；*Wenzel*, in：Münchener Vertragshandbuch, Bd. 6, Formular XIX. 1 Anm. 1 ff.；*Lingemann/Winkel* NJW 2010, 38 f.

[13] Kallmann/Huch-Hallwachs, in：Münchener Vertragshandbuch, Bd. 5, Formular IV. 1 Anm. 2；Hromadka NJW 2003, 1847 ff；Müller-Glöge, in：MünchKommBGB, § 611 Rn 174 ff；Weidenkaff, in：Palandt, vor § 611 Rn 10 ff. (第四版中，Münchener Vertragshandbuch 引注改为 Wenzel, in：Münchener Vertragshandbuch, Bd. 6, Formular XIX. 1 Anm. 2；同时 MünchKommBGB 作者改为 Spinner，所引内容 § 611a Rn. 88 und Rn. 501 ff. 。——译者注)

[14] Kallmann/Huch-Hallwachs, in：Münchener Vertragshandbuch, Bd. 5, Formular IV. 1 Anm. 14 f. (第四版中，改为 Wenzel, in：Münchener Vertragshandbuch, Bd. 6, Formular XIX. 1 Anm. 13 f. 。——译者注)

[15] *Weidenkaff*, in：Palandt, vor § 611 Rn. 11 f.

一样，该顾问合同也具有自由职业者雇佣合同的性质。

二、初步思考

在过去常常出现并且现今偶尔也能见到的是年轻的法律人被聘为自由职业者。在"雇主"看来，过去这种做法的好处在于劳动法的保护条款不会适用，尤其是解聘保护的条款。除此之外还节省为雇员缴纳的社会保险和疾病保险费。 40

对于一些年轻律师而言，这种模式同样曾具有吸引力。他们可以将很多开支作为谋益费从所得税中扣除，此外还可利用营业税中的税前扣减规则。最后，这种模式还使他们能在征得"雇主"的同意后，经常用自己的名义处理自己的委托。这会改善年轻法律人的收入状况，也能平静"雇主"因让年轻雇员以微薄的工资为他们工作而变得不安的良心。[16] 41

因此，案件事实、设计目标和利益状况已经很清晰了。但是根据解释说明，年轻律师的自由职业关系在实际操作中几乎不存在了。因此，一般不推荐采用这样的模式。最迟在社会保障部门进行审查时，对指示的依赖性（Weisungsabhängigkeit）会因其已加入律师事务所的工作组织而被确定，因此，应补缴社会保险金。只在特殊情况下才可能存在真正的自由职业关系。可设想的方案是，年轻的法律人可以独立工作并"顺便"为律师事务所制作鉴定报告或者代表诉讼，只要他们的精力还没被耗尽或者他们的主要工作是撰写博士论文。[17] 42

三、设计方案的展开

（一）制作合同草案

如果 Schön 女士存在这样的特殊情况，那么人们可以清晰地知道 43

---

[16] *Lingemann/Winkel* NJW 2010, 38 f.
[17] *Lingemann/Winkel* NJW 2010, 38.

存在自由职业者关系，因此，可以为她设计一份恰当的雇佣合同。重要的是要在合同文本中明确地表述清楚 Schön 女士的情况，并要规定她不受指令的自由。

44　　同样要明确规定的是职责范围和报酬。在报酬方面，要确定自由职业者的税和社会保险费将由其自己交付。

45　　关于开销补偿、沉默义务以及竞业禁止的规定非常常见也很必要。不同于雇员的规定，合同约定的竞业禁止对于自由职业者而言并非自动生效。特殊情况下，从《德国民法典》第 242 条的规定可以得出：自由职业者不能从事与公司直接竞争的工作。[18]

46　　《德国商法典》第 74 条以下的规定并不能直接适用于例如约定的后合同竞业禁止等规则。尽管如此，出于保护自由职业者的需要，适当的等待补偿条款也被认为是必要的。[19]

47　　因此，推荐如下的合同提纲[20]：

自由职业者雇佣合同提纲

第一条　职责范围（要点：免于接受指示的自由，以及与工作时间和地点相关的规定）

第二条　报酬

第三条　费用补偿

第四条　保密义务

第五条　文件的保存和送还义务

第六条　竞业禁止

---

[18]　BGH MDR 1969, 471；*Wenzel*, in: Münchener Vertragshandbuch, Bd. 5, Formular IV. 1 Anm. 11；*Lingemann/Winkel* NJW 2010, 208 f.

[19]　*Bauer/Diller*, Wettbewerbsverbote, § 24 Rn. 1118 ff.；*Lingemann/Winkel* NJW 2010, 208 f.

[20]　关于合同模板的制定，参见 Kallmann/Huch-Hallwachs, in: Münchener Vertragshandbuch, Bd. 5, Formular IV. 11；*Hoefs*, in: Beck'sches Formularbuch Bürgerliches, Handels- und Wirtschaftsrecht, Formular III. E. 30。（第四版中，Münchener Vertragshandbuch 所引内容改为 Wenzel, in: Münchener Vertragshandbuch, Bd. 6, Formular XIX. 1。——译者注）

第七条 合同期限

第八条 其他条款

-补充协议

-可分条款

-管辖法院

(二) 案例变形

因其对指示的依赖性及加入律师事务所工作组织的事实,年轻律师通常会如"普通"雇员一样工作。因此,合同当然应有关于休假及病假期间工资持续发放的规定。对作为自由职业者的雇员,合同设计方案无疑应该是独特的且应取决于雇主的要求。这适用于比如这个问题,即是否应确定工作时间以及是否要发放绩效工资。 48

雇佣合同的提纲一般如下所示[21]: 49

雇佣合同的提纲:

第一条 劳动关系的开始/实习期

第二条 工作内容

第三条 报酬/其他工资

第四条 疾病的情况与工资持续发放

第五条 假期

第六条 副业

第七条 保密义务

第八条 劳动关系的终结/终止

第九条 其他规定

---

[21] 该模板参见 Kallmann/Adlberger, in: Münchener Vertragshandbuch, Bd. 5 Formular IV. 7;(第四版中,Münchener Vertragshandbuch 所引内容改为 Rücker, in: Münchener Vertragshandbuch, Bd. 6 Formular XIX. 7。——译者注);*Hoefs*, in: Beck'sches FormularbuchBürgerliches, Handels-und Wirtschaftsrecht, Formular III. E. 2。

第十二章 承揽法中的合同设计

第一节 概览

1 不同形态的承揽合同具有重大的经济意义。承揽合同的典型特征不仅仅是企业或者承揽人做出特定行为（此时存在雇佣或劳动合同），同时也是做成或产生特定劳动成果或结果的义务（《德国民法典》第 631 条第 1 款）。该成果可以是物，比如制作某特定物品（例如建筑物），也可以是与物无关的，比如协助定作人实现特定目标或完成某特定手术（《德国民法典》第 631 条第 2 款）。《德国民法典》上承揽合同的经济范围涵盖了建筑合同、运输合同、鉴定合同、修理合同、举办活动的合同，在有适当内容设计时甚至也包括维修合同及广告合同。[1]

2 所有承揽合同的基础和基本构成要件被规定于《德国民法典》第 631 条以下；但更多的内容则被写在特别规则之中，例如建筑工程的费用被规定于《德国建筑工程费用条例》里，旅行合同可适用《德国民法典》第 651 a 条以下规定的特别条款，并且对于建筑工程合同则有作为一般交易条款的《德国建筑工程合同规定》的 B 部分（die Verdingungsordnung für Bauleistungen/Teil B）。

---

[1] Vgl. *Palandt-Sprau*, Einf. vor § 631 Rn. 16 ff; *Schwenker/Rodemann*, in: Erman vor § 631 Rn 10ff. （第四版中，Palandt-Sprau 的引注格式修改为 Sprau, in: Palandt, 下同；同时本脚注对该书所引边码变为 15 以下。——译者注）

立法者在 2017 年 4 月颁布了建筑工程合同法的根本性改革，该改革同时包含了对建筑师和工程师的特别条款，其于 2018 年 1 月生效。[2] 它包含了独立的合同类型"建筑师/工程师合同"，同时重新定义了该类合同典型的履行义务，这将缓解该职业群体日益危险的责任情况。同样地，"建筑开发商合同"被作为独立的合同类型规定于法律之中，其下位类型"消费者建筑工程合同"也被规定于独立的章节里。下文将以缩写"建筑合同法修正案"指称新的法律，尤其是在脚注中。*

3

第二节 《德国民法典》中的建筑工程合同

设计任务：房屋建造

4

为了建一栋新的独栋别墅，Steffi 和 Mark 想要在市郊购买一块风景秀丽的土地。但只有当 Steffi 和 Mark 因土地买卖合同而负有与出卖人 V 的朋友 F 缔结建筑设计师合同的义务时，V 才同意

---

[2] Vgl Gesetz v. 28. 04. 2017 BGBl. I S. 969 ff (Nr. 23); dazu *Schwenker/Rodemann*, in: Erman vor § 631 Rn 1. (第四版中，具体参见 Kniffka/Koeble/Jurgeleit, Teil 1 Rn. 12 ff. 。——译者注)

* 本书第四版对现行建筑合同法内容的介绍：2018 年 1 月 1 日生效的《德国建筑合同法改革法》重新构建了承揽法中的法律规范。除承揽合同法的一般条款（《德国民法典》第 631 条至第 650 条）的改变外，新创设的条款也包含针对特殊承揽合同类型的补充条款，即建筑工程合同（《德国民法典》第 650a 条至第 650h 条）、消费者建筑工程合同（《德国民法典》第 650i 条至第 650o 条）、建筑师和工程师合同（《德国民法典》第 650p 条至第 650t 条）以及建筑开发商合同（《德国民法典》第 650u 条至第 650v 条）。而且此前的"旅行合同法"亦得到了全新的规范并增添了"包价旅行合同"（Pauschalreisevertrag）（《德国民法典》第 651a 条至第 651y 条）。除上述法律规则外，承揽合同法，尤其是建筑工程合同法中的一般交易条款也是改变的重要内容。一般交易条款同样包括《建筑工程采购与合同规则》第二部分（VOB/B）。《建筑工程采购与合同规则》第二部分并不是法律或者法规，而是一套由德国标准化学会的德国采购与合同委员会［Deutschen Vergabe-und Vertragsausschusses（DVA）vom Deutschen Institut für Normung eV.］创制的私人规则。因此一般交易条款法也适用于《建筑工程采购与合同规则》第二部分的合同纳入（Einbeziehung）及内容控制问题。——译者注

出售这块土地。Steffi 和 Mark 很难接受这样的条件来获得土地。他们更愿意委托他们的建筑师朋友设计他们的房屋。所以他们想咨询，如果他们签订了这样合同，那么其中的建筑设计师约束条款是否会生效？

在寻找独栋别墅的建筑承包商的过程中，Steffi 和 Mark 获悉，实际上有多种结构设计方案，比如"房屋建至交钥匙即可入住"的方案或者仅针对部分具体项目的建筑方案，后者又根据价格不同而又有多种不同方案。Steffi 和 Mark 想问清，这些方案究竟有什么区别。

Steffi 和 Mark 还想知道，如果建筑工程没有按时竣工的话，他们可以采取什么方法保护自己，另外如果受委托的建筑承包商虽然可能已经收到建筑工程款了，但其在建筑过程中因破产而不能继续履行合同，这时又有什么保护措施？

Steffi 和 Mark 已经决定委托建筑承包人 U 以单价合同（Einheitspreisvertrag）为他们建设独栋别墅。这种建筑工程合同的提纲是什么样的？

建筑承包人 U 问，如果 Steffi 和 Mark 在建筑进行中陷入财务困难（Vermögensverfall）而不能全部支付建筑报酬，他可以获得怎样的担保？

一、初步思考

5 Steffi 和 Mark 很清楚，只有在他们确定能够取得有意购买的土地时，他们才能与一个或者多个建筑工人签订承揽合同以建造他们的独栋别墅。否则 Steffi 和 Mark 将承受这样的风险，即他们虽然签订了承揽合同，但是无法履行《德国民法典》第 642 条上的协助义务（提供建筑用地的义务）。这或许会产生对一个或多个建筑承包商的损害赔偿义务。

6 如果 Steffi 和 Mark 签订了那份带有建筑师约束条款的土地买卖合

同，且 Steffi 和 Mark 不想遵守建筑师条款之约束力的话，那么关键问题就在于出卖人是否能够主张解除土地买卖合同。在实务中这样的约束条款并不少见，直到立法者颁布了法定的搭附禁止（Koppelungsverbot）。[3] 据此，若土地受让人在购买一块土地时依据土地买卖合同的条款而负有委托某位特定建筑师或工程师的话，那么该条款是无效的。此时仅仅该约束约定（Bindungsvereinbarung）以及以该条款为基础而成立的建筑设计合同无效，而不是土地买卖合同。与《德国民法典》第 139 条的规定相反，后者仍旧有效。[4] 因此，Steffi 和 Mark 可以没有顾虑地签订出卖人希望的带有建筑师约束条款的土地买卖合同，并且在合同成立后主张该约束条款无效。该土地买卖合同仍旧保持有效，他们也能获得需要的土地来建设他们的住宅。

作为业主而想建设独栋别墅的人必须至少签订一份建筑师合同和一份建筑工程合同。这些合同在经济上是相互牵连的，因为建筑师的报酬最终取决于建筑工程合同是怎样设计的，尤其是会产生哪些建筑成本。[5] 比如，当建筑工程合同仅与一个建筑承包商签订，且依据合同该公司有义务将建筑设计建至交钥匙即可入住的情况，那么就无须将一些具体项目分包给其他公司以完成建筑。这种情况下，建筑师也无须制作具体项目的招标书，也不需要参与具体项目的分配。相应地，也不用在建筑设计合同中规定重要的建设阶段和分阶段支付的建筑师报酬。通常，建筑师的主要义务分为制作草案、

---

〔3〕 关于其发展，参见 Palandt-Sprau, § 631 Rn 2; Schwenker/Rodemann, in: Erman § 631 Rn 19。（第四版中，本脚注对 Palandt 评注的引用内容改为 vor § 650p Rn. 9 mwN。——译者注）

〔4〕 Palandt-Sprau, aaO. （第四版中，该脚注修改为 Kniffka/Koeble/Jurgeleit/Sacher, Teil 11 Rn. 123; Busche, in: MünchKommBGB § 650p Rn. 618.——译者注）

〔5〕 Busche: in: MünchKommBGB § 631 Rn 215 f. （第四版中，该脚注修改为 Kniffka/Koeble/Jurgeleit/Sacher, Teil 11 Rn. 138。——译者注）

参与分配以及监督建设工程。这些义务也可以被单独委托给不同的人。[6]

二、设计方案的展开

（一）交钥匙即可入住的合同*

8 建设某建筑物之建筑工程合同的法律结构主要取决于建筑承包人负有怎样范围的履行义务。对定作人而言并不复杂，但通常价格昂贵的合同是所谓的"交钥匙即可入住的合同"（Schlüsselfertig-Vertrag）。根据这样的合同，建筑承包商有义务为定作人将所计划的建筑物建至交钥匙即可入住的状态，无论附加或不附加同时建设花园外部设施的义务。[7] 在这个合同类型下，定作人无须负责哪个建筑工人具体进行何种类型的建设工程。定作人不用在施工现场周旋于各个工匠之间进行既费时又复杂且容易出错的协调工作。他只有一个合同相对人，也就是那个负有将建筑建至交钥匙即可入住状态义务的建筑承包商。同时，该建筑承包商自身通常也不会让自己的员工负责所有的建筑工作，而是发包给其他的分包商，比如供暖设备提供商、窗户提供商、负责屋顶的工人，等等。

9 很明显，这种合同类型下的建筑承包商不仅仅要估算所有相关分包商的开支额，还要为自己创造尽可能高的盈利空间，因为他也要承担不同的风险。他承担的风险是各个分包商应按照约定的时间以约定的价款完成建筑工作。如果出现了障碍，比如一个分包商因为破产或出于其他原因而不能履行，那么该建筑承包人在必要的情况下就要寻

---

[6] Vgl. *Schwenker/Rodemann*, in: Erman vor § 631 Rn 10 ff.

* 第四版中对新法的介绍：本案当事人是《德国民法典》第 13 条意义上的消费者。因此当他们委托经营者建设他们所期望的独栋别墅时，可以适用《德国民法典》第 650i 条意义上的消费者建筑工程合同，同时《德国民法典》第 650j 条至第 650o 条可作为补充条款而得适用，此时需注意，根据《德国民法典》第 650o 条，消费者保护性质的特殊条款不能以不利于消费者的方式被排除。——译者注

[7] Vgl *Motzke* in: Dreher/Motzke, Beck'scher Vergaberechtskommentar, Rn. 36 ff.

找替代的工匠，这将会使得工程变得更加昂贵。因此，建筑承包商不仅仅要将本身的盈利空间，还要将可能的风险溢价计算在内。Mark 和 Steffi 必须决定，这个"额外费用"对他们而言是否相比于他们自行分配工作更加合理，当然他们同时也会注意到，在"交钥匙即可入住的合同"中给建筑师的费用一定是较低的，但这绝对不是对"交钥匙即可入住的合同"中额外费用的补偿。

"交钥匙即可入住的合同"的重要内容是谨慎制作和草拟的建筑结构说明书。[8] 此建筑工作和建筑结构说明书应详细介绍各个具体建筑作业的内容。其中应当尽可能地避免使用宽泛且需要解释的措辞和概念[9]，否则这些问题必然会不可避免地在建筑过程中或者在之后引起关于建筑作业内容的讨论。在制作工作说明书和建筑结构说明书的内容方面，所委托的建筑师承担着重要任务。只有作为专家的建筑师才能判断和评价所提供的各种材料和服务的质量。他必须确保单个报价有着合理的性价比。

10

因为在"交钥匙即可入住的合同"中，发包人不必负责协调不同工人提供的具体工作，建筑参与者就可以专心实现合同约定的竣工日期，并在该日期前真正意义上地完成"交钥匙即可入住"的建筑计划。在实务中，这意味着定作人将收到可以即时入住之房屋的钥匙。出于这个关系，当事人必须在合同中约定相应

11

---

[8] 修法说明：就消费者建筑合同而言，经营者根据《德国民法典》第 650j 条以及《德国民法典施行法》（EGBGB）第 249 条第 1 款有义务在合同签订之前向消费者提供一份至少与《德国民法典施行法》第 249 条第 2 款中要求相应的建筑结构说明书。此外，根据《德国民法典》第 650 k 条，该建筑物说明是合同内容的一部分，除非当事人另有约定。（此处及以下修法说明中对《德国民法典》的修订已生效于 2018 年 1 月 1 日，参见 BGBl. I, 28. 04. 2017, S. 969. ——译者注）

[9] 修法说明：在消费者建筑合同中，根据《德国民法典》第 650 k 条第 2 款，对其中不明确、不完整及有疑问之处的解释应按照不利于经营者的方式进行。当然，（经营者）一开始就应该尽可能通过精确地描述来避免任何歧义和不完整之处。

的验收时间。[10] 如果建筑工程没有重大缺陷的话,那么根据《德国民法典》第 640 条,该工程应被验收。* 最迟在验收工作时,(定作人)应当向建筑承包商支付报酬(《德国民法典》第 641 条)。通常建筑承包商在施工期间会被要求根据《德国民法典》第 632 a 条要求接受分期付款,并且一般他也会接受。**

(二)单独分包的建筑工程合同

12 与"交钥匙即可入住的合同"完全不同的设计方案,是由多个关于建设建筑中必要工程的合同组成之合同束,例如从地下室建设、毛胚房建设、供暖设备和窗户的安装一直到进行房顶的必要装修。这种情况下并不存在一个统一的合同,而是应与各个工人就其具体工作分别签订建筑工程合同。此时必须借助建筑师来给每个具体的建筑作业制作明确且尽可能详细的建筑工作说明

---

[10] 修法说明:在消费者建筑合同中,根据《德国民法典》第 650 k 条第 3 款,建筑合同将来必须包含有关竣工时间或工期的强制性约束力的信息。如果合同中缺失了此类信息,那么根据《德国民法典》第 650 k 条第 3 款第 2 句以及《德国民法典施行法》第 249 条第 2 款第 2 项,有约束力的信息同样应出现在建筑结构说明书中。违反这些法律义务的后果尚需在实务中得到续造。法律改革至今为止尚未明文规定其法律后果;因此,应该允许(消费者)援引《德国民法典》第 280 条以下关于履行障碍的一般条款;同样观点,参见 Schwenker / Rodemann, in: Erman § 650 k Rn. 5. [如果经营者不遵守该时间承诺,则可使用关于履行迟延的规则(《德国民法典》第 286 条以下和第 324 条),特别情况下,消费者也可根据《德国民法典》第 648a 条主张终止合同。参见 Sprau, in: Palandt, § 650k BGB, Rn. 4。——译者注]

* 根据现行《德国民法典》,如果定作人因提出瑕疵而拒绝验收的话,那么定作人应根据经营者的要求共同确定并记录建筑工程的状况,参见《德国民法典》第 650g 条第 1 款。——译者注

** 根据现行《德国民法典》第 650g 条第 4 款,当建筑工程已经被验收或者验收已非必要且经营者向定作人颁发一份可查验的清算报告时,建筑工程承包经营者的报酬才应被支付。在建筑施工阶段中,经营者可以主张分期支付,但根据《德国民法典》第 650m 条第 1 款,在消费者建筑工程合同中只能就所约定报酬的 90% 主张。同时在第一期款项支付时,(经营者)应向定作人提供数额为所约定报酬总额 5% 的担保,以担保其按期且没有重大瑕疵地完工,这通常通过转让相应的银行保证或者通过定作人一方在第一期支付中扣除相应的金额来实现。——译者注

书。[11] 然后重要的是如何选择定价方案。实务上存在所谓的"固定价格合同"（Pauschalpreisverträge）以及所谓的"单价合同"。[12]

在"固定价格合同中"，单独的建筑者有义务以固定的价格按照建筑工作说明书执行其建筑作业。[13] 如果没有约定报酬及材料费用提高的保留条款，那么定作人就可以确认他会以一个固定价格为对价取得该特定的建筑作业。但是这种"固定价格约定"的前提是，当事人就建造工作的范围达成准确且尽可能具体的一致意见，并且另一方面工人们也能确认，他们可以全面且完整地按照建筑工作说明书进行建设。否则在实务中经常会出现所谓固定价格工人的补充要求（Nachtragsforderungen der Pauschalpreis-Handwerker）。[14] 因为工匠们不会同意从发包人或者建筑师那里错误地得到关于工作范围的信息，并因之根据不实的定价基础发出过低的价格要约。所以，他们将因为有迹可循的更大工作量而提出补充要求。显然，实践中经常会就此发生激烈的建筑法律纠纷。合同设计者应尝试通过合同设计来避免发生这种情况，具体而言就是通过让工匠负担声明义务，声明的内容是他已准确地获悉了自己所提供服务的类型和范围，并放弃了有关其建筑作业的任何补充要求。

13

"固定价格合同"的替代方案是"单价合同"。此处当事人将为建筑作业按其数量、土地大小或工作时间确定一个统一价格，例如按照所安装屋檐的米数确定价格或按消耗的工时确定时薪。[15] 在这种

14

---

[11] 修法说明：在这种情况下，消费者建筑合同中已包含了上文提到的《德国民法典》第650j条中建筑承揽人的法律义务，即按照《德国民法典施行法》第249条第2款的要求提供建筑物结构说明书，参见《德国民法典》第650j条后半句。

[12] Palandt-Sprau § 632 Rn 5 ff；*Schwenker/Rodemann*, in：Erman § 632 Rn 4 ff.（第四版中，本脚注内容改为 *Busche*, in：MünchKommBGB, § 650a Rn. 16。——译者注）

[13] *Busche*：in：MünchKommBGB § 631 Rn 173 ff. （第四版中，本脚注内容改为 Kniffka/Koeble/Jurgeleit/Sacher Teil 4 Rn. 138 ff.；*Werner/Pastor*, Der Bauprozess, Rn. 1514 ff. 。——译者注）

[14] *Kimmich/Bach*, VOB für Bauleiter Rn. 1584 ff.

[15] *Busche* in：MünchKommBGB aaO.

情况下，受雇的建筑师同样会在不同建筑作业的具体招标中进行数量评估，要竞标的工人则会按照该数量评估计算他们的报价。但显然，所需要的材料、数量和时间不可能被准确预测，所以当事人从一开始就要将这个偏差计算进去。因此，在"单价合同"中，定作人并不知道每一项具体工程的最终价格。但是如果所预估的数额在建筑过程中没有被全部消耗的话，最终价格同样有可能比预计的还要低廉。

15 　　不论是在"固定价格合同"还是在"单价合同"中，定作人都必须在合同中保留执行特别愿望的可能性。[16]（当事人）同样应当从一开始就在合同中约定价格计算的方法，如有疑义则可参照基础单价。同样重要的是，应规定建设工程进展到何处为止，发包人有权表达其特殊愿望。很显然，如果不对现有作业加以破坏，该特殊愿望在技术上就无法被转化到建筑工程结果之中，那么特殊愿望肯定无法实现了。

　　（三）支付方式

16 　　在加入《德国民法典》第632 a条前，承揽人实际上有先履行义务，这通常会通过相应的约定而被改变，但这种改变经常带有发生冲突的可能。自2000年起，《德国民法典》第632 a条规定承揽人可以就已履行的符合合同约定的给付向定作人请求分期支付。原则上此处承揽人仍负有先履行义务，但是该义务仅是对于各阶段的履行内容而言。这同样适用于运送材料或建筑部件的情况，但仅限于当材料或者建筑部件所有权是按照定作人的选择被转移至定作人处，或者相应的担保已被提供时。主张分期付款的其他前提条件是承揽人已经按照约定提供了部分履行，并且这些部分履行已可供验收。《德国民法

---

　　[16]　修法说明：该情况将来将由《德国民法典》第650 b条（现版本）中定作人的片面变更权（Anordnungsrecht）进行调整；该片面变更权对报酬的法律后果被规定于《德国民法典》第650 c条（现版本）中。（定作人的愿望可能包括建筑作业质量和数量的变化，这也会导致承揽人要求改变报酬。但鉴于当事人很难就报酬变更达成协议，《德国民法典》第650b条第2款规定，在修改愿望到达经营者处30天后仍未达成协议的，定作人可直接以文字形式单方面变更合同。——译者注）

典》第 632 a 条第 3 款[17]规定的特殊之处在于，在关于建造或改造某房屋的消费者合同中，承包人应当在第一期付款时向发包人提供不超过总报酬请求权 5%的担保，以保证及时且没有重大瑕疵地完工。*该担保可以适当地通过银行的保证提供。

当承揽人——不同于此案例中的设计任务——不仅仅负有建设住房的义务，还同时作为建筑开发商出让土地时[18]，《德国民法典》第 632 a 条第 2 款[19]最后援引了《德国房屋中介与房地产开发商条例》作为特别规定，该条例具有很强的消费者保护功能，比如其第 3 条就规定了建筑承揽人可就哪些具体部分履行向定作人主张最多多少比例的报酬，例如建完毛坯房可主张总建筑报酬的 28%。但对于 Steffi 和 Mark 想签订的建筑工程合同，《德国房屋中介与房地产开发商条例》却无法适用，因为他们已经通过别的方式购买了土地，且将来可能的建筑承揽人无需再次出让土地。

17

因为《德国民法典》第 632 a 条没有规定每期具体的支付比例，为了避免之后的争论，（当事人）可以在建筑工程合同中规定每个承揽人可在工程进展到何阶段时主张哪部分的债权。原则上这与固定价格合同还是固定单价合同的形式无关。每一期的付款可以与特定工程阶段的成就相关联，也可与具体作业的成就相联系。

18

---

[17] 修法说明：其被规定于《德国民法典》第 650 m 条第 2 款中，紧接于《德国民法典》第 650 b 条和第 650 c 条中的片面变更权之后。此外，第 650 m 条第 1 款和第 4 款增强了对消费者的保护。据此，分期支付的总额最多只能达到总报酬的 90%。此外，如果合同约定消费者有义务提供履行担保，且担保额超过了下一期的支付金额或约定报酬的 20%，那么该约定是无效的。

* 这也被规定于《德国民法典》第 650m 条第 2 款中。据此，承包人应当在第一期付款时向发包人提供不超过总报酬请求权 5%的担保，以保证及时且没有重大瑕疵地完成建筑工作。当担保事由不会再出现时，也就是当建筑工程已经达到验收条件并已按期完工的时候，承包人可以要求返还该担保。Sprau, in: Palandt, § 650m BGB Rn. 6.——译者注

[18] 修法说明：其被作为独立的合同类型被规定于现《德国民法典》第 650 u 条中。

[19] 修法说明：其被规定于现《德国民法典》第 650 v 条中。

19　　　工程报酬的最终履行期限由每个工程作业的验收决定，也可能由对整个建筑工程的验收决定。如何进行验收也应当被规定在建筑工程合同之中。始终建议约定单独作业或整个建筑的具体验收方式，而不是约定某些日期经过即视为已经验收（《德国民法典》第640条第1款第3句[20]）。在验收方面，也建议制作一份验收记录（Abnahmeprotokoll），该记录也应当被规定于建筑工程合同之中。这份验收记录应列出所有肯定会被发包人视为瑕疵的地方。承揽人应当立即排除全部有根据的瑕疵。*

（四）瑕疵担保责任

20　　　因为法律已规定了具体的瑕疵担保责任，所以不必再在建筑工程合同中大量写入相关规范。

21　　　直到具体作业或整个建筑工程的验收，定作人都享有主张转让每个无瑕疵的工程作业或整个建筑的请求权。原则上他在履行障碍发生时的权利取决于履行障碍法的基本条款。[21] 在瑕疵并不微小时，定作人可以拒绝验收。

22　　　验收后，定作人的履行请求权将限制于已经建造并且经过验收的建筑及其瑕疵之上。这种情况下，定作人拥有《德国民法典》第634条所列举的请求权。实务中更有意义的是《德国民法典》第637条第1款中的自行去除瑕疵请求权，尤其是与之相连的第637条第3款之预付费请求权。

23　　　限制承揽人瑕疵担保义务原则上——如《德国民法典》第639条一样——是可能的，只要不存在故意隐瞒的情形或其没有承担独立保

---

　　[20]　修法说明：该句被修订为《德国民法典》第640条第2款，据此定作人只能在明确指出至少一处瑕疵时，才能拒绝验收；如果定作人是消费者，那么仅在他事前被就此以书面形式告知时，前述条件才得适用。

　　* 根据《德国民法典》第650g条第一款，在定作人指出瑕疵并拒绝验收时，经营者享有主张共同确认建筑工程情况（制成记录）的请求权。该记录应包含制成日期，并由双方当事人签署。——译者注

　　[21]　Palandt-*Sprau* Vor § 633 Rn. 6 ff.

证的话。但是在消费者合同中尤其须注意《德国民法典》第 307 条和第 309 条第 8b 项的规定[22]，根据这些规定在承揽合同中限制《德国民法典》中瑕疵担保权利的约定是无效的。因此，在合同设计实务中现在并没有值得推荐的做法，来限制消费者在承揽合同中的法定瑕疵担保请求权。

（五）当事人的保障措施

1. 按期竣工

通过在建筑工程合同中规定竣工期限，可以防范建设作业或整个建筑工程无法按期竣工的风险。在实务中这样的竣工日期会因为所谓的"恶劣气候日"（Schlechtwetter-Tage）得到延长。值得建议的是在建筑工程合同中准确地定义，何种情形才应被视为"恶劣气候日"，例如在工作时间内连续四个小时降水的下雨天以及达到特定最低气温的天气。[23] 只要不是涉及全部的建筑工程，而只涉及比如某个单独发包合同中的某个建设作业，那么"恶劣天气日"也完全有可能无法在时间上阻碍工程的整体进展，尤其是拆卸作业，这些也应当在合同中写明。

（当事人）可以适当地通过约定违约金以保障遵守竣工期限。根据合同，每个工人或者承包商在有过错超期的每一天应支付一定数额的违约金。但是该违约金仅应限于税后工程总金额的 5%，并且最高为单个工作日的 0.2%—0.3%。[24] 此外，因给付迟延而生的定作人之损害赔偿请求权不受此影响。违约金不必仅被保留至验收之时，而

---

[22] 修法说明：也应注意新加入的《德国民法典》第 309 条第 15 项，该条文旨在防止通过一般商业条款大幅增加分期付款额，以及防止排除或减少应提供的担保。除此之外，《德国民法典》第 650 条还规定了有利于消费者的关于承揽法律关系的强制性规范，这些条文不可通过单独的约定而被改变。

[23] Vgl. z. B. *Locher*, in: Beck'sches Formularbuch, Bürgerliches, Handels-und Wirtschaftsrecht, Formular III. F. 3 § 5.

[24] Vgl. z. B. *Locher*, in: Beck'sches Formularbuch, Bürgerliches, Handels-und Wirtschaftsrecht, Formular III. F. 3, Anm 11; Kniffka/Jansen/von Rintelen, ibr-online-Kommentar Bauvertragsrecht § 631 Rn 297 ff mwN. （第四版中，本脚注删去后一文献。——译者注）

是直至最后一期付款都可以主张。

2. 建筑承揽人陷入财务困难

26 　　定作人应对承包人在施工期间陷入财务困难的主要方法是，他只在承揽人的部分履行可供验收时，他才支付该部分履行所对应的价金。通过这种方式，定作人可以确保他不会支付因承包人破产而不能履行那部分的价款。*

27 　　如果已经考虑到了这一点，那么承揽人仍可能承担的风险是：工匠或建筑承包商在施工阶段破产时，其将无法再履行剩余部分的给付。在实务中这通常会导致定作人必须再次找新的承揽人，新的承揽人则会利用这个机会提出更高的报价。除此之外，在这种情况下定作人与原承揽人约定的竣工期限同样作废了，这就是说定作人也承担着时间风险。为了排除这个风险，定作人只能尝试从该承包商或工人那取得所谓的"合同履约保证金"（Vertragserfüllungsbürgschaften）。根据这种"合同履约保证金"，借贷机构通常有义务为相关建筑工人的由建筑工程合同而生的全部义务提供担保，特别是保证定作人主张的如约如期履行给付的请求权、瑕疵担保请求权和违约金请求权。[25] 以约定承揽报酬的全部数额为内容的合同履约保证金反而并不常见。此类合同履约保证金通常与各个承揽报酬部分金额的数量相对应。

3. 定作人的财务困难状态

28 　　承揽人一方通常有很多方案保护自己免于受到发包人在施工期间陷入财务困难的影响。只要涉及建造某建筑或建造建筑物的一部分，承揽人都享有对定作人的债权请求权，可以根据《德国民法典》第

---

* 前述提及的《德国民法典》第650m条第2款中定作人从经营者处受到的担保也可保护定作人。除此之外，根据《德国民法典》第650m条第4款，依《德国民法典》第632a条进行的分期支付额不得超过下一期所支付的金额或者所约定全部报酬的20%。

[25] Vgl. z. B. *Locher* in: Beck'sches Formularbuch, Bürgerliches, Handels-und Wirtschaftsrecht, Formular III. F. 4 § 5.（第四版中，本脚注加入对本文献的说明"关于合同履行担保条款"，同时修改所引内容为Formular III F 5 §8。——译者注）

648 条[26]主张为已经完成的作业在定作人的土地上设立担保性抵押权（Sicherungshypothek）。但如果定作人的施工土地由于优先位次的土地担保权而在价值上有所减损时，该请求权就没有实际作用了。[27] 当定作人（尚）未成为施工土地的所有权人时，则该请求权也无法存在。[28] 可被担保的请求权之范围应基于已履行给付的价值，根据经验，定作人和承揽人可能会激烈地争论这个问题。如果定作人指出工程存在瑕疵的话，担保请求权的数额也将随之减少。如果定作人拒绝登记该担保性抵押权，那么承揽人可以通过出具包括合同和账目文件在内的可查验结算账户以及关于其债权真实性的代宣誓保证（eidesstattliche Versicherung），来尝试以假处分（einstweilige Verfügung）的方式进行预告登记，以保护其登记担保性抵押权的请求权。[29] 针对该请求权的危险无须被释明（《德国民法典》第 885 条第 1 款）。承包人的担保性抵押权请求权也可以在单独协议中被废除。如果承揽人无法得到等价担保的话，那么在一般交易条款中这种做法是无效的。[30]

比主张登记担保性抵押权请求权更为简单且灵活的设计方案，是《德国民法典》第 648 a 条[31]规定的建筑手工业者担保（Bauhandwerkersicherung）。建设某建筑物或外部设备的承揽人可以据此要求定

29

---

[26] 修法说明：其现被规定于《德国民法典》第 650 e 条。

[27] Busche in：MünchKommBGB § 648 Rn 2.（第四版中，所引该作者的《慕尼黑民法典评注》内容变为 § 650e BGB, Rn. 3。——译者注）

[28] MünchKommBGB aaO.

[29] Vgl. Palandt-Sprau, § 648 Rn 5.（第四版中，本脚注改为 Sprau, in：Palandt, § 650e BGB Rn. 1。——译者注）

[30] Palandt-Sprau, § 648 Rn 1；Schwenker/Rodemann, in：Erman § 650e Rn 2.（第四版中，本脚注改为 Sprau, in：Palandt, § 650e BGB Rn. 1；Schwenker/Rodemann, in：Erman § 650e Rn 2.。——译者注）

[31] 修法说明：其现被规定于《德国民法典》第 650 f 条。（本段及下文中的"《德国民法典》640a 条"皆更改为现行《德国民法典》第 650f 条，款和句不变。——译者注）

作人为全部已约定但未支付的报酬提供担保,同时也可为最多10%数额的从债权数额提供担保要求担保。定作人是否是土地的所有权人此时无关紧要。该担保通常通过银行保证的形式设立,因此,承揽人在取得保证后也确保了他全部建筑报酬的安全。根据《德国民法典》第648 a条第7款,承揽人这一来自于《德国民法典》第648 a条的请求权是具有法律约束力的。承揽人自己同样也不能放弃这一权利。[32] 根据《德国民法典》第648 a条第3款的规定,承揽人每年须支付最高为担保额2%的担保费,该担保一般为银行保证的形式。如果定作人在合理期限内仍未提供担保,那么承揽人可以拒绝履行合同或直接终止合同。如果他终止合同的话,他仍享有报酬请求权,但是他必须评估计算(由此)免去的花费或者其他的营业额,根据《德国民法典》第648 a条第5款第3句,推定承揽人有权获得与尚未履行的那部分承揽给付相对应之约定报酬的5%。在这方面,如果定作人未提供所需的担保,承揽人就有切实可行的机会,要求一次性支付其约定报酬的至少5%。

30　　但是对于Mark和Steffi,承揽人不可根据《德国民法典》第648 a条中的规定主张建筑手工业者担保,因为《德国民法典》第648 a条第6款第2项为自然人和独栋别墅的建筑或维修工作规定了例外情况,此时不能主张建筑手工业者担保。[33] 立法者认为,作为建筑作业定作人的自然人已经通过个人的无限责任为无法支付报酬的情况提供了足够的担保。立法者的这一假设在实务中并不总是正确的。*

三、建筑工程合同的提纲

31　　Steffi和Mark与建筑工程承包商签订的建筑工程合同将约定承包

---

〔32〕 Vgl BGH NJW 2001, 822.

〔33〕 修法说明:相同的条文在将来被规定在《德国民法典》第650 f条第6款第1句第2项的新条款中,但是在将来,该条款将与第650 i条以下之新的消费者建筑工程合同和第650 u条之房地产开发商合同相联系。

* 第四版中,此处新加脚注Busche in: MünchKomm BGB § 650 f. Rn. 13.——译者注

商按照统一价格实施建设工程。该合同的提纲如下所示[34]：

（1）合同的开头要写明合同的基本信息，尤其是

——建筑工作说明书

——其项下的建筑设计平面设计图、图纸及静态结构分析

——必要情况下，承包商提供的详细报价以及

——必要时是否适用《德国营建工程采购与合同规则》的 B 部分

（2）之后要写明合同类型，在本案例中也就是所谓的"单价合同"。建议约定要约中的价格为固定价格，并且不允许因工资和材料的增加而再次提高价格。

（3）在报酬条款中应规定，承揽人必须提前告知不包含在作为建筑工程清单之基础的工作范围估测中的额外作业。他必须提交书面的补充报价。仅在有书面形式的委托时，他才可进行这样的额外作业。承揽人必须提前说明工程超量。

（4）同时承揽人必须负担执行定作人稍后提出之特殊愿望的义务，只要这对于他是可接受的且当事人已以通常计算价格为基础就该报酬达成一致。*

（5）在执行方面，应约定承揽人已经查验过工程总量测算、工程量清单和图纸以及建筑结构说明书和建筑设计图，并且他已熟知要进行的工作及其范围。承揽人有义务在合理范围内根据要求提供关于工作、材料和组件的质量和可用性的证据。

（6）施工期限

承揽人有义务在特定期限内无瑕疵地完成约定的工作。承揽人必须立即报施工进程的中断，尤其是因所约定的恶劣天气日而发生的中断。

---

[34] Vgl. zB Beck'sches Formularbuch Bürgerliches, Handels-und Wirtschaftsrecht, Formular III F 3; *Schill*, in: Wurm/Wagner/Zartmann, S. 302 ff.

* 第四版中，作者添加脚注：此处应遵守《德国民法典》第 650b 条和第 650c 条中的规范。——译者注

（7）验收

（双方）应明确约定验收的时间和方式。验收应当仅以形式上的验收方式而为之。定作人有义务在提前通知后参加验收。在验收时要制作验收记录。

（8）瑕疵担保权利

关于瑕疵担保权利，（双方）可援用《德国民法典》中关于承揽合同瑕疵担保权利的规定。

（9）支付

建议按照特定的建筑阶段约定分期付款。* 只要承揽人告知了相应的进程，相应的分期付款应在很短的期间后支付，除非定作人指出重大瑕疵。（双方）应当明确约定清算报告的内容，尤其是在额外设施方面。

（10）保障措施

只要有约定，定作人就应向承揽人为尚未支付的报酬提供《德国民法典》第648a条意义上的担保。虽然承揽人因为《德国民法典》第648a条第6款第2项中的例外规定而并不享有这方面的法定请求权，当事人也可以约定之。相反，承揽人有义务向定作人以税前报酬总额的5%为限设定无期限的合同履约保证金，并且额外向定作人交付额度同样为税前报酬总额5%的瑕疵保证作为对瑕疵担保责任的担保。

（11）其他规定

在其他规则方面，（当事人）可在建筑工程合同中约定，双方应通过怎样的方式相互交流，谁具有代表权，谁是施工现场的负责人，以及定作人有怎样的权利以在建设工程期间考察工程状况。

---

* 第四版中，作者在此处添加：（当事人）应规定经营者是否应根据《德国民法典》第650m条第2款提供数额为5%的担保，或者定作人是否应保留相应的价款。——译者注

第十三章 居间法中的合同设计

第一节 概览

诉讼律师们关注的重点在于居间合同。在委托人和居间人之间经常就佣金给付义务发生纠纷。

在合同设计方面,一般交易条款的法律问题在本领域曾有着重要的地位。居间法现在则在更大的意义上成为法官法。判决审核了大量居间合同的条款,并极大地限制了合同设计自由。[1]

第二节 居间合同

设计任务:起草居间合同

在孩子出生后,Steffi 和 Mark 认为他们居住的独栋别墅并不"适合孩子"。因此,他们想把这套房子卖了后,再买一套别处的房产。Mark 和 Steffi 之前一直是房屋中介 Neureich 的律师。因此,他们希望委托他来找到对他们房子合适的买家。Neureich 向

---

[1] *Klasen*, in: Münchener Vertragshandbuch, Bd. 5, Formulare III. 2-4; *Hamm/Schwerdtner*, Maklerrecht, Rn. 11 ff., 925 ff.

Steffi 和 Mark 展示了居间合同的草案。该草案应是怎么样的？[2]

一、导引提示

4 根据法律规定，居间人指工作内容为以报酬为对价而促使合同在双方或多方之间成立的人。这既包括通过报告订立合同成立的机会，也包括通过居间人与有意者谈判而促成所计划之合同的订立（《德国民法典》第652条第1款）。居间法在《德国民法典》中受到了冷漠的对待。其中仅有四个关于民事居间的条文（第652条至第655条）。因此，该领域受到法官对合同设计之审查的强烈影响也就不足为奇了。

5 除非当事人在其他领域另有约定，居间人没有义务在此领域进行居间活动。[3]

6 仅在合同是通过居间人的工作才得成立时，他才享有佣金给付请求权。只有他与委托人已有明文约定，他才可主张偿还费用（《德国民法典》第652条第2款）。

二、初步思考

7 主要的案件事实已经很清晰了。Mark 和 Steffi 想借助房产中介给他们的房子找到一名买家。Neureich 先生则是他们的客户，所以他们都认识他本人并且也很相信他。

8 出卖人和他们委托的中介之利益很相似。双方追求以高价卖出该

---

[2] Klasen, in: Münchener Vertragshandbuch, Bd. 5, Formular III. 4; Möhrle, in: Beck'sches Formularbuch Bürgerliches, Handels-und Wirtschaftsrecht, 9. Aufl. Formular III. I. 该书其后的版本不再包含居间合同的内容。（第四版中，本脚注改为：Klasen, in: Münchener Vertragshandbuch, Bd. 5, Formular III. 4; Severin, in: Schulze/Grziwotz/Lauda BGB: Kommentiertes Vertrags-und Prozessformularbuch, § 652 Rn. 1.《德国民法典》使用了——以既不友好也不常用的——"居间人"（Mäkler）和"居间合同"（Mäklervertrag）的概念。——译者注）

[3] Sprau, in: Palandt, § 652 Rn. 13

不动产。实务中，居间佣金总是取决于成交价的数额，该数额的一定比率即为佣金。但是如果一处房产因为过高的价格预期而变得"无法出售"，那么委托人和居间人将得不到什么好处。因此，快钱就是好钱的道理同样适用于双方当事人。

在与其委托人的讨论中，优秀的居间人会注意纠正错误的价格预期，以免使销售工作复杂化。但是这需要丰富的经验和市场认知。 9

居间合同的法律规范并不符合双方当事人的利益。Mark 和 Steffi 想以高价迅速出售他们的房产，并希望中介开展密集的销售活动。因此，他们希望居间人能负担开展居间工作的义务。相反，居间人则期望能有机会在较长的时间里来处置该房产。他不希望与同样出售该房产的其他中介从事相互竞争的活动。因此，在实务中产生了一种居间合同的特殊形态，即所谓的独家居间委托（Alleinauftrag）。独家居间委托是在实务中发展出来的居间合同的特殊形式，并且得到了判决的认可。其特点是居间人有义务全力促使合同的成立，同时委托人放弃委托其他居间人。该合同是居间人雇佣合同（Maklerdienstvertrag）的典型情况。[4] 10

在报酬方面须澄清这个问题，即委托人是否是居间佣金请求权的债务人，或者居间人是否仅应从买受人那里获得报酬。在居间人看来，如果双方当事人都能向他保证给付一份佣金，这当然是最好的。但是这会牵扯是否允许双方居间活动（Doppeltätigkeit）的问题。只要双方的居间活动得到了公开透明的处理，那么判决认为其即使在媒介居间人（Vermittlungsmakler）的情况下也是被允许的，如果他从另一方就其单纯的指示工作得到了给付佣金的允诺的话。[5] 11

---

[4] *Hamm/Schwerdtner*, Maklerrecht, Rn. 979 ff.; *Klasen*, in: Münchener Vertragshandbuch, Bd. 5, Formular III. 4.

[5] BGH NJW-RR 2003, 991; 2000, 430; *Sprau*, in: Palandt, § 654 Rn. 4 f.; 具体内容，见 *Hamm/Schwerdtner*, Maklerrecht, Rn. 877 ff. 。

三、设计方案的展开

12　　Mark 和 Steffi 希望 Neureich 能够提供一份合同草案。从他的利益出发，Neureich 很重视获得独家居间委托。他会尝试与他们约定居间佣金的给付并额外地约定他可以作为双方居间人而工作。

13　　因此，Neureich 提供的草案如下所示：

14　　独家居间委托形式之居间合同的模板：

　　　　独家居间委托

　　　　当事人

　　　　Mark Pfiffig 先生和 Steffi Klug 女士

　　　　——以下简称委托人——

　　　　以及

　　　　不动产居间人 Neureich……

　　　　——以下简称居间人——

　　　　决定以独家居间委托形式签订如下居间合同：

　　　　第一条　房产

　　　　委托人是以下房产的所有权人：……

　　　　第二条　居间人的工作：

　　　　1. 居间人的工作是报告对第一条所提房产有意的购买者，或充当该房产买卖合同的媒介。他有义务谨慎且持续地处理独家居间委托，并应充分利用所有可获得的合同签订之可能性。

　　　　2. 居间人有权为买受人作为指示居间人工作和获得报酬，并有权签订预约订单。*

＊ 预约订单（Reservierungsvereinbarung）不同于预约合同。订单签订后，居间人有义务在一定期限内不向其他人出售该房产。潜在的买受人应向居间人支付一定的预约费用，如之后签订了房屋买卖合同，则该笔费用将充抵居间佣金；若未签订，则潜在买家无法请求返还该费用。——译者注

第三条　合同期限

1. 合同双方可以在至月底前的一个月之期限内终止合同,最迟期限为……本合同在签订一年后结束,无须终止。

2. 出于重大原因而终止合同的权利不受影响。重大原因是指,例如委托人的行为损害了独家居间委托或者在警告后居间人仍不作为等。

3. 终止须以书面形式进行方才有效。

第四条　主合同

委托人希望以约……欧元的价格出售房产。

第五条　居间佣金

1. 委托人有义务向居间人为其就第一条中不动产买卖合同之指示说明或媒介工作支付佣金,金额为……%及……%的营业税。决定性因素是购买的总体价格,这包括使委托人或第三人受益的辅助工作。

2. 委托人应在主合同签订时支付佣金。

3. 当主合同在居间合同结束后仍因居间活动而成立时,委托人亦有义务支付佣金。

第六条　委托人的义务

1. 委托人应向居间人提供关于第一条所述不动产的必要材料和信息。他也应告知任何与居间活动有关的全部重要变化。

2. 委托人应保密任何从居间人处获得的信息。禁止向第三人披露任何信息,否则将产生损害赔偿义务。

第七条　独家居间委托对委托人拘束力

委托人在合同期限内有义务不委托其他任何居间人,并拒绝其他居间人关于该房产的任何居间活动。

第八条　居间人的义务

1. 居间人应以一般商人应具有之谨慎义务处理委托事宜。

2. 居间人有义务将他获悉的所有对委托人之决定有意义的

情况告知委托人。他尤其应向委托人解释，所期望的或者所提供的出售价格是否符合市场预期。此外他没有义务进行后续调查研究。

第九条 额外约定

（此处可以规定补充性的特别约定，比如费用补偿规则等）

第十条 其他条款

（书面形式、可分条款等）

地点，时间

委托人、居间人[6]

---

[6] 关于该模板及对具体条款的评注，详见 Klasen, in: Münchener Vertragshandbuch, Bd. 5 Formular III. 4。

第十四章 融资租赁法中的合同设计

第一节 概览

在经济生活中,融资租赁变得越发重要。现今融资租赁与买卖具有"同等重要的地位"。从企业经济学和税法的角度看,融资租赁业务的成功不难理解。融资租赁标的物不必提前被支付,因此与购买不同,这不会给流动资金带来负担。至少从理论上讲,融资租赁的租金可以从资本品带来的收益中获得【现收现付(pay as you earn)】。通过合理的设计方案,它还可以在税务上被视为经营费用(Aufwand)。这也不用被作为资产登记于资产负债表中。[1]

融资租赁意味着有偿地在一段时间内获得某资本品的使用权。虽然融资租赁合同具有很多租赁合同的特质,因此,判决将其定性为非典型的租赁合同。[2] 但是与租赁合同不同,融资租赁合同通常由三方当事人参与,即资本品的制造商或经销商、作为融资者的出租人以及作为投资人的承租人。[3]

融资租赁承租人可以自行选择供货商和资本品。出租人则通过购

---

〔1〕 *Martinek*, Moderne Vertragstypen I, S. 43 ff.
〔2〕 *Weidenkaff*, in: Palandt, vor § 535 Rn. 38. (第四版中,新加:BGH NJW 1990, 1113 (1114) mwN。——译者注)
〔3〕 关于两种融资租赁(制造商或者经销商的融资租赁)见 *Martinek*, Moderne Vertragstypen I, S. 56 ff. 。

买该物并将该物的使用权交给承租人的方式,以自己的财产"为承租人"购买该资本品。

4　　　在融资租赁中,承租人有维护、修理及保险的义务。这也是与法定租赁权的另一个本质性法律区别。也即根据《德国民法典》第535条第1款第2句,出租人应保持租赁物处于合于合同的使用之状态。

第二节　动产融资租赁

5　　**设计任务:起草融资租赁合同**

Mark Pfiffig和Steffi Klug在为他们蒸蒸日上的律师事务所招聘更多"合适的法律新生力量"。他们想在所有求职者中找到一位合适的应聘者,但是他们的期望落空了。因此,他们考虑在相关专业期刊上刊登广告,他们可以为年轻的律师在最佳的工作环境和可能有成为合伙人的前景的基础上开出良好的工资,而且将来还可提供行政车级别的公司车辆作为"工资的一部分"。

Mark和Steffi在思考,他们是否想要投入资金购买车辆或者融资租赁这样的车辆是否更加合适。于是他们未雨绸缪地委托他们的实习律师Fleißig来准备在融资租赁合同中要规定的问题并制作一份合同提纲。该融资租赁合同的提纲应是怎样的?[4]

一、导引提示

6　　　Mark和Steffi考虑,他们应通过购买还是融资租赁的方式来取得这辆给他们同事的"公务用车"。因此,他们必须权衡买卖与融资租

---

[4] *Martinek*, Moderne Vertragstypen I, S. 37 ff.; vgl. *Wolf/Eckert/Günter*, Handbuch des Miet, Pacht-und Leasingrechts, Rn. 1743 ff.；关于合同模板,参见 *Stolterfoht*, in: Münchener Vertragshandbuch, Bd. 2, FormulareVI. 1-4; *Nägele*, in: Beck'sches Formularbuch Bürgerliches, Handels-und Wirtschaftsrecht, Formular III. I. 1.。

赁各自的利弊。在这一方面,以下几点背景知识是必要的。

(一)作为买卖之替代方案的融资租赁

行政车级别的车辆至少价值 5 万欧元。因此,如果他们想获得一辆这样的车,那么他们必须要么用自己的钱来购买,要么通过借贷获得相应的外部资金。不论怎样,这样的投资都必须投入资金。相应的流动资产也就不能用于其他投资或者经营上。

公务用车属于固定资产,并且会被记入资产负债表。除持续的运营成本外,Mark 和 Steffi 只能以折旧及以借用外部资金而产生的利息作为经营费用而扣除。

在融资租赁中则有所不同。作为出让人的制造商/经销商仍旧是传统意义上的供货商,不需要承担借贷功能。承租人可以有效地使用租赁物,且不会因自有资金或外部资金的投入而使自己的资产状况受到影响。提供投资资金的出租人自己并不实际使用租赁物,而是起到了投资人的作用,并且将使用的机会转让给了承租人。因此,在公司使用的财产方面,融资租赁实现了财产范围和经营范围的分离。[5]

因此,正如亚里士多德早已知道的那样,财富不在于拥有财产,而在于对物品的使用。

通过适当的合同设计,租赁物上并不会产生承租人的经济所有权(wirtschaftliches Eigentum)。因此,承租人可以要求将所有的费用,尤其是融资租赁的租金,作为经营费用。这样他就能通过减少需要纳税的利润而立刻获得税收优惠。

(二)融资租赁的税法问题

这方面德国财政部门发布的三个融资租赁法案具有决定性的意义,也即 1971 年 4 月 19 日发布的《德国动产融资租赁法案》或称《德国全部摊销法案》[6],1972 年 3 月 21 日颁布的《德国不动产融

---

[5] *Martinek*, Moderne Vertragstypen I, S. 39.
[6] BStBl 1971 I, S. 264, 刊登于 BB 1971, 506 f.。

资租赁法案》[7] 以及 1975 年 12 月 22 日颁布的《德国部分摊销法案》。[8]

13　这些法案都是关于这个问题的，即通过怎样的合同设计，融资租赁物的经济所有权才能够不归属于承租人。只有这样，他才能利用如上所述的税收优惠。

14　此处难以展开论述具体的前提条件。但将相关文献列出以供参考。[9]

（三）售后回租

15　所谓的售后回租（sale and lease-back）具有非常重要的意义。根据这种方法，之后的承租人首先是商品的所有权人，他将该商品出让给出租人后又立刻"租回"。通过这个交易，所有权人和之后的承租人可以将静置资产变现，并通过出卖/获得买卖价款来获取大量的流动资金。他的经济压力仅限于应支付租金，同时他还可以主张上文论述的税收优惠。[10]

二、初步思考

16　本案例中，Fleißig 应整理融资租赁合同中应规范的内容，然后制作融资租赁合同的提纲。这项任务十分清晰，并且具有"纯粹的法学特质"。

17　对 Mark 和 Steffi 而言，首先产生的商业问题是：购买或融资租赁，从结果上看，二者哪种在企业经济学上更有优势。如果说融资租赁一方面能避免资金占用并可以通过适当的合同设计立即将融资租赁的费用作为经营费用扣除，那么另一方面出租人的"融资功能"也

---

[7]　刊登于 BB 1972, 433 f.。
[8]　刊登于 BB 1976, 72 f.。
[9]　Martinek, Moderne Vertragstypen I, S. 47 ff.
[10]　Martinek, Moderne Vertragstypen I, S. 60 f. 但如果出让的收益没有被亏损结转或持续亏损所抵销，则被变现的静置资产可能导致积累更多的所得税。

当然必须被支付。在确定租金时，他必须将风险溢价（像出借人一样）、管理费及"适当的"利润都计算进去。因此，通过购买还是融资租赁进行的投资在企业经济学上更加有利是极难判断的，并且只能根据个案情况决定。

三、制作合同草案的提纲

Fleißig 应充分参考现有的合同指导手册并在网络上调查研究。他发现融资租赁合同通常由两部分组成，即具有导引性质的具体合同文本和一般融资租赁条款。

（一）具体合同文本

具体合同文本首先要说明合同当事人，也就是出租人和承租人，其后紧接对租赁物的描述，再之后则是关于合同期限、租金和支付方式的规定。如果合同涉及消费者，则最后要说明消费者的撤回权。

（二）一般融资租赁条款

一般融资租赁条款如下所示：

一般融资租赁条款提纲：

第一条　合同的成立
第二条　租赁物
第三条　融资租赁的开始
第四条　租金
第五条　租金给付和给付迟延
第六条　租赁物交付和交付迟延
第七条　受领和受领迟延
第八条　所有权关系、车辆保有人和许可
第九条　保有人的义务
第十条　保险范围及损害结算
第十一条　责任
第十二条　保养、修理和其他义务

第十三条　物之瑕疵或权利瑕疵责任
第十四条　合同的废止和终止
第十五条　终止后的结算
第十六条　车辆的取回
第十七条　一般条款[11]

---

[11]　关于这个模板见 *Nägele*, in: Beck'sches Formularbuch Bürgerliches, Handels-und Wirtschaftsrecht, Formular III. I. 1; *Stolterfoht*, in: Münchener Vertragshandbuch, Bd. 2 Formulare VI. 1-4。

第十五章 特许经营中的合同设计

第一节 概览

越来越多的德国人开始从事所谓特许经营加盟商这种自雇职业。无论是在欧倍德（OBI）建材家具市场、麦当劳和汉堡王这样的汉堡餐厅，还是在奇堡（Tchibo）咖啡店或途易（TUI）旅行社，约有72 000个独立经营者活跃在德国的土地上。近年来，该行业仍在不断发展。当下超过540 000人都在从事特许经营业务，且该数字还在急剧增加。[1]

1

在特许经营行业中，特许人授予被特许人有偿地在当地使用其经营理念（Geschäftskonzept）的使用权。除了传授专有技术外，授予商标或外观设计的使用权通常也是特许人服务的重要组成部分。该领域的合同设计极其复杂。通常只有专攻此方向的律师才会负责起草这样一套复杂的合同。该合同会包含各种极为不同的合同要素，因此，特许经营合同最终被归类为"混合合同"[2]。

2

---

[1] 德国《世界报》2006年7月22日，第16页。根据维基百科，在2014年共已有1 075名特许人和72 384名被特许人及541 040名受雇者。德国特许经营协会的最新数据显示，2019年德国已有133 000名特许经营加盟商和将近717 000名雇员。——译者注

[2] Heil/Wagner, in: Münchener Vertragshandbuch, Bd. 2, Formulare III. 14 und 15 Anm. 4.

第二节 特许经营或设立分公司

3　　设计任务：特许经营

多年来 Pfiffig & Klug 律师事务所一直在代理 Sun & Beauty 有限责任公司的事务，该公司在明斯特和周边其他城市共经营6家美黑沙龙。

该公司的经理和唯一的股东——Schön 女士，在某一天拜访了 Mark Pfiffig 和 Steffi Klug，并向他们咨询。她希望下一步首先在北威州的大城市开设更多的美黑沙龙。接下来她想把业务范围扩展到德国全境。

Schön 女士相信她的业务扩张能取得成功。她认为她可以在业务扩张计划中复制她现在成功的经营理念。但是，她在《巴塞尔协定二》（Basel II）方面仍有疑虑，她担心银行不会贷款支持这样的商业扩张以及她的"女性力量"是否足够支持她自己一人经营这么多的分店。

于是 Schön 女士向 Mark 和 Steffi 询问她如何才能实现她的目标。[3]

一、初步思考

4　　特许经营作为现代的合同类型，并未被规定于《德国民法典》或《德国商法典》中。现在对其最常用的定义来源于德国特许经营协会（Deutschen Franchiseverband）。据此，特许经营是基于继续性债

---

[3]　关于特许经营的具体内容，参见 *Martinek*, Moderne Vertragstypen II, S. 35 ff.；关于合同模板，见 *Nägele*, in：Beck'sches Formularbuch Bürgerliches, Handels-und Wirtschaftsrecht, Formular III. I. 2；*Heil/Wagner*, in：Münchener Vertragshandbuch, Bd. 2, Formulare III. 14 und 15.

务关系产生的,由法律上独立的公司组成的以纵向合作为组织架构的销售系统。这一系统作为一个整体出现在市场上,其特点是系统内合作伙伴间相互分工的服务计划,以及用于确保全系统一致行动的指令和控制系统。该特许人的服务计划是特许经营资源(Franchisepaket),包含采购、销售及组织方案、知识产权的使用、对被特许人的培训,也囊括了特许人长期积极支持被特许人的义务以及持续发展经营方案的义务。被特许人以自己的名义经营并且自负盈亏,他拥有有偿使用特许经营资源的权利和义务。作为对项目的贡献,他将提供劳动、资金和信息。〔4〕

二、咨询阶段

Mark 和 Steffi 正在处理商事律师典型的咨询委托。委托人有一个商业想法,实现这个想法在企业经济学上和法律上都十分复杂。因此(律师们)必须细致地研究和查明具体的替代行动方案并谨慎地考虑各个方案的优缺点。咨询的成功源于律师和委托人的团队合作。委托人必须告知律师全部的信息。这虽然会花费时间,但能换来成功的结果。律师必须充分理解委托人的诉求并实现之。(双方)应避免所有因沟通不足而产生的误解。 5

Schön 女士在咨询时表达得很明确。她对她的商业想法很有自信,并可以用她现在的成就加以佐证。但她仍有两方面的疑虑。她的问题在于:一方面她的劳动力可能不足够支持她继续开展连锁经营;另一方面她也可能没有充足的金钱。她害怕她的银行不会提供足以支持业务扩张的贷款。 6

(一)关于管理能力

如果 Schön 女士想要在德国开设更多的美黑沙龙,那她就需要更强的管理能力。(她)必须监督指导现场员工的工作。当然,Schön 7

---

〔4〕 参见德国特许经营权协会会员荣誉守则中的定义(DFV Ziff. 2)。

女士可以聘请经理来减轻自己的负担。但是额外的管理人员要花更多的钱,而且问题在于,通过一个明确划分上下级的雇主—雇员系统来管理各个小型工作室是否是有意义的。在此背景下,由(本地的)独立经营者在各地开设美黑沙龙似乎更为合理。特许经营就提供了这样的方案。

(二)关于资金问题

8　　商业扩张需要资本。相应必需的资金要么自行准备充足,要么从外部筹措。下文详述。

1. 自有资本

9　　进行投资的企业家有了足够的自有资本。这时他就无须依赖外部资金的帮助。这样的理想情况现在在德国很难出现了。德国企业自有资本比例过低的话,经常会被起诉。

10　　如果合伙人成功地用他的商业理念说服了第三人,并且能说服其作为股东加入公司的话,他可以通过这种方式获得自有资本。通过增资,新股东为公司注入了新的流动资金,从而为投资提供了资金。对于现有的股东而言,这种方法"唯一"的缺点是他必须"分享"他在公司里的权利,并且肯定无法自行决定所有事务了。

11　　外部股东偶尔会由银行"介绍"而来。有时甚至是它们自己的子公司。这类公司被称为私募股权公司(Private-Equity-Gesellschaft)或者风险投资公司(Venture-Capital-Gesellschaft)。

12　　私募股权是股权资本的一种特殊的场外交易形式。它通常由投资机构提供。他们的最低资本回报率通常为15%。

2. 夹层资本

13　　融资中必要时也可使用所谓的"夹层资本"(Mezzaninkapital)。夹层资本指在法律和经济的结构上表现为自有资本和外部资本混合形式的资本形态。因此,具体合同的设计可以使之或类似于自有资本,或赋予其外部资本的特质。其性质也决定了资产负债表的编制。

14　　夹层资本的期限一般为七至十年,此期间内终止的机会受到严格的限制。大多数情况下，（当事人）会约定财务承诺条款（finanzielle Convants）（这是对不同借贷合同条款的统称，这些条款通常以满足特定财务指标为内容），例如在自有资本比率低于约定标准时，出资人可因此拥有更大的知情权和审核权，并因为要承担更大的清偿风险而增加利息。

3. 外部资本

这是典型的借贷。银行和储蓄所会为企业的创办和扩张提供资金支持——必要时她也会借助国家开发银行（staatliche Förderbank）的支持。

（三）拓展：贷款的批准

Schön女士担忧她的银行不会为她的商业扩张提供资金。她特别提到了《巴塞尔协定二》。这让我们有理由通过此处的拓展内容更详细地了解银行和储蓄所是如何批准贷款的。

《巴塞尔协定二》和银行与储蓄所向公司批准贷款的相应限制已广为公众所知。随之而来的，信用和信用评级的相关话题也经常被讨论。[5]

1. 担保

只有（银行和储蓄所）获得了担保后，贷款才会被批准。虽然信贷机构主要根据公司收入状况评估来决定是否放贷，也即公司应当有能力以自己的盈利支付贷款的利息并清偿贷款。但是盈利计划总是不可靠的，且通常过于乐观。为此，银行应确保在必要时可以动用担保并将其变价。

提到人之担保，我们首先想到的是保证和安慰函。安慰函并未被

---

〔5〕 时下关于通过《巴塞尔协定三》改革《巴塞尔协定二》的讨论非常火热。从2007年开始的金融危机暴露了先前银行业监管制度的弱点，并揭示了银行高质量股权（所谓的核心资本）的不足。《巴塞尔协定三》要求银行进一步加强其自有资本，大量过渡性规定自2014年1月1日起生效。（第四版中，作者加入：时下在讨论作为《巴塞尔协定III》之改革与扩充方案的《巴塞尔协议IV》。——译者注）

规定于法律之中，并且很少作为判决的内容。它是公司法上一种债法性质的声明，根据该声明，借款人的母公司（Patron）将确保作为借款人的子公司履行其债务。

20　　安慰函分为"强"和"弱"两种。弱安慰函在实务上只是一个没有法律拘束力的"意向书"，而强安慰函则使保证人有义务在借款期限内管理其子公司并使子公司拥有充足的资本，以能按时偿还现在及将来的债务。

21　　物之担保主要指土地担保权，比如抵押权和土地债务，还包括让与担保和债权让与担保（Sicherungsabtretung），后者尤其指概括转让的形式。

2.《巴塞尔协定二》

22　　《巴塞尔协定二》是一套信贷机构自有资本规则。自 2007 年 1 月 1 日起，欧盟各成员国必须遵守由巴塞尔银行监理委员会制定的规则，即欧盟指令 2006/49/EG 号，而且此前该规则已长时间为实务所接纳。它规定信贷机构必须保有一定的自有资本，具体为与所发放贷款额相关的一定比率。因此，信用风险应可以被较高的自有资本率"对冲"，这样可以尽量避免信贷机构破产。根据《巴塞尔协定一》，每笔贷款都必须有统一 8% 的自有资本作为后盾。该方案在《巴塞尔协议二》中几乎没有改变。但是现在银行未偿还债权的权重比将根据业务伙伴的信用评级，在 0%（信用风险为零）和 150%（极高的违约风险）之间浮动。由此产生的每个"风险加权资产"（risikogewichteten Aktiva）必须拥有 8% 的自有资本作为后盾。

23　　《巴塞尔协定二》虽然仍是信贷监管方面的规则，但是它对银行贷款的批准也产生了巨大的影响，并导致尤其中小企业无法获得必要的贷款。

3. 信用状况与信用评级

24　　某人是否能获得贷款以及能取得怎样的贷款条件，主要取决于其信用状况。信用状况由清晰明了的方法确定，即所谓的信用评级。风险评估可以借助一个量表而完成。该信用评级主要依赖对一个问题的评价，即借款人是否有能力按期且完整地偿还债务。

在债权人眼里，这是对其债权违约概率的评估。典型的评级标准是行业评估（Brancheneinschätzung）、竞争情况、管理经验、盈利能力、财务状况、预计/预算数字、账户管理、账户详细信息和借款人的法律形式。 25

信用评级要么由外部评级机构调查，要么通过信贷机构自己在内部进行。外部的评级十分复杂，类似于尽职调查。因此，如果不能确定何时结束的话，委托人将付出大量的金钱。 26

三、作为开设分店替代方案的特许经营

咨询情况的分析显示，Schön 女士实现计划最佳的方案是通过特许经营系统开设分店。作为当地经营者的被特许人管理其美黑沙龙，这就降低了对管理能力的要求。她只需要提供并维护特许经营资源，并管理监督被特许人的活动即可。 27

雇主就是被特许人本人。他还必须设法获得自己美黑沙龙的资金。因此，Schön 女士就可以将这个问题转嫁给她的合同相对人。 28

总之，Mark 和 Steffi 可以建议 Schön 女士，通过特许经营系统来实现她商业版图的扩张。 29

四、特许经营体系

以下将介绍特许经营权的重要特征。具体如下。 30

（一）特征列表

根据德国特许经营权协会的介绍，特许经营权具有如下特征： 31

特许经营权的特征

（1）营销体系
——去中心化的营销体系
——法律上独立的分销商

（2）服务项目

—系统提供者（特许经营资源）：

—知识产权的使用

—采购、营销及组织方案

—经营架构/职业培训

—体系的进一步发展

—持续且活跃的支持

—系统接受者：

—投入劳动力

—投入资金

—告知义务

（3）纵向的合作组织

—组织紧密

—深入合作

—纵向分工

—指示与控制体系

（4）一体化身份

—名称/商标/标记

—统一形象

—共同战略

—一致行动

（5）法律上的独立性

—经营者的自主权

—独立经营、自负盈亏

（6）合同性继续性债务关系

—长期合作

—系统提供者的权利和义务

——系统接受者的权利和义务

——报酬规则

（二）特许经营合同结构

最终，Mark 和 Steffi 将向 Schön 女士提供如下特许经营协议提纲建议：

特许经营合同结构

序言

第一条　特许经营的内容

第二条　特许人的义务

第三条　指导方针与原则

第四条　被特许人的义务

第五条　被特许人的经营

第六条　报表制度及特许人的控制权

第七条　特许经营费

第八条　销售额报告、会计及资产负债表

第九条　技术、装备及货物相关内容

第十条　保密及使用限制

第十一条　副业禁止及竞业禁止

第十二条　保险及豁免

第十三条　特许人的责任

第十四条　教育及培训

第十五条　广告及促销

第十六条　特许经营合同的转让

第十七条　具体权利及内容的转让、转特许经营（Unter-Franchise）

第十八条　被特许人死亡或无劳动能力

第十九条　合同期限和合同的终止

第二十条　即时终止
第二十一条　合同结束的后果
第二十二条　调解条款
第二十三条　一般规定[6]

---

[6]　撤回权的说明（《德国民法典》第 510 条第 1 款第 1 句、第 2 款及第 355 条）。有关合同模板的具体内容，参见 *Heil/Wagner*, in: Münchener Vertragshandbuch, Bd. 2, Formulare III. 14 und 15 sowie Anm. 67。

第十六章　物权法中的合同设计

第一节　概览

物权法规制了特定自然人或法人对动产和不动产占有或所有的关系。如果合同设计涉及物之法律状态，那么物权法有着重要的地位。此外，物权法还规定了大量的定限物权规则，这些规范是在追求特定法律后果时常用的工具（例如土地担保权、用益物权、役权及质权等）。但不同于债法，这些法定的设计方案无法通过合同的处分自由（Dispositionsfreiheit）而被变更或扩张。仅当法律允许某物权并且该物权以法律所希望的形式出现时，物权方才存在。[1] 这就是物权法中的"物权法定"（numerus clausus）原则。

1

除《德国民法典》中规定的物权外，法律实务也通过特别法发展出了一些重要制度，例如《德国区分所有权和长期居住权法》及《德国地上权法》中的建筑物区分所有权。考虑到有关法律人培养法律规范中专业必修课程对物权法内容的高度重视，以下仅对实体法的一些关键内容和制度做引入性的介绍，这些介绍将参考前文第七章第三节中关于不动产买卖合同的论述。

2

---

〔1〕　*Baur/Stürner*, Sachenrecht, §1 Rn 7.

第二节　按份共有、预告登记、抵押权、土地债务、让与担保、役权

3　　设计任务：建筑师之家

Steffi 和 Mark 最后找到了他们的理想住房。这是一套特别设计的独栋别墅，一套所谓的"建筑师之家"（Architektenhaus）。该房的出卖人，一位建筑家，目前正遭遇财务困难，他很难继续偿还贷款。不过这套"建筑师之家"在 Steffi 和 Mark 看来亦有不美观之处：花园对他们来说实在太小了。

在询问后，与该房直接毗邻的邻居表示，他愿意以合理价格长期提供他花园的一部分给"建筑师之家土地"里的花园使用。根据建筑规划相关法律的规定，他无法将土地的接壤部分从他的土地中分离，并将之独立地转让给 Steffi 和 Mark。Steffi 和 Mark 仍必须为购买该房产向银行贷款。银行已经对此做好了准备，但要求在房屋土地上设定证书式土地债务作为担保，数额即为购房价金额。此外银行还指出，该"建筑师之家"的特殊设计使其成为了精品建筑（Liebhaberobjekt）。这可能使房屋的出让变得更为艰难。因此银行还额外要求了一份担保。眼下 Mark 的重要资产只有一辆刚刚继承的老爷车，该车的市场价值约为 15 万欧元。

虽然 Steffi 和 Mark 已经因为当时购买了 Steffi 父亲的自有住宅，而有了一定的不动产买卖经验（本书第七章第三节），但是现在仍有一些特别的问题摆在他们面前：

如果出卖人陷入了财务困难，他们是否仍能确定地购买该房屋？

长期使用邻居"出卖的"花园土地是否安全？

因为隐约地想起了媒体对信贷机构滥用证书式土地债务的报

道，Steffi 想知道银行对担保的要求是否合理以及这会带来哪些风险。

最后，Steffi 和 Mark 还想知道，他们应当以哪种法律形式取得房屋。

一、初步思考

案例中希望实现的规则目标[2]是很清晰的：Steffi 和 Mark 想购买该建筑师的独栋别墅。他们二人希望共同购买，但尚不清楚如何设计相应的法律关系。

在购买"建筑师之家"的同时，Steffi 和 Mark 希望与邻居达成协议，以允许他们将相关土地长期作为花园使用。

为了购买房屋，Steffi 和 Mark 必须申请银行贷款。作为代价，银行要求提供担保，具体而言首先要求提供在所购房屋土地上的土地债务。特殊之处在于，由于特殊建筑设计的特殊性，单纯土地的价值并不足以（担保贷款），因此银行要求额外提供一份担保。对此，继承的老爷车可作为担保。

二、设计方案的展开

因此，前述规则目标的法律设计要求体现四个主体间的法律关系：

（1）应规范 Steffi 和 Mark 之间作为房屋土地的共同买受人和将来房屋土地共有人的关系；

（2）要设计 Steffi 和 Mark 作为一方当事人，与作为出卖人的建筑师为另一方当事人之间的土地买卖合同；

（3）须规制 Steffi 和 Mark 作为一方，与邻居作为另一方之间，在"花园土地"方面的法律关系；

---

[2] 参见第四章边码 13。

（4）最后将规制 Steffi 和 Mark 作为一方，与借贷银行作为另一方之间的关系。

8   接下来在有条理的规范找寻过程中，建议分别处理上述各个关系，以便此后审核各种法律关系之间存在哪些优先关系或内容上的依存关系。

（一）Steffi 和 Mark 之间的法律关系（共有关系/土地合伙*）

9   Steffi 和 Mark 间法律关系之问题的回答，取决于哪种方案更能实现两位当事人的设想【目的相当标准（Maßstab der Zieladäquanz）】。[3] 相应设计方案的寻找可以首先以制定需求列表的方法为开端，或者也可以提问：哪些可供考虑的设计方案更能实现目的。只有当"选择"相对受限时，答案才可能快速地聚焦于一个恰当且合适的设计方案上。

1. 规则方案

10   因为 Steffi 和 Mark 想一同购买房屋土地，所以单独所有权的形式就被排除了。这也产生了一个问题：《德国民法典》，尤其是物权法，为这种情况规定了哪些待选方案，以使多人可以共同取得一个物（此处即房屋土地）。

11   通过《德国民法典》第 1008 条及以下的共有（Miteigentum）规则，二个及二个以上的人可以共同取得某特定物的所有权。它是按照虚拟份额获得共同所有权的方法。物的所有权属于各个共有权人组成的整体。每个拥有份额的权利人并不是全部物的所有权人；尽管不会真的分割物，而只会虚拟的，也就是只在观念上发生，通过以数字形式为表达的所有权分割替代。每个共有人的权利份额都会构成一个独立的物权，且该权利本质上仍是所有权。因此，只要没有其他规定，

---

* 土地合伙（Grundstücksgesellschaft）指当事人在合伙协议中规定，该合伙是仅以管理或出租土地为目的的合伙，详细内容参见 Wertenbruch, in: Ebenroth/Boujong/Joost/Strohn, 4. Auflage 2020, § 105 HGB Rn. 77 f. 。——译者注

[3] 关于选择设计方案的标准，见第四章边码 104。

它也可适用法律上关于所有权的规定。[4]

Steffi 和 Mark 以建立商事公司的形式（比如开放公司或者有限责任公司）取得土地的方案自始就被排除了，因为根据主流观点"维持和管理"一幢独栋别墅并不符合经营任何一家商事公司的目的，而且资合公司的法律形式也因税收及运营成本等原因并不合适。[5]

唯一可考虑作为共有关系备选方案的方式，是 Steffi 和 Mark 以民事合伙（Gesellschaft bürgerlichen Rechts）的形式取得房屋土地（《德国民法典》第 705 条以下）。根据已过时的判例[6]，共同维护和管理某处房屋土地并不足以成为《德国民法典》第 705 条意义上的目的，因此，相应的土地合伙（Grundstücksgesellschaft），尤其是配偶之间的，并不被承认。但是现在以民事合伙为形式的土地合伙已得到承认，即使其仅以共同维护管理一所特定房屋为目的。[7]

除了单纯的取得房屋土地和其后的共同使用外，Steffi 和 Mark 并无进一步"维护和管理"独栋别墅的目的。在此前提下，仅在《德国民法典》第 705 条及以下的法定民事合伙规则比共有规则更适合 Steffi 和 Mark 之间的关系时，这种方案才有考虑的必要。

2. 按份共同关系/共有

《德国民法典》第 1008 条以下物权法的共同所有权是《德国民法典》第 741 条以下债法之按份共同关系的下位类型。[8] 因此，如果某特定物的两个受让人没有其他约定的话，比如约定在他们两人之间不适用《德国民法典》第 705 条及以下民事合伙规定，那么他们将

---

[4] BGH NJW 2007, 2254 (2255); *Aderhold*, in: Erman, vor § 1008 BGB Rn. 4; *Herrler*, in: Palandt, § 1008 Rn. 1.

[5] OLG Düsseldorf BNotZ 1973, 91; 不同观点见 *Schmidt*, in: MünchKommBGB, § 741 BGB Rn. 5.

[6] OLG Düsseldorf DNotZ 1973, 91.

[7] BGH NJW 1982, 170 (171); OLG Düsseldorf NZG 2001, 746; dazu *Schäfer*, in: MünchKommBGB, § 705 BGB Rn. 145; *Westermann*, in: Erman, § 705 BGB Rn. 30a.

[8] *Ruhwinkel*, in: Kersten/Bühling, Formularbuch, § 56 Rn 48.

强制性地以《德国民法典》第 1008 条以下物权法的共同所有权之形式取得该物，并且在他们之间《德国民法典》第 741 条以下按份共同关系的规定也会被作为兜底性构成要件。有疑义时，所提供的法律规则非常适合两个或两个以上的人共同"维护和管理"某物。

（1）均等份额和共同管理

16　　有疑义时，根据《德国民法典》第 742 条应认为共有人拥有均等的份额。如果 Steffi 和 Mark 没有其他约定，那么他们将各自取得该土地二分之一的共有份额。根据《德国民法典》第 743 条第 2 款，每个共有人都有权使用共有物，这当然也是 Steffi 和 Mark 所希望的。根据第 744 条，共有人共同享有管理共有物的权利；关于管理和使用方式方法的决议需要多数决，多数决则要按份额的数量计算（《德国民法典》第 745 条第 1 款）。因为 Steffi 和 Mark 各自有同等的份额，所以只有当他们达成一致时，才会产生多数决定。[9] 这同样也能符合他们的利益。根据《德国民法典》第 747 条，共有人只能共同处分共有物（本案例中即房屋土地）。但是每个共有人可以分别处分他所有的份额（《德国民法典》第 747 条第 1 句）。这在本案例中可能在产生了单独负担时更加有利，例如如果 Steffi 就其应给付的款项全部申请贷款融资，则她全部的份额上都存在负担；相反 Mark 可能拥有很高的自有资本份额，并且只想借用很小部分的外部资本。

（2）处分的可能性和优先购买权

17　　法律上自由处分共有份额的可能性在独栋别墅上或多或少只存在于理论中。在不动产市场上，很难找到合适的买家愿意购买房屋一半的共有份额并且与一个不认识的人一起决定房屋的管理和使用。但如果共有人之一极有可能试图将其共有份额出售给第三人时，Steffi 和 Mark 或许可以未雨绸缪地为这种情况授予对方优先购买权。Steffi 和

---

[9] *Schmidt*, in: MünchKommBGB, §745 BGB Rn. 21.

Mark 也可通过他们之间其他的内部协议阻止另一方出让其份额。[10]

根据《德国民法典》第 746 条，共有人也可以自行决定共有关系的管理和分割规则，这些规则根据《德国民法典》第 746 条及第 1010 条在必要时也可以针对特定继受人生效。其前提是在土地登记簿上登记。

（3）负担和费用的承担

根据《德国民法典》第 748 条，每个共有人都有义务按照共有份额承担共有物上的负担和支付为保持和管理共有物而产生的花费。这也符合 Steffi 和 Mark 的利益。

（4）共有关系的废止

《德国民法典》第 749 条规定，每个按份共有关系中的共有人随时可以要求废止并可要求分配共有份额。这与《德国民法典》中民事合伙的规定类似，即合伙人在未约定合伙期限时可随时终止民事合伙关系（第 723 条第 1 款）。但只要民事合伙关系存在，根据《德国民法典》第 719 条第 1 款后半句，合伙人就无权请求分割财产。如果 Steffi 和 Mark 约定他们之间成立按份共有关系，那么他们必须共同决定是否要限制共有人的可废止共有关系的请求权。[11]

从当事人的利益出发，这并非是强制的。如果 Steffi 和 Mark 共同居住在房屋里，并且他们中的一个想要结束对该房屋的共同"维护和管理"，那么他们两人的人身关系大概也走到了终点，这时无论如何也需要规定如何处置该独栋别墅的共有权。这种情况下，（他们）可以适用《德国民法典》第 752 条以下关于分割共有物的规定。

根据《德国民法典》第 753 条，当该土地被出卖于第三人时，独栋别墅共有关系亦即废止。当第三人购买该房屋时，Mark 和 Steffi 之间无须讨论购买价款是否合适，因为他们两个享有同等份额的人都想

---

[10] *Aderhold*, in: Erman, §747 BGB Rn. 2.
[11] *Nusser*, in: NK-BGB, §1008 Rn. 10.

获得尽可能高的市场价格。如果 Mark 或者 Steffi 想要获得另一方的份额，情况就不一样了。此时他们必须在内部就（一半的）购买价款达成一致。当 Steffi 和 Mark 既不能一致同意将房屋出售给第三人，也不同意将自己的份额出售给另一方时，那他们只能通过《德国民法典》第 753 条及《德国强制拍卖和强制管理法》第 180 条至第 184 条中所谓的财产分割拍卖来出让土地了。因为这是时间上和经济上最差的选择方案，实务中共有人要么选择卖给第三人，要么在就购买价格长期谈判后选择将份额出售给另一共有人。

(5) 结论

23　　总而言之，法律上关于共有关系的兜底要件基本是 Steffi 和 Mark 取得房屋所有权的最佳方案。这种情况下，Steffi 和 Mark 各自按照《德国民法典》第 1008 条取得房屋土地一半的共有份额。

他们之间的法律关系将按照《德国民法典》第 741 条以下设计。这些规则基本也符合 Steffi 和 Mark 的利益；当然他们也要考虑在共有协议中规定一些具体细节，比如授予对方优先购买权并且可能要规定，如果一方想废止共有关系时该如何操作。假如 Steffi 和 Mark 以民事合伙的形式取得房屋土地，这样的规定也是恰当的。但（他们）同样要调整并补充《德国民法典》第 705 条以下的规则。因此，一定的"个性化需求"并不站在共同所有权和共有关系方案的对立面，并且这种"个性化需求"也存在于民事合伙的方案之中。

24　　因此，如果 Steffi 和 Mark 作为共有人受让他们的"梦中豪宅"，那么他们已经得到了充分的建议。这不是以合伙法中社团的形式取得，而是两人各获均等份额的取得。之后 Steffi 和 Mark 将分别作为拥有一半的份额的共有人被登记于土地登记簿中。

(二) 与房屋土地出卖人的法律关系（预告登记）

25　　优秀合同设计的目标不仅仅在于设计一份生效的合同，且这份合同可以尽可能地实现当事人的规则目标。除此以外在合同设计中还要考虑，在法律层面得到良好设计的合同中，合同一方或多方的当事人也可能会出现履行障碍的问题,进而导致合同履行的失败(风险规划)。[12] 从本案例中可以得知,土地的出卖人已经陷入了财务困难。因此,Steffi 和 Mark 在一开始就问自己,尽管卖家经济困难,他们是否仍可以安全地购买房屋,这当然没有什么错。所以卖方的财务困难就是在风险规划时必须予以考虑的特殊情况。这就产生了一个问题,即卖方的财务困难会带来什么风险。

1. 已设负担产生的风险

根据案情,出卖人已无力偿还贷款。如果(出卖人)为房屋申请了贷款,那么该土地大概率已经被设定了相应的土地担保权。有关细节将由为土地买卖合同进行公证的公证人在检查土地登记簿时确定。[13]

(1)土地担保权及其消灭

在准备谈判时,Steffi 和 Mark 就可以让出卖人出具一份现存的载明土地担保权和这些权利所担保之债务的列表,以此来确定购买价款是否足以偿付相应的借贷并消灭将购土地上设定的土地担保权。特别是如果卖方表示贷款额甚至高于购买价格时,Steffi 和 Mark 应自行联系贷款银行,以确定银行是否愿意以购买价款为对价涂销土地担保权登记。即使(较低)的购买价格与(较高)负担之间存在着巨大的差异,银行通常也乐于收取购买价款并涂销其更高价值的土地担保权。对于银行而言,重要的是购买价格是否符合房产的市场价值。他们唯一的替代方案就是强制拍卖土地。但强制拍卖土地的价格通常会低于市场价值。因此,在扣除金钱成本并考虑时间成本后,强制拍卖的实现方式对于银行来说是最差的选择。

如果 Steffi 和 Mark 已经从当事银行收到了愿意以购买价款为对价涂销现存土地债务的意愿声明,那么因为出卖人自己无法使现存的负

---

[12] 关于风险规划,见本书第四章边码 74。
[13] 关于查明相关的法律条件,见第四章边码 7。

担得到涂销,而使土地买卖合同无法履行的风险至少就会被限制。

因为在合同履行过程中,只在公证人收到所有关于无须承担的负担只涂销文件时,购买价款的履行期限才截止,所以 Steffi 和 Mark 不会遇到已付价款但土地登记簿上的负担未被涂销的情况。[14]

(2) 涂销登记的费用

29 通常出卖人要承担涂销现存负担登记的费用。[15] 如果出卖人因为财务困难而无法支付该笔或十分巨大的费用时,那么 Steffi 和 Mark 为了得到"自由的"土地登记簿,他们只能用自有资金支付该费用。因此,鉴于出卖人财务困难的状态,Steffi 和 Mark 可以事先预防性地约定,在公证后的买卖合同里他们有权以购买价款支付涂销登记的费用。因此,要受偿的银行将获得相对更低的购买款作为清偿费用,并且只能接受该价款。

2. 事后情况产生的风险

30 有远见的风险规避措施应考虑到,出卖人的财务困难会导致更高的风险。例如卖方的债权人可以在履行土地买卖合同时对土地采取强制执行措施,比如根据《德国民事诉讼法》第 720a 条第 1b 款规定的担保性抵押权。最后,也不能完全排除这种可能性,即卖方本人在其财务困难的情况下为了非法地获得更多金钱或者对其财产开启破产程序,进而违约地在土地上设定其他负担。这就产生了一个问题,即买受人可以使用哪种工具来保护自己免受此类风险的侵害。

(1) 预告登记的担保效力

31 合适的担保方式是《德国民法典》第 883 条中的预告登记(Vormerkung)。它是将债权请求权转化为物权且具有一定物权效力的

---

[14] 关于公证人在设计土地买卖合同时的功能,参见 *Junker/Kamanabrou*, Vertragsgestaltung, § 6 Rn. 21。

[15] Kutter, in: Beck'sches Notar-Handbuch, Kap. A II. Rn. 36. (第四版中,本脚注改为:Vgl. Gebele, in: Beck'sches Formularbuch Bürgerliches, Handels-und Wirtschaftsrecht, Formular III B 1 Anm. 31。——译者注)

担保措施。[16] 预告登记不仅保障了关于移转土地的请求权【因此"不动产所有权转让预告登记"（Auflassungvormerkung）这一术语在内容上过于狭窄】。预告登记还可以担保其他产生、变更或消灭关于某土地之物权的请求权。[17]

预告登记不会导致土地登记簿被冻结[18]，而只是使之后对该土地的处分相对无效，只要该处分妨害了被担保的请求权（《德国民法典》第883条第2款）。《德国民法典》第888条中的请求权被用于实际执行。根据今天的主流观点，该请求权被认为是一个与预告登记相关的物权请求权。[19] 预告登记不仅保障了已存在且到履行期的请求权，同时也是将来的或附条件之请求权的保障手段（《德国民法典》第883条第1款第2句）。

如果在将公证的土地买卖合同[20]中，预告登记被以有利于Steffi和Mark的方式申请并批准，则该预告登记可以使Steffi和Mark的所有权转让请求权不会受到事后的阻碍或损害，例如通过：

■ 出卖人以法律行为的方式做出的处分，例如与第三人达成不动产转让合意或违约地设立负担；

■ 针对出卖人的强制执行措施及其他《德国民法典》第883条第2款第2句规定的其他类型措施；

■ 对出卖人财产的破产措施。根据《德国破产法》第106条，预告登记不受破产程序的影响（insolvenzfest）。与《德国破产法》第103条中破产管理人选择权不同，预告登记保障的请求权也可以根据

32

33

---

[16] BGH NJW 1974, 2319 (2320). 关于预告登记法律性质的争议，见 *Kohler*, in: MünchKommBGB, §883 BGB Rn. 5 f. 。

[17] *Ruhwinkel*, in: Kersten/Bühling, Formularbuch, §61 Rn. 3; *Kohler*, in MünchKommBGB, §883 BGB Rn. 24.

[18] 通说参见 *Jauernig*, in: Jauernig, §883 BGB Rn. 13。

[19] *Artz*, in: Erman, §888 BGB Rn 2.

[20] 关于合同的基本结构，见第七章边码82。

34 　　《德国破产法》第 106 条的特别规定向破产管理人主张履行。[21]
　　　　自申请登记预告登记时，权利人即获得了预告登记的保护，也就是说：

■ 针对《德国土地登记条例》第 17 条中违反预告登记之所有权转让和违反预告登记之负担的保护；

■ 针对《德国民法典》第 878 条前提下处分限制的保护。[22]

　　（2）土地买卖合同的实际履行

35 　　在出卖人与 Steffi 和 Mark 间的公证土地买卖合同之履行中，负责文书公证的公证人应在公证买卖合同后，立即以有利于 Steffi 和 Mark 的方式提交预告登记申请。预告登记经登记后，公证人将审核他是否可以就预告登记之前所设的负担从权利人那里获得涂销许可，只要他能够使用买卖价款满足权利人提出的条件。其他负担在预告登记以后仍可能被登记在土地登记簿中，因为如前所述，预告登记不具有冻结土地登记簿的效力，这时 Steffi 和 Mark 可以适用《德国民法典》第 888 条中的请求权，主张并执行对这些妨害他们请求权之负担的涂销。

　　（3）结论

36 　　因此，Steffi 和 Mark 可通过预告登记尽可能地规避由出卖人财务困难带来的风险。但是出卖人设定的预告登记仅保护了可对出卖人主张的履行请求权。[23]

　　例如，当 Steffi 和 Mark 同样想担保他们对于邻居在"花园土地"上的请求权，那么（他们）同样要在与邻居的关系中争取预告登记这种担保手段。

　　（三）与邻居的法律关系（地役权）

37 　　根据案例事实，邻居愿意长期地将其花园的一部分提供给"建筑

---

[21] *Jauernig*, in: Jauernig, §883 BGB Rn. 16.
[22] *Ruhwinkel*, in: Kersten/Bühling, Formularbuch, §61 Rn. 4.
[23] *Herrler*, in: Palandt, §885 Rn. 13.

师之家"作为花园使用。实现这一点的最简单方法是让邻居将相关地块从他的土地中分开,也就是把他的土地分成一块出售给 Steffi 和 Mark 的土地,其余的仍归邻居所有的土地。土地必须通过官方测量才可被划分。测量的结果就是地籍部门颁发的所谓"变更证明"(Veränderungsnachweis)。土地登记部门将根据这个文件把变更内容登记于土地登记簿中。被分出的"花园区域"将成为一块新的地块,并可以通过正常的土地买卖合同出让给 Steffi 和 Mark。但是案例事实显示,由于建筑规划法的原因,该土地不允许被分割。因此,必须找到另一种法律上可行的设计方案。此处的基本原则同样是优先选择最能满足各方利益的方案。[24]

1. 利益状况

邻居的利益在法律上非常简单。很明显他愿意将他花园中的一块特定土地长期地提供给他人作为花园使用。作为对价,他会因此获得一份"合理的收益"。当然,邻居的利益还在于该土地在将来仍会且仅会被作为花园使用。如果 Steffi 或者其他继受人在土地上建设建筑物的话,这当然不符合邻居的利益。

Steffi 和 Mark 的利益在于能够长期且安全地将该土地作为花园使用。因为邻居仍是该块土地的所有权人,他们也要未雨绸缪地规定,即使邻居将该土地出售或因破产等原因拍卖该土地,他们在法律上仍能保留土地使用权。

如果能够使用其他土地作为花园,该"建筑师之家"的价值当然也会随之增加。因为 Steffi 和 Mark 无论如何都要为使用这块额外的土地支付"合理的价格",所以如果他们之后想要离开该"建筑师之家"的话,他们同样希望能够将该额外的土地使用权与房屋一同出售。因此,必须要保证该花园土地的使用权尽可能长期地与"建筑师之家"的所有权捆绑在一起。

---

[24] 关于考虑合同相对人利益的必要性,见本书第三章边码 2。

2. 债法性拘束力的限制

41　　根据上述的当事人利益，邻居与 Steffi 和 Mark 之间基于债法性拘束力的设计方案自始就被排除了。这种债法性拘束力的效力仅限于"当事人之间"（inter partes），并且对于其他继受人不发生物权效力。[25] Steffi 和 Mark 不可能接受这样的"效力限制"。因此，必须要寻找能够使所追求之拘束力"物权化"的设计方案。

3. 地役权

42　　对此，物权法在《德国民法典》第1018条以下规定了地役权制度。《德国民法典》第1018条规定的"一般性"地役权区别于《德国民法典》第1090条至1093条中的"限制的人役权"（beschränkte persönliche Dienstbarkeit）。

（1）"一般性"地役权与限制的人役权之区别

43　　根据《德国民法典》第1018条中"一般性"的地役权，"供役地"所有权人有义务容忍对其土地个别方式的使用。同时他的行为也受到了限制，也就是说他不能在他的供役地上进行特定的行动，或者无法行使由所有权派生出的某些权利。[26] 而地役权人只可能是"需役地"的所有权人。此外，地役权必须给需役地带来利益。[27]

44　　在限制的人役权中也存在如一般性地役权那样的法定内容。但不同的是，人役权人并非"需役地"的所有权人，而可能只是某个具体的人。因为此处没有需役地的存在，也就不存在必须给需役地的使用带来利益的要求。限制的人役权不可分隔地与权利人本人绑定在一起。因此，限制的人役权不可转让也不可继承（《德国民法典》第1092条第1款、第1090条第2款与第1061条）。

45　　《德国民法典》第1018条的"一般性"地役权中并不存在是否

---

[25] *Krebs*, in: NK-BGB, § 241 Rn. 11.

[26] *Spiegelberger/Wartenburger*, in: Münchener Vertragshandbuch, Bd. 6, Formular VIII. 17 Anm. 2.

[27] *Herrler*, in: Palandt, vor § 1018 Rn. 1.

可转让或可继承的问题，因为地役权是为需役地的所有权人而设定的。根据《德国民法典》第 873 条，地役权的设定须以法律行为的方式根据供役地所有权人和需役地所有权人的合意在受负担土地的土地登记表中登记。[28] 此外，在需役地土地登记表中的附注也是被允许（《德国土地登记簿法》第 9 条）且合理的，这能使需役地之后的继受人知晓，他对一块他人的土地拥有地役权。地役权将随需役地所有权一同转让，因为地役权是需役地的成分（Bestandteil）(《德国民法典》第 96 条）。地役权通常以约定废止的方式或者因法定原因消灭，此外地役权也因土地发生变化致使地役权永久不能被行使而消灭（例如道路通行权因地上建筑而无法行使，且因需役地直接与公共交通连接而变得无关紧要）。[29] 设定作为物权的地役权后，当事人之间即存在以《德国民法典》第 1020 条至第 1023 条为内容的债务关系。

（2）设计方案的筛选和展开

本案中，限制的人役权并不是合适的设计方案。该权利虽能保证 Steffi 和 Mark 可将该块土地作为花园使用，但是 Steffi 和 Mark 就无法在需要的时候将该花园的使用权与"设计师之家"一同出售。如果不能与房子本身绑定，额外的花园使用权实则并不符合 Steffi 和 Mark 的利益。因此，只能考虑使用《德国民法典》第 1018 条中规定的"一般性"地役权。

如果"建筑师之家"的所有权人可以将相邻土地上相关的部分地块作为花园使用，那么这就是《德国民法典》第 1018 条意义上"供役地"所有权人自身本可以依其所有权予以禁止的用途。Steffi 和 Mark 以及邻居必须恰当地根据官方的地籍图就 Steffi 和 Mark 可作为额外花园土地而使用的土地范围达成一致。[30] 该块土地也必须相应地被标记在地籍图上。之后，该地籍图将成为地役权设定内容的附件

46

47

---

[28] *Jauernig*, in: Jauernig, § 1018 BGB Rn. 8.
[29] 地役权的消灭原因，参见 *Mohr*, in: MünchKommBGB, § 1018 BGB Rn. 75 f.。
[30] 模板样本，例如 *Munzig* in: Würzburger Notarhandbuch Teil 2 Kap. 7.。

并送交至土地登记部门。这样之后的继受人就可以随时查验该地役权具体涉及哪块土地。土地边界的测量并不是必要的。

48　　在制定地役权的内容时，必须明文规定 Steffi 和 Mark 可以长期将相关土地仅作为花园土地使用。同时也要规定，供役地所有权人无权共同使用该块土地。否则 Steffi 和 Mark 无法将该土地开发为"私人"花园。当然同样建议在地役权的内容中规定，Steffi 和 Mark 可以自费在土地外沿修建当地通常使用的围栏。

49　　**当事人所设定之地役权的重点内容**[31]

综上，当事人将设定的地役权具有如下重点内容：

需役地（"建筑师之家"）。

供役地（相邻的土地）。

相邻土地的所有权人授权"建筑师之家"土地所有权人将地籍图附件中具体描述的长……米，宽……米的（以颜色标出的）土地范围长期用作且仅用作花园使用，并按其意愿经营花园或栽种植物；同时授权其沿地役权范围土地与供役地其余土地的边界自费修建当地通常使用的围栏（花园使用权）。

供役地的所有权人无权使用地役权范围内的土地。

需役地所有权人有义务维护地役权范围内的土地并注意交往安全。

地役权在供役地土地登记簿中的许可和申请登记。需役地所有权人申请将地役权标注在需役地土地登记簿中。

补充性债务关系协议：

设定地役权及在需役地所有权人土地登记簿中登记的费用。

为获得地役权，需役地土地所有权人（Steffi 和 Mark）向供

---

[31] 地役权设计的详细模板，参见 Dieckmann, in: Beck'sches Formularbuch Bürgerliches, Handels-und Wirtschaftsrecht, Formular IV. A. 9。（第四版中，Beck'sches Formularbuch Bürgerliches 本章的作者改为 Walter，下同。——译者注）

役地所有权人（邻居）一次性支付……欧元。

具有上述内容的地役权针对供役地所有权人生效，即使邻居之后将房屋土地出让。该继受人同样将受到该地役权的限制。[32] 他必须继续接受在土地登记簿第二部分中的登记。

但是在制定必要的风险规避措施时须注意该地役权被登记于相邻土地登记簿的哪个位置。如果相邻土地不存在负担，那就没有任何风险或问题。但如果相邻土地在比如土地登记簿的第三部分中负担了土地担保权，那么地役权只能被登记于其之后的顺位。根据生活经验，土地担保权的债权人几乎不可能许可地役权变更登记于其之前。

如果地役权被登记于现存的土地担保权之后，那么 Steffi 和 Mark 将可能承担这样的风险，即其处于后位的地役权在供役地所有权被强制拍卖时可能会被土地担保权的债权人涂销。[33] 虽然他们在设立地役权时也可以约定价额补偿请求权（《德国民法典》第 882 条）。但是在前位土地担保权的强制拍卖中，前位的土地担保权得到满足后，很难且非常不确定仍能有足够的金额补偿后位的地役权。此外，Steffi 和 Mark 追求的并不是价值补偿，而是花园的使用。

如果没能说服土地担保权的债权人将地役权变更登记于优先位置，Steffi 和 Mark 就必须接受地役权被登记于前位的土地担保权之后的事实。这种情况下，建议他们至少根据《德国民法典》第 1179 条向邻居要求登记涂销的预告登记（Löschungsvormerkung）。通过这种方法，Steffi 和 Mark 可以保证他们的"顺位改善利益"（Rangverbesserungsinteresse）。如果作为土地所有权人的邻居在清偿了被担保的贷款后获得了土地担保权，那么他就有义务涂销此担保权，这就可以让地役权按序提升其在土地登记簿中的顺位。[34]

---

[32] *Walter*, in: Beck'sches Formularbuch Bürgerliches, Handels-und Wirtschaftsrecht, Formular IV. A. 9. Anm. 1.

[33] Dazu *Mohr*, in: MünchKommBGB, § 1018 BGB Rn. 76 mwN.

[34] *Krause*, in: NK-BGB, § 880 Rn. 35.

(3) 结论

54 　　总而言之，有偿地将邻居提供的土地长期地用作花园土地可被保证，确切地说是应通过《德国民法典》第 1018 条上的地役权实现（花园使用权）。

（四）与银行的法律关系（土地担保权，让与担保）

55 　　如本书第八章第三节第二条第（二）款"关于贷款"中介绍的，不动产买卖价款通常大部分以外部资本或者贷款的方式支付。信贷机构只有在获得担保的时候才会提供这样的贷款。信贷机构不仅仅是出于自身利益，也是由于法定原因有义务只在获得具有价值的担保时才可以提供特定限额以上贷款。担保是否"有价值"且具有多少价值，须由借贷机构履行其审查义务方可确定，借贷机构通常会借助专家（土地价值评估专家等）来帮助审核。

　　本案中，如果 Steffi 和 Mark 没有找到其他满足于仅接受以所购买房屋土地为担保的银行，Steffi 和 Mark 就只得满足银行对提供额外担保的要求。否则 Steffi 和 Mark 就无法获得贷款来筹措购买价款。

1. 担保性土地债务

56 　　根据本案案例，融资银行首先要求提供一份证书式土地债务，且担保额应等同于所购"建筑师之家"的购买价款额。现今所谓的担保性土地债务（Sicherungsgrundschuld）是信贷机构为土地借贷而设定的主要担保方式。[35]

57 　　作为常规风险评估的一部分，Steffi 和 Mark 有必要审查自己作为未来的土地所有人和担保人可能承担哪些风险，尤其是因为 Steffi 模糊地记着信贷机构滥用担保性土地债务的事件。

（1）与抵押权的比较

58 　　按照作为担保人之土地所有权人的利益，《德国民法典》第 1113 条中的抵押权是值得推荐的担保措施。与土地债务一样，抵押权授予

---

〔35〕 *Munzig*, in: Würzburger Notarhandbuch, Teil 2, Kap. 9 Rn. 2.

土地担保权人将受负担的土地变价之权限（《德国民法典》第1113条、第1192条、第1147条）。不论是抵押债权人还是土地债务的债权人，通过这种方式最后都会获得通过强制拍卖或/和强制管理以将土地变价的机会，并通过获得的价款满足受担保的贷款债权。

但与土地债务不同，抵押权是具有附随性的物权性变价权。抵押权在其产生、数额及存续上依赖于受担保债权。如果所有权人或者与土地所有权人不同的债务人清偿了债务，那么就会产生所有权人土地债务（Eigentümergrunschuld）（《德国民法典》第1163条、第1177条）。根据《德国民法典》第1179 a条以及《德国民法典》第1192条第1款，后位的土地担保权债权人在这种情况下甚至可以依法主张涂销已转化为所有权人土地债务的抵押权，也就是要求提升其在土地登记簿上的顺位。因此，一个"被清偿的"抵押权不可以被重新用作其他债权的担保。[36]

如果抵押权人转让被抵押权担保的债权，这种转让根据《德国民法典》第1154条通过发出书面形式的让与表示并在必要时交付抵押证书的方式是很容易实现的，那么在新的债权人那里，土地所有权人的利益也受到了保护。如果他只向债权人授予了《德国民法典》第1184条意义上的担保性抵押权，那么抵押权将仅由该债权决定。这主要取决于受担保的债权是否生效以及在什么范围内生效。在"一般性"抵押权【流通性抵押权（Verkehrshypothek）】中，所有权人虽然并非全如担保性抵押权那样，但也受到《德国民法典》第1137条、第1156条、第1157条的充分保护。因此，如果土地所有权人并非债务人本人，那么土地所有权人可以根据例如《德国民法典》第1136条第1款第1句第1种情况*对抵押权主张债务人本人拥有的抗辩权。

土地债务中的基本情况则完全不同：根据法律，其与基础债权相

---

[36] *Schmittat*, Vertragsgestaltung, Rn. 223.

* 此处应为第1137条。经译者与作者沟通，确认原文"第1136条"为笔误。——译者注

互分离并因此具有抽象性。因此，即使没有担保债权，土地债务可以也为第三人设定。不过第三人也能获得以土地债务之数额为限将受负担的土地变价的物权请求权（《德国民法典》第 1192 条第 1 款及第 1147 条）。因为土地债务原则上抽象于受担保的债权，所以土地债务同样可以担保尚不确定的债权，比如由商业关系之整体而生的债权。[37] 这种规模巨大、廉价且可重复利用的担保方式自然符合信贷机构的利益，因此，约定担保性土地债务形式的土地债务在实务中成为土地担保的惯例。

（2）各法律关系的差异

62　　因为土地债务与抵押权相对而不从属于受担保的债权，因此，必须在法律层面分别判断如下事宜：

■ 担保债权层面，其通常是借贷机构的贷款债权；

■ 作为物权的土地债务及其具体形态，例如带有适当利息的证书式或登记式土地债务；以及

■ 将前述二者相关联的因素，即所谓的担保合同。

63　　担保合同是设定土地债务及其负担相应义务的法律原因。担保合同同样包含所谓的担保协定，其通常也被称为目的声明。[38] 据此可确定哪些债权受到土地债务的担保。

64　　特别是如果要以无法确定的金额和期限担保对第三人的债权时，那么担保合同还应符合一般交易条款之保护性规定的限制。[39]

（3）担保性土地债务转让的风险和规避

65　　只要原本的土地债务债权人未成为土地所有权人，土地所有权人可以毫无障碍地对他主张由担保合同产生的所有抗辩权和抗辩，尤其

---

[37] *Lieder*, in: MünchKommBGB, §1191 BGB Rn. 84. （第四版中，所引边码变为 39.。——译者注）

[38] *Amann*, in: Beck'sches Notar-Handbuch, Kap. A Ⅵ. Rn. 34; *Lieder*, in: MünchKommBGB, §1191 BGB Rn. 20.

[39] *Herrler*, in: Palandt, §1191 Rn. 42 ff.

是所担保债权不存在或者担保债权在此期间全部或部分消灭。[40] 如果土地债务的债权人向第三人让与了土地债务,由于土地债务原则上独立于受担保的债权,所以这自始就不可能了。

根据债权让与人向受让人传达信息的质量及其善意,曾经的土地债务受让人可能无法主张由土地债务而生的且所有权人有权主张的抗辩权(《德国民法典》第1192条第1款、第1157条第2句、第892条第1句)。所有权人有时只能依赖于向出让债权的银行主张损害赔偿请求权,但这可能很难实现。为了避免其他的弊端,所有权人或债务人经常被迫与新的土地债务债权人达成经济上的强制和解(Zwangsvergleiche)。这尤其发生在此种情况,即境况不佳的信贷机构将以土地担保权为主的贷款投资组合大量出让给外国投资者,而且这些"贷款收购者"只关心土地担保权的账面价值,却并未或不想关注受担保债权的价值。

66

为了同样在担保性土地债务中规避这样的滥用风险,立法者因此于2008年在《德国民法典》第1192条中加入了1a款。[41] 现在担保性土地债务中,所有权人可以向任一土地债务受让人,主张因担保合同而有权向原债权人就土地债务主张的或者直接由担保合同产生的抗辩权。[42] 这些抗辩权也不能被善意地"买断",因为《德国民法典》第1157条第2句并不适用于这种情况。通过在担保性土地债务中立法实现的对所有权人之强化保护,现在不必担忧不接受担保性土地债务作为担保手段。[43]

67

(4)担保合同的设计方案

如上所述,除设定担保性土地债务外,设计该形式自由之担保合

68

---

[40] *Lieder*, in: MünchKommBGB, § 1191 BGB Rn. 95.
[41] Dazu *R. Koch* ZBB 2008, 232 ff.
[42] *Lieder*, in: MünchKommBGB, § 1191 BGB Rn. 100.
[43] 起草建议,参见 *Dieckmann*, in: Beck'sches Formularbuch Bürgerliches, Handels- und Wirtschaftsrecht, Formular IV. A. 26。

同的内容也很重要。在贷款法律实务中，信贷机构会使用设定土地债务和担保合同的合同模板。这些合同模板都必须遵守内容控制方面的判例，以使这些模板具有可操作性。[44] 那些不经常处理该领域内容的合同设计者更应该查阅指导工具书，来确定担保合同的内容设计方案是否已充分考虑到了担保人的利益。[45]

2. 让与担保

69　　除上述土地债务外，银行希望 Steffi 和 Mark 再为所购的房屋和土地提供一份担保。作为唯一的重要财产，Mark 只能贡献出他刚刚继承来的老爷车，该车市值约 15 万欧元。Steffi 和 Mark 显然无法使用其他的担保手段。Steffi 和 Mark 对银行提供的个人保证毫无价值，因为他们作为银行的借款人本就有义务清偿借款。他们也无法获得其他银行提供的保证，因为愿意提供保证的银行也会要求 Steffi 和 Mark 为违约风险提供相应的担保。

70　　因此，Steffi 和 Mark 只能以其财产提供所谓的"物之担保"。因为 Steffi 和 Mark 没有其他的不动产，他们只能就其动产设定担保，例如这辆老爷车。因为该车市值尚有 15 万欧元，其或许能满足银行对额外担保的要求。

71　　法律上如何选择担保手段的设计方案？这个问题比较容易回答：Mark 自然想保持对老爷车的占有，而银行出于成本及责任的原因也对于取得老爷车的占有没有利益。因此，《德国民法典》第 1204 条及以下规定的质权之方案就被排除了，因为质权是所谓"以占有为要件的担保权"*，其只在债权人取得《德国民法典》第 1205 条、第 1206

---

[44] 关于如何处理合同模板，参见本书第四章边码 99。

[45] 关于该协议常用的模板，参见例如 Dieckmann, in: Beck'sches Formularbuch Bürgerliches, Handels-und Wirtschaftsrecht, Formular IV. A. 26, Anm. 1。

* 《德国民法典》第 1204 条及以下规定的质权在设定时以占有为要件（参见《德国民法典》第 1205 条、第 1206 条）。除此以外，还有法定的不以占有为要件的质权，如《德国民法典》第 562 条中出租人的质权、第 704 条旅店主的质权及《德国民事诉讼法》第 804 条的扣押质权（Pfändungspfandrecht）。——译者注条意义上的占有时，它才会生效。

在实务中，让与担保被作为不以占有为要件的担保权（besitzloses Pfandrecht）使用。[46] 让与担保的设定通过担保人向让与担保权人（通常是提供贷款的信贷机构）根据《德国民法典》第929条、第930条转让担保物的完全所有权（Volleigentum）而完成。通过这种方式，让与担保权人成为有特定目的的、暂时的完全所有权人。当受担保的债权被清偿时，担保人按惯例通常只对担保权人享有主张返还担保物的债权请求权。仅在当事人有相关约定时，担保权人所有权人的地位才以受担保债权的产生为停止条件，或以其消灭为解除条件。此时便无须明确约定担保物所有权的返还。受担保债权的消灭也会近乎自动地导致担保权人所有权的丧失；担保人会因解除条件而重新成为所有权人。但是根据判例，这样的"自动变更"需要相应的约定；这样的条件不可以通过"合同的补充解释"被捏造出来。[47]

72

如果担保人未履行清偿债务的义务，那么让与担保权人就可以将担保物变价。因为他是完全的所有权人，所以他在外部关系上并不受任何限制。在内部关系里，他的变价权和变价的方式方法则受到担保合同中规范的限制。[48]

73

与质权不同，担保人仍是担保物的直接占有人。在让与担保中，只要担保合同显示，在担保权人要求以担保物满足其债权前，担保人仍可以保持对担保物的占有，那么担保合同就足以成为占有媒介。这里无须明确约定一份出借或保管合同。[49]

74

与担保性土地债务一样，担保合同的内容在让与担保中也是约定的核心部分。这里担保的目的约定反过来债法性地连接起了受担保的

75

---

[46] *Schmittat*, Vertragsgestaltung, Rn. 220; Bayer, in: Erman, Anhang zu §§ 929-931 BGB, Rn 1 ff. (第四版中，删除 Erman 评注，新加: Oechsler, in: MünchKommBGB Anhang §§ 929-936 Rn. 4。——译者注)
[47] BGH NJW 1991, 353; *Herrler*, in: Palandt, §930 Rn. 21.
[48] BGH NJW 1991, 226; *Herrler*, in: Palandt, §930 Rn. 29.
[49] *Herrler*, in: Palandt, §930 Rn. 9.

债权和担保物"被转让"的所有权。

76 **担保合同的特征：**

此类担保合同内容上的特征如下所述：

担保人以让与担保的方式将特定担保物的所有权转让给担保权人。

关于具有何种数额的哪些债权在什么期限内受到让与担保担保的约定。

关于担保人在他占有担保物时有哪些权利义务的约定，例如担保物的维护义务、保障义务及保险义务。允许将使用权转让给第三人；向担保权人返还车辆证件；担保物发生重大事件时的信息和告知义务（比如事故、盗窃）。

关于所担保债权消灭后担保物返还之方式方法的约定。有时也可约定停止条件或解除条件。

关于担保事由（Sicherungsfalles）出现的约定，例如贷款合同因严重的给付迟延或因担保人破产而终止。

关于在担保事由出现后担保权人如何将担保物变价的规定。[50]

3. 结论

77 总之，Steffi 和 Mark 无需顾虑他们向借款银行就所购房屋和土地以购买价格为限额设定土地债务，以及 Mark 向借款银行额外以其继承的老爷车提供让与担保的行为会产生法律上的问题。尤其这里也不存在担保过度（Übersicherung）的情况。[51] 在每个担保约定中都应注意，不论是土地债务还是老爷车，仅应用作银行为购房贷款目的授

---

[50] 让与担保的草拟建议，参见 Haag, in: Beck'sches Formularbuch Bürgerliches, Handels-und Wirtschaftsrecht, Formular III. H. 4。

[51] Dazu Armbrüster, in MünchKommBGB, § 138 BGB Rn. 101 ff.（第四版所引边码变为 98 以下。——译者注）

予之借款的担保。

仅有 Mark 一人向银行提供额外担保而 Steffi 不提供的事实，促使他们在内部关系上做出额外约定。例如如果他们二人因疾病或失业而无法偿还为购房融资而承担的借款，那么银行就会将担保物变价，当然会将该老爷车变价。这种情况下，Mark 相比于 Steffi 要承受额外的财产损失，即该辆老爷车的损失。因为他们双方作为连带债务人对银行负有义务，所以当他因老爷车的变价而清偿了超出他根据内部关系应承担之一半债务的份额时，Mark 可以根据《德国民法典》第 426 条第 2 款对 Steffi 主张补偿请求权。[52] 不过建议在上文提到的共有人协议中约定，当因 Steffi 和 Mark 不履行债务而使老爷车被银行变价时，Steffi 应向 Mark 补偿老爷车一半的价值。

三、不同规则之间的关联

本案例设计目标的实现会在不同的人之间产生不同的合同规则。但是所设计的法律关系并非相互毫无关联，而是相互依存。例如如果 Steffi 和 Mark 没有购买该"建筑师之家"的话，他们也不会从邻居那以"花园使用权"的形式取得地役权。如果土地买卖没有成功的话，那么他们也无须与银行约定借款合同或者借贷担保。虽然土地买卖合同以公证的形式生效了，但如果事先没与银行确定地达成贷款合同和贷款担保合同以确保得到购房资金的话，这也会产生一定的风险。因此不同的合同关系不仅存在着内部关联，而且有确定的顺序关系。

因此，不同的合同必须被加入相互合适的依赖关系中。在设计实务中，这被称为合同的"连接与统合"（Vernetzen und Verknüpfen）[53]。在他们的内部法律关系上，Steffi 和 Mark 可以首先决定，他们愿意作为共有人各自取得房屋土地的相等份额。但他们不必在达成土地买卖合

---

[52] Bydlinski, in: MünchKommBGB, § 426 BGB Rn 38. （第四版中，该脚注变为 Heinemeyer, in: MünchKommBGB, § 426 BGB Rn. 24. ——译者注）

[53] *Schmittat*, Vertragsgestaltung, Rn. 155 ff.

同之前就其内部关系的结构约定特别规定，例如暂时排除按份共有关系的废止。这些协议至少可以推迟到土地买卖完成之前。此前 Steffi 和 Mark 可以将共有协议作为针对他们取得相关土地共同所有权之情况的备选方案之一。

80　　　　在与银行的合同和其他的两个合同之间，也就是土地买卖合同和地役权合同，也存在着时间上和内容上的关系。

81　　　　为了 Steffi 和 Mark 的"安全"，合适的做法是在土地买卖合同签订前，先与银行达成贷款合同和担保合同。只有这样才能避免此风险，即土地买卖合同签订后因某种原因致使借款失败，Steffi 和 Mark 因之而无法偿付土地买卖价款。另外也要注意，如果土地买卖合同未能成立的话，Steffi 和 Mark 不能使用贷款得来的钱。因此，只有两个合同同时生效才能满足 Steffi 和 Mark 的利益。最后，这也适用于与邻居就设定地役权达成的协议。如果无法取得房屋土地，该地役权对 Steffi 和 Mark 也毫无意义。

82　　　　非同时成立的不同合同之间的法律效力，可以通过法律上的联系而被联结，具体而言可以通过停止条件或解除条件或通过规定解除保留（Rücktrittsvorbehalt）。因为为了确保获得购房价款的贷款，建议首先与银行签订合同，所以必须要预防性地在这些合同中以将成立的土地买卖合同和地役权合同的生效和履行约定为停止条件，或者为了 Steffi 和 Mark 的利益而约定解除权的保留。

83　　　　将停止条件纳入与银行之合同的前提条件是具体条件已被详细且确定地规定。因此在实务中，作为条件存在的合同必须作为与银行之合同的附件被加入合同草案中，以足够精确地制定条件。这样的做法通常不符合合同当事人的利益。因此，在本案中从银行的利益出发，更为行之有效的方案是在清晰明确的期限内授予 Steffi 和 Mark 解除权的保留。在此期间内，Steffi 和 Mark 应该与土地出卖人和邻居签订有效的合同。但是根据经验，银行或许会约定直至解除权期限届满时或放弃解除权的保留时仍可改变贷款利息。在贷款利息方面，如果借款人最终不同时受到约束的话，信贷机构也极少约束自己。但是只要期间内提升贷款利息的风险是正当的，那 Steffi 和 Mark 也可以接受的这个风险。他们必须尝试在与银行的合同成立后在解除权保留的前提下尽快签订其他合同。

如果 Steffi 和 Mark 有效地从邻居那"购得"地役权后，才在停止条件或解除权保留下签订土地买卖合同，那么这种做法并不符合土地出卖人的利益。此外，Steffi 和 Mark 只能在他们已经成为需役地所有权人的前提下，他们才会与作为供役地所有权人的邻居成立合同。从另一面讲，因为在没有额外的花园使用权时，购买该"建筑师之家"也不符合 Steffi 和 Mark 的利益，所以在时间上他们必须首先与邻居签订地役权合同。该约定可以且无论如何也必须以 Steffi 和 Mark 获得"建筑师之家的房屋和土地"的所有权为停止条件才可成立。当该情况无法成就时，设定地役权的合同最终也会无效，Steffi 和 Mark 也就无须承担支付约定价金的义务。而当 Steffi 和 Mark 因该已成立且被履行的土地买卖合同而成为土地所有权人，那么地役权合同也因相关条件成就而生效，设定地役权的申请也可以被提交至土地登记部门。

设计方案总结

综上，将成立的合同具有如下优先级关系及顺序关系：

Steffi 和 Mark 相互达成一致，根据《德国民法典》第 741 条以下、第 1008 条以下规定分别作为拥有一半份额的共有人取得房屋和土地。对此，他们应在内部关系上制定具有特别内容的规定。故而直至其他合同成立且因此证明 Steffi 和 Mark 之间存在共有关系前，他们尚有时间协商最终的协议。

在基本解释清楚 Steffi 和 Mark 的内部关系后，应与银行签订包括担保合同在内的贷款合同，但前提是在一定期限内存在有利于 Steffi 和 Mark 的解除权保留。

此外在贷款合同方面，可以在 Mark 和银行之间就老爷车约定附停止条件的让与担保。该停止条件内容可以是相应的贷款被支付给 Steffi 和 Mark。付款后，Steffi 和 Mark 在贷款合同中的解除权保留也就结束了。如果 Steffi 和 Mark 行使了保留的解除权，例如因为最终无法购买该块土地，那么贷款也不会被支付，老爷车上附停止条件设定的让与担保最终也不会生效。

这之后 Steffi 和 Mark 要与前文提到的那名邻居约定计划中的地役权（花园使用权）合同，并附加以 Steffi 和 Mark 成为需役地所有权人为内容的停止条件。

接着 Mark 可以与出卖人签订将被文书公证的土地买卖合同。由于在其他两个合同中应用的统合技术（Verknüpfungstechniken），土地买卖合同无须其他特别规定。

在签订土地买卖合同后，Steffi 和 Mark 要通过土地出卖人在土地买卖合同中给予他们的"担保委托"（Belastungsvollmacht）*，为放贷银行设定贷款合同中约定的让与担保。[55]

第三节　地上权

设计任务：迅捷之球（Zum flinken Ball）

Steffi 和 Mark 成了新成立的网球俱乐部"迅捷之球"的董事会成员。成立后，俱乐部现在需要土地用来建设网球场并建造带有餐厅和更衣室的俱乐部会所。除了使用通过会员费和会员捐赠获得的资金外，一家银行愿意为所需的剩余资金提供贷款，只要该行能获得在计划作为网球设施之土地上设定的土地债务。俱乐部希望从一家天主教教会那里获得所需的土地。教会很愿意长期且有偿地向俱乐部提供土地。出于原则性的考量，教会不可能将

---

* 担保委托是土地购买协议中的一项条款，该条款授权公证人在土地上设定土地担保权。——译者注

〔55〕该方法参见上文第七章边码 74。

土地的所有权转让给俱乐部。Steffi 和 Mark 问，是否有一种设计方案能够满足各方的利益。

一、初步思考

从案例中可以明确地获悉以俱乐部作为一方当事人、教会作为另一方当事人所追求的规则目标。俱乐部想要长期地将教会的土地用作网球设施，并为此支付对价。该俱乐部只有在以该土地为担保物向银行提供土地债务时，才能获得该使用权。教会愿意有偿地允许俱乐部长期使用所需土地。但教会不可能将土地所有权转让给俱乐部。

87

二、设计方案的展开

（一）租赁合同方案

须思考的是，租赁合同是否恰当且充分地照顾到了上述俱乐部和教会双方的利益。

88

1. 长期租赁的担保

当作为承租人的俱乐部长期地从教会那里租赁所需土地时，他有权在租赁期限内使用该土地（《德国民法典》第 535 条）。在租赁合同中，（双方）可以约定承租人应自行承担在租赁期限内在所租土地上建设建筑物的费用。这些建筑物的所有权并非土地的成分，因为这些建筑只是出于临时目的（基于租赁关系的使用）而附着于土地和地面上的（《德国民法典》第 95 条）。

89

（当事人）也可以约定长期的租赁关系。但是如果租赁合同约定的期限长于 30 年，那么各当事人可在交付租赁物 30 年后特别地终止租赁关系（《德国民法典》第 544 条第 1 句）。在 30 年的期限内，当事人可以在租赁合同的固定期限内约定排除正常的合同终止（所谓的定期租赁合同）。

90

2. 针对出租人发生财务困难时的担保

鉴于俱乐部所追求的投资项目，在设计合同的一般风险规避措施

91

时须思考，如果出租人陷入财务困难，那么承租人的地位是否能够得到保障。由于出租人是教会，这种风险更多仅是理论上的，但是每次合同设计从始至终都应保持必要的谨慎。

92　　如果教会之后决定出让出租土地所有权，俱乐部根据"买卖不破租赁"的原则也不会承担任何风险（《德国民法典》第578条、第566条）。新的所有权人会依法强制成为租赁合同的当事人。

93　　如果将来事与愿违地发生了土地强制拍卖，那么根据《德国强制拍卖和强制管理法》的特殊规定，被拍卖土地的购买者拥有特别终止权（《德国强制拍卖和强制管理法》第57a条）。相似的情况也存在于破产情况之中，即在破产管理人出让土地的情况下；这时受让人在租赁合同中也享有特别终止权（《德国破产法》第111条）。鉴于作为出租人之合同当事人（教会）的特质，在选择设计方案时不考虑这种只存在于理论上的风险并非毫无理由。

3. 贷款时的保障手段

94　　但是俱乐部的一项利益尚未被顾及，即它应当可以为借款银行就网球场土地设定土地债务。如果俱乐部只是土地的承租人，那么不是土地所有权人的俱乐部就无法为银行设定土地债务。[56] 即将在俱乐部土地之上建设的俱乐部会所虽然仍作为"虚假成分"（Scheinbestandteil）* 而属于俱乐部所有。但脱离土地而单独就该建筑物设定土地债务是不可能的，因为只有土地才可被设负担，而其他的物并不可以（《德国民法典》第1191条第1款）。

4. 结论

95　　综上，租赁合同的方案虽可使俱乐部获得长期使用土地的权利，而且最长可达30年的使用权期限也可以充分保证俱乐部的权利地位。但是租赁合同的方案并不能让俱乐部通过在土地上设定土地债务的方

---

[56] Lieder, in: MünchKommBGB, § 1196 BGB Rn. 10.

* 土地的虚假成分指仅是出于临时目的（出于租赁关系的使用）而附着于土地和地面的成分，参见《德国民法典》第95条。——译者注

式来获得所需的银行贷款。

(二) 地上权方案

立法者通过"地上权"(Erbbaurecht)制度解决了所有权人的上述利益矛盾,即一方面长期保留其所有权,另一方面可将土地以类似"物权"的方式提供给第三人为其目的使用。

1. 地上权的性质和优势

根据《德国地上权法》第 1 条,土地可以这种方式被设定负担,即该负担的受益人享有在该土地的表面之上或之下建设并拥有建筑物的可转让且可继承的权利(地上权)。只要建筑物在经济上仍是主物,则地上权也可以扩展到对建筑物不必需的土地部分上。[57]

根据《德国地上权法》第 11 条,除《德国民法典》第 925 条、第 927 条、第 938 条和由所有权产生之请求权的规定外,其他与土地相关的法律规定都可适用于地上权,只要《德国地上权法》没有其他规定。这意味着地上权不仅是可转让且可继承的,同时也是可独立被抵押的。

地上权的出让和抵押虽然也需要取得土地所有权人的许可,但是原则上地上权人享有法定的主张获得许可之请求权(《德国地上权法》第 7 条第 2 款)。

地上权将被作为土地所有权的负担而登记于土地所有权登记簿(第二部分)的首位,同时会为该地上权编制新的土地登记簿(所谓的地上权土地登记簿)。[58] 在此地上权土地登记簿的地产目录中会附注:该地上权在一定期限内被设定于受负担的土地之上。在地上权土地登记簿的第一部分中,会如土地所有权登记簿一样记载权利人的信息,更具体地说(in concreto)是地上权人的信息。在第二部分中,通常会登记地上权人应向土地所有权人支付的地上权租金(Erbba-

---

[57] V. Oefele/Winkler, in: Handbuch des Erbbaurechts, Kap. 2 Rn 2. 70. (第四版中,所引边码变为 Rn. 29。——译者注)

[58] *Maaß*, in: Würzburger Notarhandbuch, Teil 2, Kap. 5 Rn. 13.

uzins）；此外，这里会规定地上权人应按季度、半年度还是年度的期限支付租金。地上权租金通常以土地价值为基准根据合适的年度租金计算。在地上权土地登记簿的第三部分中，会登记在地上权上所设定的土地担保权（如土地债务）。

101 　　地上权设定的期限通常非常长。实务中常见的地上权期限甚至达数十年，该期限至少将符合地上权人所建建筑物预计的使用年限。[59] 在约定的地上权期限内，不论是土地所有权人还是地上权人都不能以任何方式终止地上权。因此，合同双方当事人基本上可以确定地上权合同将会履行至期限届满。当地上权因约定的期限经过而消灭时，土地所有权人应向地上权人给付对该建筑的损害赔偿。作为地上权内容的一部分，（双方）可以自行约定该赔偿的数额和支付方式甚至排除该赔偿（《德国地上权法》第 27 条）。

102 　　根据《德国地上权法》第 10 条，地上权仅可被登记于土地所有权登记簿的首位。因此，即使面对土地所有权的强制拍卖，地上权人也能得到保护。因为地上权优先于其他所有引起强制拍卖的权利，所以地上权即使在土地所有权被强制拍卖时仍旧存在。[60] 作为新所有权人的土地购买者必须继续承认地上权并履行地上权合同。

103 　　如果地上权人未能履行按期支付地上权租金的义务，那么土地所有权人也有权提前结束地上权关系。在租赁关系中，如果承租人连续两次在约定的支付租金期限里发生给付迟延，那么租赁关系可以立即被终止（《德国民法典》第 543 条第 2 款）；但是在地上权关系里，为了维持长期的地上权关系而有着完全不同的期限：仅在地上权人未支付的地上权租金数额至少相当于两年的租金时，土地所有权人才可以因地上权人的给付迟延主张提前收回地上权【所谓的土地复归（Heimfall）】，（《德国地上权法》第 9 条第 4 款）。

---

〔59〕　*Winkler*, in: Münchener Vertragshandbuch, Bd. 5, Formular V 1. Anm. 4.

〔60〕　*V. Oefele/Winkler/Schlögel*, in: Handbuch Erbbaurecht, § 5. 191-5. 192.（第四版删除 § 5 Rn. 192。——译者注）

2. 结论

综上,以所期待的长期期限和定期支付的地上权租金为内容的,教会作为土地所有权人与俱乐部作为地上权人之间的地上权合同能够最佳地照顾到当事人各方的全部利益:

■ 教会不会失去其土地所有权。

■ 俱乐部可以在地上权期限内取得物权性的担保,只要它履行它应履行的义务,它的土地使用权就不会被剥夺。

■ 俱乐部可以为贷款银行在地上权上设定土地债务,以获得在土地上建设建筑物(俱乐部会所)的资金。

地上权合同概述

俱乐部和教会之间将签订的地上权合同具有如下特征:

第一条

教会就指定土地授予作为地上权人的俱乐部为期……年的地上权,以建设附件中建筑设计图所描述的网球设施和俱乐部会所。

第二条

俱乐部每年向教会支付……欧元的地上权租金。

第三条

考虑到地上权的长期限,双方当事人有义务依变化的经济关系调整地上权租金。就此而言,双方将根据联邦统计局确定的消费者价格指数确定地上权租金的指数。

第四条

双方按约定时间转移地上权范围内土地的占有。

第五条

地上权人应按预定的建设规划图建设网球设施和俱乐部会所,并在约定时间前竣工。

第六条

为出让地上权和在地上权上设定负担,地上权人须征得教会的同意。教会提前同意在地上权上设定数额为……欧元的土地债务,以保证地上权人能获得建设网球设施的贷款。

此外还有其他地上权方面的特别规定,但这些规则并不是合同的本质内容。[61]

---

[61] 地上权合同的其他细节和模板,参见关于地上权合同的参考指导书,例如 Dieckmann, in: Beck'sches Formularbuch Bürgerliches, Handels-und Wirtschaftsrecht, Formular IV. B. 1。(第四版改为: Ott, in: Beck'sches Formularbuch Bürgerliches, Handels-und Wirtschaftsrecht, Formular IV. B. 1 und Winkler in: Münchener Vertragshandbuch Band 5 Formular V 1-6.。——译者注)

第十七章　社团法中的合同设计

第一节　概览

《德国民法典》意义上的社团是指为实现共同目标由多人长期以法人形式组织的联合体。其特征是该法人组织以统一名称、由董事会代表并不依赖成员变动地对外呈现。它们广泛存在于社会的各个领域。社团的目的范围符合社会活动的多样性，从体育俱乐部和休闲活动俱乐部到促进艺术、文化和研究的俱乐部，再到具有政治和社会政治目的的社团。

社团目的的多样性也反映在法律生活中社团的数量上。2014年德国就有588 801家社团在地方法院社团登记簿被登记。[1] 其中约25%社团的目的为"体育"，约18%社团的目的为"文化或媒体"以及14%社团的目的是"教育和幼儿教育"；约有8%社团的目的为"社会服务"和"业余活动或社会交际"[2]。1997年已有约四千一百万人加入了社团组织。[3] 如全德汽车俱乐部（ADAC）或者拜仁慕尼黑足球俱乐部（FC Bayern）这样的大型社团每年营收甚至可达上亿欧元。[4]

---

〔1〕　*Reichert*, S. 1.
〔2〕　*Beuthien*, in: Münchener Handbuch des Gesellschaftsrechts, Bd. 5, § 1 Rn. 2.
〔3〕　Sauter/Schweyer/Waldner, Rn. 1.
〔4〕　Vgl *Heidel/Lochner*, in: NK-BGB, vor §§ 21 Rn. 23.

3   鉴于社团广泛的活跃领域和迅速增加的数量，社团设立和运营期间对社团的支持在合同设计上有着重要的意义。其中的重点是有权利能力的社团（der rechtsfähige Verein），在管辖法院的社团登记簿登记时，它将获得权利能力（《德国民法典》第 21 条）。与之不同的是所谓的无权利能力社团（nicht rechtsfähige Verein），根据《德国民法典》第 54 条，其可适用民事合伙的规定。

第二节　社团设立

4   **设计任务：网球社团**

    Mark 和 Steffi 喜欢在休闲时间打网球，借此也认识了很多志趣相同的人。至今他们一直在租来的场地上打球。某个晚上打完球后，（他们）产生了自己成立一个网球社团的想法。在场一位富有的企业家表示愿意捐赠大部分网球设施所用的资金。另外一个人知道一处场地，他们只需支付合理的金额便可在上面建设新的网球设施。在讨论结束时，大家都赞同成立自己的网球社团并拥有自己网球设施。所有人都同意自行分担一部分建设成本。仍需讨论的是，他们是否要为部分建设网球设施的成本申请贷款。

    应所有人的请求，Steffi 和 Mark 在一番犹豫后也同意就他们所追求的目标审核社团设立的前提条件和可能性，并且如果可能的话为社团的设立和后续发展准备一切所需之物。

一、初步思考

5   Steffi 和 Mark 很快发现，无论他们在晚上讨论的愿景和目标多么具有可操作性，准备设立社团的过程及其细节审查都有着巨大的工作量。Steffi 和 Mark 不仅仅需要面面俱到地考虑所有的法律要件和操作过程，他们还需要很实际地思考该计划在经济上的可行性，也即例如

(他们)是否能够租到或者得到合适的土地以建设他们的网球场地,以及(他们)能否获得建造场地的资金。Steffi 和 Mark 并不会就这些工作收取酬金,因为他们并不是作为外部咨询师来处理此事,而是作为将来可能会出任社团名誉董事的社团成员。

只在极少数情况下,与社团设立相关的法律和经济筹备工作才会被委托给专业的第三人(例如律师、审计师、税务师)。其主要原因多是资金不足以支付聘请顾问所需的费用。通常专攻社团章程制作和/或社团注册的合同设计律师会"被迫进行"额外的工作。这些工作包括从主持各个创立会议到主持社团经济目标可行性的谈判等。   6

在这种情况下,建议每位律师都要与其委托人明确商定委托工作的内容和范围,尤其是应以完全公开和透明的方式指出,委托人必须为律师的工作时间支付合适的报酬。之所以要强调这一点,是因为另一方工作的未来社团成员都是无偿的,他们很容易期待外部的顾问也沉浸在社团创立的兴奋和热情之中并因此而不收取任何报酬。   7

二、设计方案的展开

(一)社团的法律结构

1. 非营利性社团与经济性社团的区分

在社团法律结构的方面,Steffi 和 Mark 必须考虑是否要根据《德国民法典》第 55 条设立所谓的"已登记社团"(eingetragener Verein),还是成立《德国民法典》第 54 条意义上的"无权利能力社团"。因为社团终归要致力于网球运动的发展,所以它的目的并非经营营利性的事业。因此,该社团可以根据《德国民法典》第 21 条,通过在本地有管辖权法院中的社团登记簿登记来获得权利能力并随之成为"已登记社团"(《德国民法典》第 21 条)。   8

根据《德国民法典》的构想,不应当存在以经济上属营利性事业   9

为目标的社团。[5] 这样的社团只能在国家特别授予时才能获得权利能力（《德国民法典》第 22 条）。按照《德国民法典》立法者的意愿，以营利性事业为目标的法人不应以社团的形式设立，而应选择商事公司的形式，尤其是有限责任公司或者股份有限公司。虽然根据《德国民法典》第 54 条，《德国民法典》中关于民事合伙的规定（《德国民法典》第 705 条及以下）原则上也可适用于无权利能力社团。与法律规范的字面意义相反，除那些以社团权利能力为前提的规则外，德国主流观点将《德国民法典》第 21 条以下的规定皆类推适用于无权利能力社团。[6] 但自从判例和随之而来的主流观点将对外出现的民事合伙视为具有法律行为能力后，这已经不再重要了。[7] 因此与其称它为"无权利能力"社团，不如叫"未登记"社团更加明确。[8] 主要的区分标准是社团成员和/或为社团而行为之人的个人责任问题。

2. 个人责任

10　　所有以无权利能力社团之名义成立的法律行为由行为人个人承担责任（《德国民法典》第 54 条第 2 句），但社团成员的责任通常以社团财产为限。[9]

11　　这样的个人责任既不符合 Steffi 和 Mark 的利益，也不符合将来其他潜在社团成员的利益。在那些于管辖法院社团登记簿登记并获得权

---

　　[5] 以经济活动为目标的社团应首先选择股份公司（AG）、股份两合公司（KGaA）、有限责任公司（GmbH）或登记的合作社（eingetragene Genossenschaft），参见 *Katschinski*, in: Würzburger Notarhandbuch, Teil 5, Kap. 1 Rn. 6。

　　[6] Vgl. Dombek/Kroiß, Formularbibliothek Vertragsgestaltung, Bd. 2, § 1 Rn. 3;（第四版中，本脚注删除 Formularbibliothek Vertragsgestaltung，同时增加 Gummert in: Münchener Handbuch des Gesellschaftsrechtes, Bd. 5 § 11 Rn. 3。——译者注）；*Ellenberger*, in: Palandt, § 54 Rn. 1.

　　[7] BGH NJW 2001, 1056; Westermann, in: Erman, vor § 705 BGB Rn. 17 ff.

　　[8] *Sauter/Schweyer/Waldner*, Rn. 618 ff.

　　[9] Vgl. *Sauter/Schweyer/Waldner*, Rn. 618 ff; Eckardt, in: NK-BGB, § 4 Rn. 18; Westermann, in: Erman §54 Rn. 9.（第四版中，删除 NK-BGB。——译者注）

利能力的社团中,则不存在这样为社团而行为之人的个人责任。有权利能力社团是独立的法人,因此,它可以是权利义务的承担者。故而仅由该社团就其财产承担以其名称而产生的债务。所以必须增加特殊的构成要件才能让社团代表人实际承担其个人责任,比如独立的侵权责任或者因拖延申请破产程序的启动(Insolvenzverschleppung)而生的责任等。此外,名誉董事的责任仅限于有故意和重大过失时(《德国民法典》第 31a 条)。因此,Mark 和 Steffi 首先应当选择设立有权利能力的社团。

3. 设立

至少需要 7 名成员才能设立有权利能力的社团(《德国民法典》第 56 条)。社团章程强制性地必须包含关于社团名称、所在地的规定。此外也须规定成员入社和退社、社员出资、董事会的组织和召集社员大会的内容,参见《德国民法典》第 57 条、第 58 条。

4. 登记

通过为社团设立而选举的董事会成员以有权代理的形式申请登记社团,该社团方可被登记于社团登记簿中并随之获得权利能力。社团登记申请需要公证后的公证文件。与申请一同提交的还有由 7 个社团成员一同签署的社团章程副本(《德国民法典》第 59 条第 2 款和第 3 款)以及董事会选举记录的证明文件,该文件通常以社团创立大会纪要(Gründungsprotokoll)的形式出现。[10]

5. 社团名称

在社团目的已经相对确定的同时,Steffi 和 Mark 也必须为将来的社团拟定名称。将来社团场地的地点决定了社团的所在地。由于社团应在早期阶段设立,所以某位将来社团董事会成员的住处和私人地址

---

[10] Dombek/Kroiß, Formularbibliothek Vertragsgestaltung, Bd. 2, §1 Rn. 34, 38; Sauter/Schweyer/Waldner, Rn. 631. (第四版中,本脚注改为:Knof, in: Münchener Handbuch des Gesellschaftsrechtes Bd. 5 § 15 Rn. 36; Sauter/Schweyer/Waldner, Rn. 631; 模板,见 Katschinski in: Würzburger Notarhandbuch, Teil 5 Kap. 1 Rn. 41。——译者注)

至少需要暂时充当社团的所在地和地址。

6. 成员更替

15　　Steffi 和 Mark 应思考，如何在章程中规定其他成员入社的条件以及在何种前提和期限下成员可以退社。

16　　除社团成员的退社规则外，一份完整的社团章程还应规定，社团成员可因为特定原因通过董事会决议而被开除，比如当社团成员长期不履行对社团的经济义务时，或者他出于过错而严重损害了社团的利益，尤其是通过其在社团生活中无法被其他成员容忍的个人行为时。[11]

17　　不同于合伙法律关系，有权利能力社团无须规定退社成员是否能从社团财产中获得补偿以及获得怎样的补偿。这样的补偿金在逻辑上从一开始就不存在。社团成员并不享有社团的财产，其社员资格也并不具有需要补偿的经济价值。根据《德国民法典》第38条，社员资格不可转让也不可继承。

7. 贷款

18　　对 Steffi 和 Mark 有重大意义的是，如何筹集和规划用于建立自己网球设施的必要资金。只有在详细制订了建设规划的经济方案时，才能确定这些细节。鉴于先前社团设立谈话的内容，Steffi 和 Mark 可以认为至少一些富裕的未来成员愿意为社团捐款。所有将来的社团成员当然也愿意支付会员费。可能仍有一小部分费用需要向银行贷款。（他们）仍需等待银行回复，为获得贷款他们应提供怎样的担保以及该担保是否可从将来的社团财产中提供。

8. 公益性

19　　考虑到很可能将从社团成员或其他赞助商那里筹集到大量捐款，Steffi 和 Mark 只得迅速决定把将来的社团设立为公益性（gemeinnützigen）社团，因为此类公益性社团免于缴纳企业所得税、营业税、土地税和遗

---

[11] *Waldner*, in: Beck'sches Notar-Handbuch, Kap. D VI. Rn. 14.

产税,并且可能要交的增值税也会减至优惠税率;而且捐款和社员出资可以作为特殊费用在一定限额内在税务上从税收中被扣除(《德国个人所得税法》第10b条)。[12] 当一个社团无私地、唯一地且直接地遵循《德国税收通则》第51条以下之享有优惠税收的目的时,该社团就是公益性的。此外,支持体育运动发展也被视为这类公益性目的(《德国税收通则》第52条第2款第21项)。[13]

只有Steffi和Mark可以为捐赠者们确认纳税将会被减免时,他们才能为该协会筹集到大量捐款。因此,他们必须谨慎行事,从开始就将社团设立为支持网球运动的公益性社团。 20

公益性社团税收优惠能得到承认的前提是,该社团的章程要满足财务管理上的特定要求。自2009年起,《德国税收通则》第60条第1款第2句规定,社团章程必须包含《德国税收通则》第60条第1款之附录所列出的规范。[14] 21

9. 董事会的组织和分工

Steffi和Mark必须考虑应如何组织该社团的董事会以及哪些人可供选择。 22

董事会与社员大会之间相应的分工必须被讨论和规定。根据法律规定,社团事务由社员大会的决议决定,只要该事务不应由董事会或其他协会机构(例如管理委员会或监事会)处理(《德国民法典》第32条)。 23

10. 章程的变更

最后,Steffi和Mark也要思考将来修改章程的前提条件以及是否 24

---

〔12〕 设立公益性社团的前提和法律后果,具体参见 *Weidmann*, in: Beck'sches Formularbuch Bürgerliches, Handels-und Wirtschaftsrecht, Formular I. 6. Anm. 4; Sauter/Schweyer/Waldner, Rn. 460 ff. Zillmer, in: NK-BGB, steuerlicher Anhang zu §21。(第四版中,删除NK-BGB引注。——译者注)

〔13〕 关于为获得公益性而应具有的特殊社团章程部分,参见 *Krauß* in: Kersten/Bühling § 121 Rn. 35.。——译者注

〔14〕 *Gersch*, in: Klein, § 60 AO Rn. 1, 2. (第四版中,新加: Krauß aaO. ——译者注)

要保留《德国民法典》第 33 条第 1 款第 2 句的规定，即修改章程中社团目的的条款须征得所有社员的同意。这里建议相对于《德国民法典》第 33 条的法律规定适当缩减社团章程变更的前提条件。在长期的社团生活中总会出现需要改变或补充社团章程的情况。因为众多社团成员在这些情况下几乎无法产生一致意见，所以更合适的做法并不与《德国民法典》第 33 条第 1 款第 2 句的规定相同，而是在符合"简单的"社团章程变更条件下即进行目的变更。

11. 结论

25　　上述关于法律形式的思考使 Steffi 和 Mark 意识到，应该设立一个以支持网球运动为目的的公益性协会。该协会将独立承担其权利和义务，并可以以其董事会为代表就所计划之网球场的建设和银行贷款签订必需的协议。

（二）社团目的的可行性

26　　在 Steffi 和 Mark 因为上述思考而知道将要设立公益性的社团后，他们接下来必须通过相应的谈判与其他参与人一同确定他们计划的社团目标在经济上和事实上是否能够实现。

27　　Steffi 和 Mark 必须首先处理这个问题，即他们事实上能否为网球设施找到合适的场地并且在经济上是否能接受可能的条件。为了避免其个人责任（《德国民法典》第 54 条第 2 句），Mark 和 Steffi 不能签订合同，他们只能查探对方是否接受与计划中的公益性社团达成协议。Steffi 和 Mark 必须与专业人士（建筑师、体育场所规划者等）取得联系，以大致知晓建设网球场和社团所需要的成本。在这一阶段这样的规划可能也会产生成本。Steffi 和 Mark 必须与其未来的社员预先商定，他们不仅会"承担"这些设立之前就产生的费用，而且他们还会按比例分摊这些费用。

28　　如果可以确定地找到一个满足要求的场地并且至少可以大概了解将来建设网球设施的成本，那么 Steffi 和 Mark 下一步就要确定如何为这些成本以及未来运营网球设施的成本筹措资金。未来长期运营网球设施的成本可以在支付场地建设费用后主要通过社团成员的会费获得。更困难的问题是，如何为网球设施的建设筹措资金。

因为社团将会是公益性的，所以当然很有希望获得大量的捐款，毕竟捐款人能将这些款项从纳税中扣除*，否则必须审核社团成员是否在主观和客观上准备好且愿意通过有利于社团的损失的建筑成本补贴（verlorene Baukostenzuschüsse）[15] 或其他与自己出资相类似的措施来为建筑成本筹措资金。信贷机构在向没有重要财产而主要通过会费满足日常开支的社团提供贷款时会极其犹豫，并且只在该贷款被充分担保时才会提供贷款。因此，如果社员不应以个人保证的形式为社团的债务承担责任的话，那么社团必须注意保有大量的自有资本。

29

如果 Steffi 和 Mark 与其他参与人之间的预备谈话最终认为，所设立的公益性社团事实上可能在独立使用的土地上建设新的网球场，那么建议快速推进该有权利能力之公益性社团的设立。

30

（三）设立的准备

社团的设立需要社团创始成员一致同意以书面形式规定的章程内容具有约束力，并且社团应由至少 7 个创始成员在章程上共同签名才能获得新生。[16] 为了社团能够被申请登记于社团登记簿上，必须与制定章程及其内容一道任命社团董事会。由于签署章程时所有参与人都应到场，因此，建议董事会成员可以同时签署社团登记申请并将签

31

---

* 损失的建筑成本补贴是指为利用居住或商业空间或节省金钱成本，以支付总费用为目的向建造者所为的金钱给付、物之给付和劳动给付，且无须约定补偿该给付的价值或者折算之为租金或类似费用或将其作为预付款。损失的建筑成本补贴也可以是金钱给付，市镇用该金钱给付偿还所有者的现代化费用，或者由州或市镇将其作为现代化补贴给予所有者。损失的建筑成本补贴是一种建设资金融资方式，参见《德国根据〈第二住房法〉房屋经济计算条例》（Verordnung über wohnungswirtschaftliche Berechnungen nach dem Zweiten Wohnungsbaugesetz）第 14 条及第 12 条。——译者注

[15] 具体参见 Sauter/Schweyer/Waldner, Rn. 536 ff.。

[16] 登记社团成立行为的具体细节，参见 Sauter/Schweyer/Waldner, Rn. 8 ff.；（第四版中，新加：Knof in: Münchener Handbuch des Gesellschaftsrechts Bd. 5 § 15。——译者注）

名公证。

32 　　只有缺乏经验的法务顾问才会丝毫没有准备地进入新设有权利能力社团的创立大会之中，并尝试在其过程中确定章程内容以及达成其他为社团设立所必需的形式条件。至少当很多人共同参会时，那么他们在会议上会提出大量关于社团章程内容和规定的想法。即使（顾问）可以从中提取出统一的文本，这样做的风险也是非常高的，即要么《德国税收通则》第60条中关于公益性社团的税收要求不会被遵守，要么《德国民法典》第56条以下民法上对章程的要求不会被贯彻。根据《德国民法典》第60条，这两种情况都会导致社团注册申请被驳回。

33 　　因此，建议 Steffi 和 Mark 通过与创始成员的多轮谈话来讨论并确定将来章程的内容。这能通过使用《德国税收通则》第60条附件中的税务模板章程来完成，同时应参考众多为已登记的非营利性社团章程所拟的撰写建议。[17]

34 　　（成员们）在设立前的谈话中不仅要表决章程内容，同时还要决定哪些人将成为董事会成员，这些成员将由创始社员的多数选举决定。最后，要在创始成员中投票表决一共要筹措多少资金。

35 　　此后，Steffi 和 Mark 要依据预先投票的结果来确定将来章程的内容，并未雨绸缪地与负责的财务部门共同决定章程内容，以免之后在确认社团的公益性时出现问题。

36 　　在创始成员和应负责的参与人投票表决与社团设立相关的前置问题后，也即在确定章程的内容、董事会成员的数量和人员以及确定社员的经济出资后，就可以召开所谓的"创立大会"（Gründungsversammlung）了。

（四）创立大会

37 　　在创立大会上，创始成员需要表示他们完全就一份特定的以书面

---

[17] ZB *Weidmann*, in: Beck'sches Formularbuch Bürgerliches, Handels-und Wirtschaftsrecht, Formular I. 5, 6; *Sauter/Schweyer/Waldner*, Rn. 627 ff.

形式呈现的章程内容达成一致并愿意共同设立一个在社团登记簿登记的社团。相应的章程至少需要 7 名创始成员的签字。

下一步创始成员须根据上述章程选举社团的董事会成员。 38

只要创始成员间没有其他的内容需要制定，比如社团成员为社团的出资，那么董事会成员应签署准备好的社团登记申请书。为了能立即公证签字，（社团）可以为创立大会的结束聘请一名公证人。已签署的社团章程和由会议主席或会议记录负责人签署的创立大会纪要会被附加于社团登记申请书后。在社团被登记于社团登记簿后，社团将获得其权利能力并成为"已登记社团"。 39

（五）创立大会纪要

与适用于社团登记簿的已登记社团设立和经营规则相同[18]，设立的过程，也即关于章程的一致通过和董事会的选举，必须被明文记录，具体而言其应被记录在创立大会纪要中。创立大会纪要应与章程一同被签署，也就是说要与将来的社员大会纪要一样被制作和签名。此处建议规定该纪要必须经过会议主席和纪要负责人共同签署。 40

创立大会纪要概述 41

创立大会纪要的重要内容如下所述：[19]

某社团创立大会的纪要

某日某时于某处，所附名单中的人员为设立有权利能力社团出席大会，社团名称为……

经同意，×××先生/女士被选举为会议主席，×××先生/女士被选为会议记录员；二人接受此职责。

会议主席提出以下日程：

---

[18] 另被记载于 *Weidmann*, in: Beck'sches Formularbuch Bürgerliches, Handels-und Wirtschaftsrecht, Formular I. 3。

[19] 创立大会纪要的模板，例如 *Weidmann*, in: Beck'sches Formularbuch Bürgerliches, Handels-und Wirtschaftsrecht, Formular I. 4.; *Waldner*, in: Münchener Vertragshandbuch, Bd. 1, Formular VII. 4; *Sauter/Schweyer/Waldner*, Rn. 631。

1. 讨论社团的设立及其结构；
2. 协商和确定社团章程，并由创始成员签署；
3. 选举董事会成员；
4. 确定社团成员出资；
5. 其他内容。

无人对此议程提出异议。

章程草案的内容已经过讨论。参会人员详细地讨论了所设社团之目标的可实现性。

上述章程由全部创始成员一致通过。

×××与×××被一致选举为创始成员内部建议的董事会成员。

社团成员出资的数额和其他的创始成员对可能的社团经济上的给付的款项已被统一确定。

大会于某时结束。

会议主席　　　　　　　　　　　　　　　　会议记录员

（六）社团章程

42　　在相关的指导工具书中可以找到很多优秀的社团章程模板[20]，而且不论是公益性的还是非公益性的非营利性社团章程模板都可被找到。出于这个原因并由于此类章程的广阔范围，此处无法专门介绍某一模板。换言之，下文将仅概述相应社团章程的一般结构。

43　**已登记公益性非营利性社团章程**

某已登记公益性非营利性社团章程的大纲如下所示：

第一条　社团的名称、所在地和会计年度
第二条　社团的目的和必要的纳税理由说明
第三条　成员资格的取得

---

[20]　ZB *Waldner*, in: Münchener Vertragshandbuch, Bd. 1, Formular VII. 2; *Weidmann*, in: Beck'sches Formularhandbuch Bürgerliches, Handels-und Wirtschaftsrecht, Formular I. 6; *Sauter/Schweyer/Waldner*, Rn. 627 ff.

第四条　成员资格的结束

第五条　成员出资

第六条　社团组织

——董事会

——社员大会

——有时可设咨询委员会或管理委员会

第七条　关于董事会设立和组成的规定

第八条　关于董事会负责事务和其与社员大会负责事务的区分

第九条　董事会的任期

第十条　关于董事会决议的规定

第十一条　（必要时可加入）关于社团咨询委员会或管理委员会的规定

第十二条　关于社员大会负责事务的规定

第十三条　关于通常召开社员大会的规定

第十四条　关于社员大会决议的规定

第十五条　关于特别社员大会的规定

第十六条　关于社团解散和遵守税务规定的社团财产归属的规定

第十八章　民商事组织法中的合同设计

第一节　概览

1　　公司法在合同设计中有着举足轻重的地位。不同于其他法律领域，这方面的工作是专业公司法务和律师们的领域。如果人们将全部的企业改制法（Umwandlungsrecht）和公司并购的核心领域都视为公司法的一部分的话，那么其就是一个高度复杂的法律事实，这也对合同设计产生了极大挑战。税法的问题在实务中对所有的案件都非常重要，以至于这样艰难的任务只能由专业律师团队处理。

2　　有限责任公司和股份公司须以公证形式设立（《德国有限责任公司法》第 2 条第 1 款，《德国股份法》第 23 条第 1 款）。因此，很多公证人也会处理这些资合公司的方案设计和企业改制法的相关工作（《德国企业改制法》第 6 条）。

3　　作为导论，（以下）将仅讨论公司法的部分基本问题并介绍一些本领域的共识。第一个案例是关于有意从事公司法实务的律师都将面临的情况。第二个案例则是关于咨询中会遇到的典型复杂情况。某家公司之所以会聘请一位顾问，是因为它希望以合法方式实现它的商业想法。

第二节 律师事务所的设立

设计任务：公司设立合同（Gesellschaftsvertrag） *   4

产假结束后，Steffi 和 Mark 一致同意"正式"规范他们的职业合作并签订一份书面的公司设立合同。他们希望这样设计该合同，即其他人也能够以这份合同为基础成为律师团队的合伙人。

Mark 和 Steffi 委托他们的实习律师，公司法方向的博士 Kenntnisreich，为他们提供一份主题列表，以让他们能够借助该清单讨论需要规范的要点内容。

这份由 Kenntnisreich 博士先生草拟的主题列表应是怎样的？如果 Kenntnisreich 博士先生说，该为公司设立合同设计而制作的主题列表可以无关具体法律形式而得适用，那么他是否是正确的？[1]

一、初步思考

Steffi 和 Mark 想通过一份专业的合同来规范他们的业务合作。具   5
体的协议应当被这样设计，即协议同样应该适用于外部股东，也就是说其人无论与 Mark 和 Steffi 有无私人关系，协议都应是有意义的。

---

* Gesellschaftsvertrag 一词在德国法上有两个意思：一方面，它是设立者之间就公司或合伙的设立在其个人层面达成的合同，即所谓的"公司设立合同"或"合伙协议"；另一方面，它也是之后公司法人的章程，在这个意义上该词与"Satzung"同义。对有限责任公司，参见 *Heinze*，MüKo GmbHG, 3. Auflage 2018, § 2 Rn. 4；对股份公司，参见 *Pentz*, in：MüKo AktG, 5. Auflage 2019, § 23 Rn. 10。——译者注

[1] *V. Reinersdorff*, Die Gestaltung von Gesellschaftsverträgen；*Wegmann/von dem Knesebeck*, in：Heussen/Pischel, Handbuch Vertragsgestaltung und Vertragsmanagement, Teil 4 Rn. 62 ff. S. 530 ff.；*Junker/Kamanabrou*, Vertragsgestaltung, § 7 S. 118 ff.；*Eckert/Everts/Wicke*, Fälle zur Vertragsgestaltung, S. 42 ff.；（第四版中，新加：*Moes*, Vertragsgestaltung, §§ 22-24.。——译者注）

6　　　这位实习生首先应当以与法律形式无关的方式列出一份主题列表。在最终确定公司的形式并制作公司设立合同前，Steffi 和 Mark 希望能首先讨论列表中提出的问题。

二、制作主题列表

7　　　所有公司设立合同有着共同的基本结构。因此，（合同设计者）在设计公司设立合同时可以不受法律形式限制地考虑该基本结构。

（一）公司设立合同的基本结构

8　　　我们在此将区分合同的基本内容、关于公司内部规章的协议、关于公司外部关系的规则、公司结构变动的规范以及一般规定。一些公司设立合同中也有其他的特别规定，比如监事会或者咨询委员会那样的监察机关以及仲裁条款。[2]

1. 合同基本内容

9　　　合同基本内容包括商号、住所、会计年度、公司的经营范围或目的、公司的营业期限还有股东的任命及其股权关系。

2. 内部规章和公司的代表权

10　　　此处要规范和区分公司经营权（管理权）和股东权限。这尤其涉及上文已在公司经理雇佣合同中讨论过的须经批准行为目录的问题。[3]

11　　　应当规定的内容首先是公司的代表权，同时也包括股东大会和股东大会决议的规范。此外，关于会计年度、利润使用和损失承担的条款也需要详细制定。最后，股东是否被允许从事竞业行为的问题亦应被规范化处理。

12　　　如果说公司经营权会涉及公司的（内部）管理，那么在代表权

---

[2] *Wegmann/von dem Knesebeck*, in：Heussen/Pischel, Handbuch Vertragsverhandlung, Teil 4 Rn. 78, S. 534 f.；（第四版中，现加：*Moes*, Vertragsgestaltung, § 22 V Rn. 437.。——译者注）

[3] 见上文第十章边码 14 及下文第十八章边码 59 及以下。

方面的问题就主要是关于公司外部关系。这里必须要解释清楚,哪些人有权单独或者与其他人一起代表公司,以及《德国民法典》第 181 条上的限制(自己代理或双方代理的禁止)在何种程度上可被免除。

3. 公司结构变动

此内容主要包括新股东的加入或者股东的更替、退出、解聘或者死亡的情况。与之紧密相关的是法律后果规则,尤其是关于补偿金的确定及其支付方式。 13

4. 一般条款或特别规定

如书面形式、部分无效和法院选择等传统意义上的合同条款都属于一般条款。特别规定则主要是如监事会(只要没有法律的强制性规定)或顾问委员会这类监察机构的成立,也包括仲裁庭条款的协议。 14

(二)公司设立合同的内容清单/结构模板

综上可得如下公司设立合同的主题列表: 15

公司设立合同的提纲

第一章　合同基本内容

第一条　商号、住所、会计年度

第二条　公司的经营范围

第三条　公司的营业期限

第四条　公司资本、股份、股东账户

第二章　内部规章及公司代表权

第五条　公司的经营与管理

第六条　会计年度、利润分配及使用

第七条　股东大会

第八条　股东大会决议、投票权

第九条　知情权和控制权

第十条　竞业禁止

第三章　公司结构变动

第十一条　生前股份的使用权

第十二条　死因规定（Regelungen von Todes wegen）

第十三条　退出和终止

第十四条　股东的加入和解聘

第十五条　股份估值和补偿金

第十六条　清算

第四章　一般条款和特别规定

第十七条　书面形式

第十八条　部分无效

第十九条　公报

第二十条　管辖法院（或仲裁协议）

第二十一条　公司设立的费用

（三）对开头问题的回答

16　　Kenntnisreich博士先生是正确的。上述提纲模板阐述了在公司设立合同中需要注意的所有重点内容。当然也有一些特点和概念是与公司的法律形式紧密相关的，这些特点和概念仅存在于某个或其他的公司形式之中。然而其背后的法律问题却很普遍，因此，也可以使用上文所列的清单。

17　　然而须注意以下问题。在人的合伙和有限责任公司中，公司章程可被自由设计。该领域的法律规则多为任意性规定。股份公司则与此不同。《德国股份法》中的规范是强制性的。仅在法律明文允许时，股份公司的章程才可与《德国股份法》的条文不同（《德国股份法》第23条第5款第1条）。

三、案件的延伸

18　　**设计任务：合伙协议**

　　　基于Kenntnisreich博士先生制作的内容清单，Steffi和Mark一同商讨了要规范的重点内容。他们在文件备忘录中记录了他们的讨论结果，然后请求 Kenntnisreich 博士先生起草一份合伙协议。该合伙应当以民事合伙的形式设立。但因为 Mark 和 Steffi 尚未最终选定法律形式，他们希望他们的实习律师也能够草拟一份有限责任公司的设立合同作为替代方案。是否仍有第三种形式可供选择呢?[4]

(一) 导引提示

现在多数律师事务所以民事合伙的法律形式经营自身。然而现今他们同样更多地依据 1995 年 7 月 1 日生效的《德国自由职业者合伙法》而选择自由职业者合伙的形式进行组织，尤其在该法于 2013 年 7 月 19 日生效后，他们更可选择承担有限责任的自由职业者合伙（PartG mbB）的形式。从跨学科的视角看，在律师有限责任公司方面人们会遇到与公司法相关的会计和税务咨询问题。

19

(二) 拓展：律师的报酬体系

如果 Steffi 和 Mark 想将其他的同事提升为团队的合伙人，那么须由他们决定的最重要的问题就是报酬体系。有多个极为不同的模式可供选择。没有异议的是，合伙人应得到与其能力相匹配的酬金。这不仅仅指营业额这样的硬指标，更包括其他的软要素，比如社交能力（如同事之谊和合作的能力）、学术成绩（论文、演讲）等（所谓的软技能）。

20

原则上可以区分锁步式薪酬体系（Lockstep-System）和基于绩效

21

---

[4] Eickhoff, GbR-Verträge, Rn 260 ff.; Blaum/Scholz, in: Beck'sches Formularbuch Bürgerliches, Handels-und Wirtschaftsrecht, Formulare VIII A. 1-4（关于民事合伙）und Formular VIII. B. 1（关于自由职业者合伙）; Marsch-Barner, in: Münchener Vertragshandbuch, Bd. 1, Formulare I. 1-8（关于民事合伙）und Formular I. 9（关于自由职业者合伙）; Heidenhain/Hasselmann, in: Münchener Vertragshandbuch, Bd. 1, Formular IV. 1 ff. S. 375 ff.（关于有限责任公司）。[第四版中，Münchener Vertragshandbuch 的引用内容改为 Seyfarth, in: Münchener Vertragshandbuch, Bd. 1, Formulare I. 1-7（关于民事合伙）und Formular I. 8-10（关于自由职业者合伙）; Böhm/Frowein, in: Münchener Vertragshandbuch, Bd. 1, Formular IV. 1 ff. S. 395 ff.（关于有限责任公司）。——译者注]

的薪酬体系（Merit-Based-System）。锁步式薪酬体系以资历为基础规定合伙人的薪酬，也就是每个合伙人在本所的执业时间决定了合伙人的薪资水平。其中又有按分数计算的不同等级。刚擢升的合伙人只有最低的分数，该分数之后会在固定的期限后（通常是每年计）提升。一般每个合伙人会有确定且无法再次提升的最高分。达到了该最高分的人便被称为"高级合伙人"（Plateauspartner）。

22　　绩效薪酬体系是由合伙人的营业额决定的薪酬体系。在此体系下，能赚取更多营业额的合伙人原则上也会获得比其他人更多的报酬，且该薪酬与合伙人在本所的职业年限无关。据此，如果年轻的合伙人创造了平均水平之上的收益【所谓的"造雨人"（Rainmaker）】，那么他赚的钱就将明显比其他更有经验、资历更老的合伙人更多。

23　　两个体系都有各自的优缺点。即使人们具有相同的资历和等量的工作，各个法律领域的工作也无法创造均等的销售额。尽管如此，但是这些"不易盈利"的法律领域也属于律师事务所的服务范围且必须被妥善对待。为了扬某个薪酬体系之长而避其之短，（律师事务所）通常会采用混合体系。在此建议以进入律师事务所的时长确定一部分薪酬，同时其余部分则应与成果挂钩。成果不仅包括个人的营业额，还包括为整个团队吸引客户的能力（所谓的交叉销售）和软因素的具备（软技能）。

（三）律师民事合伙协议的提纲

24　　这里 Kenntnisreich 博士先生可以参考公司设立合同的结构模板。他提出如下的提纲：[5]

律师民事合伙合伙协议提纲

第一章　合同基本内容

第一条　商号、住所、会计年度

---

〔5〕　相应的合同模板，参见 *Eickhoff*, GbR-Verträge, Rn. 260 ff. 。

第二条　合伙的经营范围

第三条　营业期限

第二章　内部规章及合伙的代表

第四条　合伙的经营与管理

第五条　合伙人、出资

第六条　收入和支出

第七条　盈利的计算、分配和使用

第八条　合伙人账户、提取

第九条　合伙人大会决议、合伙人大会

第十条　竞业禁止

第三章　合伙结构变动

第十一条　合伙的解散

第十二条　解聘合伙人

第十三条　财产分配

第四章　一般规定

第十四条　仲裁庭

第十五条　书面形式条款

第十六条　部分无效

（四）律师有限责任公司的设立合同

Mark 和 Steffi 希望他们的实习生能为他们的律师事务所起草一份有限责任公司的设立合同。根据上文的提纲模板和指导工具书中的模板合同，（起草者）无须另行描述或撰写该合同的提纲。换言之，这里应介绍在设立以有限责任公司形式组织的律师事务所时会用到的法律规范，并明确其与以民事合伙形式组织的律师事务所之不同。

1. 法律规定

是否能以有限责任公司形式组织律师事务，这个问题长时间以来饱受争议。[6] 随着《德国联邦律师法》在第59c条和59m条之间新加入了第二章"律师公司"[7]，立法者以此肯认了以有限责任公司形式设立的律师事务所并为其制定了相应的规则。据此，如果公司的经营范围是法律咨询和代理法律事务的话，那么作为律师公司的有限责任公司可被允许设立（《德国联邦律师法》第59c条第1款）。许可程序由《德国联邦律师法》第59g条、第12条第1款和第32条以下决定。

27　　律师公司的股东只能是律师或者从事《德国联邦律师法》第59a条第1款第1句和第2款中规定之职业的员工（《德国联邦律师法》第59e条第1款），尤其是会计师、税务师和专利律师。公司的多数股份和决定权必须由律师所有（《德国联邦律师法》第59e条第2款第1句）。然而在律师和专利律师方面，德国联邦宪法法院宣布该条款和《德国联邦律师法》第59f条第1款因违反《德国基本法》第12条第1款而无效（1 BvR 2998/11 und 1 BvR 236/12, NJW 2014, 613 ff.）。新规则至今尚未被颁布。

28　　该法还包含了关于职业责任保险的特殊规定。为了平衡有限责任公司的有限责任，公司有义务签订每保险年度最低保额至少为250万欧元的职业责任保险。保险年度内造成的所有损失之最高年度偿付金额必须至少是最低保险金额的四倍（《德国联邦律师法》第59j条），即1000万欧元。

2. 律师有限责任公司的主要特征

29　　有限责任公司自身是法律主体也是税务主体。其负有缴纳营业税的义务。

30　　在有限责任公司内执业的律师和相关经理所获的收入属非自雇工作收入。通过劳动合同的设计，尤其是与工作成绩相关的薪酬系统，

---

〔6〕　1994年德国拜仁州最高法院紧随德国联邦最高法院的一份关于以有限责任公司形式组织的牙医诊所之判决（GmbHR 1994, 325），准许了这个问题，DB 1994, 2540。

〔7〕　Gesetz vom 31. 8. 1998, BGBl. I 1998, S. 2600.（第四版中，新加：对此有非常批判的观点，详见 *Kleine-Cosack*, BRAO, vor § 59a Rn. 1 ff. 。——译者注）

以公司的利润"缴税"是有可能的。

有限责任公司可以为受聘的老年律师作出退休金承诺,并在资产负债表中为此留出相应的准备金。 31

公司的设立及章程的修订同样需要公证的形式,该规则同样适用于公司股份的转让(《德国联邦律师法》第2条第1款、第53条第2款和第15条第3款、第4款)。 32

有限责任公司的股份是可转让且可继承的。但如果继承人不满足《德国联邦律师法》第59e条及第59a条对公司股东资质的要求,那么根据公司章程相应的股份要么被收回(《德国有限责任公司法》第34条),要么被转让给律师公司内有资质的第三人股东。 33

(五) 自由职业者合伙

其他适合设立律师事务所的法律形式首先是《德国自由职业者合伙法》中的自由职业者合伙(Partnerschaftsgesellschaft)。随着该法于1995年7月1日生效,自由职业者有了新的可能性,即在民事合伙之外以自由职业者合伙的形式组建团队。合伙并不从事商事营业(《德国自由职业者合伙法》第1条第1款第2句),因此它无须缴纳营业税。它与拥有共同财产的人的合伙相似,它的其他部分可适用关于公开商事合伙(OHG)的法律规范而且它应当被登记于特殊的合伙登记簿上(《德国自由职业者合伙法》第4条)。通过这种方式,自由职业者合伙除了获得像人合商事合伙那样的权利能力和当事人能力外,也另外获得了登记能力(Registersfähigkeit)。所以它可以被登记于土地登记簿和商标登记簿上。 34

在最高法院的判决(höchstricherliche Rechtsprechung)赋予外观上积极行动的民事合伙(der nach außen hin tätigen BGB-Gesellschaft)一定程度的权利能力后[8],其与自由职业者合伙就基本没有区别了。 35

《德国自由职业者合伙法》第8条上的法定责任规则利益重大。 36

---

[8] BGHZ 142, 315; 146, 341.

虽然除自由职业者合伙的责任财产外，合伙人作为连带债务人原则上亦应承担个人责任（《德国自由职业者合伙法》第 8 条第 1 款）。但是《德国自由职业者合伙法》第 8 条第 2 款中却有着责任限制。据此，个人责任——除自由职业者合伙的责任财产外——仅限由"处理该委托"的合伙人承担。

2013 年 7 月 19 日生效的《德国引入有限职业责任的合伙法》在实践中也有着重要的意义。根据《德国自由职业者合伙法》第 8 条第 4 款第 1 句，在这种自由职业者合伙的代替方案中，有过错之职业行为的责任仅由合伙财产承担。其前提条件是签订如律师有限责任公司那样的特殊责任保险。

第三节　商事合伙的设立

37　**设计任务：设立一家商事合伙**

　　Klug 与 Pfiffig 律师事务所长期打理富有的独立商务代表 Erfolgreich 的业务。在一次咨询中 Erfolgreich 透露，他想要"扩张"他的商业活动。他了解到一名破产管理人正在寻找愿意购买食品自动售卖机专利的买家。这些机器可以制作比如新鲜的炸薯条和炸鸡块等食物。

　　Erfolgreich 先生想从 Steffi 和 Mark 那里了解，他如何能在法律上最优地组织他的新计划。他也想让他的两个正读大学的成年子女拥有新公司的股份。

　　Steffi 和 Mark 须具体考虑哪些问题？他们会向 Erfolgreich 先生提出哪些切实的建议？[9]

---

[9] 公司设立合同的模板，参见 *Götze*, in：Münchener Vertragshandbuch, Bd. 1, Formulare III. 6-10；*Blaum/Scholz*, in：Beck'sches Formularbuch Bürgerliches, Handels-und Wirtschaftsrecht, Formular VIII. D. 1；*Wegmann/von dem Knesebeck*, in：Heussen/Pischel, Handbuch Vertragsgestaltung und Vertragsmanagement, Teil 6 Rn. 448 ff. 。

一、导引提示

如案例事实所示，这是一个极其复杂的咨询案件。一位成功的企业家想要涉足一个全新的商业领域。这在项目的机会和风险方面都有问题。咨询律师不可在此时将自己卷入顾虑之中。他要做的是明确应解决哪些商业上的、技术上的和法律上的问题。他须向他的委托人解释，委托人是否拥有一个实际的想法，而不能单纯幻想此前的成功职业活动能轻松地转化为新计划的成功。

38

二、基本思考

人们只能选择性地解决复杂问题。这意味着（设计者）应按正确的顺序完成要解决的法律问题。绝不能一叶障目，向咨询中的难题投降。

39

（一）新公司的设立

Erfolgreich 已经提到，他想要通过一家新公司来实现他的商业计划，他也希望他的子女能参与到这个公司中。这种情况下，财产范围的分割是非常有必要的。Erfolgreich 不能承担因商业计划失败而损失全部财产的风险。他必须限制他的风险，也须限制他的投资。如果他之后失败了，他必须理智地放弃该投资项目，不要让劣币驱逐良币。

40

这个道理是如此得简单，但在实务中却极少被实行。如果许多企业家在富足的时候都没有采取预防措施来为他的家人创造"无负担的财产"[10]，那么他们在危机中通常会表现得像"赌徒"一般。他们相信在最后一次投资之后仍然可以挽救公司，最后却因此几乎失去了一切。

41

因此，经验丰富的顾问只会向他们的委托人建议在新项目中谨慎小心地制订商业计划，充分考虑不可控因素带来的额外成本，并应坚

42

---

[10] 见上文配偶间无名给予的案例，第八章边码8以下。

持执行这个计划。如果该计划不能实现，那么这个项目也应立即被终结，即使是以破产的方式，这样才能避免责任渗透到其他的财产之中。

43　　如果企业刚被创立，那么专业术语将之称为初创企业（Start-up-Unternehmen）或新公司（NewCo, new company）。这个概念与法律人的评价毫无关系，其仅用于描述典型的公司创立情况。

44　　在这种情况下，（新公司）将面临法律问题、资金问题和商业问题。有必要澄清的是，是否要为设立新企业而申请"公共资金支持"（öffentliche Fördermittel）。银行通常会提供这方面的相关信息。

45　　（公司创始人）应制订一份商业计划。进行投资的企业家和他的顾问必须谨慎地审查（他们）究竟需要多少资金（自有资本和外部资本）才能将计划成功地"驶入正轨"。一家公司的设立几乎不可避免地会带来创业期亏损（Anfangsverluste）。因此，有决定性意义的一点是，预计何时能结束亏损阶段以及企业何时才能达到"收支平衡点"（Break-even-Point）。经验表明，即使最谨慎的企业家也会做出过于乐观的预测，而损失阶段的持续时间会比最初的设想长得多。因此，没有足够的资金、耐心和毅力的人应该在有疑义时继续提升自己的能力而不是立即启动这样的新项目。

（二）法律形式的选择

46　　公司形式的选择需要从民法、劳动法和税法的角度思考。其中的要点在于：

47　　民法上，关于责任法的思考有着重要的地位。但是其地位无须被夸大，因为现在外部资金的提供者会"绕过"有限责任公司的形式，直接要求企业家承担个人责任，比如银行在提供贷款之前会要求股东个人提供保证。

48　　公司的形式必须适合于保证所计划的内部和外部结构。法律上的强制性规范——如在股份公司中那样的——可能会"阻碍"这种设计方案。[11]

从劳动法和共同决策的角度看，经常出现的问题是在公司里工作的股东，尤其是经理，是否应遵守缴纳社会保险的义务。[12]

有至少五名享有选举权之固定员工的企业一般可以选举企业工会（《德国企业组织法》第 1 条第 1 款）。其他共同决策方面的思考对初创企业或者已经"存在"的中小型公司并没有特别的意义。[13]

税法对公司形式的选择有着特殊的意义，尤其是对初创企业。如果在创业阶段不可避免地会出现亏损，那么就产生了这个问题：这些损失是否可以具有减税的效果。如果初创企业是资合公司，那么产生的损失只能是"公司内部的"。它们可以被转结，但不可用于抵销来自其他活动的收入。仅当该资合公司与其他公司签订了作为利润上缴合同（Ergebnisabführungsvertrag，EAV）的企业合同时，这才是可能的。[14]

为使利润上缴合同可在税务上被承认，该合同的期限必须至少为五年。在亏损状态和/或在公司重组时，该期限可能成为不利因素。[15]

人的合伙则有所不同。如果一个新公司有了亏损，那么该亏损应由股东承担。股东可以用公司的积极收入结清损失，以使公司仅须以

---

[11] *Wegmann/von dem Knesebeck*, in：Heussen/Pischel, Handbuch Vertragsverhandlung, Teil 4 Rn. 27 ff.；*Brück von Oertzen*, in：Saenger/Aderhold/Lenkaitis/Speckmann, Handels-und Gesellschaftsrecht, Kap. 4；*Saenger*, Gesellschaftsrecht, Rn. 17 ff.

[12] *Wegmann/von dem Knesebeck*, in：Heussen/Pischel, Handbuch Vertragsverhandlung, Teil 4 Rn. 44. 同见上文第十章边码 8。

[13] *Wegmann/von dem Knesebeck*, in：Heussen/Pischel, Handbuch Vertragsgestaltung und Vertragsmanagement, Teil 4 Rn. 45.

[14] 对此见《德国股份法》第 291 条以下；*Emmerich*, in：Emmerich/Habersack, AktG §291 Rn. 47 ff.、59 ff.；*Hüffer/Koch*, §291 Rn. 23 ff.；*Casper*, in：Ulmer/Habersack/Löbbe, Anh. §77 Rn. 193 f.；*Altmeppen*, in：GmbHG Anh. §13 Rn. 105 f.。

[15] *Spiegelberger*, in：Beck'sches Notar-Handbuch, §29 Rn. 161 f.；*Wicke*, GmbHG, Anh. §13 Rn. 4. 税法上，人们称这种情况为合并纳税关系。合并纳税关系也是税法上"康采恩"的平行概念，参见 *Hüffer/Koch*, §291 Rn. 38 f.。

积极的结余利润缴纳收入所得税。

54　　Erfolgreich 的情况就是一个很好的例子。作为商务代表，他通过《德国个人所得税法》第 15 条第 1 款中的工商业经营获得了大量收入。如果他现在加入一家处于亏损状态的初创的人的合伙，那么他就可以用他来自商务代表活动的积极收入结清他要承担的亏损，并只用可能尚存的积极"余额"缴纳个人所得税。[16]

（三）公司章程设计的内容要点

55　　在设计公司章程时，人们又会遇到一些基本问题。以下将讨论其中的重点内容。

1. 经理的代理权

56　　人的合伙中代理权由法律规定，除非公司章程另有规定。民事合伙中，《德国民法典》第 714 条引用了《德国民法典》第 709 条的规定。对公开商事合伙应适用《德国商法典》第 125 条第 1 款，对两合商事合伙则一方面应适用《德国商法典》第 170 条的规定，另一方面也适用《德国商法典》第 161 条第 2 款以及第 125 条第 1 款。在资合公司中可适用法定规则，例如在股份公司中对董事会可适用《德国股份法》第 78 条，而在有限责任公司中对经理可适用《德国有限责任公司法》第 35 条。

57　　原则上会产生这个问题：一个人应享有单独代表权还是应（在公司章程中）规定联合代表权。此外须说明代表人是否全部或部分地免于《德国民法典》第 181 条的限制。根据《德国民法典》第 181 条，除有明文许可外，代表人不能够代表公司与自己签订合同（自己代理）或者同时作为双方的代理人签订合同（双方代理）。

58　　代理权的问题在有限责任公司中也非常重要。通常有限责任公司的章程会规定一名经理可以通过股东大会决议获得单独代埋权，并免于《德国民法典》第 181 条上的限制。

[16] 关于补偿亏损和限制性的规则，参见《德国个人所得税法》第 15a 条。

2. 公司经营权和股东大会的权限划分

公司经理自主领导公司的常规（进行中的或者说一般的）业务。重要的、特殊的交易中则有所不同。此时股东大会通常会保留批准此类行为的权利。对此（股东大会）应商讨须经批准行为的目录。[17]

合同设计律师的工作就是与股东一起思考，哪些行为应被列入该目录之中。这通常包括基础业务（Grundlagengeschäfte），例如设立或关闭子公司、土地的取得或出让、某数额年薪之上领导职位之雇佣合同的签订等。大型投资一般也属于股东大会批准保留的范围，除非该投资已于商业计划或经济计划中被批准。

3. 利润分配/提取

这方面经常会发生冲突。在公司中就职的股东会收到工作报酬或者说工资。因此，他通常不需要向其他股东"分红"利润。"仅有股东身份的股东"则有所不同。这些人常常会为了维持生活而要求分配或者提取利润。

利润一般根据股东占公司资本的股份比率分配，但也可以设计为不按股比分配。因此，可以想象这种情况，即某股东被赋予了较高的投票权，但其获得的收益却相对较少，即被"不成比例地"分配了公司的利润。

提取（Entnahmen）只存在于人的合伙中。资合公司里股息只能向股东分配。任何"提前的"支付都是公司向其股东提供的民事借贷。[18]

在人的合伙中常见的是，合伙人可以提取一定款项以支付由他股权而生之税。通常合伙人也可以提取其公司中积极账户（借款账户）中的利息。其他的提取权则大多取决于合伙人会议决议的批准，

---

〔17〕 见上文经理雇佣合同中的讨论，第十一章边码 14。
〔18〕 关于该公司借贷的问题（借贷作为被禁止的支出）见 BGH NJW 2004, 1111 ff.；*Schmitz-Herscheidt/Coenen*, in: Saenger/Aderhold/Lenkaitis/Speckmann, Handels-und Gesellschaftsrecht, Kap. 6 Rn. 350 f.。

而该决议的前提是公司应保有充足的流动资金。

4. 决议多数

65　　还须决定的问题是，必须或应当达到何种多数才可通过股东大会决议。常见的是，"一般"股东大会决议只须简单多数即可通过。仅在特别重大的决议中才须达成特别多数或一致同意。在人的合伙中，特别重大的决议一般包括关于修改股东数量的决议、增资的决议以及尤其是关于修改公司自身章程的决议。

66　　根据《德国有限责任公司法》第53条第2款第1句，如无其他约定，有限责任公司中章程的修改需要75%以上的多数投票才可通过。

5. 股东大会决议的错误

67　　这里要区分人的合伙和资合公司。

68　　资合公司中，有无效的决议和可撤销的决议之分。法教义学认为其类似于行政法上违法行政行为和无效行政行为的区别。股份公司法的规定一般可类推适用于有限责任公司，尤其是《德国股份法》第246条第1款中一个月的撤销期限之规定。对诉讼律师而言，这意味着他可以根据他的工作，选择最安全的方案，在一个月的期限内提起诉讼。他可借助决议的废止支持他提起的确认无效之诉。[19]

69　　在人的合伙中存在"仅"有错误的决议。这样的决议是无效的。对主张而言并不存在法定期限。这方面只能够适用失权规则。[20]

70　　建议的做法是，在人的合伙协议中同样规定主张合伙人会议决议无效的除斥期间。通常人们会采用股份法上一个月的期间，该期间在相关股东大会纪要到达后起算。

---

[19] *Schmitz-Herscheidt/Coenen*, in: Saenger/Aderhold/Lenkaitis/Speckmann, Handels- und Gesellschaftsrecht, Kap. 6 Rn. 270 ff.; Roth, in: Roth/Altmeppen, § 47 Kn. 136 ff., insb. 144 ff. (第四版中，Roth/Altmeppen 一书的作者和书名被改为 Altmeppen, in GmbHG, 所引章节和边码不变。——译者注); *Zöllner/Noack*, in: Baumbach/Hueck, GmbHG, Anh. § 47 Rn. 144 ff. und 159 ff.

[20] Vgl nur *Roth*, in: Baumbach/Hopt, § 119 Rn. 31 f.

6. 补偿金规则

如果某股东退出了公司，那么他享有补偿金请求权。该请求权可以按照公司的账面价值、交易价值或者中间价值确定。[21]

账面价值条款原则上是合法的，但如果企业价值与股东最初的想法相去甚远，以致在知道此情况的话另外的补偿金条款会被约定时，则该账面价值条款可能会根据合同的补充解释原则进行调整。[22]

以前税务师非常愿意约定中间价值（Zwischenwert）。根据旧《遗产税指令》第96节以下规定，中间价值按照所谓的斯图加特程序确定。[23] 该方法混合了资产价值和预期收益价值。其优势至少在于据此可以相对简单地确定权威的价值，这样可以有效地避免发生争执。

实务中被广泛运用的方法是按照盈余确定的交易价值计算法。其重点在于确定公司预计在下一年度将获得多少收入/盈余/利润。但在这方面首先应区分预期收益法和所谓的现金流量贴现法（discounted cash flow-Verfahren）。[24]

7. 竞争协议

竞业禁止已经在经理的劳动合同和雇佣合同中论述过。[25]

这里的主要问题是股东是否应受竞业禁止限制。对于承担个人责

---

〔21〕 对此参见上文第七章边码139以下。

〔22〕 BGHZ 123, 281/284; Sprau, in: Palandt, § 738 Rn. 7 f.; Gregoritza, in: Saenger/Aderhold/Lenkaitis/Speckmann, Handels-und Gesellschaftsrecht, Kap. 5 Rn. 727 ff.; Piehler/Schulte, in: Münchener Handbuch des Gesellschaftsrechts, Bd. 1, § 76 Rn. 45 ff. （第四版中，Münchener Handbuch des Gesellschaftsrechts 所引内容改为：Schulte/Hushahn, in: Münchener Handbuch des Gesellschaftsrechts, Bd. 1, § 76 Rn. 49 ff.。——译者注）；Saenger, Gesellschaftsrecht, Rn. 767.

〔23〕 Vgl Altmeppen, in Roth/Altmeppen, § 34 Rn. 56. 同见本书第七章边码144。

〔24〕 对此的一般性介绍，见 Fastrich, in: Baumbach/Hueck, GmbHG, § 34 Rn. 23；该方法的细节，见 Piehler/Schulte, in: Münchener Handbuch des Gesellschaftsrechts, Bd. 1, § 75 Rn. 32 ff. （第四版中，本脚注改为：对此的一般性介绍，见 Kersting, in: Baumbach/Hueck, § 34 Rn. 23；该方法的细节，见 Schulte/Hushahn, in: Münchener Handbuch des Gesellschaftsrechts, Bd. 1, § 75 Rn. 32 ff.。——译者注）

〔25〕 见上文第十章边码23以下和第十一章边码46。

任的股东可适用《德国商法典》第 112 条并附加相应的禁止，同时该条款根据《德国商法典》第 165 条并不适用于有限责任股东。股东也可以免于法定的竞业禁止，恰如可以使他承担依法并不存在的竞业禁止那样。后者应遵守《德国民法典》第 138 条和《德国基本法》第 12 条的限制。[26]

8. 仲裁协议

77　　公司章程经常会规定仲裁协议。仲裁庭相对于法院的好处和弊端都须被谨慎地权衡。非公开性、一级终审和一般较高的专业素质都是支持选择仲裁协议的理由。但也不能忽视，由当事人指定的仲裁员不会如法官一样中立，并且在此程序中往往会产生很大的和解压力。如果人们抗拒这种压力，就有受到"惩罚"的风险。因此，没有任何一种法律手段能够确保必定会成功。

三、具体的决定

78　　在与 Mark 和 Steffi 的咨询谈话中，现在轮到 Erfolgreich 决定是否要继续执行他的新商业想法了。如果他给出肯定的回答，那么现在的问题就是应选择哪种合适的法律形式。

（一）人的合伙与资合公司

79　　实务中最常见的人的合伙首先是民事合伙、无限公司和两合公司。传统的资合公司则是股份公司和有限责任公司，最近也出现了有限公司（Limited）。

80　　此处将不会详细介绍一些特殊的资合公司形式，比如合作社和股份两合公司（Kommanditgesellschaft auf Aktien）。它们对于 Erfolgreich 的咨询情况毫无助益。

（二）有限责任两合商事合伙的选择

81　　"自然的"人的合伙，如民事合伙、公开商事合伙和两合商事合

---

[26] *Blaum/Scholz*, in: Beck'sches Formularbuch Bürgerliches, Handels-und Wirtschaftsrecht, Formular VIII. D. 2 Anm. 55; *Roth*, in: Baumbach/Hopt, § 165 Rn. 4.

伙,并不适合本案的情况。它们会产生无限责任（Vollhaftung）——至少对股东而言,而这些无限责任是必须被规避的。

因为法律的强制性规范,设立股份公司的方案同样不在考虑范围内。它对于实现商业计划过于复杂了。与此不同的是有限责任公司。但如果新公司陷入了创业期亏损,而该亏损应以 Erfolgreich 作为商业代表的积极收入来抵销的话,那么除非能签订利润上缴合同,否则有限责任公司的方案也被排除了。因为这会使本已繁复的设计结构变得更加复杂。此外该方案也难以防止 Erfolgreich 的其他财产在发生危机时被波及。但这一点现在却是最重要的设计目标。 82

因此,设立由有限责任公司担任无限责任股东的两合公司（GmbH & Co. KG）顺理成章地成为"理想的解决方案"。它是人的合伙的一种,因此,原则上可以——在遵守《德国个人所得税法》第15a条的基础上——用其他活动的利润来结清损失。有限责任也得到了保证。虽然有限责任公司自己作为承担个人责任的股东要承担无限责任,但最终承担的范围仅限于其自身的责任资产。 83

四、法律上如何实现商业想法

为了能够在法律上实现该项目,Erfolgreich 必须首先完成大量法律上的准备工作。下文将论述这些工作的步骤。 84

（一）设立由有限责任公司担任无限责任股东的两合公司

在设立由有限责任公司担任无限责任股东的两合公司时,（设立者）必须缔结两份公司设立合同,其中一份是须经公证的有限责任公司设立合同（《德国有限责任公司法》第2条第1款）,另一份是两合商事合伙的设立合同。法律上应先设立有限责任公司,后设立两合商事合伙。 85

实务中设计的主要问题在两合商事合伙设立合同上。两合商事合伙是从事商业经营的企业。仅作为两合商事合伙无限责任股东的有限责任公司之设立合同一般非常短小,并且当然必须与两合商事合伙的 86

设立合同相匹配。两份合同之间不能出现相互矛盾的规则。两合公司的股东无论如何必须同时是有限责任公司的股东。

87   与之不同的是所谓的统一公司（Einheitsgesellschaft）。这种形式里，作为两合商事合伙合伙人之有限责任公司的唯一合伙人反过来就是两合商事合伙自身。此种特殊形式的实质优势在于不会发生有限责任公司与两合商事合伙行动不一致的问题。[27]

88   有限责任两合公司之有限责任公司的设立合同有如下结构：

有限责任公司设立合同提纲（为设立由有限责任公司担任无限责任股东的两合公司而做）

第一章　合同基本内容
 第一条　名称、住所、会计年度
 第二条　公司经营范围
 第三条　营业期限
 第四条　注册资本、股东出资额、股东
第二章　内部规章和公司代理权
 第五条　公司的经营权和代理权
 第六条　股东大会决议
 第七条　公司年报、利润分配
 第八条　竞业禁止
第三章　公司结构变动
 第九条　以法律行为方式处分公司股份的权限
 第十条　股份回购和向第三人转让
 第十一条　补偿金
第四章　一般条款

---

[27] *Blaum/Scholz*, in: Beck'sches Formularbuch Bürgerliches, Handels-und Wirtschaftsrecht, Formulare VIII. D. 11, 12 mit Muster und Erläuterungen; *Götze*, in: Münchener Vertragshandbuch, Bd. 1, Formular III. 9 insbes. Anm. 1.

第十二条　公示

第十三条　可分条款[28]

两合商事合伙（由有限责任公司担任无限责任股东的两合公司）的公司设立合同如下所示：

两合商事合伙设立合同提纲（由有限责任公司担任无限责任股东的两合公司）

第一章　合同基本内容

第一条　名称、住所、会计年度

第二条　公司经营范围

第三条　营业期限

第四条　股东、资本份额、注册资本、应缴资本

第二章　内部规章和公司代理权

第五条　公司经营权、代理权和控制权

第六条　无限责任股东的报酬

第七条　股东大会、股东大会决议

第八条　公司年报

第九条　利润分配

第十条　提取

第三章　公司结构变动

第十一条　以法律行为方式处分公司股份的权限和股东的死亡

第十二条　股东的退出

第十三条　解雇

第十四条　股东的破产

---

[28]　关于作为两合公司无限责任股东之有限责任公司的设立合同，具体参见 *Blaum/Scholz*, in: Beck'sches Formularbuch Bürgerliches, Handels-und Wirtschaftsrecht, Formular VIII. D. 12 und Götze, in: Münchener Vertragshandbuch, Bd. 1, Formular III. 7. 。

第十五条　辞职、补偿金

第四章　一般规定/特别条款

第十六条　可分条款

第十七条　费用

第十八条　文字形式

第十九条　仲裁协议/普通诉讼途径[29]

（二）子女参股

90　　Erfolgreich 希望他的子女也能参与到新的企业之中。最简单的方式是让其子女成为公司的有限责任股东（Kommanditisten）。他们要么可以在公司设立时就成为公司股东（有限责任股东），或者 Erfolgreich 在公司设立和两合商事合伙在商业登记簿中登记后向他们转让公司股份。

91　　此处可以认为子女（作为学生）自己没有足够的资金获得股份。因此，他们通常会被赠与这些股份。此处务必要遵守《德国民法典》第 518 条第 1 款中公证形式的要求，否则可能至少财务主管部门不会认可子女拥有的股份，从而产生所期望的股东身份被否定之风险。[30] 通常赠与股份的动机是让子女获得自己的收入（不是由新公司提供，而是由已建立的公司提供）。这样孩子们就可以用股份带来的收入谋生，而且这种收入的税率也很低。相应地，父母应分得的利润减少了，因此，虽然父母税率很高，但他们应缴的税款也变少了。通过这种完全合法的税务模式，子女（至少部分地）实现了对有义务提供抚养费之父母可主张的抚养费给付请求权。[31]

---

　　[29] 由有限责任公司担任无限责任股东的两合公司中两合商事合伙的设立合同，Blaum/Scholz, in: Beck'sches Formularbuch Bürgerliches, Handels und Wirtschaftsrecht, Formular VIII. D. 5 ff. und Götze, in: Münchener Vertragshandbuch, Bd. 1, Formular III. 10。

　　[30] 财务管理部门或将指出，父亲将股份"转让"给子女的行为并非《德国民法典》第 518 条第 2 款意义上"给付的实际履行"。

　　[31] 其他的动机可以是提前获得赠与税的减免。见上文第八章边码 18 和下文第二十章边码 30。

其他可考虑的参股模式是设立所谓的隐名合伙（stillen Gesell-　　92
schaft）或者作为有限责任股东隐名参股（Unterbeteiligung）至 Erfolg-
reich 的公司中。[32]

这两种特殊的参股形式在税务上会导致相同的结果。它们与直接　　93
作为有限责任股东参股的不同之处在于当事人并不对外出现，并且其
"股东权利"被限制到最低。隐名参股可以为企业的继承做好充分
准备。[33]

（三）拓展：关于商业登记簿

根据《德国家事程序和非讼管辖事项程序法》第 374 条以下规　　94
定，商事登记应在特定的地方法院进行。实体法上则应适用《德国商
法典》第 8 条至第 16 条的规范。商人和人的合伙（除民事合伙）会
被以特定编号登记于在商事登记簿 A 部分（HRA, Handelsregister
Abteilung A）中，同时资合公司将被在商事登记簿 B 部分（HRB,
Handelsregister Abteilung B）以特定编号登记。任何人都可以为获取信
息而查阅商事登记簿和为商事登记而提交的文件（《德国商法典》第
9 条第 1 款）。商事登记簿具有公信力和消极的公示性，在特殊情况
下亦可具有积极的公示性（《德国商法典》第 15 条）。[34]

（四）购买专利

Erfolgreich 商业想法的基础是破产管理人出售的食品自动售货机　　95
专利。该专利必须被购得。

---

[32] *Lenkaitis*, in: Saenger/Aderhold/Lenkaitis/Speckmann, Handels-und Gesell-schaftsrecht, Kap. 7 A; *Eickhoff*, in: Saenger/Aderhold/Lenkaitis/Speckmann, Handels-und Gesellschaftsrecht, Kap. 7 B Rn. 179 ff.

[33] Dazu *Lenkaitis*, in: Saenger/Aderhold/Lenkaitis/Speckmann, Handels-und Gesell-schaftsrecht, Kap. 7 A Rn. 57 ff.; *Eickhoff*, in: Saenger/Aderhold/Lenkaitis/Speckmann, Handels-und Gesellschaftsrecht, Kap. 7 B Rn. 181 ff. 非典型（=共同创业）与典型的隐名参股之间是有区别的。

[34] 对此具体参见 *Hopt*, in: Baumbach/Hopt, § 15 Rn. 1. 设立商业登记簿的规则被规定于《德国商事登记条例》第 1 条至第 10 条，其执行则在《德国商事登记条例》第 12 条至第 22 条。

96 如果该专利的出卖人是破产管理人,那么最重要的问题就是购买者是谁。这可能是如下两个主体:Erfolgreich 自己或者新设立的由有限责任公司担任无限责任股东的两合公司。答案很简单:Erfolgreich 自己获得该专利显然更有意义。如果他资金充足,那么他就可以用自有资本支付购买价款而且无须借助外部资本。之后他可以许可新设立的由有限责任公司担任无限责任股东的两合公司使用该专利。

97 如果新设公司从破产管理人处取得专利,那么就会产生融资的问题。购买价款可能只有通过 Erfolgreich 提供的股东贷款才可被筹集。银行也许会质疑该专利的价值和该项目的可行性,甚至因此拒绝提供贷款。

98 综上,以下的思考非常关键。问题在于,新公司是否能以其可用资本最终"走上正轨"。如果 Erfolgreich 想要控制他的风险,并以此为理由不一直以自有资金"追加保证金"的话,那么新公司可能陷入破产。该专利的变价权可能就会回到(这次是新公司的)破产管理人那里。如果 Erfolgreich 自己就是专利权人,那么他就有可能单独将专利权变价并以此规避他的损失。然而,破产管理人可以依据《德国破产法》第 135 条第 3 款主张附期限的继续使用权并支付对价。

(五)将专利权转让给新公司使用

99 如果 Erfolgreich 将获得的专利权转让给新公司使用,那么他就要与公司签订许可合同(Lizenzvertrag)。[35]

100 许可合同使新公司有权使用该专利。这里应区分专用权和普通使用权。一方面,专用权(ausschließliche Nutzungsrecht)意味着只有使用权人才有权使用该专利,除此之外,专利权人本人亦不可使用;另一方面,如果仅被授予的是普通使用权,则使用权人有权使用专利,同时专利权人也可以自己使用专利或可以授权第三人使用。他还可以

---

[35] 对此的一般性介绍,见 *Beckmann*, in: Staudinger, BGB, Vorbem. zu §§ 433 ff. Rn. 178 f.; *Schaumburg*, in: Formularbuch Recht und Steuern, Kap. B 12 Rn. 1 ff.。

比如授予其他公司使用许可。

可以想象的是仅授予特定的人或实体在特定国家或地区的专利使用权。这样可以允许被许可人仅在德国或欧洲使用专利（以排他或以普通许可的形式）。使用权可以被限制于某些行业中，也可以仅限于与某些公司的交易中。实务上合同设计自由在这里没有限制。 101

被特许人必须支付一定的金额（专利许可使用费）。实务中这里也存在非常不同的规定。该费用可以被约定为固定费用（每次、每年或每月支付）、销售提成支付或按件支付。总之重要的是要让专利权人适当地分享所授予专利许可产生的盈利。相反，被特许人不应承担为无法出售的产品支付许可费的风险。 102

（六）制造食品自动贩卖机的承揽合同

Erfolgreich 想找到一家合适的公司来生产自动贩卖机。这也是成功实现商业计划的重要一环。该公司将首先生产并测试一台样机。之后才能开启批量生产。 103

如果（该公司）能够批量生产自动贩卖机，那么 Erfolgreich 将遇到的问题是新公司是否能持续自我扩张并为全部的启动成本提供资金。另外，新公司也可以在当地寻找合作伙伴，例如特许经营受许人。[36] 104

（七）签订其他必要的合同

新公司必须找到布置食品贩卖机的地点并与该土地的所有权人签订租赁合同，尤其火车站和汽车站就非常适合布置。 105

自动贩卖机也需要维护。因此，建议像在电子数据处理（EDV）领域一样签订一份机器维护（Wartung）合同。与之相关的，还应该考虑在当地雇佣安保人员（Wachdienste）。新公司还承担着该机器在公共时间以外被故意损坏的风险。 106

最后，必须为食品贩卖机签订运输原材料的合同，即购买土豆、 107

---

[36] 见第十五章边码 4 及以下。

鸡肉、蛋黄酱、油、包装等原料的合同。

五、通盘思考

咨询情况里的主要案情其实很简单。但是上述关于如何付诸实践的思考却表明该过程在法律、经济和技术的层面上是多么复杂。这种局势很容易吸引法律人进行合同设计,同时对活跃在商法领域的律师事务所也很有吸引力。但对于企业家 Erfolgreich 来说,他必须严肃思考该项目的意义。在得到律师的适当建议后,他"实际上"应该得出的结论是:他最好放弃自己新的商业想法。[37]

---

[37] 案例事实的结构基于投资者与银行之间很久以前的一个法律纠纷。该银行私下说服了投资者参与这一项目。食品贩卖机制造在技术上是可行的。但所需的资本却远远超出了预算,因此引发了破产。投资者因不充分的建议而向银行主张损害赔偿。

第十九章　夫妻财产制合同法中的合同设计

第一节　概览

　　法律在《德国民法典》第 1408 条第 1 款中将夫妻财产制合同（Ehevertrag）定义为配偶间关于其财产关系的协议。配偶可以另行约定与作为法定夫妻财产制的财产增加额共同制（Zugewinngemeinschaft）* 不同的夫妻分别财产制或共同财产制。　　　　1

　　《德国民法典》第 1408 条第 2 款扩大了固定的夫妻财产制合同内容。其规定，配偶可以在夫妻财产制合同中排除供给的均衡（Versorgungsausgleich）.**　　　　2

　　根据法学界的普遍理解，夫妻财产制合同包含了上述关于财产制度和供给均衡的规定，此外还涉及扶养法方面的问题，特别是分居和　　　　3

---

　　* Zugewinngemeinschaft 直译为财产增加额共同制，参见陈卫佐译注：《德国民法典（第四版）》，法律出版社 2015 年，第 442 页脚注 2。另有译为"净益共同制"，参见贺剑：《论婚姻法回归民法的基本思路——以法定夫妻财产制为重点》，载《中外法学》2014 年第 6 期，第 1508 页。关于其内涵，同见陈卫佐译书第 442 页脚注 2。——译者注

　　** 供给的均衡（Versorgungsausgleich）是指离婚时对配偶双方之间就婚姻关系存续期间因伤残和年龄所获养老金请求权进行的平衡，参见 Stein, MüKo zum FamFGFam, 3. Auflage 2018, § 217 Rn. 2。"供给"（Versorgung）一词在这里是指养老金、退休金和从业能力减弱者的定期金等，参见陈卫佐译注：《德国民法典（第四版）》，法律出版社 2015 年，第 486 页。——译者注

离婚的情况。这方面人们也经常谈到离婚后果协议(Scheidungsfolgenvereinbarung)。[1]

4 根据《德国民法典》第1410条,夫妻财产制合同须经公证才可成立。这同样适用于离婚之法效果出现前约定的扶养费协议(《德国民法典》第1585c条第1款第2句)。

5 夫妻财产制合同的当事人可以是配偶,同样也可以是尚未结婚的人。该合同在婚姻缔结后才生效。[2]

6 如果订婚者在结婚前经常讨论"夫妻财产制合同"的内容,那么该合同的成立仅在极少数情况下才是出于缔结婚姻之目的而为的。这方面的决定性因素首先是情感动机。订立夫妻财产制合同的想法可以被理解为对另一方伴侣的不信任。因此,夫妻财产制合同在实务中通常只在分居和离婚方面发挥其作用。[3]

第二节 年轻夫妇的夫妻财产制合同

7 **设计任务:夫妻财产制合同**

Steffi Klug 和 Mark Pfiffig 在"私下和职业生活中"早已是一对了。他们共同经营着一家以民事合伙形式组织的律师事务所。在一次周日远足中,他们产生了结婚的想法。他们希望至少在其后数年不改变他们历经考验后的生活模式。

在他们的事务所中,Mark 和 Steffi 聘用了兼职工作的律师 Treu。她是婚姻法和继承法方面的专业律师,同时也是三个孩子的母亲。他们希望 Treu 女士可以帮他们完成以下几个问题和

---

[1] Mohr, Ehevertrag, S. 3 f.; Langenfeld/Milzer, Handbuch der Eheverträge und Scheidungsvereinbarungen, Kap. 1, Rn. 6 ff, 124 ff. (第四版中,新加:关于其法教义学的基础,参见 Moes, Vertragsgestaltung, § 26 Rn. 453 ff.。——译者注)

[2] *Brudermüller*, in: Palandt, § 1408 Rn. 1; *Mohr*, Ehevertrag, S. 3.

[3] *Mohr*, Ehevertrag, S. 3.

任务：

1. 法律上如何认定 Mark 和 Steffi 之间在婚前和婚后的私人法律关系？

2. Mark 和 Steffi 自行制定婚姻法和继承法的规则是否有意义？

3. Treu 女士将如何为 Steffi 和 Mark 拟定一份"合适的"夫妻财产制合同草案？[4]

一、导引提示

对婚姻和家庭的理解随时间不断变化。判例和立法会——通常比较迟延地——回应这些变化，并对夫妻财产制合同的内容设计提出新的要求。如果说此前该领域的合同自由几乎完全不受限制，那么德国联邦宪法法院于 2001 年 2 月 6 日发布的两个判决[5]和相应德国联邦最高法院的判决[6]就发生了巨大的转变。现今夫妻财产制合同在成立时要遵守《德国民法典》第 138 条第 1 款的生效控制（Wirksamkeitskontrolle）（第一步），同时要在适用时遵守《德国民法典》第 242 条上的权利行使控制（Ausübungskontrolle）（第二步）。男人和女人之间平等的伴侣关系受到宪法保护。如果在生活关系的单独设计中约定的生活关系负担分配无论如何都不是公正的，那么这就触及了合同自由的边界，因为它明显地偏颇一方，并且按照对婚姻本质的理

8

---

[4] 关于夫妻财产制合同的德国最高法院判决，参见 BVerfG NJW 2001, 957 ff.; BGH NJW 2004, 930 ff.; 2005, 137 ff. und 139 ff.; 2005, 1370 ff.; 2008, 3426 ff.; 2013, 380 ff.; 2013, 457 ff. 。相关文献具体参见 *Langenfeld*, Vertragsgestaltung, Kap. 7 Rn. 1 ff.; *Kornexl*, in: Münchener Vertragshandbuch, Bd. 6, Formulare IX. 1–11; *Langenfeld* NJW 2011, 966 ff.; *Mohr*, Ehevertrag, S. 3 ff.; *Bernauer*, in: Beck'sches Formularbuch Bürgerliches, Handels-und Wirtschaftsrecht, Formulare V. 6–19; *Bredthauer* NJW 2004, 3072 ff.; *Eckert/Everts/Wicke*, Fälle zur Vertragsgestaltung, S. 109 ff. 。

[5] BVerfG NJW 2001, 957 ff.

[6] 参见脚注 4。

解，这种状态对受到不利影响的一方配偶来说是不可容忍的。[7]

二、初步思考

9　　当事人和法律顾问必须在谈话中明确，哪些动机能够支持即将制定的夫妻财产制合同，以及哪些与法律规定不同的规则可能更有意义。

（一）婚前法律状态

10　　在家事法与继承法的设计中，顾问首先必须进行的工作是依法确定法律状态。如果当事人想通过合同规制他们间的法律关系，那么他们必须知道哪些规则对他们而言无须特别设计的协议就可适用。

11　　因为 Mark 和 Steffi 以民事合伙的形式经营他们的律师事务所，所以合伙协议首先可得适用，《德国民法典》第 705 条以下的规则也可作为补充。这一点不会因将来的婚姻而发生改变。

12　　如果 Mark 和 Steffi 尚未结婚，那么就不存在家事法和继承法的关系。（他们之间）既没有民法上的扶养义务[8]，也没有继承法上的请求权。

（二）婚后法律状态

13　　婚后的法律状态则有所不同。现在夫妻财产制和离婚后果方面的法律规范都可以适用。它们的特征是如下的三个原则，也即财产增加额均衡、供给均衡以及婚后的扶养。

14　　至少直至不久前，法律的观念仍以由孩子决定的单收入者婚姻（eine kindbestimmte Einzelverdienerehe）为基础。配偶中的一方在婚姻

---

[7] *Rakete-Dombek* NJW 2004, 1273 ff.；*Langenfeld/Milzer*, Handbuch der Eheverträge und Scheidungsvereinbarungen, Kap. 1, Rn. 68 ff；*Looschelders/Olzen*, in：Staudinger, BGB, § 242 Rn. 964 ff.；*Münch*, in：MünchKommBGB, § 1408 Rn. 25 ff.

[8] 然而根据《德国社会法典》第二编第 7 条第 3 款第 3c 项，非婚生活共同体在社会法上也构成了需求共同体，其前提为《德国社会法典》第二编第 7 条第 3a 款第 1 项，因此社会法上有事实上的支持行为。关于民法上的家庭概念，参见 *Schwab*, FamRZ 2007, 1, 6 f.。

期间从事全职工作,另一方则负责管理家庭和抚养孩子,并因此而不工作或仅做兼职。后者曾通常是妻子一方。[9]

1. 家事法

法定夫妻财产制度是所谓的财产增加额共同制(《德国民法典》第1363条第1款)。如以法律术语而言,则该制度更为准确的描述是在因死亡或离婚而导致婚姻关系结束时发生财产增加额均衡的夫妻分别财产制。许多外行人认为法定财产制中的一方也应"负责"另一方的债务。这是不正确的。[10]

根据《德国民法典》第1360条以下规定,配偶间有相互扶养义务。《德国民法典》第1361条规定了分居情况下的扶养义务。在离婚后则可适用《德国民法典》第1569条以下的规定。

2. 继承法

结婚后配偶将获得法定的继承请求权。如果配偶将另一方排除在继承之外,则另一方根据《德国民法典》第2303条第2款享有特留份请求权。

法定继承份额的数额由夫妻财产制决定。在夫妻财产增加额共同制中,配偶跟第一顺序继承人(子女)一同继承时,其法定继承权的份额为四分之一;跟第二顺序继承人一同时则为二分之一(《德国民法典》第1931条第1款)。根据《德国民法典》第1371条,该法定继承权将增加四分之一以作为总括的财产增加额均衡。

如果配偶曾约定了夫妻分别财产制,那么生存配偶的法定继承权按子女的数量确定(《德国民法典》第1931条第4款)。如果夫妻没有孩子,但第二顺序继承人尚有存活(《德国民法典》第1925条),

---

[9] *Mohr*, Ehevertrag, S. 4; *Roth*, in: MünchKommBGB, §1356 Rn. 2 ff.; *Voppel*, in: Staudinger, §1356 Rn. 4 f.; *Langenfeld/Milzer*, Handbuch der Eheverträge und Scheidungsvereinbarungen, Kap. 1, Rn. 164 ff. (第四版中,Handbuch der Eheverträge und Scheidungsvereinbarungen 所引内容变为 Kap. 1, Rn. 155。——译者注)

[10] 对此参见《德国民法典》第1357条(旨在满足生活需要的行为)。

那么法定继承比例就是二分之一。

(三) 设计思考

20　　生活中的情况越不同于由孩子决定的单收入者婚姻的法律观念，通过夫妻财产制合同进行的合同性调整就越有必要。考虑到 Mark 和 Steffi 的生活关系，这意味着家事法上的扶养费和供给均衡请求权并不"适合"他们的情况。因此，Treu 女士建议他们签订一项包含以下内容的夫妻财产制合同：

1. 关于财产制度

21　　从责任法的视角看，有必要约定夫妻分别财产制。财产增加额共同制仅仅意味着在婚姻因死亡或离婚而结束时会发生财产增加额的均衡。但是一方配偶并不对另一方的债务负责。

22　　在本案中，因为合伙人在合伙中的连带责任而应在本领域中适用不同规则。不过这与家事法的相关判例毫无关系。

23　　法定夫妻财产制无论如何都会照顾到配偶双方的共同利益。财产增加额的均衡符合婚姻作为增益共同体的本质。此外《德国遗产税和赠与税法》第 5 条第 1 款也为此规定了税收优惠条款。根据该条款，财产增加额补偿的债权免征遗产税。

24　　与法律不同的设计可能更适合于特殊情况或者离婚情况。尤其合伙协议经常会规定配偶的入伙将排除财产增加额补偿，在死亡时经常也有同样处置。其目的是使合伙及合伙人能无须执行复杂的企业估值和避免被卷入相关纠纷。还应顾虑的是，公司股份经常是当事人的重要资产，但股份肯定不是"流动的"，以至于（当事人）必须为财产均衡债权另外寻得资金。这一点同样也会导致问题和冲突。

25　　因此，值得考虑并且在众多案例中很合适的做法是制定一份修正法定夫妻财产制度的协议【所谓改进的财产增加额共同制（modifizierte Zugewinngemeinschaft）】。财产增加额的均衡可以在因离婚而致婚姻结束时或在特定情况下被排除，例如配偶一方取得了某个企业的股份。一位明智的妻子或丈夫会在合同中思考，她（他）怎样可以通过这种部分的排除来平衡另一方的财务劣势，例如通过转让财产（不动产、证券等）或者购买因排除而受益的一方支付的人寿保险。

2. 关于供给均衡

Steffi 和 Mark 是他们二人共同律师事务所的合伙人。尽管本案所描述的事实并未对此提供任何细节，但可以假定他们的合伙协议未包含任何有关老年合伙人养老金请求权的规定。在现代的律师合伙协议中，一般不会再能找到过去常见的关于合伙人养老金的协议。

Steffi 和 Mark 是律师养老供给互助机构的成员，因此，可以在达到年龄要求时主张养老金给付请求权。养老供给互助机构同样会保证在提前丧失工作能力时给付养老金，所以该基于职业身份的养老基金可以在达到年龄界限和过早丧失劳动能力的情况下提供保护。此外，两位律师也都可以签订私人养老保险金合同并以此获得额外的保险。在此背景下，Treu 女士或许会向 Mark 和 Steffi 建议，排除适用《德国民法典》第 1587 条规定的供给均衡和 2009 年 4 月 3 日生效的《德国供给均衡法》的规范，并就某一合伙人为培养共同的子女而无法获得期待状态（Anwartschaften）的情况做特殊规定。

3. 关于婚后的扶养

Mark 和 Steffi 并不依靠扶养费给付请求权生活。作为律师，他们能够自己赚取他们的生活费。他们可以为疾病和随之而来的收入锐减情况准备私人的预防措施。此外，他们也可以从基于职业身份的养老基金中领取补助。故而 Treu 女士将建议他们在分居或离婚时放弃法定的扶养费给付请求权，但是他们也应当为一方因抚养共同子女而无法获得收入的时间阶段制定例外规则。[11]

4. 关于继承权

Treu 女士或许会建议 Mark 和 Steffi 签订一份继承合同或者设立共

---

[11] 根据德国联邦最高法院的关键领域理论（Kernbereichslehre），例如 NJW 2006, 3142 (3144)，这样的规则是强制的，对此参见 Langenfeld/Milzer, Handbuch der Eheverträge und Scheidungsvereinbarungen, Kap. 1, Rn. 71 ff.。

同遗嘱。法定的继承顺序并不符合没有孩子的夫妻之利益。只要第二顺序的法定继承人尚在，比如一方配偶的父母或者兄弟姐们仍然健在，那么其配偶就不是唯一的法定继承人。如果在法定夫妻财产制下，那么生存的配偶将获得法定遗产的四分之三，在分别财产制下则获得法定遗产的二分之一。

三、制作夫妻财产制合同草案

30　　考虑到德国联邦最高法院关于生效控制和权利行使控制的新判决，现在夫妻财产制合同设计已经变得非常困难了。如果说在签订夫妻财产制合同时（设计者）尚可以充分地判断夫妻的具体情况，那么当之后发生不可预见的事件且须考虑是否应按《德国民法典》第242条之诚实信用原则而调整合同时（权利行使控制），这些情况也会发生改变。因此，无法肯定地预测法院以后是否会"未加修正"地确认适用夫妻财产制合同中的规定。建立案例组（希望有孩子的年轻夫妇、不希望有孩子的年轻夫妇、作为企业家的夫妇之夫妻财产制合同、有或无孩子的老年配偶之间的夫妻财产制合同）并据此而拟定建议可以帮助设计符合当事人利益的合同。

31　　参考与 Mark 和 Steffi 的讨论以及他们所述的想法，Treu 女士将为 Mark 和 Steffi 提供以下夫妻财产制合同草案：

32　　**夫妻财产制合同示例：**

　　　　某年某月某日就某内容

　　　　与公证人某某某

　　　　当事人

　　　　Steffi·Klug 女士，……

　　　　Mark·Pfiftig 先生，……

　　　　二人商定：

　　　　　　我们决定近期结婚。我们具有德国国籍。我们目前从事独立律师职业，并希望——无论如何首先——保持现在的状态。

如果之后离婚,我们中的任何一人都同意只负责照料自己,因此关于财产增加额均衡、供给均衡和婚后扶养费的法定规则不应适用于我们。

如果我们的婚姻产生了共同子女,则在抚养子女期间应根据我们以下协议的内容适用关于扶养费和退休金均衡的法律规范。

综上,我们达成如下的夫妻财产制合同。

第一条 改进的夫妻财产增加额共同制

1. 如果我们的财产制度因死亡之外的方式结束,那么我们将完全排除财产增加额的均衡。其余情况则适用法定的夫妻财产制,尤其是死亡时的财产增加额均衡。

2. 我们一致同意不在本合同中列出我们的财产。

第二条 供给均衡的排除

1. 我们在离婚时将排除供给均衡。

2. 公证人已向我们说明了排除供给均衡的意义,尤其是在婚姻期间因达到法定年龄或丧失职业能力或丧失劳动能力时,无论出于前述哪种原因,在离婚后均不会发生在婚姻期间所获得的某一供给之期待状态(Anwartschaften)或者期望(Aussichten)的均衡。他向我们说明了离婚时社会保险将发生的法律后果。

3. 供给均衡的排除附以下解除条件。如果因为我们共同子女的出生而使我们中的一方应全部或部分地放弃职业活动,那么此协议自该子女出生的下月至最年轻的子女年满14周岁时为抚养该子女而无效。在此前及此后的时间里,供给均衡仍被排除。

第三条 放弃婚后的抚养费

1. 我们相互放弃任何形式的、在包括紧急状况之内的全部生活情况下的和法律状况改变之情况下的婚后扶养费。我们特此相互接受此放弃。

2. 公证人向我们说明了放弃扶养费的后果,尤其是关于在离婚后须自己负责自身生活费用的风险。

3. 放弃扶养费的约定附如下解除条件：如因我们共同子女的出生而使我们中之一人应全部或部分地放弃职业活动，那么在此期间她（他）有权依法主张扶养费给付请求权。

第四条 其他条款

1. 本合同应在有漏洞、规定不明或合同基础改变的情况下按协议整体的意义进行解释。如果本协议无效或之后无效，那么该约定应通过有效的约定而被替代，且该约定应尽可能地符合无效约定的意义和目的。如果本协议中某条约定无效或之后无效，那么其他的协议仍旧有效。

2. 我们一致同意本合同不涉及终意处分。

3. 公证费我们二人各自负担一半。

该备忘录已由公证人向当事人宣读，经当事人确认并由当事人和公证人亲自签名如下：

当事人1、当事人2和公证人的签名。[12]

---

[12] 关于合同模板，参见 *Bernauer*, in: Beck'sches Formularbuch Bürgerliches Handels- und Wirtschafterecht, Formular V. 16 Anm. 1 f.; *Kornexl*, in: Münchener Vertragshandbuch, Bd. 6 Formulare X. 1; *Mohr*, Ehevertrag, S. 9 ff.。因2007年后的扶养费改革，现如今越来越多的人提出这个问题，即是否不应通过合同的方式扩张照料子女一方配偶之有限的法定扶养费给付请求权，也就是说是否有必要强化该权利。对此见 *Langenfeld* NJW 2011, 966 ff.（第四版中，Münchener Vertragshandbuch 所引内容改为 Bd. 6 Formulare IX. 1-3.。——译者注）

第二十章　继承法中的合同设计

第一节　概览

我们每个人都会经历出生和死亡。一位新生儿在出生后会立刻进入与其父母的法律关系中。这会改变家事法和继承法上的法律状态。在一个人去世的时候，这也不可避免地会引起继承的法律后果。毕竟总会存在一个法定继承人。根据《德国民法典》第 1936 条，至少国库可以成为法定继承人。

1

因此，虽然细想之下继承法肯定会涉及每一个人，但令人惊讶的是大多数人对此却毫无准备。甚至他们在设计他们的遗嘱时也完全不会寻求专业的帮助。诉讼律师只能接受这种现状却不能抱怨工作太少。如果至少有一处——生存之配偶尚在使用的——不动产属于遗产的范围，那么法定的继承顺序很少会是恰当的解决方案。如果被继承人自己尝试起草他的遗嘱——无论是否借助宣传册中的帮助，这多半也难以顺利地进行。继承法的难度非常高，以致非专业人士很难准确地草拟他们希望的遗产规则。其原因在于，（非专业人士）缺乏对继承法基本原则的知识或者理解，尤其是对概括继受的基本原则的知识。他们不会规定由指定继承人全部或按比例继承并通过对遗赠的指示或分割指示（Teilungsanordnung）进行具体的设计，而仅是满足于"将物品留给特定人"（这样的规则）。这将使被继承人的家属、他们的顾问和进行遗产继承证书程序的法院很难确定具体的继承顺序。因

2

此，强烈建议在起草终意处分时寻求专业的帮助，或者说设立公证遗嘱或继承合同。由此而产生的费用实际远低于继承权纠纷中产生的费用，同时这也可避免此类纠纷中常见的情感负担。

第二节 关于继承法的咨询

3　　设计任务：继承法律咨询

Reich 先生长期以来一直是 Pfiffig 和 Klug 律师事务所的客户。某一天他找到 Mark Pfiffig 希望咨询继承法的问题。本次咨询中要具体处理哪些问题？

一、导引提示

4　　德国继承法深受三个法政策价值的影响和塑造。这三个原则分别是私有财产继承原则（Privaterbfolge）、遗嘱自由原则（Testierfreiheit）和家庭继承原则（Familienerbfolge）。[1]

（一）私有财产继承原则

5　　根据私有财产继承原则，被继承人的财产应由私人之手到私人之手（aus privater Hand in privater Hand）地继承。只有当没有私的继承人时，国家才为防止产生无主遗产而拥有法定继承权（《德国民法典》第1936条）。但是国家会按遗产价值收缴遗产税并限制私人的继承权。[2]

6　　私有财产继承原则上受到宪法保护。《德国基本法》第14条第1款确保了作为法律制度的继承法和作为个人权利的继承权。[3]

---

〔1〕 *Ebenroth*, Erbrecht, § 1 IV Rn. 44 ff.; *Lange/Kuchinke*, Erbrecht, § 1 V S. 8 f.; *Leipold*, in: MünchKommBGB, Einleitung vor § 1922 Rn. 8 ff. (第四版中，增加：*Weidlich*, in: Palandt, vor § 1922 Rn. 3. 。——译者注)

〔2〕 *Weidlich*, in: Palandt, vor § 1922 Rn. 3; *Ebenroth*, Erbrecht, § 1 IV Rn. 45 ff.

〔3〕 BVerfG NJW 2005, 1561; *Weidlich*, in: Palandt, vor § 1922 Rn. 4.

继承法和继承权的保障也补充了所有权保障,它们共同构成了《德国基本法》规定的私人财产制度之基础。[4]

(二) 遗嘱自由原则

遗嘱自由原则使被继承人有权通过终意的、以法律行为方式做出的处分在继承开始后决定其财产的命运。该自由不受合同限制(《德国民法典》第 2302 条)。它仅受到特留份权和禁止违反公序良俗之处分的限制。[5]

(三) 家庭继承原则

继承法的第三个法政策学基本原则是家庭继承原则。如果被继承人没有做出其他处分,他的财产应依法转让给其家庭成员,也就是其配偶(或者已登记的生活伴侣)及其近亲属。[6]

(四) 继承法中具有法律约束力的法律制度

在设计终意处分时须注意三个强制性的法律制度。它们分别是概括继受制度、继承法上的形式和内容强制制度以及特留份制度。

1. 概括继受原则(整体继承)

被继承人的财产将作为一个整体直接转移至继承人处(《德国民法典》第 1922 条)。据此,被继承人可以将遗产仅由(作为单独继承人的)一个人或者(作为按份共同继承人的)多个人继承。这就是说继承权是当然取得(Vonselbsterwerb)的。继承人在被继承人死亡时即获得遗产,无须其他辅助也无须其自己知晓,有时甚至会违背他的意愿。[7]

---

[4] 对此详见 *Weidlich*, in: Palandt, vor § 1922 Rn. 4。

[5] *Weidlich*, in: Palandt, vor § 1922 Rn. 3; *Ebenroth*, Erbrecht, § 1 IV Rn. 48 ff.

[6] *Weidlich*, in: Palandt, vor § 1922 Rn. 3; *Ebenroth*, Erbrecht, § 1 IV Rn. 51 ff.

[7] *Weidlich*, in: Palandt, vor § 1922 Rn. 3; *Leipold*, in: MünchKommBGB, § 1922 Rn. 145 ff. (第四版中,MünchKommBGB 被引边码改为 185 以下。——译者注); *Lange/Kuchinke*, Erbrecht, § 5 II S. 86 f.

12　　在农庄企业（Höfeordnung）和人的合伙中还存在着特别规则【特别继承（Sondererbfolge）】。此内容参见相关文献。[8]

2. 继承法上的形式和类型强制

13　　不同于债法而类似于物权法。继承法上的法律创造（Rechtsschöpfung）是不可能的。在设计终意处分时（设计者）只能适用受继承法允许的形式和类型。[9]

3. 特留份制度

14　　遗嘱自由原则受到《德国民法典》第2303条以下之特留份制度的限制。该制度授予被继承人的近亲属（晚辈直系血亲或者父母）以及生存的配偶或者已登记的生活伴侣（《德国生活伴侣法》第6条）债法性的遗产分配请求权。特留份的数额为法定应当继承份额的一半（《德国民法典》第2303条第1款第2句）。

二、初步思考

15　　案例中的咨询情况对被继承人和法律顾问来说都是很难的。首先应考虑到这一点，即许多非专业人士并不具有继承法的基本知识。大多数被继承人只想要"普遍的做法"。生存的配偶应当首先获得全部的遗产，然后是子女。

16　　顾问必须谨慎地询问被继承人的个人情况，尤其是向已婚人士确认夫妻二人是否有共同的遗嘱意思。顾问有时能够借此知道，很多口头表达的共同遗愿只是表面的。

三、继承法上的问题目录

17　　建议顾问以结构清晰的问题目录作为基础而与被继承人谈话。只

---

[8] Vgl. nur *Weidlich*, in: Palandt, § 1922 Rn. 11 ff.; *Leipold*, in: MünchKommBGB, § 1922 Rn. 159f.（第四版中，MünchKommBGB 被引边码改为192以下。——译者注）

[9] Ebenroth, Erbrecht, Rn. 207.（第四版中，该书被引内容变为§ 3 III 2 Rn. 207。——译者注）

有这样他才可以大致确定所有与设计终意处分相关的重要问题都已被讨论。该目录如下所示。

（一）释明与可能的继承人之私人关系

即使已经问清楚了本案的表面情况，顾问亦必须调查被继承人的所有个人信息。通过其个人魅力和相应的解释，（顾问）一般能够获得所需要的信息。只有在关于价值的信息上，一些委托人会透露得非常谨慎。他们知道根据2013年7月23日生效的《德国法院非讼事件程序费用与公证费用法》，遗产的价值至少在设立公证终意处分时会成为计算费用的基础。

1. 个人信息

包括名字、姓氏、生日、住址、职业和出生地。建议的做法是复印一份身份证并在取得委托人同意的前提下为了咨询需要而保留此复印件。

2. 潜在被继承人的状况

这里要问清被继承人是否单身、已婚或离异，其配偶是否之前已经死亡，他们是否有子女（婚生的以及来自哪段婚姻，或者非婚生子女）。此外也建议调查清楚目前健在的父母和兄弟姐妹的相关信息。这些人肯定属于第二顺序的法定继承人（《德国民法典》第1925条）。

3. 现存和可能将被继承财产的状况

建议首先问清委托人是否拥有企业财产，即其名下是否有企业或者他是否拥有某家公司的股份。如果存在这些情况，那么在人的合伙中应当通过查阅公司章程来确定哪些规则可适用于因死亡而发生的权利继承。同样情况也适用于有限责任公司中的股份。尽管存在法定的可继承性（《德国有限责任公司法》第15条第1款），但是很多公司章程预先为这种情况，即股份将被继承给不被公司章程允许因而"无继承资格"之人的情况，规定了股份收回或者股份转让的构成要件。

如果潜在被继承人是某不动产的所有权人或共有人，那么（设计者）同样应当询问所需的信息。这时查阅土地登记簿是很合适的。同样应当查明的是，为购买不动产而生的贷款债务及因之登记的不动产担保权是否存在。

4. 动产和其他财产

23　　这里首先是指储蓄存款、证券和金融产品；此外，也要询问是否有艺术品、古董以及有价值的首饰。

(二) 法定继承顺序

24　　在获得被继承人的个人信息后，顾问必须继续调查法定继承顺序。这方面他尤其要审查哪些是特留份权利人。如果被继承人希望将特留份权利人排除在继承顺序之外，那么继承人必须有能力履行特留份请求权。如果遗产里包含不动产和/或企业股份，那么这尤其会产生数额可观的特留份给付请求权。继承人是否能够偿付之，通常是很成问题的。[10]

25　　因此，被继承人须解决如下问题，即他是否可以与特留份权利人以支付补偿金为代价签订一份关于抛弃特留份的合同（《德国民法典》第 2346 条、第 2348 条）。

(三) 过往不同内容的终意处分对被继承人的拘束力

26　　共同遗嘱（《德国民法典》第 2265 条至第 2272 条）以及继承合同（《德国民法典》第 2274 条以下）具有拘束力。在配偶一方也就是合同当事人死亡后，"单方"的撤回或者说解除就无法主张了（《德国民法典》第 2271 条第 2 款第 1 句、第 2298 条第 2 款第 2 句）。因此，顾问必须要清楚是否存在其他内容相悖的终意处分。

(四) 被继承人的设计目标

27　　这是咨询的重点。在详细对话中（顾问）应确定被继承人对"被继承"的遗产有哪些具体想法。该计划必须被"转化"为法学的专业术语，因为非专业人士并不知道继承法的基本原则，也并不理解"继承"或者"遗赠"这些技术性概念。

---

[10] 如果立即履行全部的特留份对继承人极为不公的话，自 2010 年 1 月 1 日生效之《德国民法典》第 2331a 条的延迟支付条款可以帮到继承人。

最后，顾问还应审核被继承人的想法是否有意义。他必须搞清楚生存配偶的养老金是否得到了保证、是否存在需要扶养的人以及特留份请求权或者说特留份补足请求权（Pflichtteilergänzungsanspruch）是否成立。如果遗产非常"复杂"并且存在多个继承人，尤其存在多个未成年继承人时，必须要讨论任命遗嘱执行人的问题（《德国民法典》第 2197 条以下）。

（五）税务因素的考量

很多被继承人倾向于首先考虑纳税的问题。这方面再小心也不为过。首先在继承法领域的咨询中需要找出立遗嘱人"真正"想要什么。在确认这一点并且知道它可以实现之后，就产生了遗产税也即税务优化的问题。

富有的被继承人通常会考虑生前就转移财产（赠与），以此来使用尚存的免税额度。在配偶间该额度为 50 万欧元，父母子女间则是 40 万欧元（《德国遗产税和赠与税法》第 16 条第 1 款第 1 项和第 2 项）。这一免税额度每十年更新一次（《德国遗产税和赠与税法》第 14 条第 1 款），以此至少在统计学意义上赋予那些"相对年轻的被继承人"更多机会用"温热的手"进行赠与。

下列表格简要介绍了自 2009 年 1 月 1 日生效的遗产税与赠与税。作为补充也需注意，在配偶或者已登记的生活伴侣死亡时，于个人免税额之外，额外还有一个特别的养老金免税额，根据《德国遗产税和赠与税法》第 17 条第 1 款，该免税额为 25.6 万欧元。[11]

---

〔11〕 2010 年 1 月 1 日起，第二税级的税率因 2009 年 12 月 22 日生效的《德国促进经济增长法》降至 15% 至 43%；其他参见 *Najdecki*, in：Beck'sches Formularbuch Bürgerliches, Handels-und Wirtschaftsrecht, Formular VI. 8 Anm. 14；*Langenfeld*, Vertragsgestaltung, Kap. 6 Rn. 29 ff.；*Leipold*, in：MünchKommBGB, Einleitung vor § 1922 Rn. 205 ff. ［第四版中，增加：Otto in：Münchener Vertragshandbuch, Bd. 6, Formular XII. 1（关于设立终意处分的备忘清单）und Formular XII. 2（关于税务方面遗产规则的基础内容）。——译者注］2016 年 11 月 4 日生效的《德国根据德国联邦宪法法院判决调整〈遗产税与赠与税〉法》（BGBl. 2016 I S. 2464）并不影响税级和税率。

遗产税和赠与税

遗产税和赠与税(自 2009 年 1 月 1 日起或者第二税级自 2010 年 1 月 1 日起)

1. 税级(《德国遗产税和赠与税法》第 15 条)

1.1 第一税级

配偶、子女、继子女、子女和继子女的晚辈直系血亲、死因取得时的父母和直系长辈血亲;自 2010 年的《德国年度税法》以来,已登记的生活伴侣也属于第一税级,此前其属于第三税级。

1.2 第二税级

赠与时的父母和直系长辈血亲、兄弟姐妹、侄子侄女、继父母、子女的配偶、配偶的父母以及离异的配偶或者已结束生活伴侣关系的生活伴侣。

1.3 第三税级

所有其他的继受人。

2. 个人免税额(《德国遗产税和赠与税法》第 16 条)

2.1	配偶	50 万欧元
2.2	生活伴侣(已登记的生活伴侣关系)	50 万欧元
2.3	子女/已死亡子女的子女(孙子女)	40 万欧元
2.4	其他孙子女(生存子女的子女)	20 万欧元
2.5	死因继受时的父母和祖父母	10 万欧元
2.6	其他人	2 万欧元

3. 税率(《德国遗产税和赠与税法》第 19 条)

金额(欧元)	第一税级	第二税级	第三税级
75 000	7%	15%	30%
300 000	11%	20%	30%

(续表)

金额（欧元）	第一税级	第二税级	第三税级
600 000	15%	25%	30%
6 000 000	19%	30%	30%
13 000 000	23%	35%	50%
26 000 000	27%	40%	50%
26 000 000 以上	30%	43%	50%

第三节 共同遗嘱

设计任务：共同遗嘱

咨询谈话之后的某天，Reich 先生给 Mark Pfiffig 致电。他告诉 Mark，他和他的妻子已经决定好了。他们愿意共同设立一份"普通的"公证遗嘱。他们的两个子女 Stefan 和 Stefanie 都已成年。该遗嘱应在 Reich 的朋友，公证人 Freundlich 博士处公证。

Reich 先生希望 Mark 为他制作一份公证遗嘱的草案并将之提前交给公证人和他们夫妇。Mark 将如何设计这份遗嘱？

一、导引提示

许多由非专业人士设立之遗嘱的难题并不在于不了解法律上关于终意处分之形式和制度的强制性条款，而在于如果他们在遗嘱中基本不使用继承法的专业术语，那么适用法律者将很难探究被继承人的真意，即使他们可以使用《德国民法典》第 2087 条以下的解释规则。（适用法律的人）当然无法再次询问被继承者本人。

（一）遗嘱设计的法律制度

法律中规定的制度是封闭的。被继承人必须使用它们。遗嘱自由并不意味着设计自由。

35　　　　《德国民法典》规定了如下可用于设计遗嘱的制度。

36　　　　《德国民法典》第 2087 条以下之继承人的指定、《德国民法典》第 2100 条以下之后位继承人的指定、《德国民法典》第 2147 条以下之遗赠、《德国民法典》第 2192 条以下之负担（Auflage）、《德国民法典》第 2048 条以下之分割指示以及《德国民法典》第 2197 条以下之遗嘱的强制执行。被继承人必须"顺应"这些制度来"分配"遗产。

　　　　（二）终意处分的形式

37　　　　《德国民法典》区分了普通遗嘱的两种形式：一种是由公证人记录的公开遗嘱（《德国民法典》第 2231 条第 1 项、第 2232 条）；另一种是自书遗嘱（《德国民法典》第 2247 条）。据此必须是被继承人自己手书并签字的表示才可设立遗嘱。如果配偶一方以《德国民法典》第 2267 条规定的形式设立遗嘱且另一方亲笔在共同的表示上签字，即可按照该条款成立共同自书遗嘱。这同样适用于已登记的生活伴侣（《德国生活伴侣法》第 10 条第 4 款）。

　　　　（三）单独遗嘱、夫妻遗嘱、继承合同

38　　　　被继承人可以单独为自己设立遗嘱（《德国民法典》第 2229 条以下）。配偶二人可以设立共同遗嘱（《德国民法典》第 2265 条以下）。此外，被继承人也可以与其配偶或者其他人签订继承合同（《德国民法典》第 2274 条以下）。未登记的生活伴侣，无论其性别，只能签订继承合同以进行共同的终意处分。

　　　　（四）整体方案或者分别方案

39　　　　所谓的整体方案（Einheitslösung）指自有的财产与先去世者的遗产结合为一个整体的财产。原则上生存的配偶可以在生前自由处分这些"一体的财产"。其去世后所留存的遗产将被继受给作为其继承人的最终继承人（Schlusserben）。[12]

---

〔12〕　*Weidlich*, in: Palandt, § 2269 Rn. 3.

分别方案则是分别指定先位和后位继承人。如果配偶双方通过共同遗嘱约定对方为先位继承人并指定第三人作为后位继承人，这样他们就可以分别处分他们各自的财产。其法律后果是，遗属在第一次继承开始时只是其去世配偶的先位继承人，并且因此会产生两份独立财产归于一人的结果，这两份财产分别是他自己的自有财产和在法律上作为特别财产的继承的遗产。[13]

40

指定先位和后位继承人在税法上会发生遗产被双重征税的问题。根据《德国遗产税和赠与税法》第6条第1款，先位继承人也被视为继承人。因此，他也应缴纳全额的遗产税。如果之后后位继承人出现，那么该后位继承人也要为全部遗产交税，也就是像全部继承自先位继承人那样（《德国遗产税和赠与税法》第6条第2款第1句）。因此，先去世者死亡后会就其遗产产生遗产税，在先位继承人死亡后（后位继承开始时）同样会产生遗产税。后位继承人必须对全部的遗产足额纳税。[14]

41

二、初步思考

Reich夫妇想要共同设立一份公证遗嘱。这个要求很明确，相应地也适用设立"正常"遗嘱这个"神秘的指示"。其实（他们）指的是所谓的柏林式遗嘱（Berliner Testament）。在此类型的遗嘱中，配偶双方互相指定对方为唯一的继承人。最后一位去世者死亡后的最终继承人将是他们共同决定的第三人，其通常是夫妻二人共同的直系晚辈血亲（《德国民法典》第2269条第1款）。[15]

42

---

[13] *Weidlich*, in: Palandt, § 2269 Rn. 2

[14] *Offerhaus/May*, in: Weinmann, Erbschaft-und Schenkungsteuerrecht, Stichwort Vor-und Nacherbschaft, S. 383 ff. Rn. 11 ff.; *R. Kössinger*, in: Nieder/Kössinger, Testamentsgestaltung, § 6 Rn. 138 ff., insbesondere Rn. 145.（第四版中，Nieder/Kössinger被引章节的作者变为R. Kössinger/Zintl。——译者注）

[15] *Weidlich*, in: Palandt, § 2269 Rn. 1; *R. Kössinger*, in: Nieder/Kössinger, Testamentsgestaltung, § 14 Rn. 54 ff. und § 21 Rn. 7 f.; *Musielak*, in: MünchKommBGB, § 2269 Rn. 11 ff.

43　　需要解释的是关于共同遗嘱之约束力的问题（《德国民法典》第2270条）。它背后的问题是：存活的配偶是否在另一方先去世后，仍受遗嘱的约束（根据《德国民法典》第2270条第2款的疑义规则），或者其是否可以在其配偶去世后，在新的终意处分中制定不同的规则。该主题必须成为咨询谈话的内容。这方面配偶并不总能达成合意。人们常常担心大龄的生存配偶会受外界影响，因而设立不利于共同婚生子女的遗嘱。

44　　如果子女在生前就已经收到了无偿的给予，那么就会产生抵充（Anrechnung）的问题。被继承人应当在每个给予中明确地规定这一问题，遗嘱也应包含这个题目。

45　　这同样适用于价值补偿（Wertausgleich）的支付。如果被继承人在共同继承人中安排了特定的遗产分割方法，那么他们应当明确说明是否应均衡某个过高的价值。

46　　建议在先取遗赠（Vorausvermächtnis）的情况下同样做出这种明确的表示。根据《德国民法典》第2150条，如果先取遗赠受赠人在其继承份额之外额外被给予了财产利益，那么此时就存在先取遗赠。与《德国民法典》第2048条上的分割指示不同，该财产利益无须与继承份额相抵销。最大程度的清晰当然是值得期望的，这在使用专业术语的公证遗嘱中也一样。因此，应当默默谨记"自身明确性的要求"。如果该专业术语"先取遗赠"排除了对继承份额的折算，那么这也可以再次在公证文书中明确并能让外行人理解地——同样在之后的阅读中——被说明。

47　　最后则是关于特留份和特留份补足请求权的问题。在柏林式遗嘱里，子女在先发生的继承中（第一位父母去世时）不具有继承权，因此他们享有特留份请求权。如果他们没有在先去世者死亡时签订放弃特留份的合同，那么他们就不能被阻止主张他们的特留份。在实务中常见的做法是"惩罚"进行如此主张的子女，即他们在后去世者死亡时将不再获得特留份。

三、设计方案的展开

（一）遗嘱具体要素的结构

终意处分基本上具有三重结构。首先是继承人的指定，其次是单独的分配，最后是其他指示。

公证的终意处分具有如下结构：

公证终意处分的结构：

根据个人遗嘱、共同遗嘱和继承合同而有所不同的公证书开头语（标准文本1）。

撤销或参考先前的遗嘱（标准文本2）。

继承人的指定，包括替代继承人的指定和后位继承人的指定（标准文本3）。

遗赠、分割指示、负担、争议排除（标准文本4）。

遗嘱的执行（标准文本5）。

彼此之间的关系、继承合同的拘束力，解除权的保留、对生存配偶的拘束力（有时可全部或部分免除之）、自己撤销的放弃、再婚条款（标准文本6）。

带有说明的其他附注（标准文本7）。[16]

（二）文本建议

从这个结构出发，Mark Pfiffig 为 Reich 夫妇起草了如下共同的公证遗嘱草案：

---

[16] *Langenfeld*, Vertragsgestaltung, 1. Aufl. 2001, Kap. 6 Rn. 421. 值得推荐的是，因所谓的《欧洲继承合同条例》（欧洲议会和欧盟理事会于 2012 年 7 月 4 日颁布的 VO Nr. 650/2012）就继承法上的处分为选择所适用之法律规定法律选择条款。对于 2015 年 8 月 17 日后开始的继承，继承法规与居所地原则（Domizilprinzip）相关，而不再与国籍相关。参见《欧洲继承合同条例》及 *Thorn*, in: Palandt, Anhang zu Art. 25 EGBGB S. 2776 ff. 。

51   Reich 夫妇共同遗嘱示例：

就……内容

与公证人某某某

谈话人

1. Martin Reich 先生，……

2. Martina Reich 女士，……

二人均出示了有效身份证件以证明其身份。

公证人在谈话中确认了两位当事人的行为能力和遗嘱能力。当事人否认存在《德国公证书证法》第3条第1款第7项之公证人的事前介入问题。当事人说明，他们愿意根据以下规则设立共同遗嘱：

一、导言

我们与对方结婚并且以法定的夫妻财产增加额共同制生活。我们二人均具有德国国籍。

我们共有两个婚生子女，分别是：

Stefan Reich，出生日期为……，现住址……

Stefanie Reich，出生日期为……，现住址……

没有其他拥有继承权的晚辈直系血亲。

我们二人都没有以任何方式限制财产的自由处分，无论是通过继承合同还是通过共同遗嘱。为了预防起见，我们将撤销之前所有的死因处分。

二、指定继承人

我们特此指定对方为唯一的继承人。

我们中生存的一方不应以任何方式被限制或被负担。他（她）可以在生前以任意方式自由处分我们双方的财产。

三、最终继承人

我们的继承人中生存时间最长者是我们的最终继承人：

根据法定继承顺序规则，我们共同的婚生晚辈直系血亲，现在也就是我们的子女 Stefan Reich 和 Stefanie Reich 各自获得二分之一份额。

四、拘束力

本共同遗嘱所包含的全部处分皆与我们双方有关。因此，这些行为仅可由我们共同改变或者通过撤销排除。

公证人已向我们说明了共同遗嘱的拘束力。生存的配偶应在先去世者死亡后继续受此共同遗嘱约束。

替代方案：

公证人已向我们说明了共同遗嘱的拘束力。在我们中的先去世者死后，生存的配偶有权任意单方面修改本遗嘱，且这不会影响其单独继承权。

五、特留份

公证人向我们说明了法定的特留份规则，我们一致决定：

如果我们的子女之一在他们父母一方先去世者死亡时对我们中生存的一方主张其特留份，则本遗嘱中任何对其有利的条款皆为无效。主张特留份的子女，包括他们的晚辈直系血亲，在其父母皆亡故后皆不再享有特留份。

六、其他规定

我们作为连带债务人共同承担此次公证及公证文书保管的费用。我们在此说明，我们净资产的价值为……（例如 50 万欧元）。

本记录由当事人在公证人面前宣读、同意并随后亲笔签字如下。*

四、拓展：公证遗嘱或公证继承合同的费用

许多非专业人士出于费用原因不敢向公证人求助。这份担心其实并无道理。该费用的计算基础是所谓税前的遗产价值，减去所负的债

---

* 第四版中，该句被修改为：我们在此说明，我们的对计算费用有决定性意义的资产价值为……（例如 50 万欧元）。——译者注

务，以税前财产价值的一半为限。这是继承法事务的业务价值（《德国法院非讼事件程序费用与公证费用法》第102条第1款）。

53 《德国法院非讼事件程序费用与公证费用法》第34条第2款中列出的收费标准提供了终意处分设立的费用概览（不包含附加费和营业税）。对于价值不超过300万欧元的财产，可以查阅《德国法院非讼事件程序费用与公证费用法》第34条第3款附录2中的确切费用（表B）。

54 **终意处分设立费用示例：**

1. 业务价值为10万欧元
   - 1.1 普通公证遗嘱，约为   273 欧元
   - 1.2 共同公证遗嘱/遗嘱合同，约为   546 欧元
2. 业务价值为25万欧元
   - 2.1 普通公证遗嘱，约为   535 欧元
   - 2.2 共同公证遗嘱/遗嘱合同，约为   1070 欧元
3. 业务价值为50万欧元
   - 3.1 普通公证遗嘱，约为   935 欧元
   - 3.2 共同公证遗嘱/遗嘱合同，约为   1870 欧元
4. 业务价值为100万欧元
   - 4.1 普通公证遗嘱，约为   1735 欧元
   - 4.2 共同公证遗嘱/遗嘱合同，约为   3470 欧元
5. 除了上面列出的费用外，还有提存终意处分所需之75欧元的法院费（《德国公证书证法》第3条第2款附件1，费用目录编号12100）

第四节 企业家的遗嘱

55 **设计任务：企业家遗嘱的设立**

Reich 先生是 Reich 资产投资咨询有限责任公司的唯一股东

和总经理。他希望把公司"继承给"他时年 22 岁的儿子 Stefan，Stefan 在明斯特学习法学和企业管理学。他的妻子和女儿 Stefanie 将平分"剩余的"资产。

Reich 先生找到 Mark Pfiffig 并向他咨询。Mark Pfiffig 将与 Reich 先生具体商谈什么内容？[17]

一、导引提示

在所谓的企业家遗嘱（Unternehmertestament）中首先可适用一般规则。（顾问）应谨慎地与企业家讨论继承法上的问题目录[18]，但是此外还应更广泛地思考。一方面，终意处分必须使企业在企业家去世后仍能继续存在；另一方面，相应的预防措施必须被制定，以维持企业家家庭的生计。

二、初步思考

企业家和他的法律顾问必须考虑到遗嘱设计对公司可能产生的所有后果。以下方面尤其重要。

（一）企业家遗嘱的必要性

法定继承顺序通常不能保证公司被恰当地过渡至继承人处。法定继承人通常是多个人，也就是共同继承人。该共同继承人共同体是共同共有的继承人共同体（Gesamthanderbengemeinschaft），并应适用《德国民法典》第 2038 条中非常复杂的管理规则。共同共有的共同体并不适合公司经营，尤其当共同继承人都尚未成年时。

因此，负责任的企业家不会不——周期性地——思考合适的公司

---

[17] 关于企业家遗嘱见 *Langenfeld*, Vertragsgestaltung, Kap. 8 Rn. 41 ff.；*W. Kössinger*, in: Nieder/Kössinger, Testamentsgestaltung, § 22 Rn. 1 ff.；*Sudhoff*, in: Unternehmensnachfolge.。（第四版中，Testamentsgestaltung 被引章节的作者变为 W. Kössinger/Najdecki，下同；Unternehmensnachfolge 的作者变为 Stenger。——译者注）

[18] 见第二十章边码 17 以下。

继任人。这是一个长期的过程，只有当企业家在生前就将公司转让给继任者或出售公司时，该过程才会结束。

(二) 有限的推荐目录

60　　　这方面没有模板式的解决方案，更多取决于企业家本人、公司的特点以及尤其是其家庭结构。如果配偶和/或一名子女已经在企业里就职了，那么（企业家）通常很容易决定继承人。

(三) 需注意的干扰因素

61　　　始终应当注意特留份权和特留份补足请求权。公司股份通常具有很高的价值，但这并非流动性的。该价值深嵌公司之中，尤其是像公司商誉一样在公司隐藏的储备资源之中。其他法定或遗嘱指定的共同继承人仅可以通过这种方法获得很少的补偿。所有这些必须在企业家遗嘱中得到充分的考虑。

62　　　此外是公司继承人税务负担的问题。

63　　　"正确"纳税的问题是一个永恒的过程，并通常在政治上也饱受争议。对于经营资产，立法机关在《德国遗产税和赠予税法》第13a条中制定了带有特别"豁免规则"的特殊条款。这项法规在法政策方面引起了激烈的争论，而且该条款本身也非常复杂。德国联邦宪法法院已经多次处理过这个问题。在2014年12月17日的判决（Az. 1 BvL 21/12）中，该法院宣布个别法规违反了平等待遇原则并因此违宪。在此方面，立法机关现已于2016年11月4日颁布了《德国根据德国联邦宪法法院判决调整〈遗产税与赠与税法〉法》（BGBl. 2016 I S. 2464)，并显著地修改了关于豁免经营性资产的规定。原则上中小型公司仍享有税收优惠，以确保其继续存在并维持工作岗位。[19]

---

[19] Vgl. *Leipold*, in: MünchKommBGB, Einleitung § 1922 Rn. 215 ff., insbesondere Rn. 223 f. und Rn. 324 ff.；*Erkis*, in: Weinmann, Erbschaft-und Schenkungsteuerrecht, Stichwort Verschonungsregelungen für Betriebsvermögen, S. 348 ff. Rn. 1 ff. （第四版中，MünchenKommBGB 被引章节改为：§ 1922 Rn. 215 ff., insbesondere Rn. 230 f. und Rn. 321 ff.。——译者注）

(四) 目标和目标冲突的处理

《企业家遗嘱》所追求的一方面是公司的存续，另一方面是家庭生计的保障，尤其是生存配偶的保障。 64

必要时，晚辈直系血亲必须在（企业家）生前得到补偿。不论是在民法还是税法的层面上，（企业家）都应选择一种对继承人有利的公司形式，必要时通过现存的公司的改制来实现。 65

三、实现措施

从现有的思考出发可得知切实的实现措施。但仍须注意以下要点。 66

(一) 前期预防措施

继承人的规划是一个必将经历的长期过程。年轻的企业家同样应设立一份终意处分并且应定期审查和调整该终意处分。在最好的情况下，如果企业家能在生前确定其继任者，那么就不需要单独设立企业家遗嘱。 67

(二) 预防措施

这里可以考虑采取多种措施。（企业家）可以与配偶签订继承合同，同时与子女约定补偿规则和特留份放弃规则。合适的继任者可以逐渐地参股到公司之中，可能首先采取隐名参股或隐名合伙的形式。所有措施的目的就在于确保公司的存续和对家庭的供给。 68

(三) 对企业家自身无约束力

企业家自身必须保持自由。他应避免受到继承合同或者共同遗嘱的约束。只有这样他才能够通过终意处分考虑后来发现的更好的安排，并避免引发其他冲突。因此，企业家通常会设立单独遗嘱。 69

(四) 遗嘱的执行

应当权衡的是，是否要安排执行遗嘱。尤其在一个或多个年轻子女皆可作为公司的继任者时，更建议如此行动。一位在经济上经验丰富且思维敏捷的遗嘱执行人会伴随公司继任的全程，以便在被继承人去世后的第一时间里能够维持企业商业行为的正常运转。 70

（五）由第三人决定公司继任者

71 通常企业家也并不知晓他的年轻子女是否适合继承公司。对他而言，如果能够"抽象地"根据特定标准选择继任者并交由第三人决定具体的人选，就再好不过了。

72 《德国民法典》第 2065 条第 2 款禁止了这种方案。被继承人必须自己决定继承人。《德国民法典》第 2151 条规定了《德国民法典》第 2065 条第 2 款的例外规定。据此，被继承人可以通过被加重负担者（der Beschwerte）或第三人来决定何人应接受遗赠的方式，为一项遗赠考虑多个可能的受赠人。[20]

四、设计方案的展开

73 Reich 先生希望将他的企业"继承"给他的儿子 Stefan。他的妻子和女儿应当就"剩余"财产获得相同的份额。因此，问题在于 Reich 的这个想法该如何实现。

（一）指定继承人

74 何人可以成为继承人，这个问题非常难回答。技术上将一共有三种方案。

75 Stefan 成为单独继承人，同时他的母亲和姐姐将获得作为遗赠而具体列出的"其他"财产。所以在这个结构里，他们获得了可以向作为单独继承人的 Stefan 主张转让相应遗产内容的债权请求权（《德国民法典》第 1939 条、第 2147 条）。

76 Reich 女士和她的女儿 Stefanie 可以作为共同继承人继承二分之一的份额，同时 Stefan 将以遗赠的方式获得企业。因为本案例涉及的是一家有限责任公司，所以遗赠的履行是很简单的。Reich 先生转让给继承人共同体的公司股份，会根据《德国有限责任公司法》第 15 条

---

[20] 该考量的具体内容，见 Langenfeld, Vertragsgestaltung, Kap. 8 Rn. 48 und W. Kössinger/Najdecki, in: Nieder/Kössinger, Testamentsgestaltung, § 22 Rn. 13 f. 。

第 3 款由继承人通过公证合同转让给 Stefan。

最后备选的方案是母亲和两个子女各自继承三分之一的份额。根据《德国民法典》第 2048 条并遵守 Reich 先生的遗产分割指示，继承人共同体要自己分割财产，同时 Reich 先生的公司股份将转让给作为单独所有人的 Stefan。

哪种方案是合适的，（这个问题）只能根据关于"其他"财产结构的具体了解才能回答。最后一种遗产分割方案无论如何都过于复杂和拖延。如果"其他"财产只是简单地组合在一起，比如其由不动产和流动资产组成，那么 Stefan 就可以被指定为单独继承人。他就可以快速地作为单独继承人实际开始公司中的权利继受。这样他就无须采取其他的法律行动来取得该企业。

如果"其他"财产非常复杂并且由大量单独的财物构成，那么建议指定母亲和女儿成为分别获得二分之一份额的共同继承人，并且通过遗赠的方式将公司给予 Stefan。如果没有家庭内部争端的话，那么遗赠将被迅速履行。

（二）价值补偿

对于每个被继承人而言都会产生一个问题，即他是否应在将某个遗物给予特定人时，指定其承担补偿义务。在本案例中，Reich 夫人本来将作为法定继承人继承二分之一的份额，两个孩子则分别获得四分之一。因此很显然，Reich 女士根据她丈夫的想法将获得少于她作为法定继承人能获得的遗产。否则她本可以拥有——至少在价值上——投资咨询公司 50% 的股份。

对于被继承人和他的顾问而言，重要的是应审查作为继承人之一的特留份权利人所获的经济利益是否低于其特留份所对应的经济利益。这方面可以适用《德国民法典》第 2306 条这一难度颇高的规定。[21]

---

〔21〕 由于 2009 年 9 月 24 通过、2010 年 1 月 1 日生效的《德国修改继承法和消灭时效法》，该条款现在"得到了缓和"；Weidlich, in: Palandt, § 2306 Rn. 1. 。

82 　　无论如何，被继承人应在遗嘱中规定是否要进行价值补偿。如果 Reich 为他的儿子规定了这样的补偿义务，这可能将给企业的继承带来负担。一方面公司必须被估值，另一方面公司的运营资产几乎无法提供为支付补偿所必要的流动资金。因此，Mark 不会建议 Reich 先生规定补偿义务，但同时会建议确保有权获得特留份的三名家庭成员每人至少获得与其特留份相同的份额。如果 Reich 先生所计划的继承方案不能保证这一点，那么必须约定合同形式的特留份抛弃或者选择修改继承规则。

第二十一章 一般交易条款法中的合同设计

第一节 概览

根据《德国民法典》第 305 条第 1 款第 1 句的法律定义，一般交易条款（Allgemeine Geschäftsbedingungen，AGB）指所有为大量的合同而预先拟定的、由合同当事人一方（使用人）＊在合同订立时向合同当事人另一方提出的合同条款。[1] 使用人可以通过一般交易条款在合同的准备阶段整体且省时地单方面规定于众多合同关系中经常出现的规则内容。因为使用人无须分别协商单个合同所追求的规范目的，所以一般交易条款尤其有助于使具有统一形式的大宗交易的进展变得更加合理和便捷。[2] 在经济交易越来越迅捷和便利的背景下，一般交易条款本身从竞争的角度看已经无法忽视，并因此成为每个商业关系的固定组成部分。

1

但使用人单方面将规则纳入合同关系之中的可能性本身也带来了不可低估的滥用风险。使用者常常使用其"权力地位"以不利于合同相对人的方式推卸其责任风险和义务。为了限制这种单方面的"权

2

＊ 参见陈卫佐译：《德国民法典（第四版）》，法律出版社 2015 年版，第 100 页。——译者注

[1] 当前对"使用人"的定义，见 BGH NJW-RR 2013, 1028。

[2] Hager/Roloff, in: Erman, vor § 305 Rn. 1.

力地位",《德国民法典》第 305 条至第 310 条规定了一般交易条款的使用、解释和内容控制规则。[3]《德国民法典》第 307 条规定的一般条款有着特别的意义。相对于《德国民法典》第 308 条和第 309 条,其规定了一个兜底性构成要件,即通过使用相对不清晰的法律概念(不适当的不利益),以保障法院可利用由此而生的裁判空间,来根据个别交易中独特的典型利益评价合同条款。合同相对人之不适当的不利益禁止(Verbot der unangemessenen Benachteiligung)是这方面的最高准则,该禁止被规定于《德国民法典》第 307 条第 2 款,它包含了推测不适当不利益的独特标准。因此,消费者保护是一般交易条款法承担的保护原则。通过《德国民法典》第 310 条第 3 款,消费者合同中的第三方合同条款和单独的合同条款也受到内容控制的管辖。[4]根据《德国民法典》第 310 条第 1 款,《德国民法典》第 308 条、第 309 条不适用于经营者之间的商业交往;经营者领域的内容控制规则仅有《德国民法典》第 307 条且适用时应充分考虑商业习惯。[5]

3　　　通过参考实时的典型的商业交往和法律评价,内容控制会保持一定的动态变化,这种变化最终要求条款规则必须被不断调整才能保持其有效性。[6] 因此,一般交易条款应被定期更新并不断按照当前的评价修改,以长期保持其效力。

第二节　为服务公司设计一般交易条款

4　　　**设计任务:为一家初创企业设计一般交易条款**

　　　　　Emsig 是 Mark 的朋友,他有一个创业的新商业想法。简单来

---

〔3〕 *Pfeiffer*, in: Wolf/Lindbacher/Pfeiffer, AGB-Recht, Einl. Rn. 15 ff.
〔4〕 *Grüneberg*, in: Palandt, Vor § 305 Rn. 9.(第四版中,新加入的内容。——译者注)
〔5〕 *Basedow*, in: MünchKommBGB § 310 Rn. 17 ff.
〔6〕 Vgl. *Graf v. Westphalen*, NJW 2014, 2242 ff.

说，他想经营一家"网上洗衣沙龙"。

潜在的客户可以通过网站或者应用软件"预订"洗衣服务。员工将会上门收取衣物并在洗完后送回客户家中。除了那些没有洗衣机或者没时间洗衣服的人，一些为员工清洗工作服的公司也可以通过这种特殊的服务而成为目标群体。全部的洗衣进程通过网站或者应用软件完成。

Emsig 基本上已经为他的商业模式采取了所有的预防措施。最后可能阻碍他商业计划的一点细节就是他还没有为他的商业模式制作一套必需的一般交易条款。因为 Emsig 听说设计一般交易条款极有可能出现错误并且无论如何最好向律师咨询，所以他委托来自 Pfiffig 和 Klug 律师事务所的 Mark 起草草案。为此他提供了一份必须规定的规则目标：

1. Emsig 想要享有需清洗衣物的质权，直至客户全额支付洗衣费用。

2. 提供费用估算时即应产生付款义务，如果以后订单不被执行的话。

3. 此外，如果在收取或送交衣物时客户没有出现，则应产生数额为 5 欧元的预定的损害赔偿请求权。对此 Emsig 认为，如果客户没有出现的话，5 欧元的金额是他可能承受的最低损害。最后，他希望该规则能够简化他主张损害赔偿的流程，这样他就不必在每个案件中逐一解释损害的金额。

4. 在轻微过失导致衣物被损害的情况下，赔偿责任应仅限于 15 倍的洗衣费。不过客户有机会通过为全部损害购买保险来获得保障。

5. Emsig 同样希望在洗衣合同成立后亦有机会单方面从合同中脱身。他想尽量不受脱身理由的限制。但不管怎样，在客户三次未按约定取衣时间出现时，他都应具有从合同中脱身的权利。

6. 客户应当通过洗衣合同的成立而同意通过电话获取与洗

衣相关的产品、服务及其他促销活动的信息。对此，Emsig 主要希望能够为自己的公司和服务打广告。

最后 Emsig 希望能审查他如何才能保证一般交易条款能够成为合同的有效内容。在简单地说明并非所有要点都可被有效实施后，Mark 向 Emsig 保证会提供相应的草案，以及关于是否能纳入合同之中的看法。*

一、初步思考

5　　从委托要求中可以得知，所追求的规则目标是很清晰的并且其属于一般交易条款使用人的典型要求。使用人通常会以各种方式进行设计以获得比任意性规范更有利的法律地位，同时也想尽可能地限制甚至排除其法律义务。因此，有必要检查是否可以通过一般交易条款以法律上有效的方式实现其所追求的规则目标，以及是否或者说如何将这样的一般交易条款有效地纳入 Emsig 与客户之间的合同关系中。

6　　从体系上讲，建议的做法是：Mark 可以以一般交易条款控制的方法为基础来制作第一份草稿。[7] 但是（Mark）应适当修改处理顺序，将有效纳入合同的问题放到最后处理。也就是说，Mark 在确定所期望的规则目标后——这里 Emsig 已经明确规定了这些目标——不应当直接开始撰写，而是应在考虑确定的方案之前首先了解是否存在规则需求，以及是否并且在何种程度上可以实现所追求的规则目标。只有在回答了这些问题后，Mark 才能开始文字工作并考虑如何纳入合同的问题。

---

　　* 第四版中，该句被修改为："Emsig 向 Marky 询问法律意见，即他是否能够通过一般交易条款在法律上安全地实现他所追求的规则目标，以及即使他在互联网上签订合同时，相应的一般交易条款是否仍可能会生效。Mark 向 Emsig 保证会提供他对这些法律问题的意见。"

　　[7] 关于考察顺序，参见 Fuchs, in: Ulmer/Brander/Hensen AGB-Recht, Vorb v. § 307 Rn. 105.。

以前述内容为基础，可得如下工作步骤的大致结构：
（1）检查规则需求；
（2）规则目标的可行性；
（3）草拟规则；
（4）设计一般交易条款纳入合同关系的方案。

二、一般交易条款的设计

（一）规则需求

与内容控制的方法相同，在遵守《德国民法典》第307条第3款第1句的前提下制作一般交易条款时应询问，所期望的规则目标是否与法律规范不同或者补充相关规范。如果法律已经体现了这些规则目标，那就没有进一步的规则需求。Mark 当然可以继续询问，他是否应出于清晰性的要求仍将该规则纳入一般交易条款中。仅在有法律规定的情况并且所规定的合同条款与之不同时，才需要进行更详细的检查。如果完全一样，则没有进一步审查的必要。[8] 此外，如果所求的规则目标不同于法律规范，则还必须额外调查该法律规范是否属于可被各方任意规范改变的范畴且该不同之处是否合法。如果回答是否定的，则无须进一步审查，因为该所追求的规则目的已经违反了法律的强制性规范因而不被允许。为进一步审查可使用以下方案：

- 确定合同类型
- 查明规则需求
- 检查是否为任意性规范

1. 确定合同类型

为了查明规则需求，Mark 必须首先决定相关的合同类型或者说适用于所设想之商业模式的条款，因为每个合同类型都有其特点且这些特点可以在不同的范围内被改变。比如在消费品合同中，根据《德

---

[8] Wurmnest, in: MünchKommBGB, §307 Rn. 6.

国民法典》第 475 条瑕疵担保请求权就不可通过合同加以限制。与之相反，在两个经营者或两个消费者之间的买卖合同中只要处于《德国民法典》第 444 条的界限内这就是可能的。

10　　本案例中，在判断 Emsig 与客户之间的合同类型的方面可以考虑承揽合同（《德国民法典》第 631 条）以及雇佣合同（《德国民法典》第 611 条）。两种合同类型的区别是所负担的义务是产生特定结果（承揽合同）还是单纯且无须发生特定结果的行动（雇佣合同）。在本案中最终所负担的债务究竟是什么，应按照《德国民法典》第 157 条的解释来决定。[9]

11　　从客户作为受领人的客观视角来看，一家洗衣公司的义务不仅仅是行动，即尝试着手洗衣，还包括事实结果，即衣物的清洗。此外因为 Emsig 的商业模式还需要在客户处收取衣物并配送衣物，所以在清洗之外还负有运送的义务。因此，Emsig 所提供的服务可归类于承揽合同的履行（《德国民法典》第 631 条）。*

2. 查明规则需求

12　　合同类型一经确定，接下来就应研究所期望的规则目标是否已经被包含于法律规则之中。为此建议按照具体的规则目标逐条检查所确定合同类型的规范。

13　　如果所追求的规则目标已经存在于法律条款之中了，那么就没有规则需求。因此，接下来只需要思考为了解释该目标而将一般交易条款加入合同中是否是合理的。

14　　如果所追求的规则目标未被规定于法律规则之中，或者所追求的规则目标扩张了或者不同于现存的法律规则，那么就应当肯定规则需求的存在。

---

[9] *Waldner*, in: MünchKommBGB, §631 Rn. 14 ff.（第四版中，MünchKommBGB 本章作者变为 Busche。——译者注）

* 第四版中，增加脚注"Vgl. *Sprau*, in: Palandt, Einf v § 631 Rn. 28"。——译者注

3. 法律规范的任意性

在与法律规范不同的情况下，还须审查法律规范是否可由当事人任意改变或者因强制性规范的特点而禁止被改变。如果合同条款不同于强制性法律规范，那么这会导致该条款无效。

与公法不同，民法中的规则因为私法自治，故而基本都是任意性的。尽管在民法中为了保证法的安定性或者保护需要特别保护的合同当事人，因而，当事人的处置权限（Dispositionsbefugnis）在某些规则[10]或者全部法律领域[11]上是受限制的。如果法律自身没有规定的话，当事人是否有权限处置具体规则须通过规范的解释才能确定。

4. 案例的结论

在将规则目标与《德国民法典》第 631 条以下的规范对比后，很明显 Emsig 所希望的衣物质权（规则目标第一条）已经被规定于《德国民法典》第 647 条了。因此，该目标没有规则需求。因为不清楚将质权规则加入一般交易条款中可以在何种程度上有助于进一步解释该权利，所以将法律规则的行文直接纳入合同文本中并不合适。

此外第二个规则目标，即 Emsig 可因费用估算请求给付报酬，不同于《德国民法典》第 632 条第 3 款的规定，所以需要解释该规范是否具有任意性的问题。据该条文，有疑义时费用估算不应得到报酬。因为所追求的规则目标会产生支付报酬的义务，故而其与《德国民法典》第 632 条第 3 款的规定不同。在任意性方面，"有疑义时"的表述已经说明该条文仅在当事人没有明确规定时才可适用此规则。因此，约定费用估算之报酬属于当事人任意处置的范畴，《德国民法典》第 632 条第 3 款并不具有强制性的特征。

在其他规则方面，应同样肯认规则需求的存在。第三条和第四条规则目标不同于《德国民法典》第 280 条以下和第 823 条之损害责任

---

[10] 例如《德国民法典》第 475 条（消费品买卖）。（第四版中，所引条文变为《德国民法典》第 474 条和第 476 条。——译者注）

[11] 例如物权法和公司法上的类型强制。

的规范或者补充了这些规则。规则目标的第五条含有对《德国民法典》第 346 条第 1 款的补充，规则目标第六条则与《德国反不正当竞争法》第 7 条第 2 款不同。上述债法规范基本上都是任意性的，所以有合同设计的空间。相反，《德国反不正当竞争法》第 7 条则保护消费者免于来自直接广告的不可容忍的妨害。与其他保护特定一方当事人或者第三人的规则一样，《德国反不正当竞争法》第 7 条也是强制性的。但是（当事人）可以通过合同条款——比如关于《德国反不正当竞争法》第 7 条第 2 款第 2 项之许可（Einwilligung）的方式——将构成要件具体化，只要这不侵害条款的保护目的。

(二) 规则目标的可行性

20　　确定规则需求后，进一步需要调查所追求的规则目标在遵守《德国民法典》第 305 条以下内容控制的前提下是否能被有效实现。如同审核合同文本一样，对一般交易条款的草案也应首先注意一般交易条款控制的适用范围[12]，因为如果这些规则事实上被按照《德国民法典》第 305 以下的要求衡量时，这些一般交易条款的规则必须坚守这些规定。如果符合适用范围，那么下一步应真正开始内容控制。

1. 一般交易条款控制的适用范围和审核范围

21　　一般交易条款控制的适用范围和审核范围依《德国民法典》第 310 条确定。当一般交易条款对经营者（《德国民法典》第 14 条）、公法法人或者公司上的特别财产使用时，《德国民法典》第 310 条第 1 款规定了审查范围的限制。与此相对，《德国民法典》第 310 条第 3 款为相对人是消费者的合同制定了特别规则。在《德国民法典》第 310 条第 4 款中又有一些规则范围（继承法、家庭法、公司法和劳资协议以及经营协议和劳务协议）被完全排除在内容控制之外。

22　　如前所述，本案例中的合同为承揽合同，所以一般交易条款的适用范围无须受到《德国民法典》第 310 条第 4 款的限制。同样《德国

---

[12] *Fuchs*, in: Ulmer/Brander/Hensen, AGB-Recht, Vorb v. § 307 Rn. 105.

民法典》第310条第2款中的限制也被排除了,因为清洗业务经营不属于其中所列之供应电能、煤气、远程热能和水的企业。因为Emsig不仅想向经营者也计划向消费者提供服务,所以在面对经营者时始终须注意《德国民法典》第310条第1款的限制,在面对消费者时则应注意《德国民法典》第310条第3款的特别规定。

2. 内容控制

在查明了一般交易条款控制的适用范围和审核范围后,应按照《德国民法典》第307条至第309条进行真正的内容控制。根据审核的顺序,(条款设计者)应首先从《德国民法典》第309条和第308条的特殊规定开始,最后考察一般条款(《德国民法典》第307条)。特殊的是商人之间的交易,因为,根据《德国民法典》第310条第1款内容控制,只依《德国民法典》第307条进行。据此,现在将考察其他的规则目标。

(1)规则目标第2项

作为第一个规则目标,(Mark)须检查在客户最终不下订单的情况下,Emsig所期望的为费用估算支付报酬的义务是否可以因一般交易条款而有效存在。

因为《德国民法典》第309条和第308条都未包含相关的规则,所以只能根据《德国民法典》第307条第1款来判断该条款是否合法。据此,如果某个条款以违反诚实信用的方式让使用人的合同相对人承受了不利益,则该条款无效。《德国民法典》第307条第2款则将何时存在不适当的不利益之条件进一步具体化。此处的规则目标或许与《德国民法典》第307条第2款的第一个规则示例有关。根据此规则示例,如果条款与所偏离之法律规定的重要基本思想相抵触,则认为存在不适当的不利益。

与被所追求的规则目标相反的重要基本思想被规定于《德国民法典》第632条第3款中。据此,在有疑义时不应为费用估算支付报酬。立法者已经在《德国民法典》第632条第3款中定义了常规做法，并说明作为前合同给付的费用估算是无偿的，除非当事人另有约定。[13] 在参考德国联邦最高法院判例的前提下，立法者的目的是避免对费用估算有偿性的争论。[14] 但是仅在经营者及其客户已就支付报酬义务明确协商时，该目的才可实现。

27　　因为一般交易条款的使用人单方面制定了规则的内容，所以加入费用估算的支付报酬义务可能导致使用人以违背立法者意志的方式单方面规定支付报酬义务并以此规避当事人明确的规则。这明显违背了《德国民法典》第632条第3款的基本思想，因此，Emsig的这一规则目标必然会构成不适当的不利益，根据《德国民法典》第307条，这将导致无效。[15]

28　　以上论述原则上同样适用于商人间的商业行为，因为立法者在立法理由中并未区分经营者和消费者。此外也没有明显的理由将经营者相对于消费者排除于费用估算报酬给付义务之外。虽然如果报酬义务属于商业习惯，那么《德国民法典》第307条第1款意义上的报酬义务在商人间的商业行为中完全是合理的[16]，但是本案中的洗衣沙龙却并非这种情况。

29　　作为阶段性的结论，可以确定规则目标第2项无法有效地被在一般交易条款中执行。因此，（当事人）所期望的报酬请求权只能通过单独协议才能实现。

（2）规则目标第3项

30　　作为下一项规则目标，应考察是否能在客户已被告知收取或配送衣物后却仍未出现的情况下，在一般交易条款中加入支付损害赔偿总括计算额的义务。

---

[13] OLG Karlsruhe, BeckRS 2006, 00511; Sprau, in: Palandt, §632 BGB Rn. 12.
[14] BT-Drs. 14/6040 S. 259 f.
[15] OLG Karlsruhe, BeckRS 2006, 00511; (第四版中，增加：其他观点Busche in: MünchKommBGB §632 Rn. 9，《德国民法典》第305c条中的出人意料的条款"。——译者注)
[16] Sprau, in: Palandt, §632 Rn. 12.

损害赔偿总括计算额的规则见于《德国民法典》第 309 条第 5 项。据此，如果总括计算额超过了在规定的情形下根据事物的惯常发展可预料的损害，或者（一般交易条款）未明确许可合同当事人另一方举证证明损害减少根本没有发生或远低于总括计算额*，则使用人的关于损害赔偿总括计算额请求权的约定在一般交易条款中是无效的。因此，只有在同时满足两个前提时，损害总括计算额才可被有效约定。[17]

31

从 Emsig 的情况出发，所预计之 5 欧元的金额符合通常的最低损害额，因此，存在有效加入损害总括计算额的第一个前提。此外，在撰写条款时，应注意应当在合同文本中写明举证损害根本未发生或远低于总括计算额的可能。

32

为了不仅使客户能举证存在更低的损害，也让 Emsig 可以保留证明存在更高损害的可能，关于损害总括计算额的规定应说明：如果任一方当事人举证的话，可能得出损害更高或更低的结果。[18]

33

仍有问题的是，前述之限制是否也适用于商人间的商业行为。原则上，根据《德国民法典》第 310 条第 1 款第 1 句，《德国民法典》第 308 条和第 309 条无法适用于商人间的商业交往。但是，根据《德国民法典》第 310 条第 1 款第 2 句，《德国民法典》第 308 条和 309 条的评价也应被重视，因此原则上，在商人之商业交往中同样应遵守《德国民法典》第 309 条第 5 项的规定。[19] 因为一位有丰富商业经验的客户——同样在没有相应提示的情况下——也可能知晓他有权提出相反证据，所以商人之间的商业行为可以限制地适用《德国民法典》第 309 条第 5 项的规定，即无须明文提示提出相反证据的可能。相

34

---

* 参见陈卫佐译：《德国民法典（第四版）》，法律出版社 2015 年版，第 104—105 页。——译者注

[17] *Roloff*, in：Erman，§309 Rn. 41.
[18] BGH NJW 2010, 2122.
[19] *Grüneberg*, in：Palandt，§309 Rn. 32.

反,不排除相反证据即已足够。[20]

35　　因此可以确定,只要在条款中明确指出了提出相反证据的可能性,所追求的损害总括计算额就可以被有效地加入一般交易条款中。虽然这样的提示可能无须存在于商人之间的商业交往中,但是一个不同的规则并不合适,因为在本质上规则没有不同。

　　(3) 规则目标第4项

36　　下一步须考察所追求之15倍清洗费用的责任限制是否可以有效地被规定于一般交易条款中。Emsig 希望如果他或者一名员工因轻微过失损害或丢失了他人的衣物,那么他的责任仅限于15倍的清洗费用。但假如客户愿意购买足额保险的话,他也有机会获得相应的保险。

37　　原则上,一般或轻微过失的责任可以根据《德国民法典》第309条第7b项有效地排除。但是内容控制不仅仅限于《德国民法典》第309条第7b条,还必须额外遵守《德国民法典》第307条的要求。[21] 据此必须询问,15倍服务价格的责任限制是否会以违反诚实信用的方式使合同相对方承受不适当的不利益。如果使用人试图通过单方面的合同设计以滥用权利的方式牺牲其合同相对人的利益来实现自己的利益,且从一开始就没有充分考虑到相对方的利益也没有给予他适当的补偿,那么就存在不适当的不利益。[22]

38　　以服务价格作为赔偿责任限制不适当的标准构成了不适当的不利益,因为服务价格与可能发生的损害额毫无关联。此外该限制没有以恰当的方式考虑到对贵重织物的损害并且不合理地限制了客户的损害赔偿请求权。[23]

[20] BGH NJW-RR 2003, 1056 (1059).
[21] *Grüneberg*, in: Palandt, § 307 BGB Rn 1.
[22] 通行判例,例如 BGH NJW-RR 2012, 626; *Roloff*, in: Erman, § 307 BGB Rn. 7 ff.。
[23] BGH NJW 2013, 2502 (2504); *Grüneberg*, in: Palandt, § 307 BGB Rn. 81.

故而有疑问的是，购买额外保险的机会是否代表对合同相对人的 39
适当补偿，从而可以产生不同的评价。支持其的理由在于，使用人根
据《德国民法典》第 309 条第 7b 款可自由排除他的因轻微过失而生
的责任，而且客户也因为保险而有机会获得全额赔偿。但在消费者方
面则有相反意见，即他们在签订洗衣合同时并未被清晰说明排除责任
的风险和购买保险的可能。消费者通常没有足够的经验来认识到特殊
情况下的风险并采取相应的行动。[24] 在本案例中更复杂的情况是，
毕竟在互联网上预订清洁服务时没有工作人员可以帮助释明风险。因
此，在（相对人是）消费者的情况下，虽然（他们）有机会通过保
险来获得保障，但是责任限制对合同相对方仍意味着不适当的不
利益。

如果在商人间的商业交往存在附带保险方案的责任限制，那么就 40
应当否认存在不适当的不利益。在商人中，对购买保险机会的说明可
作为对责任限制的适当补偿，因为他们作为经验丰富的客户对责任限
制的风险和保险机会了如指掌。[25] 故而只要责任限制只对经营者生
效，则所追求的责任限制不会成为不适当的不利益。[26]

总而言之，所追求的责任限制只有在商人间的商业交往中才可以 41
被有效地加入一般交易条款中。如果——像这里这样——该一般交易
条款同时以经营者和消费者为使用对象，那么从条款本身或一般交易
条款的结构中必须表明责任限制仅适用于商人间的商业交易。

（4）规则目标第 5 项

下一项要研究的是所追求的脱身条款。Emsig 希望单方面保留从 42
合同中脱身的权利。但无论如何，这样的脱身权仅存在于他多次收取
衣物但客户却没有出现之时。所期待的脱身条款在法律上应被定性为
解除权保留。就此而言，其实质上为《德国民法典》第 346 条第 1 款

---

[24] BGH NJW 2013, 2502, (2504); *Graf v. Westphalen*, NJW 2014, 2242 (2247).
[25] BGH NJW 2013, 2502 (2504).
[26] BGHZ 77, 126, (133 f.) = NJW 1980, 1953.

第 1 种情况中合同约定的解除权，借此 Emsig 可以单方面地从合同中脱身。

43 　　有问题的是，解除权保留是否能如 Emsig 所设想的一样有效地被规定于一般交易条款之中。《德国民法典》第 308 条第 3 项中的限制可能与一般的解除权相冲突。据此，如果使用人在一般交易条款中约定了没有实质上正当的、在合同中加以说明的理由即可解除其给付义务的权利，则该约定无效。因此，使用人解除权的效力取决于两个前提：一方面，必须在合同中明确说明解除的具体原因；另一方面，合同规定的解除理由必须实质上是正当的。

44 　　Emsig 原来的规则目标，即在一般交易条款中纳入一般性的解除权，并不与《德国民法典》第 308 条第 3 项相协调，因此无法被实现。所追求的规则目标也无法通过规定一个一般情况来实现，例如"如果情况需要"[27]。相反，解除原因必须被详细地说明，以使一名普通的客户能够判断使用人什么时候有权解除合同。[28] 因此，解除权只能这样被纳入一般交易条款，即该条款必须同时规定：只有客户在约定的三次收取脏衣服的时间里皆没有出现的情况下，使用人才有解除权。

45 　　此外规定的解除原因必须实质上是正当的。该解除原因是否为正当理由，应通过利益衡量（Interessenabwägung）来判断。这时必须恰当地考虑使用相对人的正当利益。[29] 根据德国联邦最高法院的判例，只有在使用人存在至少一个可被认可的利益并且该（条款约定的）状况在订立合同时尚无法辨认时，才能认为存在实质上正当的理由。[30]（本案例中）这些前提条件是存在的。正当利益在于，Emsig 通过解除合同可以避免因未成功联系上客户而产生的其他费用。此

---

[27] *Roloff*, in: Erman, § 308 Rn. 26.
[28] BGH NJW 1983, 1321; BAG NZA 2006, 539.
[29] *Dammann*, in: Wolf/Lindbacher/Pfeiffer, AGB-Recht, § 308 Nr. 3 Rn. 22 ff.
[30] BGH NJW 1987, 831 (833); *Grüneberg*, in: Palandt, § 308 Rn. 18.

外，Emsig 在合同成立时还不能确定，客户事实上是否会在预订服务后出现。

故而只要特定的解除原因，也就是未能成功联系客户，能被明确地规定于条款之中，那么所追求的解除条款并不违法。

原则上前述的限制也适用于商人之间的商业交往。出于"合同严守"（pacta sunt servanda）的原则，应根据《德国民法典》第 310 条第 1 款第 2 句在《德国民法典》第 307 条第 2 款第 1 项的框架内遵守《德国民法典》第 308 条第 3 项的限制。[31] 但是应注意商人间商业交往的特点，也就是说，"实质正当理由"的概念应按照商业习惯得到比使用相对人为消费者时更宽的解释。此外，解除原因的说明也应得到更宽松的处理。[32]

因为以经营者和消费者为相对人的合法设计方案并无本质差异，故而建议以使用相对人为消费者的要求在合同文本中制定统一的规则。

（5）规则目标第 6 项

最后一项规则目标是判断客户是否会许可电话广告。Emsig 想借此在履行洗衣合同后仍能与现有客户保持联系且不会承担《德国反不正当竞争法》第 8 条和第 7 条上警告（Abmahnung）的风险。

所追求之合同相对人的许可与《德国民法典》第 308 条第 5 项相抵触，因为这是拟制表示（fingierte Erklärung）。沉默原则上不具备表示价值之原则是私法基本原则之一，所以该原则不能轻易地被一般交易条款更改。[33] 最终因为该规则目标无法经受《德国民法典》第 307 条第 2 款第 1 项结合第 1 款之内容控制的考验，所以即使遵守了

---

[31] BGH NJW 2009, 575.
[32] *Grüneberg*, in: Palandt, § 308 Rn. 23.
[33] *Grüneberg*, in: Palandt, § 308 Rn. 28.

《德国民法典》第 308 条第 5 款的要求，所预期的规则目标也将无效。[34]

51 被纳入一般交易条款中的许可表示并不符合《德国反不正当竞争法》第 7 条第 2 款第 2 项规则的基本思想。尽管这并不明确反映在规范的措辞上，但按照条款依欧盟指令[35]的解释，授予许可需要单独且超出一般交易条款普遍可接受度的表示。[36] 这种特殊要求的正当性来源于立法者所规定的在电子通信领域的特殊保护要求，《德国反不正当竞争法》第 7 条考虑到了这一特殊要求。[37]

52 只有当客户在服务预定页面上通过勾选预设的选项而同意接受广告时【"选择性加入"程序，("Opt-in"-Verfahren)】，所期待的广告许可才可以被有效地加入一般交易条款中。但其中重要的是应在遵守透明性原则（《德国民法典》第 307 条第 1 款第 2 句）的基础上使客户充分知悉（经营者）可以为哪些活动进行广告电话。哪个公司出于何种目的通过哪个媒体联系客户，这些问题必须被清晰地反映在规则之中。[38] 为了满足透明性原则的要求，规则必须足够明确地规定 Emsig 仅为其企业且仅为洗衣服务可进行电话广告。

53 如果以经营者为相对人而使用规则目标，这与以消费者为相对人而使用的情况并无差别。即使在对经营者也就是市场参与者的电话广告中推定的同意（mutmaßliche Einwilligung）便已足够，但是这也不会对一般交易条款产生别的影响。因为一般交易条款中的拟制表示追求获得书面形式的许可。但这种明确的许可同样可以"选择性加入"

---

[34] Vgl. *Gola/Klug*, NJW 2012, 2489 (2491); *Ohly*, in: Ohly/Sosnitza, UWG, § 7 Rn. 53.

[35] Richtlinie 2002/58/EG des Europäischen Parlaments und des Rates vom 12. 07. 2002.

[36] BGH NJW 2008, 3055 (3057).

[37] BT-Drs. 15/1487, S 21.

[38] BGH NJW 2013, 291 (297).

表示的形式生效。[39] 必须在何种程度上为了坚持透明性原则而遵守以消费者为相对人时必需的内容要求，该问题目前尚未由法院判决明确澄清。因此最安全、最无风险方案的选择标准[40]要求将适用于消费者的要求也相应地应用于商人间的商业交往。

作为阶段性的结论应该指出，只有在使用"选择性加入"程序时，顾客的许可表示——不论是经营者还是消费者的——才能安全有效地被加入一般交易条款之中。[41] 这要求 Emsig 在其网站上加入带有清晰的选项框之订购表单，客户可以通过勾选该选项框来声明他同意其中清晰明确描述的电话广告。然而在这种情况下，重要的是不要预先在方框上打勾而使客户在不想收到广告时被迫移除勾号。[42] 由于该规则的无效不仅会导致同意的无效，而且会导致引发额外费用的不作为请求权，因此，仅建议使用人在考虑最安全、最无风险的方案的前提下严格遵守上述要求。

54

（6）内容控制的整体结论

作为上述审核之结论，应认为规则目标第 1 项上不存在规则需求，因为质权已被规定于法律中了。第 2 项中的规则需求无法被有效地规定于一般交易条款中，因此只能取消。与此相对，第 3 项规则目标可被有效地规定于一般交易条款中，只要在以消费者为相对人而使用时明确指出提出相反证据的可能性。第 4 项规则目标只能被使用在商人之间的商业交往中，故而必须从规则本身或相应规则的说明中清楚看出责任限制仅适用于商人的商业交往。第 5 条规则目标也可以通过一般交易条款实现，只要在规则中说明了具体的解除原因。最后，如果遵守了所谓的"选择性加入"程序并且条款明确规定了何人可以何种目的通过何种通信方式进行广告行为，则第 6 项规则目标也可实现。

55

---

[39] OLG Hamm, BeckRS 2011, 08075, S. 10.
[40] 参见上文第三章边码 10。
[41] Ohly, in: Ohly/Sosnitza, UWG, § 7 Rn. 53.
[42] BGH NJW 2008, 3055.

3. 规则目标的撰写

56 在完成上述对能够有效实现之规则目标的审核后，接下来应撰写这些可实现的规则目标。现在 Mark 必须着手划分段落或者说开始具体地撰写各个规则目标。为了简化事务，建议参考类似商业模式曾使用过的合同模板，以至少拥有一个可以单独调整的基本框架。[43]

57 一般而言，规则必须以清晰易懂且结构严谨的方式而被制定。[44] 这必须注意表达方式的清晰性并且应能使一般普通客户理解。鉴于《德国民法典》第 305c 条第 2 款的规定，执笔者必须确保措辞准确无误，因为不清晰且模棱两可的规定始终会被以对使用人不利的方式解释。在这种情况下，还必须注意效力维持的限缩解释之禁止（Verbot der geltungserhaltenden Reduktion），其禁止将文义过宽的法规限缩至合法的范围。[45] 因此，执笔者在撰写时始终应调查清楚，该法规是否与实际所追求的有不同理解。

4. 一般交易条款纳入合同的设计方案

58 在拟定一般交易条款后，（设计者）最终必须要确定如何将一般交易条款纳入合同关系中，或者说使之成为合同的一部分。该最终步骤具有特别的意义，因为一般交易条款只有在被有效纳入合同后才会产生规则效力。如果一般交易条款并未被印制在合同中，而是在特别的书面文件里，那么通常会产生这个问题，即一般交易条款事实上是否是合同的内容。纳入一般交易条款原则性的前提条件被规定于《德国民法典》第 305 条第 2 款和第 3 款、第 305a 条。但仍须注意《德国民法典》第 305 条第 2 款和第 3 款在特定情形下根据《德国民法典》第 310 条被排除适用。这比如说在商人的商业交往中（《德国民法典》第 310 条第 1 款第 1 句）。

---

[43] 处理合同模板的方法，见上文第四章边码 99。

[44] *Grüneberg*, in：Palandt，§ 305 Rn. 53. （第四版中，被引边码变为 Rn. 39。——译者注）

[45] *Roloff*, in：Erman，§ 305c Rn. 24.

因为 Emsig 同样有意对消费者使用一般交易条款，所以首先要注意《德国民法典》第 305 条第 2 款和第 3 款的要求。根据《德国民法典》第 305 条第 2 款，只有当使用人在合同成立时明确地提示了一般交易条款的存在并使合同当事人另一方有可能以可合理期待的方式知悉其内容时，一般交易条款才会成为合同的一部分。

在本案中须注意，Emsig 与其客户之间的合同仅通过网络便可成立。这里首先要问，如何能在此时遵守《德国民法典》第 305 条第 2 款的前提条件。

（1）提示一般交易条款的存在

原则上在网页上或应用软件自身中提示一般交易条款的存在是被法律允许的。[46] 但是该提示必须如此排布，以使该提示在快速浏览中亦不会被忽视。[47] 因此，Emsig 必须这样设计他的网页和应用软件，即客户应至少在预订洗衣服务前即表示对一般交易条款的同意。比如该设计可以是：顾客只能在表示同意一般交易条款后，才能完成预订。

（2）知悉的可能性

除提示义务外，Emsig 还必须确保他的客户能够以可合理期待的方式知悉一般交易条款。当该一般交易条款在服务预定网页上可通过链接被访问时，这便已足够。重要的是，该链接要尽可能地直接导航至在合同中使用的一般交易条款，以免客户误认所适用的规则。[48]

（3）商人商业交往中一般交易条款的纳入

如开始时已经提到的，根据《德国民法典》第 310 条第 1 款第 1 句，《德国民法典》第 305 条第 2 款和第 3 款的要求并不适用于商人的商业交往。因此，商人商业交往中的一般交易条款可以以法律行为的形式被纳入成为合同内容。因此，不同于《德国民法典》第 305 条

---

[46] *Grüneberg*, in: Palandt, § 305 Rn. 36.
[47] LG Essen NJW-RR 2003, 1207.
[48] *Grüneberg*, in: Palandt, § 305 Rn. 36.

第 2 款中的要求，一般交易条款也可以以推断的方式由双方当事人约定。通常必须询问以下问题，即合同形式的合意是否也会扩展到一般交易条款的纳入上。[49] 有疑义时必须根据《德国民法典》第 133 条、第 157 条、《德国商法典》第 346 条的解释来确定。[50]

64　　如本案这样在互联网上签订合同的情况，基本上必须满足与对消费者使用时相同的要求。在商人的商业交往中，如果合同相对人没有异议的话，通常只需在订单确认中提及一般交易条款即可。[51] 但是因为 Emsig 也向私人提供服务并且因而必须遵守《德国民法典》第 305 条第 2 款和第 3 款的更高要求，所以在商人商业交易中将一般交易条款纳入合同的要求同时也能被满足。

（4）结论

65　　为确保一般交易条款被安全地纳入合同之中，Emsig 首先应让一般交易条款可以在网站或应用程序上被查看、下载和打印。此外，他还应在订单页面上提供清晰可见的提示以及导航至一般交易条款的链接。最佳情况下，订购流程的设计应使客户只有在勾选并表示同意一般交易条款的效力时，才能完成订购流程。在这种情况下，需对电话广告授予的同意也可一并被接受。

---

〔49〕 *Pfeiffer*, in：Wolf/Lindbacher/Pfeiffer, AGB-Recht, § 305 Rn. 124 ff.；*Grüneberg*, in：Palandt, § 305 Rn. 49.

〔50〕 具体参见 *Roloff*, in：Erman, § 305 BGB Rn. 46 ff.；*Schmidt*, NJW 2011, 3329 ff. 。

〔51〕 *Pfeiffer*, in：Wolf/Lindbacher/Pfeiffer, AGB-Recht, § 305 Rn. 125 ff.；*Grüneberg*, in：Palandt, § 305 Rn. 52.

术语表[*]

"位置"栏的数字指的是本书的章数和各章中的边码。例如：第九章边码 10=9—10。

德语词汇	中文对译词	位置
Abfindungsregelungen	补偿规则	18—71 以下
－Buchwert	账面价值	18—72
－discounted cash flow	现金流量贴现法	18—74
－Ertragswert	预期收益	18—74
－Stuttgarter Verfahren	斯图加特程序	18—73
－Verkehrswert	交易价值	18—74
－Zwischenwert	中间价值	18—73
Abgeschlossenheitsbescheinigung	独立单位证明	7—112
Abnahme	验收	11—19
Abschlagszahlungen	分期付款	11—16

[*] 本书正文中，个别词因翻译表达的需要，与本术语表译法略有差异。为尊重原文，本术语表所列边码（即原书边码）与原书保持一致，但原书可能因修订而导致索引所列的边码与本书正文并不完全对应。——译者注

(续表)

德语词汇	中文对译词	位置
Abwicklung Grundstückskaufvertrag	土地买卖合同的履行	16—35 以下
AGB-Recht	一般交易条款法	21—1 以下
Alleinauftrag	独家居间委托	13—10
Anfechtungsrecht	《德国破产程序之外的债务人法律行为撤销法》	9—12 以下
Anglo-amerikanischer Rechtskreis	英美法系	8—22 以下
Ankermieter	主力租户	10—4
Anlagevermögen	固定资产	8—129
Annexkompetenz	附带权限	11—7
Anrechnung	抵充	20—44
Anstellungsvertrag	雇佣合同	11—33 以下
-Gliederung	提纲	11—49
Anwalt in eigener Sache	办理自己案件的律师	10—14 以下
-Dilemma	困境	10—15 以下
-Tätigkeitsverbot	行为禁止	10—14
-Transparenz	透明	10—18
Anwalts-GmbH	以有限责任公司形式组织的律师事务所	18—25 以下
-Berufshaftpflichtversicherung	职业责任保险	18　28
-Bundesrechtsanwaltsordnung	《德国联邦律师法》	18—26 以下
-Formbedürftigkeit	要式性	18—32

(续表)

德语词汇	中文对译词	位置
-Merkmale	特征	18—29 以下
-Zulässigkeitsvoraussetzungen	许可条件	18—26 以下
Anwaltssozietät	律师事务所	18—19 以下
-Gesellschaft bürgerlichen Rechts	民事合伙	18—19 以下
-Gesellschaft mit beschränkter Haftung	有限责任公司	18—25 以下
-Partnerschaftsgesellschaft	自由职业者合伙	18—34
-Vergütungssysteme	报酬体系	18—20 以下
Arbeitsschritte	运行步骤	8—33
Arbeitsverträge	劳动合同	11—1 以下
Architektenbindungsklausel	建筑设计约束条款	12—6
Architektenvertrag	建筑设计合同	12—7
asset deal	资产购买协议	8—147 以下
Assets	资产	8—130
Auflage	负担	20—36
Auflassungsvormerkung	不动产所有权转让合意的预告登记	8—78
Austauschverträge	交换合同	8—7
Basel II	《巴塞尔协定二》	15—22
Baubeschreibung	建筑结构说明书	8—105 以下, 11—10
Baufortschrittsraten	施工进度	12—18
Baupläne	建筑设计图	8—105 以下

(续表)

德语词汇	中文对译词	位置
Bauträgervertrag	建筑开发商合同	8—101 以下, 11—17
-Gestaltung	设计	8—120 以下
-Werkvertrag	承揽合同	8—102 以下
Bauunternehmer – Sicherungshypothek	建筑公司－担保性抵押权	12—28
Bauvertragsnovelle	建筑合同法修正案	12—3
Belehrung	说明	4—27 以下
Benchmark	基准化分析法	11—17
Beratung	咨询	4—27 以下
Beratungssituation	咨询情况	18—38 以下
-Anfangsverluste	创业期亏损	18—45
-Bedenkenträger	怀揣顾虑的人	18—38
-Break-even-Point	收支平衡点	18—45
-Fördermittel	资金	18—44
-komplexe Probleme	复杂问题	18—39
-Vermögenstrennung	财产分割	18—40
Berliner Testament	柏林式遗嘱	20—42
-Anrechnung	抵充	20—44
-Bindungswirkung	拘束力	21—43
-Muster	模板	21—50 以下
-Schlusserbe	最终继承人	21—39
-Textvorschlag	文本建议	21—50 以下

(续表)

德语词汇	中文对译词	位置
-Wertausgleich	价值补偿	21—45 以下
Berufsbilder	职业形象	3—21 以下
-Anwalt	律师	3—22
-Notar	公证人	3—24
-Unternehmensjurist	公司法务	3—25
Beschlussmehrheiten	决议多数	18—65 以下
Beteiligung	参与	（无）
-Kinder	儿童	18—90 以下
-Schenkung	赠与	18—91
-stille Gesellschafter	隐名股东	18—92
-Unterbeteiligung	隐名参股	18—92
Betriebsübergang	营业转让	8—137
Beurkundung	公证书证	（无）
-Kaufvertrag Immobilie	不动产买卖合同	8—62
-Werkvertrag Neubau	建设新建筑物承揽合同	8—62
Bieterverfahren	投标程序	8—163
Bindungswirkung	拘束力	20—26, 43
Bonität	信用	8—72, 14—24
Break-even-Point	收支平衡点	18—45
Bruchteilsgemeinschaft	按份共有	16—15
-Aufhebung der Gemeinschaft	共有物的分割	16—20 以下

(续表)

德语词汇	中文对译词	位置
- gemeinschaftliche Verwaltung	共同管理	16—16
-Lasten-und Kostentragung	负担和成本承担	16—19
-Miteigentümervereinbarung	共有协议	16—23
-Vorkaufsrecht	先买权	16—17 以下
Buchwert	账面价值	8—139,17—72
Businessplan	商业计划	18—42,60
Cashflow	现金流	11—19
Change of Control-Klausel	控制权变更条款	11—32
Checkliste	检验清单	（无）
-Arbeitsschritte	步骤	8—33
-Vertragsthemen	合同主题	8—34
Closing	交割	8—163
Covenants	承诺条款	15—14
cross selling	交叉销售	18—23
D & O Versicherung	董事和高级管理人员责任保险	11—20
Datenraum	资料室	8—159,163
Definitionen	定义	8—22
Dienstvertrag	雇佣合同	（无）
-Arbeitnehmer	雇员	11—35
-freie Mitarbeit	自由职业	11—34 以下
-Gliederung	提纲	11—44

(续表)

德语词汇	中文对译词	位置
-Scheinselbständigkeit	虚假自营职业	11—38
-Schweigepflicht	沉默义务	11—45
-Sozialversicherungsfreiheit	不缴纳社会保险的自由	11—36
-Steuern	税	11—41
-Weisungsfreiheit	不受指示的自由	11—36
-Wettbewerbsverbot	竞业禁止	11—45
Dienstverträge	雇佣合同	11—1 以下，33 以下
Doppelvertretung	双方代理	18—57
Due diligence	尽职调查	8—155 以下
EBITDA	税前息前折旧前摊销前利润	11—19
Ehe	婚姻	19—8
-gesetzliches Erbrecht	法定继承权	19—17 以下
- gleichberechtigte Partnerschaft	具有同等权利的伙伴关系	19—8
-Lastenverteilung	负担分配	19—8
-Pflichtteil	特留份	19—17 以下
Ehebedingte Zuwendung	以结婚为条件的给予	9—4、8 以下
-Anfechtung	撤销	9—12
-Familienwohnheim	家庭住所	9—17
-Güterstandsklausel	夫妻财产制条款	9—17
-Motive	动机	9—10 以下

(续表)

德语词汇	中文对译词	位置
-Steuerrecht	税法	9—16 以下
-Zugewinnausgleich	财产增加额的均衡	9—17
-Zweck	目的	9—10 以下
Ehegattentestament	夫妻共同遗嘱	20—38
Ehevertrag	夫妻财产制合同	19—1 以下
-Ausübungskontrolle	权利行使控制	19—8
-Definition	定义	19—1
-Fallgruppen	案例群	19—30
-Form	形式	19—4
-Gestaltungsüberlegungen	设计思考	19—20 以下
-güterrechtliche Verhältnisse	财产制关系	19—1
-junge Eheleute ohne Kind	没有孩子的年轻夫妇	19—30 以下
-Muster	模板	19—31
-Regelungsgegenstände	规则内容	19—3
-Unterhalt	抚养费	19—28
-Versorgungsausgleich	供给均衡	19—2
-Vertragsfreiheit	合同自由	19—8
-Wirksamkeitskontrolle	生效控制	19—8
Einheitsgesellschaft	统一公司	18—87
Einheitslösung	统一方案	20—39
Einheitspreisvertrag	单价合同	12—12, 14
Einkunftsarten	收入类型	8—90 以下
-Gewinneinkunftsarten	盈利收入类型	8—91

(续表)

德语词汇	中文对译词	位置
-Überschuss	盈余	8—92
-Vermögensvergleich	资产比较	8—93
Einzeltestament	单独遗嘱	20—38
Entnahmen	提取	18—61 以下
Erbbaurecht	地上权	16—96 以下
-Erbbaurechtsvertrag	地上权设定合同	15—105
Erbrecht	继承法	20—1 以下
-Beratungsgespräch	咨询谈话	20—3 以下
-Familienerbfolge	家庭继承原则	20—9
-Formen-und Typenzwang	形式与类型强制	20—13 以下
-Fragenkatalog	问题目录	20—18 以下
-Gesamtrechtsnachfolge	概括继承	20—11 以下
-gesetzliche Erbfolge	法定继承顺序	20—24 以下
-Grundprinzipien	基本原则	20—1
-Pflichtteilsrecht	特留份权	20—14
-Privaterbfolge	私人财产继承原则	20—5 以下
-Steuerrecht	税法	20—29 以下
-Testierfreiheit	遗嘱自由	20—8
-Überblick	概览	20—1
-zwingende Rechtsinstitute	强制性的法律制度	20—10 以下
Erbschaftsteuer	遗产税	20—29 以下
-Freibeträge	免税金额	20—31
-Steuerklassen	税级	20—31

(续表)

德语词汇	中文对译词	位置
-Steuersätze	税率	20—31
-Unternehmen	企业	20—62 以下
Erbschaftsteuerrecht	《德国遗产税和赠与税法》	9—23 以下
Erbschein	遗产继承证书	8—127
Erbvertrag	继承合同	20—38
Ergebnisabführungsvertrag	经营结果转移合同	18—51 以下
Ertragswert	预期收益	8—142 以下
Exklusivitätsvereinbarung	排他协议	8—162
Fachsprache	专业术语	8—31
Familienerbfolge	家庭继承原则	20—9
Familienvermögen	家庭财产	9—10
Fertigstellungsfrist	竣工期限	12—25
Fertigstellungstermin	竣工日期	12—12
Firmenwert	公司商誉	8—131
Fördermittel	资金	18—44
Formenzwang	形式强制	20—13 以下
Formularmietvertrag	标准租赁合同	10—3
Formulierung der Rechtsziele	法律目的的表述	5—37 以下
Franchisevertrag	特许经营合同	15—2
-Gliederung	提纲	15—32
Franchising	特许经营权	15—1 以下
-Definition	定义	15—4

(续表)

德语词汇	中文对译词	位置
-Filialisierung	连锁经营	15—27
-Franchisepaket	特许经营资源	15—4
-Franchisesystem	特许经营系统	15—30
-Merkmalskatalog	特征类别	15—31
-Unternehmer vor Ort	当地企业家	15-7
Gebot des sichersten Wegs	最安全方案要求	4—10 以下
Gegenstand der Vertragsgestaltung	合同设计的内容	3—1
Geheimhaltungsvereinbarung	保密协议	8—158
Gesamtrechtsnachfolge	概括继承	20—11 以下
Geschäftsführer	经理	11—4 以下
-Alleinvertretung	单独代表	11—11
-Aufgaben	工作	11—12
-D & O Versicherung	董事和高级管理人员责任保险	11—20
-Dienstwagen	公事用车	11—20
-Doppelvertretung	双方代理	11—11
-Festvergütung	固定薪资	11—17
-Fremdgeschäftsführer	不持股经理	11—4
-Gesamtvertretung	联合代表	11—11
-Geschäftsordnung	议事规则	11—12
-Gesellschafter-Geschäftsführer	持股经理人	11—4
-Insichgeschäft	自己代理	11—11

（续表）

德语词汇	中文对译词	位置
-Organ	机构	11—6
-Sozialversicherungspflicht	缴纳社会保险义务	11—8
-Treuepflicht	忠实义务	11—23
-variable Vergütung	浮动薪酬	11—18
-Vergütung	报酬	11—16 以下
-Vertretung	代表	11—11
-Weisungsgebundenheit	雇主指示的约束力	11—14
-Zielvereinbarung	目标协议	11—19
-zustimmungsbedürftige Geschäfte	须经批准的行为	11—14
Geschäftsführer-Anstellungsvertrag	经理人劳动合同	11—4 以下
-Abfindung	补偿金	11—21
-Aufhebungsvertrag	解聘合同	11—21
-Befristung	固定期间	11—21
-Gliederung	提纲	11—28
-Karenzentschädigung	（因竞业禁止产生的）等待补偿	11-25 以下
-Laufzeit	存续期限	11—21
-Sonderkündigungsrecht	特别解除权	11—32
-Wettbewerbsverbot	竞业禁止	11—23 以下
Gesellschaft bürgerlichen Rechts	民事合伙	16—13 以下，18—19 以下
-Gliederung	提纲	18—24

(续表)

德语词汇	中文对译词	位置
Gesellschafter	合伙人	（无）
-Kinder	儿童	18—90 以下
-stille Gesellschafter	隐名合伙人	18—92
-Unterbeteiligung	隐名参股	18—92
-Unternehmensnachfolge	企业继承	18—93
Gesellschafterbeschlüsse	股东大会决议	18—67 以下
-anfechtbare	可撤销	18—68 以下
-Anfechtungsfrist	撤销期限	18—68 以下
-Ausschlussfrist	除斥期间	18—70
-fehlerhafte	有缺陷的	18—67 以下
-Mehrheiten	多数	18—65
-nichtige	无效的	18—67 以下
Gesellschaftsrecht	民事组织法	18—1 以下
Gesellschaftsvertrag	公司设立合同/公司章程/合伙协议	18—1 以下，7 以下，59 以下
-Abfindungsregelungen	补偿规则	18-71 以下
-allgemeine Bestimmungen	一般规定	18—14
-Beschlussmehrheiten	决议多数	18—65 以下
-Entnahmen	提取	18—63 以下
-Gesellschaft bürgerlichen Rechts	民事合伙	18—19 以下
-Gewinnverteilung	利润分配	18—61 以下
-Gliederung	提纲	18—15、88 以下

(续表)

德语词汇	中文对译词	位置
-Grundfragen	基本问题	18—55 以下
-Grundlagengeschäfte	基础业务	18—60
-Grundstruktur	基本结构	18—8
-Innere Ordnung	内部规章	18—10
-Katalog zustimmungsbedürftiger Geschäfte	需经批准行为的目录	18—10、49 以下
-Kompetenzabgrenzung	权限范围	18—59 以下
-Partnerschaftsgesellschaft	自由职业者合伙	18—34 以下
-Rechtsformunabhängigkeit	不受法定形式拘束	18—7 以下
-Schiedsgerichtsvereinbarung	仲裁协议	18—77
-Schwerpunkte	重点	18—55 以下
-Strukturänderungen	结构改变	18—13
-Themenliste	内容清单	18—7 以下
-Vertragliche Grundlagen	合同基础内容	18—9
-Vertragsfreiheit	合同自由	18—17
-Vertretung	代表权	18—12
-Vertretungsbefugnis	代表权限	18—56 以下
-Wettbewerbsvereinbarungen	竞争协议	18—75 以下
-zwingendes Recht	强制性规定	18—17
Gesellschaftsverträge	公司设立合同/公司章程/合伙协议	8—7
Gestaltungsoptionen	设计方案	5—55 以下
-Erarbeitung	起草	5—56 以下

(续表)

德语词汇	中文对译词	位置
-Erfüllungsplanung	履行计划	5—64 以下
-Risikoplanung	风险规划	5—74 以下
-Unsicherheitenvorsorge	不确定性的预防措施	5—87 以下
- Unterscheidung Erfüllungs- und Risikoplanung	履行计划和风险分配的区分	5—59 以下
-Vertragskonzipierung	合同起草	5—58
-Vertragstypen und-muster	合同的种类和模板	5—89 以下
Gestaltungsaufgabe	设计任务	8—6
Gestaltungsauswahl	设计选择	5—104 以下
-Primär-und Sekundärziele	首要和次要目标	5—105
-Rechtssicherheit	法律的确定性	5—106 以下
Gestaltungsbedarf	设计需求	5—41 以下
-Ist-und Soll-Zustand	实然与应然状态	5—44 以下
-Prüfung der Rechtslage	法律状态的考察	5—47 以下
-Zweckmäßigkeit	合目的性	5—51 以下
Gewährleistung	瑕疵担保	12—20
Gewinnrealisierung	利润实现	8—94
Gewinnverteilung	利润分配	18—61 以下
Gliederung	提纲	7—30
GmbH & Co. KG	由有限责任公司担任无限责任股东的两合公司	18—81 以下
Good will	善意	8—131

(续表)

德语词汇	中文对译词	位置
Gremienvorbehalt	须经监事会批准的事项	11—31
Grenzen schuldrechtlicher Bindung	合同拘束力的范围	16—41
Grundbuch	土地登记簿	8—65 以下
-Abteilungen	（土地登记簿）的部分	8—67
-Bestandsverzeichnis	地产目录	8—67
-Grundbuchblatt	土地登记表	8—66 以下
-Grundbuchblatt Muster	土地登记模板	8—67
Grunddienstbarkeit	地役权	16—42 以下
-beschränkt persönliche Dienstbarkeit	限制的人役权	16—44 以下
Grundlagengeschäfte	基础业务	18—60
Grundpfandrecht	土地担保权	8—72, 15—27 以下
-Grundbuchkosten	土地登记费	16—29
-Vollzugsrisiken	执行风险	16—30
Grundschuld	土地债务	8—71 以下
Grundstückskaufvertrag	土地买卖合同	8—64 以下
-Beurkundung	公证	8—62
-Formularbücher	指导工具书	8—81
-Gliederung	提纲	8—85
-Struktur	结构	8—82 以下
Gutachterausschuss	专家委员会	8—46、77
Güterstand	夫妻财产制度	19—21 以下

(续表)

德语词汇	中文对译词	位置
-gesetzlicher	法定的	19—21 以下
-Gütertrennung	夫妻分别财产制	19—21
-modifizierte Zugewinngemeinschaft	改进的财产增加额共同制	19—25
-Zugewinngemeinschaft	财产增加额共同制	19—23
Haftungsausschluss	免责声明	8—49
Handelsregister	商事登记簿	18—94
-Einsichtnahme	查阅	18—94
-Publizität	公示性	18—94
Handelsregisterauszug	商事登记簿摘录	8—12
Hypothek	抵押权	16—58 以下
Immobilienkauf	不动产买卖	8—61 以下
-Finanzierung	贷款	8—69 以下
-Grundpfandrechte	土地担保权	8—70 以下
-Haftung für Sach-und Rechtsmängel	物之瑕疵与权利瑕疵责任	8—79
-Notaraufgabe	公证人的工作	8—75
-Sicherheiten	担保	8—70 以下
Informationsermittlung	查明信息	5—3 以下
-Art und Weise	方式和方法	5—24 以下
-Sachverhalt	事实情况	5—4 以下
-Sachziele	实际目标	5—12 以下
Informationspflicht	告知义务	4—3 以下

(续表)

德语词汇	中文对译词	位置
Insichgeschäft	自己代理	18—57
Interessenlage	利益	8—7
Interessenwahrnehmung	利益代表	4—2
Kapital	资产	15—8 以下
-Eigenkapital	自有资本	15—9 以下
-Fremdkapital	外部资本	15—15
-Mezzaninkapital	夹层资本	15—13 以下
Kapitalbeteiligungsgesellschaft	私募股权公司	15—11
Kaufmodell-share deal-asset deal	并购模式——股权交易——资产交易	8—147 以下
Kaufpreisfindung	寻价	8—42 以下
-Angebot und Nachfrage	供给和需求	8—43
-Wertgutachten	价值评估报告	8—46 以下
Kaufvertrag	买卖合同	（无）
-bewegliche Sache	动产	8—3 以下
-Eigentumswohnung	自有住宅	8—61 以下
-gebrauchter Pkw	二手汽车	8—3 以下
-Immobilie	不动产	8—61 以下
-Musterlösung Pkw	关于汽车的标准解决方案	8—55 以下
Kaufvertragsrecht	买卖合同法	8—1 以下
Kautelarjurisprudenz	预防式法学	2—2
Klauselverbote	条款禁止	8—53 以下

(续表)

德语词汇	中文对译词	位置
Komplementär-GmbH	作为两合商事合伙无限责任合伙人的有限责任公司	18—85 以下
Kosten	成本	20—52 以下
Kreditvergabe	贷款的批准	15—16 以下
-Basel II	《巴塞尔协定二》	15—22 以下
-Bonität	信用	15—24
-Patronatserklärung	安慰函	15—20
-Personalsicherheiten	人的担保	15—19 以下
-Rating	评级	15—24 以下
-Realsicherheiten	物之担保	15—21
-Sicherheiten	担保	15—18 以下
Leasing	融资租赁	14—1 以下
-bilanzielle Behandlung	会计行为	14—8 以下
-Definition	定义	14—2
-Finanzierungsfunktion	融资功能	14—17
-Händler	经销商	14—2
-Hersteller	供货商	14—2
-Kauf als Alternative	作为选项的买卖	14—7 以下
-Kreditfunktion	借贷功能	14—9
-Leasingerlass	关于融资租赁的法案	14—12 以下
-Leasinggeber	（融资租赁中的）出租人	14—3

(续表)

德语词汇	中文对译词	位置
−Leasingnehmer	（融资租赁中的）承租人	14—3
−pay as you earn	现收现付	14—1
−sale and lease-back	售后回租	14—15
−steuerliche Bewertung	税务评估	14—12
−wirtschaftliches Eigentum	经济所有权	14—11
Leasingvertrag	融资租赁合同	14—2 以下
−atypischer Mietvertrag	非典型租赁合同	14—2
−Gliederung	提纲	14—20
letter of intent	意向书	8—6、162
Liegenschaftskataster	房地产地籍	8—66
Lizenzvertrag	许可合同	18—99 以下
Lockstep-System	锁步式薪酬体系	18—21
Löschungsvormerkung	涂销预告登记	15—53 以下
M & A	公司并购	8—130
Makler	居间人	8—77, 12—4
−Doppeltätigkeit	双方居间活动	13—11
−Nachweismakler	报告居间人	13—4
−Preisvorstellungen	价格预期	13—8 以下
−schnelles Geld	快钱	13—8
−Vermittlungsmakler	媒介居间人	13—4
Makler-und Bauträgerverordnung	房屋中介和房地产开发商规定	8—116 以下

(续表)

德语词汇	中文对译词	位置
Maklervertrag	居间合同	13—1 以下
−Alleinauftrag	独家居间委托	13—10
−Aufwendungsersatz	费用补偿	13—6
−Dienstvertrag	雇佣合同	13—10
−Interessenlage	利益	13—8 以下
−Muster	模板	13—12
Mandantenstamm	客户基础	8—132 以下
Merit-Based-System	基于绩效的薪酬体系	18—22
Methodische Vorgehensweise	合同设计方法	5—1 以下
Mietanpassungsklausel	租金调整条款	10—10 以下
Mietgegenstand	租赁物	10—20 以下
−Baubeschreibung	建筑说明书	10—23
−Baupläne	建筑设计图	10—23
−Fertigstellungsrisiko	竣工风险	10—28
−Kaufoption	购买选项	10—22
−Mietoption	租赁选项	10—21
−Vertragserfüllungsbürgschaft	履约保证金	10—29
Mietsicherheit	租赁担保	10—9
Mietvertrag	租赁合同	10—1 以下、8,15—88 以下
−Büroraum	办公室	10—13 以下
−Formularmietvertrag	标准租赁合同	10—3
−Gliederung	提纲	10—12

术语表 **349**

(续表)

德语词汇	中文对译词	位置
-Interessenlage	利益	10—7
-Kauf bricht nicht Miete	买卖不破租赁	16-92
-Laufzeit	期限	10—26 以下
-Miete und Zwangsversteigerung	租赁与强制拍卖	16—93
-Wohnraum	居住空间	10—6 以下
Mietzins	租金	10—24 以下
-Betriebskosten	经营费	10—30
-Nebenkosten	附加费	10—30
-Umsatzsteuerbefreiung	增值税免除	10—25
-Umsatzsteueroption	增值税选项	10—25
-Vorsteuererstattung	退税	10—25
Miteigentum	共同所有权	16—11 以下
Nacherbe	后位继承人	20—40
NewCo	新公司	18—43
Notar -Neutralität	公证人——中立性	8—26
Nutzungsrecht	（知识产权的）许可使用权	18—99 以下
-ausschließliches	排他的	18—100
-einfaches	普通的	18—100
Partnerschaftsgesellschaft	自由职业者合伙	18—34 以下
-Haftungsbeschränkung	责任限制	18—36
-Partnerschaftsregister	合伙登记簿	18—34

(续表)

德语词汇	中文对译词	位置
Patent	专利	18—95 以下
-Lizenzgebühr	专利许可使用费	18—102 以下
-Lizenzvertrag	许可合同	18—99 以下
-Nutzungsrecht	使用权	18—100 以下
Patronatserklärung	安慰函	15—19 以下
-harte	强安慰函	15—20
-weiche	弱安慰函	15—20
Personalsicherheiten	人之担保	8—70
Pfandrecht	质权	16—71
Pflichtteilsrecht	特留份权	20—14
Präambel	序言	8—19 以下
Praxiskaufvertrag	律师事务所买卖合同	8—126 以下
Privatautonomie	私法自治	8—49
Private-Equity-Gesellschaft	私募股权公司	15—11
Privaterbfolge	私有财产继承原则	20—5 以下
Prüfung der Rechtslage	法律状态的审核	3—6 以下
Rangrücktritt	顺位后移	8—71
Rating	评级	15—24 以下
-Rating, externes	外部评级	15—26
-Rating, internes	内部评级	15—26
-Ratingagenturen	评级机构	15—26
-Ratingkriterien	评级标准	15—25
Realsicherheiten	物之担保	8—70

(续表)

德语词汇	中文对译词	位置
Rechtsanwendung	法律适用	4—6 以下
Rechtsformwahl	法律形式选择	18—46 以下
-Haftung	责任	18—47
-Kapitalgesellschaft	股份公司	18—79 以下
-Mitbestimmung	共同决策	18—49 以下
-Personengesellschaft	自由职业者合伙	18—79 以下
-Sozialversicherungspflicht	（缴纳）社会保险义务	18—49
-Steuern	税	18—51 以下
Rechtsgeschäftsgestaltung	法律行为的设计	3—8 以下
Rechtskenntnis	法律知识	4—6 以下
Rechtskenntnis und-anwendung	法律知识与法律适用	3—11 以下
Risiken durch Vorbelastungen	已设负担产生的风险	16—26
Sachenrecht	物权法	16—1 以下
Sach-und Rechtsmängelhaftung	物之瑕疵与权利瑕疵责任	8—36 以下
Sachverhalt	事实	8—5
Sachverhalts-und Sachzielermittlung	查明事实与实际目标	3—20 以下
Sale and lease-back	售后回租	14—15
Scheidungsfolgenvereinbarung	离婚后果协议	19-3
Scheinselbständigkeit	虚假自主经营	11—38
Schenkung	赠与	9—4 以下
-Nießbrauchsvorbehalt	用益权保留	9—4

(续表)

德语词汇	中文对译词	位置
-Wohnrecht	居住权	9—4
Schenkungsteuerrecht	赠与税法	9—23 以下
-Freibeträge	免税金额	9—25
-Gestaltungsmissbrauch	选择权滥用	9—22
-Steuerklassen	税级	9—24
-Steuersätze	税率	9—24
Schenkungsvertrag	赠与合同	9—1 以下
-Ehegatten	配偶	9—4 以下
-Eltern-Kind	父母-子女	9—4
-Form	形式	9—2
Schiedsgerichtsvereinbarung	仲裁协议	18—77
Schiedsgutachter	仲裁员	8—46
Schlusserbe	最终继承人	20—39、42
share deal	股权交易	8—147 以下
Sicherheitsbetrag	担保额	8—167
Sicherungsgrundschuld	担保性土地债务	16—56 以下
Sicherungsübereignung	让与担保	16—69 以下
Sicherungsvertrag	担保合同	16—63, 68, 76
Signing	签署	8—163
soft skills	软技能	18—20
Sondereigentum	特别所有权	8—111
Start-up-Unternehmen	初创企业	18—43
Steuerrecht	税法	8—88 以下

(续表)

德语词汇	中文对译词	位置
-Grundkenntnisse	基础知识	8—88 以下
-Steuervorteile	税收优惠	8—95
-Vertragsgestaltung	合同设计	8—88 以下
Stille Gesellschaft	隐名合伙	18—92
Stoffsammlung	材料收集	8—10
Studium der Vertragsgestaltung	合同设计的学习	2—5 以下
Stuttgarter Verfahren	斯图加特程序	8—144, 18—73
Substanzwert	资产净值	8—142
Target	目标	8—155
Teileigentum	区分所有权	8—109
Teilungsanordnung	（被继承人的）分割指示	20—36
Teilungserklärung	物业分割声明	8—115
-Form	形式	8—115
Testament	遗嘱	20—32 以下
-Bestrafungsklausel	处罚条款	20—47
-Bindungswirkung	拘束力	20—26
-Doppelbesteuerung	双重征税	20—41
-eigenhändiges	自书的	20—37
-Einheitslösung	统一方案	20—39
-Formen	形式	20—37
-gemeinschaftliches	共同的	20—32 以下

(续表)

德语词汇	中文对译词	位置
-gesetzliche Instrumente	法律制度	20—34 以下
-Gestaltungsziel	设计目标	20—27
-Kosten	成本	20—52 以下
-Nacherbe	后位继承人	20—40
-öffentliches	公开的	20—37
-steuerliche Faktoren	税收因素	20—29 以下
-Struktur	结构	20—48
-Trennungslösung	分别方案	20—40
-Unternehmer	企业家	20—55 以下
-Vorerbe	先位继承人	20—40
Testamentsvollstreckung	遗嘱执行	20—36，70
Testierfreiheit	遗嘱自由	20—8
Transaktionsverfahren	交易程序	8—161 以下
-Closing	交割	8—163
-Datenraum	资料室	8—159
-due diligence	尽职调查	8—155 以下
-Signing	签署	8—163
Trennungslösung	区分方案	20—40
Treuepflicht	忠实义务	11—23
Typenzwang	类型强制	20—13 以下
Umlaufvermögen	流动资产	8—129
Unbenannte Zuwendung	无名给予	9—4
Unterbeteiligung	隐名参股	18—92

(续表)

德语词汇	中文对译词	位置
Unterhalt	扶养费	19—3, 28
Unternehmensbewertung	公司估值	8—139 以下
-due diligence	尽职调查	8—155 以下
-Ertragswert	预期收益	8—142
-Kapitalisierungszinssatz	资本化收益率	8—144
-Stuttgarter Verfahren	斯图加特程序	8—144
-Substanzwert	资产净值	8—142
-Überschussorientierung	利润导向	8—142 以下
Unternehmenskauf	公司并购	8—163
-Datenraum	资料室	8—159
-Steuerrecht	税法	8—151 以下
Unternehmenskaufvertrag	企业收购合同	8—126 以下
-Anstellungsverhältnisse	雇佣关系	8—137
-Bestimmtheitsgrundsatz	确定性原则	8—138
-Dauerschuldverhältnisse	持续性债务关系	8—136
Unternehmensvertrag	企业合同	18—51 以下
Unternehmenswert	企业价值	8—139 以下
Unternehmertestament	企业家遗嘱	20—55 以下
-Drittbestimmung	第三人决定	20—71 以下
-Empfehlungskatalog	推荐目录	20—60
-Gestaltungsüberlegungen	设计考量	20—57 以下
-Nachfolgeplanung	继承人规划	20—67
-Notwendigkeit	必要性	20—58 以下

(续表)

德语词汇	中文对译词	位置
-Selbstbindung	自我约束	20—69
-Störfaktoren	干扰因素	20—61 以下
-Umsetzungsmaßnahmen	实现方案	20—66 以下
-Vorsorgemaßnahmen	预防措施	20—68
-Ziele	目标	20—64 以下
-Zielkonflikte	目标冲突	20—64 以下
Venture-Capital-Gesellschaft	风险投资公司	15—11
Verbrauchsgüterkauf	消费品买卖	8—59 以下
-Beweislastumkehr	举证责任倒置	8—60
Vereinsrecht	社团法	17—1 以下
-Finanzierung	贷款	17—18
-Gemeinnützigkeit	公益性	17—19 以下
-Gründungsprotokoll	创立大会纪要	17—40 以下
-Gründungsversammlung	创立大会	17—37 以下
-Gründungsvorbereitungen	成立准备	17—31 以下
-Handelndenhaftung	行为人责任	17—10 以下
-Ideal-/wirtschaftlicher Verein	非营利性/经济性社团	17—8 以下
-Mitgliederwechsel	成员更替	17—15 以下
-rechtsfähiger Verein	有权利能力社团	17—3
-Satzung Idealverein	章程非营利性社团	17—43
-Satzungsänderungen	章程的变更	17—24 以下
-Vereinsname	社团名称	17—14

(续表)

德语词汇	中文对译词	位置
-Vereinsregister	社团登记簿	17—13
-Vereinssatzung	社团章程	17—42 以下
-Vorstand	董事会	17—22 以下
Vergleich Vertragsgestaltung und richterliche Tätigkeit	合同设计与司法活动的比较	3—11
Verkehrswert	现时市价	18—74
Verknüpfen von Verträgen	合同的统合	16—79 以下
Vermächtnis	遗赠	20—36
Vermietung und Verpachtung	出租和（土地）租赁	8—96
-AfA（Absetzung für Abnutzung）	折旧	8—97
-Liebhaberei	业余爱好	8—98
Versorgungsausgleich	供给的均衡	19—26 以下
-anwaltliches Versorgungswerk	律师供给互助机构	19—27
-private Vorsorge	私人养老保险金	19—27
Vertragsabschluss	合同订立	8—23
Vertragsaufbau	合同架构	7—18 以下
Vertragscontrolling	合同控制	2—10
Vertragsentwurf	合同草案	6—2 以下
Vertragsentwurf und-umsetzung	合同的草案和实施	3—2
Vertragsformulierung	合同的起草	8—31 以下
Vertragsgegenstand	合同标的物	8—14

(续表)

德语词汇	中文对译词	位置
Vertragsgestalter	合同设计者	(无)
-Interessenvertreter	利益代表人	8—35 以下
-Person	人	8—35
Vertragsgestaltung	合同设计	(无)
-Allgemeine Geschäftsbedingungen	一般交易条款	8—53 以下
-gesetzliche Verbote	法定禁止	8—50 以下
-Grenzen	界限	8—49 以下
-Klauselverbote	条款禁止	8—53 以下
-sicherer Weg	更安全的方案	9—7
-Sittenwidrigkeit	违背善良风俗，悖俗	8—50 以下
-Treu und Glauben	诚实信用	8—52
Vertragsgliederung	合同提纲	8—30
Vertragsinhalt	合同内容	6—3 以下，8—11 以下
-empfehlenswerter	值得推荐的	8—16 以下
-zwingender	强制的	8—11 以下
Vertragsklauseln	合同条款	(无)
-allgemeine	一般的	8—18
Vertragspartei	合同当事人	8—12 以下
Vertragsprüfung	合同审核	3—5
Vertragsregelungen	合同规则	(无)
-gesetzliche	法定的	8—28

(续表)

德语词汇	中文对译词	位置
-materiellrechtliche	实体法的	8—26 以下
-problematische	有疑义的	8—29
-unproblematische	无疑义的	8—27
-Vollständigkeit	完整性	8—22 以下
Vertragssprache	合同语言	7—1 以下
Vertragsstruktur	合同结构	7—13 以下
Vertragsthemen	合同主题	8—34
Vertragstypen	合同类型	8—9
Vertragsübernahme	合同承担	8—136
Vertragsverhandlungen	合同谈判	6—5
-„Fuß-in-die-Tür"-Technik	"登门槛"技巧	6—33 以下
-Grundkonzepte	基础策略	6—21 以下
-Harvard-Konzept	哈佛谈判模式	6—25 以下
-Rolle des Vertragsgestalters	合同设计者的角色	6—10
-Verhandlungsatmosphäre	谈判氛围	6—13 以下
-Verhandlungsmacht	谈判能力	6—16 以下
-Verhandlungsplanung	谈判计划	6—12
-Verhandlungsspielraum	谈判空间	6—18
-Verhandlungsstil	谈判风格	6—13 以下
-Verhandlungsstrategien	谈判策略	6—19 以下
-Verhandlungsstruktur	谈判结构	6—12
-Verhandlungstypen	谈判类型	6—15

(续表)

德语词汇	中文对译词	位置
Vertraulichkeitserklärung	保密声明	8—162
Vertretung	代表	18—56 以下
-Alleinvertretung	单独代表权	18—56 以下
-Doppelvertretung	双方代理	18—57
-Gesamtvertretung	联合代表权	18—57
-Insichgeschäft	自己代理	18—57
Vollständigkeit	完整性	8—22 以下
Vorausvermächtnis	先取遗赠	20—46
Vorbemerkung	预告登记	8—19 以下
Vorbereitende Überlegungen	初步思考	8—4 以下
Vorerbe	先位继承人	20—40
Vormerkung	预告登记	16—31 以下
WEG（Gesetz über das Wohnungseigentum und das Dauerwohnrecht）	《德国建筑物区分所有权和长期居住权法》	8—108 以下
-Abgeschlossenheitsbescheinigung	（房产的）独立单位证明	8—112
-Sondereigentum	特别所有权	8—111 以下
-Teileigentum	区分所有权	8—109
-Teilungserklärung	物业分隔声明	8—115
-Wohnungseigentum	建筑物区分所有权	8—109
Wertausgleich	价值补偿	20—45 以下
Wertermittlung	估价	8—42 以下
Wertsicherungsklausel	保值条款	8—17

术语表 361

(续表)

德语词汇	中文对译词	位置
Wettbewerbsverbot	竞业禁止	11—23 以下
-Karenzentschädigung	产假补偿	11—25 以下
-nachvertragliches	后合同的	11—24 以下
-Vertragliches	合同的	11—23 以下
Wirtschaftliches Verständnis	经济理解	4—20 以下
Wirtschaftsgüter	资产	8—94、129 以下
-Betriebsvermögen	经营资产	8—94
-immaterielle	非物质的	8—131
-materielle	实体的	8—129
-Steuerverstrickung	税务纠纷	8—94
Wohnungseigentum	建筑物区分所有权	8—109 以下
Zielvereinbarung	目标协议	11—19
Zugewinnausgleich	财产增加额均衡	19—23
-Gesellschaftsvertrag	合伙协议	19—24
-pauschalierter	总括的	19—18
-Steuerrecht	税法	19—23
Zukunftsgerichtete Perspektive	面向未来的视角	3—14 以下
Zukunftstauglichkeit	适合未来发展	4—17 以下
Zustimmungsbedürftige Geschäfte	须经批准的行为	11—14, 17—59
Zweckorientierung	目标导向	4—2
Zweckprogramm des Vertragsgestalters	合同设计者的目的计划	3—18 以下

法律对照表[1]

德文简称	德文全称	中文翻译
AktG	Aktiengesetz	《德国股份法》
AnfG	Gesetz über die Anfechtung von Rechtshandlungen eines Schuldners außerhalb des Insolvenzverfahrens	《德国破产程序之外的债务人法律行为抗辩法》
AO	Abgabenordnung	《德国税收通则》
BetrVG	Betriebsverfassungsgesetz	《德国企业组织法》
BGB	Bürgerliches Gesetzbuch	《德国民法典》
BeurkG	Beurkundungsgesetz	《德国公证书证法》
BORA	Bundesnotarordnung	《德国联邦公证人规章》
BRAO	Bundesrechtsanwaltsordnung	《德国联邦律师法》
DRiG	Deutsches Richtergesetz	《德国法官法》
ErbbauRG	Erbbaurechtsgesetz	《德国地上权法》
ErbStG	Erbschaftsteuer-und Schenkungsteuergesetz	《德国遗产税和赠与税法》
EStG	Einkommensteuergesetz	《德国个人所得税法》

---

[1] 更新至2020年7月27日。

(续表)

德文简称	德文全称	中文翻译
FamFG	Gesetzüber das Verfahren in Familiensachen und in denAngelegenheiten der freiwilligen Gerichtsbarkeit	《德国家事程序和非讼管辖事项程序法》
FZV	Verordnung über die Zulassung von Fahrzeugen zum Straßenverkehr	《德国车辆登记条例》
GBO	Grundbuchordnung	《德国土地登记条例》
GG	Grundgesetz	《德国基本法》
GmbHG	Gesetz betreffend die Gesellschaften mit beschränkter Haftung	《德国有限责任公司法》
GNotKG	Gesetzüber Kosten der freiwilligen Gerichtsbarkeit für Gerichte und Notare	《德国法院非讼事件程序费用与公证费用法》
GrdstVG	Gesetz über Maßnahmen zur Verbesserung der Agrarstruktur und zur Sicherung land- und forstwirtschaftlicher Betriebe	《德国关于改善农业结构和确保农业和林业经营措施法》
GweO	Gewerbeordnung	《德国营业秩序条例》
HGB	Handelsgesetzbuch	《德国商法典》
HOAI	Verordnungüber die Honorare für Architekten- und Ingenieurleistungen	《德国建筑工程费用条例》
HRV	Handelsregisterverordnung	《德国商事登记条例》
MitbestG	Gesetz über die Mitbestimmung der Arbeitnehmer	《德国员工参予决定法》
InsO	Insolvenzordnung	《德国破产法》
KStG	Körperschaftsteuergesetz	《德国企业所得税法》
LPartG	Lebenspartnerschaftsgesetz	《德国生活伴侣法》

(续表)

德文简称	德文全称	中文翻译
MaBV	Makler-und Bauträgerverordnung	《德国房屋中介与房地产开发商条例》
PartGG	Partnerschaftsgesellschaftsgesetz	《德国自由职业者合伙法》
PrKG	Priesklauselgesetz（Gesetz über das Verbot der Verwendung von Preisklauseln bei der Bestimmung von Geldschulden）	《德国价格条款法》（《德国关于在确定金钱债务时禁止使用价格条款法》）
UmwG	Umwandlungsgesetz	《德国企业改制法》
UWG	Gesetz gegen den unlauteren Wettbewerb	《德国反不正当竞争法》
VersAusglG	Gesetz über den Versorgungsausgleich	《德国供给均衡法》
VOB	die Vergabe-und Vertragsordnung für Bauleistung	《建筑工程采购与合同规则》
	Wachtumsbeschleinigungsgesetz	《德国促进经济增长法》
WEG	Gesetz über das Wohnungseigentum und das Dauerwohnrecht	《德国建筑物区分所有权法和长期居住权法》
ZPO	Zivilprozessordnung	《德国民事诉讼法》
ZVG	Gesetz über die Zwangsversteigerung und die Zwangsverwaltung	《德国强制拍卖和强制管理法》

参考文献[1]

Abeln, *Christoph*: Anstellungsvertrag GmbH-Geschäftsführer, 2009 (zit.: *Abeln*, Anstellungsvertrag GmbH-Geschäftsführer, S.).

Abramenko, *Andrik u. a.*: Handbuch WEG, 2. Aufl. 2014 (zit.: Abramenko u. a., Handbuch WEG, Rn).

Arnold, *Arnd*: Rücktritt und Schadensersatz, in: ZGS 2003, S. 427-434.

Basty, *Gregor*: Der Bauträgervertrag, 8. Aufl. 2014 (zit.: *Basty*, Bauträgervertrag, Rn).

Bauer, *Jobst-Hubertus/Diller*, *Martin*: Wettbewerbsverbote, 7. Aufl. 2015 (zit.: *Bauer/Diller*, Wettbewerbsverbote, § Rn).

Baumann, *Frank/Doukoff*, *Norman*: Beck'sche Online-Formulare Prozess, 29. Edition 2016 (zit.: *Baumann/Doukoff*, Beck'sche Online-Formulare Prozess, Ordnungsnummer).

Baumbach, *Adolf/Hopt*, *Klaus J.*: Handelsgesetzbuch, 37. Aufl. 2016 (zit.: *Bearbeiter*, in: Baumbach/Hopt, § Rn).

Baumbach, *Adolf/Hopt*, *Klaus J.*: Handelsgesetzbuch, 37. Aufl. 2016 (zit.: *Bearbeiter*, in: Baumbach/Hopt, § Rn).

Baumbach, *Adolf/Hueck*, *Alfred*: GmbHG, 21. Aufl. 2017 (zit.: *Bearbeiter*, in: Baumbach/Hueck, § Rn).

Baur, *Jürgen F./Stürner*, *Rolf*: Sachenrecht, 18. Aufl. 2009 (zit.: *Baur/Stürner*, Sachenrecht, § Rn).

---

[1] 更新至2020年7月27日。

Beck, Ralf/Klar, Michael: Asset Deal versus Share Deal-Eine Gesamtbetrachtung unter expliziter Berücksichtigung des Risikoaspekts, in: DB 2007, S. 2819-2826.

Beisel, Wilhelm/Andreas, Friedhold E.: Beck'sches Mandatshandbuch Due Diligence, 3. Aufl. 2017 (zit.: *Bearbeiter*, in: Beck'sches Mandatshandbuch Due Diligence, Rn.).

Beisel, Wilhelm/Klumpp, Hans-Herrmann: Der Unternehmenskauf: Gesamtdarstellung der zivilund steuerrechtlichen Vorgänge einschließlich gesellschafts-, arbeits-und kartellrechtlicher Fragen bei der Übertragung eines Unternehmens, 7. Aufl. 2016 (zit.: *Bearbeiter*, in: Beisel/Klumpp, Unternehmenskauf, Kap. Rn).

Bender, Rolf/Nack, Armin/Treuer, Wolf-Dieter: Tatsachenfeststellung vor Gericht, 4. Aufl. 2014 (zit.: *Bender/Nack/Treuer*, Tatsachenfeststellung, Rn).

Berger, Christian: Zum wissenschaftlichen Anspruch anwaltsorientierter Lehrinhalte, in: BRAKMitt. 2005, S. 169-173.

Blank, Hubert/Börstinghaus, Ulf: Miete, 5. Aufl. 2017 (zit.: *Bearbeiter*, in: Blank/Börstinghaus, § Rn).

Blank, Manfred: Bauträgervertrag, 5. Aufl. 2015 (zit.: *Blank*, Bauträgervertrag, Rn).

Bloching, Micha/Ortolf, Daniel: Ist die Schriftformklausel ergänzungsbedürftig?, in: BB 2011, S. 2571-2573.

Bockemühl, Justus: Die Kautelarjurisprudenz des Notars im Spannungsfeld geschichtlicher Kräfte, in: DNotZ 1967, S. 532-542.

Borgmann, Brigitte/Jungk, Antje/Schwaiger, Michael: Anwaltshaftung, 5. Aufl. 2014 (zit.: *Bearbeiter*, in: Borgmann/Jungk/Schwaiger, Anwaltshaftung, Kap. Rn).

Brambring, Günter: Einführung in die Vertragsgestaltung, in: JuS 1985, S. 380-385.

Bredthauer, Jürgen: Der Ehevertrag in der Praxis, in: NJW 2004, S. 3072-3076.

Cialdini, *Robert B.* / *Vincent*, *Joyce E.* / *Lewis*, *Stephen K.* / *Catalan*, *José*/ *Wheeler*, *Diane*/*Darby*, *Betty Lee*: Reciprocal Concessions Procedure for Inducing Compliance: The Door-in-the-Face Technique, in: 31 Journal of Personality and Social Psychology (1975), S. 206-215.

Cialdini, *Robert B.*: Die Psychologie des Überzeugens, 7. Aufl. 2013 (zit.: *Cialdini*, Überzeugen, S.).

Clemente, *Clemens*: Recht der Sicherungsgrundschuld, 4. Aufl. 2008 (zit.: *Clemente*, Sicherungsgrundschuld, Rn).

Coester-Waltjen, *Dagmar*: Rechtsgestaltung durch AGB, Jura 1999, S. 104-107.

Creifelds, *Carl*: Rechtswörterbuch, 22. Aufl. 2017 (zit.: *Creifelds*, Rechtswörterbuch, S.).

Däubler, *Wolfgang*: Verhandeln und Gestalten, 2003 (zit.: *Däubler*, Verhandeln, Rn).

Dauner-Lieb, *Barbara*/*Axer*, *Constantin*: Quo vadis AGB-Kontrolle im unternehmerischen Rechtsverkehr? in: ZIP 2010, S. 309-314.

Dauner-Lieb, *Barbara*/*Langen*, *Werner*: Bürgerliches Gesetzbuch, Nomos-Kommentar, Bd. 2/1: Schuldrecht, §§ 241-610, 3. Aufl. 2016 (zit.: *Bearbeiter*, in: NK-BGB, § Rn).

Dauner-Lieb, *Barbara*: Abfindungsklauseln bei Personengesellschaften, in: ZHR 158 (1994), S. 271-291.

Dombek, *Bernhard*/*Kroiß*, *Ludwig*: Formularbibliothek Vertragsgestaltung, 2. Aufl. 2012 (zit.: *Dombek/Kroiß*: Formularbibliothek Vertragsgestaltung, Bd., § Rn).

Drasdo, *Michael*: Die Makler-und Bauträgerverordnung: Das unbekannte (öffentlich-rechtliche) Wesen, NZM 2009, S. 601-605.

Duve, *Christian*/*Eidenmüller*, *Horst*/*Hacke*, *Andreas*: Mediation in der Wirtschaft, 2. Aufl. 2011 (zit.: *Duve/Eidenmüller/Hacke*, Mediation, S.).

Duve, *Hans Ernst*: Juristisch eindeutig und trotzdem allgemeinverständlich-ein unlösbares Problem? in: DNotZ 1981, Sonderheft zum 21. Deutschen Notartag, S. 26-53.

Ebenroth, *Carsten T.*: Erbrecht, 1992 (zit.: *Ebenroth*, Erbrecht, § Rn).

Eckert, *Frank/Everts*, *Arne/Wicke*, *Hartmut*: Fälle zur Vertragsgestaltung, 3. Aufl. 2016 (zit.: *Eckert/Everts/Wicke*, Vertragsgestaltung, S.).

Ehlers, *Harald*: Die höchstrichterliche Rechtsprechung zur Rechtsanwaltshaftung, in: DB 2009, S. 2475-2479.

Eickhoff, *Andreas*: GbR-Verträge, 2. Aufl. 2002 (zit.: *Eickhoff*, GbR-Verträge, Rn).

Eiden, *Joachim*: Vertragsgestaltung in Klausur und Praxis, in: JuS 2014, S. 496-499.

Elser, *Thomas*: Asset deal versus share deal-Steuerlicher Vorteilhaftigkeitsvergleich und Preiswirkungen, in: DStR 2002, S. 1827-1832.

Emmerich, *Volker/Habersack*, *Mathias*: Aktien-und GmbH-Konzernrecht, 8. Aufl. 2016 (zit.: *Bearbeiter*, in: Emmerich/Habersack, § Rn).

Erman, *Walter*: Bürgerliches Gesetzbuch, Handkommentar, 14. Aufl. 2014 (zit.: *Bearbeiter*, in: Erman, § Rn).

Fahrendorf, *Klaus*: Vertragliche Anwaltspflichten-überspanntes Haftungsrisiko?, in: NJW 2006, S. 1911-1915.

Fahrendorf, *Klaus/Mennemeyer*, *Siegfried /Terbille*, *Michael*: Die Haftung des Rechtsanwalts, 8. Aufl. 2009 (zit.: *Bearbeiter*, in: Fahrendorf/Mennemeyer/Terbille, Haftung des Rechtsanwalts, Rn).

Fischer, *Detlev/Fischer*, *Gero/Vill*, *Gerhard/ Rinkler*, *Axel/Chab*, *Bertin*: Handbuch der Anwaltshaftung, 4. Aufl. 2015 (zit.: *Bearbeiter*, in: Fischer/Fischer/Vill/Rinkler/Chab, Anwaltshaftung, Rn).

Fisher, Roger/Ury, William/Patton, Bruce: Das Harvard-Konzept, 25. Aufl 2015 (zit.: *Fisher/Ury/ Patton*, Das Harvard-Konzept, S.).

Flume, *Werner*: Die Vertragsfreiheit-Möglichkeiten und Grenzen-aus der Sicht der Kautelarjurisprudenz, in: DNotZ 1969, Sonderheft zum 18. Deutschen Notartag, S. 30-50.

Formularbuch Recht und Steuern, 8. Aufl. 2014 (zit.: *Bearbeiter*, in: Formularbuch Recht und Steuern, Kap. Rn).

Franzen, Hans: Anwaltskunst, 3. Aufl. 2001 (zit.: *Franzen*, Anwaltskunst, S.).

Freedman, Jonathan L. / Fraser, Scott C.: Compliance without Pressure: The foot-in-the-door technique, in: 4 Journal of Personality and Social Psychology (1966), S. 195-202.

Friedrich, Alfred: Erfolgreicher Unternehmensverkauf: Vorbereitung, Kaufpreisfindung, Verhandlungsführung, 1998 (zit.: *Friedrich*, Unternehmensverkauf, Rn).

Gies, Richard: Beck'sches Formularbuch Mietrecht, 5. Aufl. 2016 (zit.: *Bearbeiter*, in: Beck, sches Formularbuch Mietrecht, Formular Anm.).

Gola, Peter/Klug, Christoph.: Die Entwicklung des Datenschutzrechts in den Jahren 2011/2012, NJW 2012, 2489-2493.

Gottwald, Walther/Haft, Fritjof: Verhandeln und Vergleichen als juristische Fertigkeiten, 2. Aufl. 1993 (zit.: *Bearbeiter*, in: Gottwald/Haft, Verhandeln, S.).

Gran, Andreas: Abläufe bei Mergers & Acquisitions, NJW 2008, S. 1409-1415.

Großfeld, Bernhard: Examensvorbereitung und Jurisprudenz, in: JZ 1992, S. 22-27.

Großfeld, Bernhard: Recht der Unternehmensbewertung, 8. Aufl. 2016 (zit.: *Großfeld*, Unternehmensbewertung, Rn).

Grziwotz, Herbert/Koeble, Wolfgang: Handbuch Bauträgerrecht, 2004 (zit.: *Grziwotz/Koeble*, Handbuch Bauträgerrecht, Rn).

Haft, Fritjof: Juristische Rhetorik, 8. Aufl. 2009 (zit.: *Haft*, Rhetorik, S.).

Haft, Fritjof: Verhandlung und Mediation, 2. Aufl. 2000 (zit.: *Haft*, Verhandlung, S.).

Hamm, Christoph/Schwerdtner, Peter: Maklerrecht, 7. Aufl. 2016 (zit.: *Hamm/Schwerdtner*, Maklerrecht, Rn).

Haverkate, *Görg*: Forum: Anwaltsorientierte Juristenausbildung, in: JuS 1996, S. 478-482.

Heckschen, *Heribert/Herrler*, *Sebastian/Starke*, *Timm*: Beck´sches Notarhandbuch, 6. Aufl. 2015 (zit.: *Bearbeiter*, in: Beck´sches Notarhandbuch, Kap. Rn)

Hellbardt, *Christian/Prengel*, *Cyril*: Die Bewertung einer Steuerberatungspraxis, in: PFB 2005, S. 199-206.

Henssler, *Martin/Deckenbrock*, *Christian*: Das neue Mediationsgesetz: Mediation ist und bleibt Anwaltssache, in: DB 2012, S. 159-167.

Henssler, *Martin*: Haftungsrisiken anwaltlicher Tätigkeit, in: JZ 1994, S. 178-188.

Hettler, *Stephan/Stratz*, *Rolf-Christian/Hörtnagl*, *Robert*: Beck'sches Mandatshandbuch Unternehmenskauf, 2. Aufl. 2013 (zit.: *Bearbeiter*, in: Beck'sches Mandatshandbuch Unternehmenskauf, § Rn).

Heussen, *Benno*: Anwalt und Mandant, 1999 (zit.: *Heussen*, Anwalt und Mandant, S.).

Heussen, *Benno/Pischel*, *Gerhard*: Handbuch Vertragsverhandlung und Vertragsmanagement, 4. Aufl. 2014 (zit.: *Bearbeiter*, in: Heussen/Pischel, Handbuch Vertragsverhandlung, Teil Rn).

Heussen, *Benno*: Weisungen von Mandanten gegenüber ihren Rechtsanwälten-Berufsethische Überlegungen, NJW 2014, S. 1786-1790.

Hilber, *Marc*: Preisanpassungsklauseln im unternehmerischen Verkehr-Rechtliche Grenzen und Möglichkeiten, BB 2011, S. 2691-2699.

Hoffmann-Becking, *Michael/Gebele*, *Alexander*: Beck'sches Formularbuch Bürgerliches, Handelsund Wirtschaftsrecht, 12. Aufl. 2016 (zit.: *Bearbeiter*, in: Beck'sches Formularbuch Bürgerliches, Handels-und Wirtschaftsrecht, Formular Anm.).

Hölters, *Wolfgang*: Handbuch Unternehmenskauf, 8. Aufl. 2015 (zit.: *Bearbeiter*, in: Hölters, Handbuch des Unternehmens-und Beteiligungskaufs, Teil Rn).

Holzapfel, *Hans-Joachim/Pöllath*, *Reinhard*: Unternehmenskauf in

Recht und Praxis, 15. Aufl. 2017 (zit. : *Holzapfel/Pöllath*, Unternehmenskauf in Recht und Praxis, Rn).

Hommelhoff, *Peter/Hillers*, *Klaus*: Zur Methodik kautelarjuristischer Arbeitsweise, in: Jura 1983, S. 592-604.

Hommelhoff, *Peter/Müller-Graff*, *Peter-Christian/Ulmer*, *Peter*: Die Praxis der rechtsberatenden Berufe, München 1999 (zit. : *Bearbeiter*, in: Hommelhoff/Müller-Graff/Ulmer, Die Praxis der rechtsberatenden Berufe, S.).

Horstmeier, *Gerrit*: Das neue Mediationsgesetz, 2013 (zit. : *Horstmeier*, Mediationsgesetz, S.).

Horváth, *Péter*: Controlling, 13. Aufl. 2015 (zit. : *Horváth* , Controlling, S.).

Hromadka , *Wolfgang*: Arbeitnehmer oder freier Mitarbeiter?, in: NJW 2003, S. 1847-1849.

Huber, *Michael*: Anfechtungsgesetz, 11. Aufl. 2016 (zit. : *Huber*, § Rn).

Hüffer, *Uwe/Koch*, *Jens*: Aktiengesetz, 12. Aufl. 2016 (zit. : *Hüffer/ Koch*, § Rn).

Jaeger, *Georg*: Der Anstellungsvertrag des GmbH-Geschäftsführers, 6. Aufl. 2016 (zit. : *Jaeger*, Anstellungsvertrag des GmbH-Geschäftsführers, Rn).

Jandt, *Fred/Gilette*, *Paul*: Konfliktmanagement-Wie beide Seiten gewinnen können, 1994 (zit. : *Jandt/Gilette*, Konfliktmanagement, S.).

Jauernig, *Othmar*: Kommentar zum Bürgerlichen Gesetzbuch, 16. Auflage 2015 (zit. : *Bearbeiter*, in: Jauernig, § Rn).

Jerschke, *Hans-Ulrich*: Die Wirklichkeit als Muster-Der richtige Weg zum gerechten Vertrag, in: DNotZ 1989, Sonderheft zum 23. Deutschen Notartag, S. 21-43.

Jung, *Stefanie/Krebs*, *Peter*: Die Vertragsverhandlung. Taktische, strategische und rechtliche Elemente, 2016 (zit. : *Jung/Krebs*, Vertragsverhandlung, S.).

Junker, Abbo/Kamanabrou, Sudabeh: Vertragsgestaltung, 4. Aufl. 2014 (zit.: *Junker/Kamanabrou*, Vertragsgestaltung, § Rn).

Kamanabrou, Sudabeh: Vertragliche Anpassungsklauseln, 2004 (zit.: *Kamanabrou*, Anpassungsklauseln, S.).

Kanzleiter, Rainer: Der Blick in die Zukunft als Voraussetzung der Vertragsgestaltung, in: NJW 1995, S. 905-910.

Keim, Benno: Das notarielle Beurkundungsverfahren. Methodik und Praxis, 1990 (zit.: *Keim*, Beurkundungsverfahren, Teil Rn).

Kersten, Fritz/Bühling, Selmar: Formularbuch und Praxis der Freiwilligen Gerichtsbarkeit, 25. Aufl. 2015 (zit.: *Bearbeiter*, in: Kersten/Bühling, Formularbuch, § Rn).

Kirchhof, Hans-Peter: Münchener Kommentar Anfechtungsgesetz, 2012 (zit.: *Kirchhof*, AnfG, § Rn).

Klapp, Eckhard: Abgabe und Übergabe einer Arztpraxis, 3. Aufl. 2006 (zit.: *Klapp*, Abgabe und Übergabe einer Arztpraxis, Kap.).

Klein, Franz: Kommentar zur Abgabenordnung, 13. Aufl. 2016 (zit.: *Bearbeiter*, in: Klein, § Rn).

Kleine-Cosack, Michael: Öffnung des Rechtsberatungsmarkts-Rechtsdienstleistungsgesetz verabschiedet, in: BB 2007, S. 2637-2642.

Klerx, Oliver: Der Praxiskaufvertrag: Mustervertrag mit Anmerkungen und Hinweisen für die Praxis, 2005 (zit.: *Klerx*, Praxiskaufvertrag, Rn).

Knott, Herrmann: Unternehmenskauf, 5. Aufl. 2017 (zit.: *Bearbeiter*, in: Knott, Unternehmenskauf, Rn).

Krauß, Hans-Frieder: Immobilienkaufverträge in der Praxis, 7. Aufl. 2014 (zit.: *Krauß*, Immobilienkaufverträge, Rn).

Krumm, Marcel: Gesellschaftsvertragliche Abfindungsklauseln und erbschaftsteuerliche Schenkungsfiktion-Veränderte steuerliche Rahmenbedingungen nach der Erbschaftsteuerreform, in: NJW 2010, S. 187-192.

Lange, Heinrich/Kuchinke, Kurt: Erbrecht, 5. Aufl. 2001 (zit.: *Lange/Kuchinke*, Erbrecht, § Rn).

Langenfeld, Gerrit: Einführung in die Vertragsgestaltung, in: JuS

1998, S. 33-37.

Langenfeld, Gerrit: Grundlagen der Vertragsgestaltung, 2. Aufl. 2010 (zit.: Langenfeld, Vertragsgestaltung, Kap. Rn).

Langenfeld, Gerrit/Milzer, Lutz: Handbuch der Eheverträge und Scheidungsvereinbarungen, 7. Aufl. 2015 (zit.: Langenfeld/Milzer, Handbuch der Eheverträge und Scheidungsvereinbarungen, Kap. Rn).

Larenz, Karl/Canaris, Klaus-Wilhelm: Methodenlehre der Rechtswissenschaft, 3. Aufl. 1995 (zit.: Larenz/Canaris, Methodenlehre, S.).

Laufs, Adolf/Kern, Bernd-Rüdiger: Handbuch des Arztrechts, 4. Aufl. 2010 (zit.: Laufs/Kern, Handbuch des Arztrechts, §).

Lenkaitis, Karlheinz/Löwisch, Stephan: Zur Inhaltskontrolle von AGB im unternehmerischen Geschäftsverkehr-Ein Plädoyer für eine dogmatische Korrektur, in: ZIP 2009, S. 441-450.

Lenzen, Bernd/Ettmann, Carsten: Ertragswert-und Umsatzmethode zur Bewertung von Rechtsanwaltskanzleien, in: BRAK-Mitt. 2005, S. 13-17.

Limmer, Peter/Hertel, Christian/Frenz, Norbert/Mayer, Jörg: Würzburger Notarhandbuch, 4. Aufl. 2015 (zit.: Bearbeiter, in: Würzburger Notarhandbuch, Teil Kap. Rn).

Lingemann, Stefan/Winkel, Henrike: Der Rechtsanwalt als freier Mitarbeiter (Teil 1), in: NJW 2010, S. 38-39.

Luhmann, Niklas: Rechtssystem und Rechtsdogmatik, 1974 (zit.: Luhmann, Rechtssystem, S.).

Luppert, Paul/Finck, Klaus: Handbuch Arztberatung: Recht, Steuern, BWL, 2008 (zit.: Luppert/Finck, Handbuch Arztberatung, Rn).

Lützenkirchen, Klaus: Anwalts-Handbuch Mietrecht, 5. Aufl. 2015 (zit.: Bearbeiter, in: AnwaltsHandbuch Mietrecht, Rn).

Macneil, Ian R.: A Primer of Contract Planning, in: 48 Southern California Law Review (1975), S. 627-704.

Maier-Reimer, Georg: Vertragssprache und Sprache des anwendbaren Rechts, in: NJW 2010, S. 2545-2550.

Martinek, Michael: Moderne Vertragstypen, Bd. I, 1991; Bd. II,

1992 (zit.: *Martinek*, Moderne Vertragstypen, S.).

Mecklenbrauck, *Dirk*: Abfindungsbeschränkungen in Gesellschaftsverträgen, in: BB 2000, S. 2001-2006.

Medicus, *Dieter/Lorenz*, *Stephan*: Schuldrecht I, Allgemeiner Teil, 21. Aufl. 2015 (zit.: *Medicus/ Lorenz*, Schuldrecht AT, Rn).

Medicus, *Dieter/Lorenz*, *Stephan*: Schuldrecht II, Besonderer Teil, 17. Aufl. 2014 (zit.: *Medicus/ Lorenz*, Schuldrecht BT, Rn).

Medicus, *Dieter/Petersen*, *Jens*: Bürgerliches Recht, 25. Aufl. 2015 (zit.: *Medicus/Petersen*, BR, Rn).

Medicus, *Dieter*: Allgemeiner Teil des BGB, 11. Aufl. 2016 (zit.: *Medicus*, BGB AT, Rn).

Mohr, *Joachim*: Ehevertrag, 2009 (zit.: Mohr, Ehevertrag, S.).

Münchener Anwaltshandbuch Aktienrecht, hrsg. von Matthias Schüppen/Bernhard Schaub, 2. Aufl. 2010 (zit.: *Bearbeiter*, in: Münchener Anwaltshandbuch Aktienrecht, § Rn).

Münchener Anwaltshandbuch Mietrecht, hrsg. von Thomas Hannemann/Michael Wiegner, 4. Aufl. 2014 (zit.: *Bearbeiter*, in: Münchener Anwaltshandbuch Mietrecht, § Rn).

Münchener Handbuch des Gesellschaftsrechts, hrsg. von Volker Beuthien/Hans Gummert, Bd. 1, 2 und 5, 4. Aufl. 2014 (zit.: *Bearbeiter*, in: Münchener Handbuch des Gesellschaftsrechts, Bd § Rn).

Münchener Kommentar zum Bürgerlichen Gesetzbuch, hrsg. von Franz-Jürgen Säcker/Roland Rixecker/Hartmut Oetker/Bettina Limperg, Bd. 1, 7. Aufl. 2015; Bd. 2, 7. Aufl. 2016; Bd. 3, 7. Aufl. 2016; Bd. 4, 7. Aufl. 2016; Bd. 5/1, 6. Aufl. 2013; Bd. 5/2, 7. Aufl. 2017; Bd. 6, 7. Aufl. 2017; Bd. 7, 7. Aufl. 2017; Bd. 8, 7. Aufl. 2017; Bd. 9, 7. Aufl. 2016; Bd. 10, 7. Aufl. 2017 (zit.: *Bearbeiter*, in: MünchKommBGB, § Rn).

Münchener Kommentar zum Handelsgesetzbuch, hrsg. von Karsten Schmidt, Bd. 2, 4. Aufl. 2016 (zit.: *Bearbeiter*, in: MünchKommHGB, § Rn).

Münchener Kommentar zur Zivilprozessordnung, hrsg. von Wolfgang Krüger/Thomas Rauscher, Bd. 1, 5. Aufl. 2016 (zit.: *Bearbeiter*, in: MünchKommZPO, § Rn).

Münchener Vertragshandbuch, hrsg. von Martin Heidenhain/ Burkhardt W. Meister, Bd. 1, Gesellschaftsrecht, 7. Aufl. 2011; hrsg. von Markus S. Rieder/Rolf A. Schütze/Lutz Weipert, Bd. 2 und 3, Wirtschaftsrecht I und II, 7. Aufl. 2015; hrsg. von Sebastian Herrler, Bd. 5, Bürgerliches Recht I, 7. Aufl. 2013; Bd. 6, Bürgerliches Recht II, 7. Aufl. 2016 (zit.: *Bearbeiter*, in: Münchener Vertragshandbuch, Bd., Formular Anm.).

Muscheler, Karlheinz: Erbrecht, 2010 (zit.: *Muscheler*, Erbrecht, Bd. Rn).

Musielak, Hans-Joachim/Voit, Wolfgang: Zivilprozessordnung, 14. Aufl. 2017(zit.: *Bearbeiter*, in: Musielak/Voit, § Rn).

Nieder, Heinrich/Kössinger, Reinhard/Kössinger, Winfried: Handbuch der Testamentsgestaltung, 5. Aufl. 2015 (zit.: *Nieder/Kössinger*, Testamentsgestaltung, § Rn).

Odersky, Walter: Statement, in: DNotZ 1989, Sonderheft zum 23. Deutschen Notartag, S. 45-51.

Oefele, Helmut von/Winkler, Karl: Handbuch des Erbbaurechts, 5. Aufl. 2012 (zit.: *v. Oefele/Winkler*, in: Handbuch des Erbbaurechts, Kap. Rn).

Ohly, Ansgar/Sosnitza, Olaf: Gesetz gegen den unlauteren Wettbewerb Kommentar, 7. Aufl. 2016 (zit.: *Bearbeiter*, in: Ohly/Sosnitza, UWG, § Rn).

Palandt, Otto: Bürgerliches Gesetzbuch, 76. Aufl. 2017 (zit.: *Bearbeiter*, in: Palandt, § Rn).

Paulus, Christoph G./Zenker, Wolfgang: Grenzen der Privatautonomie, in: JuS 2001, S. 1-9.

Pause, Hans-Egon: Bauträgerkauf und Baumodelle, 5. Aufl. 2011 (zit.: *Pause*, Bauträgerkauf und Baumodelle, Rn).

Pilger, Gerhard: Präambel im Unternehmenskaufvertrag-ein unterschätztes Gestaltungsmittel, in: BB 2000, S. 368-370.

Ponschab, Reiner/Schweizer, Adrian: Kooperation statt Konfrontation, 2. Aufl. 2010 (zit. : *Ponschab/Schweizer,* Kooperation, S.).

Rakete-Dombek, Ingeborg: Das Ehevertragsurteil des BGH-Oder: Nach dem Urteil ist vor dem Urteil, in: NJW 2004, S. 1273-1277.

Rawert, Peter: Buchbesprechung (von Gerrit Langenfeld, Vertragsgestaltung, 2. Aufl. 1997), in: NJW 1998, S. 2125.

Rehbinder, Eckard: Die Rolle der Vertragsgestaltung im zivilrechtlichen Lehrsystem, in: AcP 174 (1974), S. 265-312.

Rehbinder, Eckard: Vertragsgestaltung, 2. Aufl. 1993 (zit. : *Rehbinder,* Vertragsgestaltung, S.).

Reichert, Bernhard: Handbuch Vereins-und Verbandsrecht, 13. Aufl. 2016.

Reinersdorff, Wolfgang von: Die Gestaltung von Gesellschaftsverträgen: GmbH-OHG-KG-GmbH & Co, 1993.

Reithmann, Christoph/Albrecht, Andreas: Handbuch der notariellen Vertragsgestaltung, 8. Aufl. 2001, Nachtrag 2002 (zit. : *Reithmann/Albrecht,* Handbuch, Rn).

Rieger, Hans-Jürgen: Rechtsfragen beim Verkauf und Erwerb einer Arztpraxis, Neuausgabe 2004 (zit. : *Rieger,* Rechtsfragen Arztpraxis, Rn).

Ring, Gerhard/Grziwotz, Herbert/Keukenschrijver, Alfred: Bürgerliches Gesetzbuch, NomosKommentar, Bd. 3, Sachenrecht, §§ 854-1296, 4. Aufl. 2016 (zit. : *Bearbeiter,* in: NK-BGB, § Rn).

Risse, Jörg/Kästle, Florian/Gebler, Olaf: M&A und Corporate Finance von A-Z, 2. Aufl. 2010 (zit. : *Risse/Kästle/Gebler,* M&A und Corporate Finance).

Rittershaus, Gerald: Anwaltsorientierte Juristenausbildung, in: JuS 1998, S. 302-305.

Rittershaus, Gerald/Teichmann, Christoph: Anwaltliche und notarielle Vertragsgestaltung-Gemeinsamkeiten und Unterschiede, in: Festschrift für

Sebastian Spiegelberger zum 70. Geburtstag, hrsg. von Thomas Wachter, 2009, S. 1457-1469 (zit.: *Rittershaus/Teichmann*, in: FS Spiegelberger, S.).

Rittershaus, Gerald/Teichmann, Christoph: Anwaltliche Vertragsgestaltung, 2. Aufl. 2003 (zit.: *Rittershaus/Teichmann*, Vertragsgestaltung, Rn).

Rödder, Thomas/Hötzel, Oliver/Mueller-Thuns, Thomas: Unternehmenskauf, Unternehmensverkauf: Zivil-und steuerrechtliche Gestaltungspraxis, 2003 (zit.: *Rödder/Hötzel/Mueller-Thuns*, Unternehmenskauf, § Rn).

Römermann, Volker/Schröder, Henning: Die Bewertung von Anwaltskanzleien, in: NJW 2003, S. 2709-2711.

Roth, Günter H./Altmeppen, Holger: Gesetz betreffend die Gesellschaften mit beschränkter Haftung, 8. Aufl. 2015 (zit.: *Bearbeiter*, in: Roth/Altmeppen, § Rn).

Saenger, Ingo/Aderhold, Lutz/Lenkaitis, Karlheinz/Speckmann, Gerhard: Handels-und Gesellschaftsrecht, 2. Aufl. 2011 (zit.: *Bearbeiter*, in: Saenger/Aderhold/Lenkaitis/Speckmann, Handels-und Gesellschaftsrecht, Kap. Rn).

Saenger, Ingo: Gesellschaftsrecht, 3. Aufl. 2015 (zit.: *Saenger*, Gesellschaftsrecht, Rn).

Saenger, Ingo: Zivilprozessordnung, Handkommentar, 7. Aufl. 2017 (zit.: *Bearbeiter*, in: HkZPO, § Rn).

Saenger, Ingo/Inhester, Michael: GmbHG, 3. Aufl. 2016 (zit.: *Bearbeiter*, in: Saenger/Inhester, § Rn).

Sauter, Eugen/Schweyer, Gerhard/Waldner, Wolfram: Der eingetragene Verein, 20. Aufl. 2016 (zit.: *Sauter/Schweyer/Waldner*, Rn).

Schmittat, Karl-Oskar: Einführung in die Vertragsgestaltung, 4. Aufl. 2015 (zit.: *Schmittat*, Vertragsgestaltung, Rn).

Schmidt, Ludwig: EStG, 36. Aufl. 2017 (zit.: *Bearbeiter*, in: Schmidt, EStG, § Rn).

Schollen, Werner: Die Mitwirkung des Notars bei der Bildung des rechtsgeschäftlichen Willens, in: DNotZ 1969, Sonderheft zum 18. Deutschen Notartag, S. 51-71.

Schollen, Werner: Kautelarjurisprudenz und Juristenausbildung, in: DNotZ 1977, Sonderheft zum 20. Deutschen Notartag, S. 28-42.

Schröder, Hans-Peter: Der sichere Weg bei der Vertragsgestaltung, 1990 (zit.: *Schröder*, Der sichere Weg bei der Vertragsgestaltung, S.).

Schulze, Reiner/Dörner, Heinrich/Ebert, Ina u. a.: Handkommentar zum Bürgerlichen Gesetzbuch, 9. Aufl. 2017 (zit.: *Bearbeiter*, in: HkBGB, § Rn).

Schwab, Dieter: Familie und Staat, in: FamRZ 2007, S. 1-7.

Schwarzmann, Hans-Ulrich: Gesetz-und Vertragsentwürfe in juristischen Übungsarbeiten, in: JuS 1972, S. 79-83.

Singbartl, Jan/Zintl, Josef: Fallösungstechnik Kautelarrecht, in: JuS 2015, S. 15-18.

Smullyan, Raymond M.: Wie heißt dieses Buch?, 1981 (zit.: *Smullyan*, Wie heißt dieses Buch?, S.).

Staudinger, J. von: Kommentar zum Bürgerlichen Gesetzbuch, 2003 ff (zit.: *Bearbeiter*, in: Staudinger, § Rn).

Sternel, Friedemann: Mietrecht aktuell, 4. Aufl. 2009 (zit.: *Sternel*, Mietrecht aktuell, Rn).

Sudhoff, Heinrich: Unternehmensnachfolge, 5. Aufl. 2005 (zit.: *Bearbeiter*, in: Unternehmensnachfolge, § Rn).

Teichmann, Christoph: Vertragsgestaltung durch den Rechtsanwalt-Grundzüge einer Methodik der zivilrechtlichen Fallbearbeitung, in: JuS 2001, S. 870-874, S. 973-980, S. 1078-1082, S. 1181-1186; JuS 2002, S. 40-44.

Tiedtke, Klaus/Schmitt, Marco: Die Zuwendung eines Familienheims nach der Erbschaftssteuerreform 2008/2009, in: NJW 2009, S. 2632-2640.

Triebel, Volker: Anglo-amerikanischer Einfluß auf Unternehmenskaufverträge in Deutschland-eine Gefahr für die Rechtsklarheit?, in: RIW 1998, S. 1-7.

Ulmer, Peter/Brandner, Hans Erich/Hensen, Horst-Dieter: AGB-Recht

Kommentar, 12. Aufl. 2016 (zit.: *Bearbeiter*, in: Ulmer/Brandner/Hensen, AGB-Recht, § Rn).

Ulmer, *Peter/Habersack*, *Mathias/Löbbe*, *Marc*: GmbHG, Bd. II, 2. Aufl. 2015; Bd. III, 2. Aufl. 2016 (zit.: *Bearbeiter*, in: Ulmer/Habersack/Winter, § Rn).

Ulmer, *Peter/Schäfer*, *Carsten*: Die rechtliche Beurteilung vertraglicher Abfindungsbeschränkungen bei nachträglich eintretendem grobem Missverhältnis, in: ZGR 1995, S. 134-155.

Weinmann, *Norbert/Revenstorff*, *Heiko/Offerhaus*, *Tom/Erkis*, *Gülsen*: Erbschaft-und Schenkungsteuerrecht, 4. Aufl. 2017 (zit.: *Bearbeiter*, in: Weinmann, Erbschaft-und Schenkungsteuerrecht, Stichwort oder §, S. und Rn).

Vollkommer, *Max/Greger*, *Reinhard/Heinemann*, *Jörn*: Anwaltshaftungsrecht, 4. Aufl. 2014 (zit.: *Vollkommer/Greger/Heinemann*, Anwaltshaftungsrecht, § Rn).

Vorbrugg, *G.*: Anwaltliche Vertragsgestaltung, in: AnwBl. 1996, S. 251-257.

Weber, *Harald*: Methodenlehre der Rechtsgestaltung, in: JuS 1989, S. 636-643, S. 818-823.

Weber, *Harald*: Vertragsgestaltung: Anstellungsvertrag mit einem Geschäftsführer einer GmbH, in: JuS 1987, S. 559-567.

Wertenbruch, *Johannes*: Zur Haftung aus culpa in contrahendo bei Abbruch von Vertragsverhandlungen, in: ZIP 2004, S. 1525-1526.

Westermann, *Harm Peter*: Kautelarjurisprudenz, Rechtsprechung und Gesetzgebung im Spannungsfeld zwischen Gesellschafts-und Wirtschaftsrecht, in: AcP 175 (1975), S. 375-425.

Westphalen, *Graf von*, *Friedrich*: AGB-Recht im Jahre 2013, NJW 2014, 2242-2250.

Wicke, *Hartmut*: GmbHG, 3. Aufl. 2016 (zit.: *Wicke*, § Rn).

Williams, *Gerald R.*: Legal Negotiation and Settlement, 1983 (zit.: *Williams*, Legal Negotiation, S.).

Wolf, *Eckhard/Eckert*, *Hans-Georg/Günter*, *Peter*: Handbuch des gewerblichen Miet-, Pacht-und Leasingrechts, 11. Aufl. 2017 (zit.: *Wolf/ Eckert/Günter*, Handbuch des Miet-, Pacht-und Leasingrechts, Rn).

Wolf, *Manfred/Lindbacher*, *Walter F./Pfeiffer*, *Thomas*: AGB-Recht Kommentar, 6. Aufl. 2013 (zit.: *Bearbeiter*, in: Wolf/Lindbacher/ Pfeiffer, AGB-Recht, § Rn).

Wolf, *Manfred/Neuner*, *Jörg*: Allgemeiner Teil des Bürgerlichen Rechts, 11. Aufl. 2016 (zit.: *Wolf/Neuner*, BGB AT, § Rn).

Wollny, *Paul*: Unternehmens-und Praxisübertragungen, 8. Aufl. 2015 (zit.: *Bearbeiter*, in: Wollny, Unternehmens-und Praxisübertragungen, Rn).

Wurm, *Carl/Wagner*, *Herrmann/Zartmann*, *Hugo*: Das Rechtsformularbuch, 17. Aufl. 2015 (zit.: *Bearbeiter*, in: Wurm/Wagner/Zartmann, S.).

Zankl, *Peter*: Die anwaltliche Praxis in Vertragssachen, 1990 (zit.: *Zankl*, Vertragssachen, Rn).

Zawar, *Rolf*: Forum: Gedanken zum Praxisbezug in der juristischen Ausbildung, in: JuS 1994, S. 545-550.

Zawar, *Rolf*: Neuere Entwicklungen zu einer Methodenlehre der Vertragsgestaltung, in: JuS 1992, S. 134-139.

Zimmermann, *Walter*: Erbschein, Erbscheinsverfahren, Europäisches Nachlasszeugnis, 3. Aufl. 2016 (zit.: *Zimmermann*, Erbschein, Rn).

法律人进阶译丛

⊙ 法学启蒙

《法律研习的方法：作业、考试和论文写作（第9版）》，〔德〕托马斯·M. J. 默勒斯 著，2019年出版
《如何高效学习法律（第8版）》，〔德〕芭芭拉·朗格 著，2020年出版
《如何解答法律题：解题三段论、正确的表达和格式（第11版增补本）》，〔德〕罗兰德·史梅尔 著，2019年出版
《法律职业成长：训练机构、机遇与申请（第2版增补本）》，〔德〕托尔斯滕·维斯拉格 等著，2021年出版
《法学之门：学会思考与说理（第4版）》，〔日〕道垣内正人 著，2021年出版

⊙ 法学基础

《法律解释（第6版）》，〔德〕罗尔夫·旺克 著，2020年出版
《法理学：主题与概念（第3版）》，〔英〕斯科特·维奇 等著
《德国基本权利（第6版）》，〔德〕福尔克尔·埃平 著
《德国刑法基础课（第6版）》，〔德〕乌韦·穆尔曼 著
《刑法分则I：针对财产的犯罪（第21版）》，〔德〕伦吉尔 著
《刑法分则II：针对人身与国家的犯罪（第20版）》，〔德〕伦吉尔 著
《民法学入门：民法总则讲义·序论（第2版增订本）》，〔日〕河上正二 著，2019年出版
《民法的基本概念（第2版）》，〔德〕汉斯·哈腾豪尔 著
《民法总论》，〔意〕弗朗切斯科·桑多罗·帕萨雷里 著
《德国民法总论（第42版）》，〔德〕赫尔穆特·科勒 著，2022年出版
《德国物权法（第32版）》，〔德〕曼弗雷德·沃尔夫 等著
《德国债法各论（第17版）》，〔德〕迪尔克·罗歇尔德斯 著

⊙ 法学拓展

《奥地利民法概论：与德国法相比较》，〔奥〕伽布里葭·库齐奥 等著，2019年出版
《所有权的终结：数字时代的财产保护》，〔美〕亚伦·普赞诺斯基 等著，2022年出版
《合同设计方法与实务（第3版）》，〔德〕阿德霍尔德 等著，2022年出版
《合同的完美设计（第5版）》，〔德〕苏达贝·卡玛纳布罗 著，2022年出版

《民事诉讼法（第4版）》，〔德〕彼得拉·波尔曼 著
《消费者保护法》，〔德〕克里斯蒂安·亚历山大 著
《日本典型担保法》，〔日〕道垣内弘人 著，2022年出版
《日本非典型担保法》，〔日〕道垣内弘人 著
《担保物权法（第4版）》，〔日〕道垣内弘人 著
《信托法》，〔日〕道垣内弘人 著
《公司法的精神：欧陆公司法的核心原则》，〔德〕根特·H.罗斯 等著

⊙ 案例研习

《德国大学刑法案例辅导（新生卷·第三版）》，〔德〕埃里克·希尔根多夫著，2019年出版
《德国大学刑法案例辅导（进阶卷·第二版）》，〔德〕埃里克 希尔根多夫著，2019年出版
《德国大学刑法案例辅导（司法考试备考卷·第二版）》，〔德〕埃里克 希尔根多夫著，2019年出版
《德国民法总则案例研习（第5版）》，〔德〕尤科·弗里茨舍 著，2022年出版
《德国法定之债案例研习（第3版）》，〔德〕尤科·弗里茨舍 著
《德国意定之债案例研习（第6版）》，〔德〕尤科·弗里茨舍 著
《德国物权法案例研习（第4版）》，〔德〕延斯·科赫、马丁·洛尼希著，2020年出版
《德国家庭法案例研习（第13版）》，〔德〕施瓦布 著
《德国劳动法案例研习（第4版）》，〔德〕阿博·容克尔 著
《德国商法案例研习（第3版）》，〔德〕托比亚斯·勒特 著，2021年出版

⊙ 经典阅读

《法学方法论（第4版）》，〔德〕托马斯·M.J.默勒斯著，2022年出版
《法学中的体系思维和体系概念》，〔德〕克劳斯-威廉·卡纳里斯 著
《法律漏洞的发现（第2版）》，〔德〕克劳斯-威廉·卡纳里斯 著
《欧洲民法的一般原则》，〔德〕诺伯特·赖希 著
《欧洲合同法（第2版）》，〔德〕海国·克茨 著
《德国民法总论（第4版）》，〔德〕莱因哈德·博克 著
《合同法基础原理》，〔美〕麦尔文·艾森伯格 著
《日本新债法总论（上下卷）》，〔日〕潮见佳男 著
《法政策学（第2版）》，〔日〕平井宜雄 著